W9-AUZ-402

México

ESTADOS UNIDOS

Golfo de México

Canal de Yucatán

Bahía de Campeche

OCÉANO PACÍFICO

YUCATÁN

BELICE

GUATEMALA

HONDURAS

EL SALVADOR

Cancún
Chichén Itzá
Mérida
Campeche
Villahermosa
ISTMO DE TEHUANTEPEC

Brownsville
Matamoros
Reynosa
Tampico
Nuevo Laredo
Laredo
Ciudad Victoria
Monterrey
Saltillo
Jalapa
Veracruz
Orizaba
Oaxaca
Teotihuacán
México, D.F.
Puebla
Tula
Zacatecas
San Luis Potosí
Guanajuato
Cuernavaca
Taxco
Aguascalientes
León
Acapulco
Morelia
Guadalajara
Uruapan
Torreón
R. Conchos
Chihuahua
Ciudad Juárez
El Paso
Rio Grande
R. Balsas

SIERRA MADRE ORIENTAL
SIERRA MADRE OCCIDENTAL

Mazatlán

La Paz

Golfo de California

BAJA CALIFORNIA

Nogales
Nogales
Hermosillo
Mexicali
Tijuana
R. Colorado

250 500 750 Kilómetros
250 500 Millas

Caminos

Joy Renjilian-Burgy
Wellesley College

Ana Beatriz Chiquito
Massachusetts Institute of Technology
University of Bergen, Norway

Susan M. Mraz
Tufts University

HOUGHTON MIFFLIN COMPANY

Boston   New York

Director, Modern Language Programs: **E. Kristina Baer**

Development Manager, Modern Language Programs: **Beth Kramer**

Development Editor: **Kristin Swanson**

Project Editor: **Harriet C. Dishman**

Senior Production/Design Coordinator: **Jennifer Waddell**

Manufacturing Coordinator: **Priscilla Abreu**

Marketing Manager: **Patricia Fossi**

Cover Design: **Minko T. Dimov, MinkoImages**

Printed in the U.S.A.

Library of Congress Catalog Card Number: 98-72078

Student Text ISBN: 0-395-81538-X

23456789-DW-03 02 01 00 99

Abrazos y besos a mi marido, Donísimo, el don de dones; a mis gemelos-hijos-jaguares-bostonianos Lucien y Sarkis; a Ángela y Mukhul; y a mis queridos padres, hermanas y suegros. Los quiero mucho. (JRB)

Para mi querida familia con todo amor, en especial para mis padres, Lucio y Ofelia, mi marido, Ivar, y mi hijo, Edvard. (ABC)

To my loving family, especially my mother Margie Mraz, my father John Mraz (1920-1997), my sister Mary Beth, her family (Terry, Angela, Malissa, P.J.), and to my constant companion and friend, Jesse. (SMM)

And to all of our students and friends who have inspired and guided us throughout this project.

Dedicatoria

ETAPA B México, D.F.; Puebla, México

Pistas y palabras p. 491	**Vistas y voces** p. 495	**Lengua** p. 497
Discussing the history of Hispanics in the United States Talking about the Hispanic population in the United States	The heroes are rewarded and the full story of Adriana, Felipe, and Nayeli's adventures are reported to the media.	Talking about abstract ideas • Lo + adjective Questioning and requesting Differentiating between pedir and preguntar

Reference Section

Los héroes
gemelos,
Yax-Balam
y Hun-Ahau

Capítulo preliminar

Video Guide to *Caminos del jaguar*

Saludos (*Greetings*)

Presentaciones (*Introductions*)

Nacionalidad (*Nationality*)

Join us as we follow the story of two students, Adriana and Felipe, who begin their journey down an unexpected path where the forces of good and evil (los Buenos y los Malos) battle over the fate of the Jaguar Twins Yax Balam and Hun-Ahau. Will these Mayan Hero Twins be reunited and returned to Mexico or will they fall into the wrong hands forever?

VIDEO GUIDE TO CAMINOS DEL JAGUAR

Familiarize yourself with some of the characters who provide drama and suspense in the *Caminos del jaguar* video that accompanies your textbook *Caminos*. Use this to guide your international journey in pursuit of the missing Jaguar Twins.

The Jaguar Twins (Los héroes gemelos)

Yax-Balam (YASH-BA-LAM) and Hun-Ahau (U-NA-HOW) are classical mythical twin figures from Mayan lore who symbolize the triumph of good over evil. They have legendary powers affecting the fate of their nation. They are the focal point for this exciting mystery.

Nayeli Paz Ocotlán

Born of a Mexican mother and a Spanish father, Nayeli was raised in New York City and studied at the Universidad Autónoma de México (UNAM). She is now a well-known professor of archeology at the Universidad de Puebla, where she is dedicated to locating and preserving missing Mexican artifacts. She is an expert on the story of the Jaguar Twins and has recently published the book *Los héroes gemelos de Xibalbá*. Hernán, her husband, died in the Mexican earthquake of 1985. Nayeli feels responsible for his death.

Doña Gafasnegras

Doña Gafasoscuras is another one of her nicknames, but her real name is Mariluz Gorrostiaga Hinojosa. Born and raised in Mexico City, she was one of Nayeli's first students in Puebla and has always been jealous of her.

Adriana Reyes Tepole

Born in San Antonio, Adriana Reyes Tepole grew up in Guayaquil, Ecuador, where her father worked in a United Nations project. When she was twelve, the family then returned to Texas, the birthplace of her father. Her mother is from Puebla, Mexico. Adriana recently studied at the Universidad de Puebla and lived with her maternal grandparents. Currently a graduate student in archeology at the University of Texas at San Antonio, she won a summer fellowship to go on an excavation with Nayeli.

Felipe Luna Velilla

For many years, Felipe lived with his Venezuelan father in Caracas before returning to Miami to live with his Cuban mother and stepfather. He did his undergraduate studies in archeology at the University of Miami and is doing graduate work at the University of Texas at San Antonio. He also has been awarded a summer fellowship to go on a dig with Nayeli.

La abuelita (Grandmother)

Nayeli's grandmother lived in Puebla all her life and Nayeli was her favorite grandchild. She has passed away but visits Nayeli through her vivid dreams. Nayeli adored her grandmother and dreams of her often.

Mysterious Ring-fingered Man

Friend or foe? You decide.

Doña Carmen Quesada Araya

Doña Carmen, an art collector, lives on a ranch outside of San José, Costa Rica. Nayeli is her godchild, and has been very close to her for years. Nayeli's mother and doña Carmen were art history majors and best friends in college. After Nayeli's mother died, doña Carmen funded Nayeli's college studies.

Armando de Landa Chávez

Armando is a Mexican entrepreneur who helps to fund Adriana and Felipe's summer travels.

Me llamo
Adriana Reyes Tepole.
Soy de San Antonio.
Soy mexicanoamericana.

Me llamo
Nayeli Paz Ocotlán.
Soy de Nueva York.
Soy estadounidense.

Me llamo
Luis Ortiz López.
Soy de Puerto Rico.
Soy puertorriqueño.

Me llamo Mariluz
Gorrostiaga Hinojosa.
Soy de México.
Soy mexicana.

Me llamo
Gerardo Covarrubias.
Soy de España.
Soy español.

Me llamo Carmen Quesada Araya.
Soy de Costa Rica.
Soy costarricense.

Me llamo
Zulaya Piscomayo Curihual.
Soy de Ecuador.
Soy ecuatoriana.

Me llamo
Felipe Luna Velilla.
Soy de Miami.
Soy cubanoamericano.

Nacionalidades

Country / island	For females	For males	*English*
Alemania	alemana	alemán	*German*
Argentina	argentina	argentino	*Argentine*
Bolivia	boliviana	boliviano	*Bolivian*
Brasil	brasileña	brasileño	*Brazilian*
Canadá	canadiense	canadiense	*Canadian*
Chile	chilena	chileno	*Chilean*
China	china	chino	*Chinese*
Colombia	colombiana	colombiano	*Colombian*
Corea	coreana	coreano	*Korean*
Costa Rica	costarricense	costarricense	*Costa Rican*
Cuba	cubana	cubano	*Cuban*
Cuba + Estados Unidos	cubanoamericana	cubanoamericano	*Cuban American*
Ecuador	ecuatoriana	ecuatoriano	*Ecuadorian*
El Salvador	salvadoreña	salvadoreño	*Salvadoran*
España	española	español	*Spanish*
Estados Unidos	estadounidense	estadounidense	*from the U.S.A.*
Francia	francesa	francés	*French*
Guatemala	guatemalteca	guatemalteco	*Guatemalan*
Honduras	hondureña	hondureño	*Honduran*
Inglaterra	inglesa	inglés	*English*
Italia	italiana	italiano	*Italian*
Japón	japonesa	japonés	*Japanese*
México	mexicana	mexicano	*Mexican*
México + Estados Unidos	mexicano-americana	mexicano-americano	*Mexican American*
Nicaragua	nicaragüense	nicaragüense	*Nicaraguan*
Panamá	panameña	panameño	*Panamanian*
Paraguay	paraguaya	paraguayo	*Paraguayan*
Perú	peruana	peruano	*Peruvian*
Portugal	portuguesa	portugués	*Portuguese*
Puerto Rico	puertorriqueña	puertorriqueño	*Puerto Rican*
República Dominicana	dominicana	dominicano	*Dominican*
Rusia	rusa	ruso	*Russian*
Uruguay	uruguaya	uruguayo	*Uruguayan*
Venezuela	venezolana	venezolano	*Venezuelan*

Saludos (Greetings)

Buenos días

—Buenos días. ¿Qué tal?   *Good morning. How's it going?*
—Muy bien, ¿y tú?   *Very well, and you?*
—Bastante bien, gracias.   *Quite fine, thanks.*

Buenas tardes

PACIENTE: Buenas tardes, doctora.   *Good afternoon, doctor.*
            ¿Qué hay de nuevo?   *What's new?*
DOCTORA: Nada en particular.   *Nothing special.*
            ¿Qué tal usted?   *How's everything with you?*
PACIENTE: Muy mal, bastante mal.   *Very bad, quite bad.*
DOCTORA: ¿Verdad? Lo siento.   *Really? I'm sorry.*

Buenas noches

—Buenas noches.   *Good night.*
—Buenas noches. Hasta mañana.   *Good night. See you tomorrow.*
—Adiós. Hasta pronto.   *Good-bye. See you soon.*
—Chao.   *Bye-bye.*

- Note that **buenos días** is normally used from sunrise to noon; **buenas tardes** from noon through approximately suppertime; and **buenas noches** after the evening meal.

1   **Saludos.** Recombine expressions from the three conversations above to create a conversation around the theme of greetings. Work with a partner.

Presentaciones (Introductions)

En la cafetería

SARA: Hola. ¿Cómo te llamas?   *Hello. What's your name?*
PABLO: Me llamo Pablo. ¿Y tú?   *My name is Pablo. And you?*
SARA: Me llamo Sara.   *My name is Sara.*
PABLO: Mucho gusto.   *Pleased to meet you.*
SARA: Igualmente.   *Likewise.*

En la oficina

RAFAEL: Hola. ¿Cómo se llama usted?   *Hello. What's your name?*

MIRTA: Me llamo Mirta Pérez.   *My name is Mirta Pérez. And you?*
¿Y usted?

RAFAEL: Me llamo Rafael Ramírez.   *My name is Rafael Ramírez.*

MIRTA: Mucho gusto.   *Pleased to meet you.*

RAFAEL: Igualmente.   *Likewise.*

En la sala de clase

—Buenos días, profesora.   *Good morning, professor.*

—Buenos días. ¿Cómo te llamas?   *Good morning. What is your name?*

—Me llamo David Romero Solar.   *My name is David Romero Solar. And you?*
¿Y usted?

—Me llamo Susana Alegría Ramírez.   *My name is Susana Alegría Ramírez.*

—Mucho gusto, profesora Alegría.   *Pleased to meet you, Professor Alegría!*

—El gusto es mío. ¡Bienvenido, David!   *The pleasure is mine. Welcome, David!*

2 **El gusto es mío.** Look at the conversations above. With whom would you use the following phrases?

¿Cómo te llamas? / ¿Y tú? _____

¿Cómo se llama usted? / ¿Y usted? _____

3 **¿Cómo te llamas?** Practice introducing yourself to three classmates. Follow the model of the conversation between Pablo and Sara.

4 **¿Cómo se llama usted?** Using the conversation above as a model, role play with different classmates three formal introductions as though you were: (a) head of your school, (b) president of your country, and (c) a famous celebrity.

Nacionalidad (Nationality)

CAELA: ¿De dónde eres?   *Where are you from?*

AIDA: Soy de La Paz. Soy boliviana.   *I am from La Paz. I am Bolivian.*
¿Y tú?   *And you?*

CAELA: Soy hondureña. Soy de   *I'm Honduran. I am from Tegucigalpa.*
Tegucigalpa.

AIDA: Mucho gusto.   *It's a pleasure.*

CAELA: El gusto es mío.   *The pleasure is mine.*

5 **¿De dónde eres?** Go around the room asking four classmates where they are from and what their nationality is. Follow the model of the conversation above.

6 **Nacionalidades.** How many of these people do you recognize? Identify their nationalities. Refer to the nationality chart and the map on pages 4–5. Be sure to use the nationality that corresponds to a female or a male.

1. Rosie Pérez
2. Claudia Schiffer
3. Antonio Banderas
4. Gloria Estefan
5. Luciano Pavarotti

6. Gabriela Sabatini
7. Jacques Chirac
8. Frida Kahlo
9. Monty Python
10. Jim Carrey

7 **¡Hola!** In pairs, role play the video characters from the opening presentation on pages 2–4. Use the information about their names and nationalities to create a conversation in which you practice greetings, introductions, and expressions of courtesy.

Palabras y expresiones útiles

¿Cómo se dice...?	*How do you say . . .?*
con permiso	*excuse me*
de nada	*you're welcome*
don (D.)	*(Sr., Mr.) with first name*
doña (Dña.)	*(Mrs., Ms.) with first name*
El gusto es mío.	*The pleasure is mine.*
en grupos	*in groups*
en parejas	*in pairs*
gracias	*thanks*
hasta la vista	*until we meet again*
no sé	*I don't know*
perdón	*pardon*
por favor	*please*
¿Qué quiere decir...?	*What does . . . mean?*
regular	*OK*
señor (Sr.)	*Mr.*
señora (Sra.)	*Mrs.*
señorita (Srta.)	*Miss*
Sí, cómo no.	*Of course.*
también	*also*

CAPÍTULO 1

LOCALIDAD:
Estados Unidos/
México

1A

¿Arqueóloga o criminal?

1B

The journey begins as Adriana and Felipe prepare to join their archaeology professor, Nayeli, on an excavation dig. However, something unexpected happens to change the course of events—and their lives—completely.

Vocabulary themes

Describing things in a room

Identifying colors

Counting from 0 to 100

Stating day and date

Stating month and date

Talking about academic subjects

Expressing likes and dislikes

Describing people

Language structures

Talking about specific and nonspecific things and people

Identifying gender of nouns

Talking about several persons or things

Coordinating gender and number

Describing people and things

Discussing actions in the present

Asking and responding to questions

Telling time

Culture topics

El teléfono

El sistema universitario en el mundo hispano

Readings

Titulares

Tres estudiantes de la universidad

Reading/writing strategies

Recognizing cognates/prefixes

Creating a cluster diagram

Internet strategy

Using Internet addresses

ETAPA A

Pistas y palabras

I. Describing things in a room

¿Qué hay en el cuarto?

1. una silla	**11.** un florero	**21.** una cartera
2. una pared	**12.** una ventana	**22.** un teléfono
3. una mochila	**13.** un radio	**23.** un cartel
4. un sillón	**14.** un cuaderno	**24.** un bolígrafo / una pluma
5. unos libros	**15.** una lámpara	**25.** un calendario
6. una calculadora	**16.** una computadora	**26.** un estante
7. unas llaves	**17.** un lápiz	**27.** unos papeles
8. una alfombra	**18.** una rosa	**28.** una cama
9. un escritorio	**19.** una planta	**29.** una televisión
10. un reloj	**20.** una impresora	**30.** un basurero

(No) Hay means *there is (not)* or *there are (not)*.

Palabras y expresiones útiles

la bolsa	*purse*	la pizarra	*blackboard, chalkboard*
el borrador	*eraser*	el pupitre	*writing desk*
la carpeta	*folder*	la regla	*ruler*
la habitación	*room*	la residencia	*dormitory*
el mapa	*map*	la sala de clase	*classroom*
la mesa	*table*	la tiza	*chalk*
la oficina	*office*	la universidad	*university*

1 **El cuarto.** Work with a partner to list as many things in your bedroom as you can.

▶ **Modelo:** —*¿Qué hay en el cuarto?*
    —*Hay una silla.*

2 **Cosas que no hay en el cuarto.** Now list five to eight things that are *not* in your room. Take turns naming them with a partner.

▶ **Modelo:** *No hay una alfombra.*

II. Identifying colors

¿De qué color es?

Países hispanos

rojo	México	Cuba	verde
café/marrón	España	Costa Rica	amarillo

blanco	Ecuador	Colombia	anaranjado
gris	Venezuela	Chile	azul
morado	Perú	Bolivia	negro
		Puerto Rico	rosado

3 **Los colores.** Name the colors of the books on the bookshelf. Work with a partner. Follow the model.

▶ **Modelo:** *¿De qué color es el libro de Bolivia?*
    Es negro.

4 **¡Colores, colores, colores!** What colors do you associate with the following?

1. Coca-Cola
2. Irish Spring soap
3. The Energizer Bunny
4. Howard Johnsons
5. Ivory Snow
6. Pepsi
7. Burger King
8. M&M's

III. Counting from 0 to 100

Contemos de cero a cien

Números de 0–100							
0	cero	10	diez	20	veinte	30	treinta
1	uno	11	once	21	veintiuno	40	cuarenta
2	dos	12	doce	22	veintidós	50	cincuenta
3	tres	13	trece	23	veintitrés	60	sesenta
4	cuatro	14	catorce	24	veinticuatro	70	setenta
5	cinco	15	quince	25	veinticinco	80	ochenta
6	seis	16	dieciséis	26	veintiséis	90	noventa
7	siete	17	diecisiete	27	veintisiete	100	cien / ciento*
8	ocho	18	dieciocho	28	veintiocho		
9	nueve	19	diecinueve	29	veintinueve		

*Use **cien** for 100 and **ciento** for anything above 100 (**ciento uno, ciento dos**...)

ENLACE CULTURAL

El teléfono

In Spanish-speaking countries, there are several ways to answer the telephone. **Aló** is used in many places. In Mexico, it is typical to say **Bueno**, whereas in Spain, people answer with **Dígame.** In some Colombian locations, people answer with **A la orden.**

Un teléfono público en Alcalá de Henares, España.

Telephone numbers can have five, six or seven digits, depending on the size of the city. Today, most large and medium-sized cities have seven digits; smaller ones may have five or six digits. In Santiago, the capital of Chile, the number for the American Embassy there is 232–2600, and would be read aloud as **dos, treinta y dos, veintiséis, cero, cero.** In San Luis Potosí, Mexico, the number of the American Consulate is 2–1528 and would be read aloud: **dos, quince, veintiocho.**

5 En grupos. Work in groups and determine how many undergraduates (*estudiantes de pregrado*) and master's degree students (*estudiantes de maestría*) live in different dormitories and boarding houses at a university in Spain.

▶ **Modelo:** —¿*Cuántos estudiantes de pregrado hay en la Residencia Omega?*
—*Hay cuarenta y cinco.*

	Residencia Rosales	Residencia Rioja	Residencia Flores	Residencia Omega	Residencia Moderna	Residencia Internacional
Estudiantes de pregrado	89	23	75	45	14	55
Estudiantes de maestría	43	11	42	12	8	24

6 ¿Cuál es el número? Work in groups saying the telephone numbers aloud.

1. Corporación Agroamazonas, Riberalta, Bolivia. Teléfono: 852–8426
2. Transflora Cargo, Bogotá, Colombia. Teléfono: 415–0188
3. Biblioteca Nacional de Venezuela, Caracas. Teléfono: 564–1717
4. Embajada de los Estados Unidos en La Paz, Bolivia. Teléfono: 43–0251
5. Consulado de los Estados Unidos en Nuevo Laredo, México. Teléfono: 4–0512

7 Números importantes. You need to make up a class list of phone numbers and addresses for five of your classmates. Complete the following chart with this information. Follow the model.

▶ **Modelo:** —¿*Cuál es tu (your) número de teléfono?*
—*Es cinco, veinticuatro, cuarenta y nueve, setenta y seis.*
—¿*Cuál es tu dirección?*
—*Es dos, tres, nueve Miller Hall.*

	1	2	3	4	5
Nombre					
Teléfono					
Dirección					

VISTAS Y VOCES

I. Preparémonos

1 **Anticipación.** Answer these questions in pairs.

A. **1.** Describe your university campus or the place where you are studying.
   2. Which faculty members do you visit during office hours? What furniture, objects, posters do they have in their offices? What kind of computer?
   3. What kinds of newspaper articles does your city/university publish? Are they available on the Internet?

B. Review chapter opening photo 1A. What do you think Nayeli is writing in the note? Who is the person behind her? What is going to happen next?

Para comprender mejor			
el cuchillo	*knife*	el pelo castaño	*brown hair*
Di que sí.	*Say yes.*	el sueño	*dream*

2 **Secuencia.** In pairs, number the video action shots in the order in which you think the action will occur in the video you will watch.

1.

2.

3.

4.

II. Miremos y escuchemos

3 Colores. What color clothing are the characters wearing in the video?
While watching the video, place a checkmark next to the colors they are wearing.

	Nayeli	Adriana	Felipe	Doña Gafasoscuras
amarillo	✓	✓		
anaranjado				
azul		✓	✓	
blanco	✓	✓	✓	
gris				
café, marrón	✓	✓		✓
morado				
negro	✓	✓		✓
rojo			✓	
rosado				
verde				

III. Comentemos

4 Asociación. Working in groups, match each character with an associated
item or items: 1) Nayeli; 2) Felipe; 3) Adriana; 4) Doña Gafasoscuras.

el fútbol ___ la rosa ___ el libro ___

la foto ___ la universidad ___ la mochila ___

las gafas oscuras ___ la nota ___ la computadora ___

el maletín ___ los ojos cafés ___

5 Frases. Working in groups, indicate who says the following.

1. "Tengo que hablar con Felipe Luna."
2. "Mi sueño es ser arqueóloga."
3. "Qué organizada eres, Adriana, qué organizada eres."
4. "Arqueóloga... ¡Ja!"

Lengua

I. Talking about specific and nonspecific things and people

A. Indefinite articles *(a, an, some)*

un alumno   unos alumnos   una alumna

unos alumnos   unas alumnas

The indefinite article has four forms.

	Masculine	Feminine
Singular	un	una
Plural	unos	unas

B. Definite articles *(the)*

el libro   los libros   la silla   las sillas

The definite article has four forms.

	Masculine	Feminine
Singular	el	la
Plural	los	las

⠿ LENGUA EN ACCIÓN

Nacionalidades, títulos y profesiones

■ When describing somebody's nationality or profession, Spanish doesn't use an indefinite article unless an additional adjective follows the description.

Felipe es futbolista.	*Felipe is a soccer player.*
Felipe es un futbolista cubanoamericano.	*Felipe is a Cuban American soccer player.*
Nayeli es arqueóloga.	*Nayeli is an archaeologist.*
Nayeli es una arqueóloga excelente.	*Nayeli is an excellent archaeologist.*

■ When talking *about* people with titles, such as **señor, señora, señorita,** and **doctor/a,** the definite article is used.

El doctor Medina es mexicano.	*Dr. Medina is Mexican.*
La señorita Reyes es chicana.	*Ms. Reyes is Chicana.*

■ However, when talking directly *to* a person with a title, the definite article is not used.

Doctor Medina, ¿cómo está usted?	*Doctor Medina: How are you?*
Señorita Reyes, ¿cuál es su número de teléfono?	*Ms. Reyes: What is your phone number?*

II. Identifying gender of nouns

Masculine and feminine forms

Nouns in Spanish are either masculine or feminine.

- Usually, nouns that refer to males are masculine and nouns that refer to females are feminine.

Masculine	Feminine	
el doctor	**la** doctora	*doctor*
el profesor	**la** profesora	*teacher*
el señor	**la** señora	*Mr., Mrs.*

- Nouns that refer to people and end in **-e** or **-ista** are either masculine or feminine. Gender is specified by the context or by modifiers such as articles.

Masculine	Feminine	
el artista	**la** artista	*artist*
el estudiant**e**	**la** estudiant**e**	*student*
el pacient**e**	**la** pacient**e**	*patient*

- Most nouns that refer to things and end in **-o** are masculine while most feminine nouns end in **-a.**

Masculine		Feminine	
el calendario	*the calendar*	la bolsa	*the bag*
el florero	*the vase*	la calculadora	*the calculator*
el libro	*the book*	la impresora	*the printer*

The gender of nouns with other endings is not obvious. Some endings may give a clue about the gender of the noun.

- Nouns ending in **-ión, -dad, -tad** are usually feminine.

la lección	*lesson*	la actividad	*activity*	la tempestad	*storm*
la televisión	*television*	la cantidad	*quantity*	la libertad	*liberty*

- Nouns ending in **-ma** are usually masculine.

el clima	*climate*	el idioma	*language*
el sistema	*system*	el problema	*problem*
el tema	*theme*	el programa	*program*

- Nouns ending in **-e** may be masculine or feminine.

la clase	*class*	**el** arte	*art*
la gente	*people*	**el** cine	*movie theater*

You will need to learn these on a case-by-case basis.

- Common exceptions are:

el día	*day*	la mano	*hand*	el mapa	*map*

1 **Práctica.** Working with a classmate, replace the indefinite article **un** or **una** with the definite article **el** or **la.**

▶ **Modelo:** *un libro*
    el libro

1. un señor
2. una estudiante
3. una calculadora
4. un florero
5. una composición
6. un tema
7. un doctor
8. una paciente
9. una mano
10. una arqueóloga

2 *¿Qué es?* Indicate whether each noun is masculine, feminine or both, by writing the definite article **el, la,** or both of them in front of each noun. Then, say the words aloud. Work with a partner.

_____ arte		_____ idioma	
_____ artista		_____ impresora	
_____ bolsa		_____ estudiante	
_____ calendario		_____ mapa	
_____ dentista		_____ oportunidad	
_____ cine		_____ papel	
_____ clase		_____ profesor	
_____ día		_____ señora	

⋯ LENGUA EN ACCIÓN

Gente (People)

■ When discussing people, it is useful to know these terms. Notice the masculine and feminine forms.

el/la	abuelo/a	*grandfather, grandmother*	la	madrastra	*stepmother*	
			la	madre	*mother*	
el/la	alumno/a	*pupil, student*	la	mujer	*woman*	
el/la	amigo/a	*friend*	el/la	niño/a	*child*	
el/la	chico/a	*boy/girl*	el/la	novio/a	*boyfriend/ girlfriend*	
el/la	compañero/a de clase	*classmate*	el	padrastro	*stepfather*	
el/la	compañero/a de cuarto	*roommate*	el	padre	*father*	
			el/la	profesor/a	*teacher*	
el/la	estudiante	*student*	el	señor	*gentleman, Mr.*	
el/la	hermanastro/a	*stepbrother/sister*				
el/la	hermano/a	*brother/sister*	la	señora	*lady, Mrs.*	
el/la	hijastro/a	*stepson/daughter*	la	señorita	*young lady, Miss, Ms.*	
el	hombre	*man*				

III. Talking about several persons or things

Plural of nouns

• Nouns ending in a vowel generally add **-s** to form the plural.

Singular	Plural	
la cas**a**	las cas**as**	*houses*
el niñ**o**	los niñ**os**	*children*
la noch**e**	las noch**es**	*nights*

- Nouns ending in a consonant add **-es.**

Singular	Plural	
la actividad	las actividad**es**	*activities*
el papel	los papel**es**	*papers*

- When adding **-es** to nouns ending in **z,** the **z** changes to **c.**

Singular	Plural	
el lápiz	los lápi**ces**	*pencils*
la luz	las lu**ces**	*lights*

IV. Coordinating gender and number

Nouns and adjective agreement

Adjectives must agree in gender and number with the nouns they modify. Adjectives with a final **-o** in the singular have four endings: **-o, -os, -a, -as.** They usually follow the nouns they modify.

Singular		Plural	
el radio blanc**o**	*the white radio*	los radios blanc**os**	*the white radios*
la silla blanc**a**	*the white chair*	las sillas blanc**as**	*the white chairs*

Adjectives that end in any other letter have two forms, singular and plural.

Singular		Plural	
el libro interesant**e**	*the interesting book*	los libros interesant**es**	*the interesting books*
la clase interesant**e**	*the interesting class*	las clases interesant**es**	*the interesting classes*

3 ¿Masculino o femenino? Identify the correct indefinite article of these words.

1. _____ actividades
2. _____ bailes
3. _____ carteles
4. _____ cuartos
5. _____ doctoras
6. _____ estudiantes
7. _____ impresoras
8. _____ televisiones

4 **Los artículos definidos.** For each noun, give the correct definite article. Then make each example plural.

1. _____ cuaderno _____
2. _____ día _____
3. _____ lápiz _____
4. _____ mano _____
5. _____ papel _____
6. _____ reloj _____
7. _____ silla _____
8. _____ teléfono _____

5 **Una historia interesante.** Read the following short text and complete it with the missing definite or indefinite article. If no article is needed, leave the space blank.

Adriana es _____ chica de San Antonio. Es _____ estudiante de arqueología en _____ Universidad de Tejas en San Antonio. _____ papá de Adriana se llama Alberto y es _____ profesor de historia. _____ mamá de Adriana es _____ dentista.

6 **Cosas y colores.** Work in pairs to describe the objects and their colors in this drawing.

▶ **Modelo:** —*¿Qué hay en la oficina?*
            —*Hay cuatro lápices amarillos.*

V. Describing people and things

A. Descriptive adjectives: People

> Yo soy alta y tú eres bajo.

> Beto es pelirrojo, nosotras somos morenas y ustedes son rubios.

> Graciela es joven y nosotros somos viejos.

> Ellos son gordos y nosotras somos delgadas.

> Superman es guapo y Frankenstein es feo.

Roberta   Simón

Luisa y Laura   Daniel y David   Beto

Graciela   Elvira y Bruno

Lalo y Lolo   Rosa y Rosaura

⁝⁝⁝ LENGUA EN ACCIÓN

Cortesía

In some countries it is more polite to say **mayor** (*older*) or **grande** instead of **viejo/a** (*old*) to describe someone's age.

Also, the term **gordo/a, gordito/a** (*fat*) is often used as a term of affection.

7 **¿Cuál es el plural?** Change the following phrases from the singular to the plural. Follow the model.

▶ **Modelo:** *la mujer rubia*
las mujeres rubias

1. la chica grande
2. el señor alto
3. el hombre interesante
4. la niña morena
5. la alumna inteligente
6. el profesor rubio
7. la doctora alta
8. la profesora interesante
9. el chico moreno
10. el chico gordito

B. Descriptive adjectives: Things

La computadora es nueva.

La computadora es vieja.

La mesa es grande.

La mesa es pequeña.

El coche es rápido.

El coche es lento.

El lápiz es largo.

El lápiz es corto.

8 *¿Cuál es el singular?* Write the following phrases in the singular. Make all changes necessary. Then practice both the plural and the singular forms with a partner.

▶ **Modelo:** *las mochilas rojas*
la mochila roja

1. los coches amarillos
2. las computadoras rápidas
3. los mapas viejos
4. los teléfonos azules
5. los escritorios pequeños
6. las bolsas verdes
7. las impresoras grises
8. los libros interesantes
9. los radios negros
10. los números grandes

C. Subject pronouns

In Spanish, pronouns are used to clarify or emphasize the subject. In most cases they are optional because you can tell what the subject is by looking at the verb ending.

Singular		Plural	
yo	*I*	**nosotros/nosotras**	*we*
tú	*you*	**vosotros/vosotras**	*you*
usted (Ud.)	*you*	**ustedes (Uds.)**	*you*
él	*he*	**ellos**	*they*
ella	*she*	**ellas**	*they*

- **Tú** is a pronoun for people you address by first name.
- **Usted (Ud.)** is a pronoun used for people you respect or don't know well.
- **Vosotros/vosotras** is an informal pronoun used only in Spain for people you address by first name.
- **Ustedes (Uds.)** is a formal plural pronoun in Spain. In Latin America, it is formal or informal and designates only the plural.
- **Nosotras, vosotras,** and **ellas** are used when referring to all-female groups.

D. Ser (to be)

The forms of **ser** are irregular.

Singular			Plural		
yo	**soy**	*I am*	nosotros/nosotras	**somos**	*we are*
tú	**eres**	*you are*	vosotros/vosotras	**sois**	*you are*
usted	**es**	*you are*	ustedes	**son**	*you are*
él	**es**	*he is*	ellos	**son**	*they are*
ella	**es**	*she is*	ellas	**son**	*they are*

Ser has many uses. In Spanish, **ser** is used to describe the following:

People	Felipe **es** alto.	*Felipe is tall.*
	Nosotros **somos** bajos.	*We are short.*
Occupation	Adriana y Felipe **son** estudiantes.	*Adriana and Felipe are students.*
	Armando, ¿**es** usted profesor?	*Armando, are you a professor?*
Things	La computadora **es** nueva.	*The computer is new.*
	Los gemelos **son** importantes.	*The twins are important.*
Identity	¿**Eres** Roberto?	*Are you Roberto?*
	No, **soy** Felipe.	*No, I'm Felipe.*
Origen	Los gemelos **son** de México.	*The twins are from Mexico.*
	Somos del* sur de México.	*We are from Southern Mexico.*
Nationality	Ellos **son** mexicanos.	*They are Mexican.*
	Doña Carmen **es** costarricense, ¿verdad?	*Doña Carmen is Costa Rican, right?*
Substance: what things are made of	La computadora **es** de plástico.	*The computer is made of plastic.*
	Los floreros **son** de barro.	*The vases are made of clay.*

****De** (of) *plus* **el** (the) *form the contraction* **del** (of the).

- Notice that the first letter of each usage spells the word *POTIONS.* Mnemonic devices such as this can help you remember the rules.

- When describing someone or something with more than one adjective, the adjectives are connected with **y** (*and*).

  Felipe es alto **y** guapo.   *Felipe is tall and handsome.*

- If the word **y** appears before a word that starts with **i-** or **hi-,** it changes to **e.**

  Adriana es simpática **e** inteligente.   *Adriana is friendly and intelligent.*
  Ella estudia arqueología **e** historia.   *She studies archaeology and history.*

⠿ LENGUA EN ACCIÓN

Expresiones enfáticas

Spanish makes descriptions emphatic in many ways. Some common ways are:

■ **muy** + adjective

El libro es **muy** interesante.   *The book is very interesting.*
La computadora es **muy** vieja.   *The computer is very old.*
La clase es **muy** buena.   *The class is very good.*

■ adjective + **-ísimo/s, -ísima/s**

El libro es **interesantísimo.**   *The book is very interesting.*
La computadora es **viejísima.**   *The computer is very old.*
La clase es **buenísima.**   *The class is very good.*

Notice that if the adjective ends in a vowel, you drop the vowel and add the ending. If the adjective ends in a consonant, you usually add just the ending. As with all other adjectives, these agree in gender and number.

La lección es dificil**ísima.**   *The lesson is very difficult.*

E. Negation

- Simple negation is formed by adding **no** before the verb.

  Marcela **no** es de México.   *Marcela is not from Mexico.*
  El libro **no** es amarillo.   *The book is not yellow.*

- To answer a question negatively, start the sentence with **no.**

  ¿La ventana es grande?   *Is the window large?*
  No, la ventana **no** es grande.   *No, the window is not large.*

9 *¿Cómo son?* Complete the following sentences to describe various people and things.

1. Las clases...
2. Los profesores...
3. La universidad...
4. El libro de español...
5. Mi compañero/a de cuarto...
6. Mi mamá...
7. Tom Cruise y Nicole Kidman...
8. La pluma...
9. Los estudiantes...
10. Yo...

10 *¿De dónde son?* Working with a partner, state where these people are from and their nationalities.

▶ **Modelo:** *Gabriela Sabatini es de Buenos Aires. Ella es argentina.*

1. Juan Luis Guerra _____ de Santo Domingo. _____.
2. Henry Cisneros y su familia _____ de Texas. _____.
3. Arantxa Sánchez _____ de Barcelona. _____.
4. Rigoberta Menchú _____ de Chimel, Guatemala. _____.
5. Laura Esquivel _____ de México D.F. _____.
6. Isabel Allende _____ de Santiago. _____.
7. Yo _____ de _____. _____.
8. Mi compañero/a de cuarto _____ de _____. _____.

11 *Así es.* Write a brief description of one of your classmates on a piece of paper. Your instructor will collect these and hand them out at random to read. Try to guess who the person is.

Lectura A

Introducción

In the newspaper headlines (**titulares**) that you will be reading in this section, you will encounter words in Spanish that look very much like words that you know in English. These Spanish words that have a similar spelling and meaning as English words are called *cognates*. The strategies that follow will help you identify them in a text.

Reading strategy: Recognizing cognates

Knowing cognates can help you increase your vocabulary tremendously! The following is a list of adjectives that can be used to describe things, people, or places. Listen to your instructor and pronounce these words to hear how they compare to similar words in English.

arrogante	importante	pesimista
egoísta	insuficiente	popular
elegante	interesante	profesional
emocional	internacional	realista
evidente	nacional	sentimental
excelente	natural	terrible
final	oportunista	tradicional
futbolista	optimista	transparente
horrible	original	tropical
idealista	persistente	universal

1 ¿Qué quiere decir? What do the words in the preceding list mean?

2 Categorías. The cognates listed fall into four categories according to their endings. List them in the following chart. The first one is done for you.

Ending = *-nte*	Ending = *-ista*	Ending = *-al*	Ending = *-ible*
arrogante			

What are the comparable endings for these groups of words in English?

🔑 **Reading strategy: Identifying prefixes**

By adding prefixes to some cognates you can greatly expand your vocabulary. Here are some examples of the prefix **in-**, a very common prefix in Spanish and English. Note that in Spanish **in-** is spelled **im-** before **b** and **p**.

---

3 Opuestos. Complete the chart with the opposites of the given words.

▶ **Modelo:** *conveniente/inconveniente*
perfecto/imperfecto

in-		im-	
dependiente		probable	
estable		personal	
flexible		posible	
formal		paciente	
tolerante		popular	

4 ¿Positivo o negativo? Considering both groups of cognates, which of the adjectives are positive in meaning? Negative? Both? Work in pairs and write down the adjectives below the corresponding heading.

positivo	negativo	positivo y negativo
_____	_____	_____
_____	_____	_____

Titulares

a. **¡Bacterias resistentes en hospitales!**

e. **Cinema espectacular: Misión imposible**

f. **ASESINADO IMPORTANTE ARTISTA DE TELEVISIÓN**

b. **Estudiantes de universidad: ¿optimistas o pesimistas?**

c. **LA FAMILIA MODERNA: UNA INSTITUCIÓN EN CRISIS**

g. **Clima inestable en el trópico**

d. **Los héroes mayas: ¿leyenda o realidad?**

h. **Mafias internacionales son un problema enorme**

i. **Importante arqueóloga visita el Museo Nacional**

5 Crónicas. What kind of text is behind the headlines? Match the Spanish headlines above to the following English sentences by writing down the corresponding letter in front.

1. _____ "American agents will be cooperating with Interpol . . ."
2. _____ "Heavy winds are expected in the whole region . . ."
3. _____ "His performance in this movie is very convincing . . ."
4. _____ "Interpretation of history is a matter of our social and cultural context . . ."
5. _____ "Not all teachers agree on the causes of this problem among young people . . ."
6. _____ "The number of divorces and one-person households has increased dramatically . . ."
7. _____ "The author of this terrible crime is still at large . . ."
8. _____ "This important institution is honored by the scientist's presence . . ."
9. _____ "Modern antibiotics are useless against these new strains . . ."

6 Titulares. Write your own headlines using the vocabulary from this chapter and as many cognates as possible.

ETAPA B ▪▪

Pistas y palabras

I. Stating day and date: Days of the week

Una agenda típica

Days of the week are not capitalized in Spanish.
Days of the week are masculine: **el lunes** = *(on) Monday* / **los lunes** = *(on) Mondays*.
To state the day, use the following model.

¿Qué día es hoy?	*What day is today?*
Hoy es martes.	*Today is Tuesday.*

1 **¿Qué estudia?** *(What does she study?)* Answer the following questions according to the schedule above.

1. ¿Qué estudia los lunes?
2. ¿Estudia historia? ¿Cuándo?
3. ¿Qué estudia los jueves?
4. ¿Cuándo estudia música?
5. ¿Qué estudia los viernes?
6. ¿Qué estudia los martes?
7. ¿Estudia mucho los sábados?

II. Stating month and date: Months of the year

¿En qué mes estamos? *(What month is it?)*

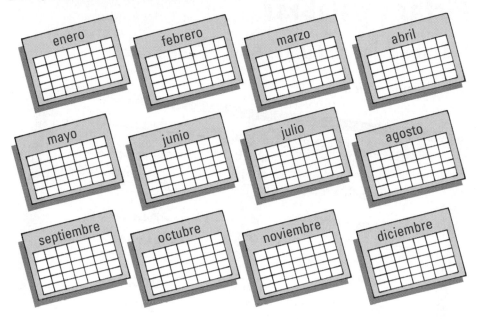

Months are not capitalized in Spanish. To state the day and date, use the following model.

¿Qué fecha es hoy?	*What is today's date?*
Hoy es el veintitrés de septiembre.	*Today is September 23.*

If you are stating the first day of the month, use the ordinal number **primero.**

Hoy es **el primero** de septiembre.	*Today is September 1.*

2 **¿Qué fecha es?** State the following dates in Spanish.

1. December 9
2. October 15
3. July 4
4. August 10

5. January 1
6. March 13
7. May 31

3 **Fechas importantes.** Write the dates for the following occasions. Then practice them with a classmate.

▶ **Modelo:** *Independence Day, USA*
el cuatro de julio

1. Valentine's Day
2. Thanksgiving Day this year
3. Columbus Day
4. Christmas
5. New Year's Day

6. The first day of spring vacation
7. Your birthday
8. Your sister or brother's birthday
9. The first day of fall classes
10. The last day of exams this term

░░░ LENGUA EN ACCIÓN

Calendarios y fechas

Calendars usually begin with Monday in Spain. In Latin America, it varies. Some countries use calendars in which the week starts with Monday; in others, the week starts with Sunday, as in the United States.

In Latin America, the first day of the month is **primero**. In Spain, **uno** is also used.

Hoy es el **primero** de abril.	*Today is April first.*
Hoy es el **uno** de mayo.	*Today is May first.*

III. Talking about academic subjects

En la universidad

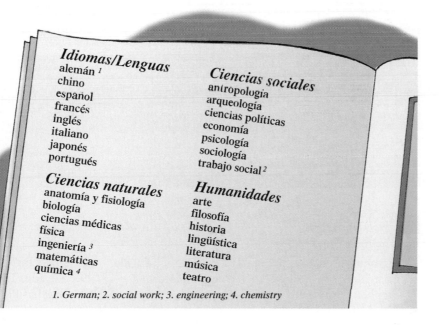

Idiomas/Lenguas
alemán [1]
chino
español
francés
inglés
italiano
japonés
portugués

Ciencias sociales
antropología
arqueología
ciencias políticas
economía
psicología
sociología
trabajo social [2]

Ciencias naturales
anatomía y fisiología
biología
ciencias médicas
física
ingeniería [3]
matemáticas
química [4]

Humanidades
arte
filosofía
historia
lingüística
literatura
música
teatro

1. German; 2. social work; 3. engineering; 4. chemistry

4 **Asociaciones.** What subject areas do you associate with these words? Use your knowledge of cognates.

1. el átomo
2. el cadáver
3. el laboratorio
4. el oxígeno
5. la composición
6. las elecciones
7. la fórmula
8. la infección
9. los números
10. la psicosis
11. la sociedad
12. la trompeta

5 ¿Qué estudias? Ask three of your classmates what classes they are studying. Copy the following chart and fill in three classes next to the **materia** categories. Then conduct your interview according to the model. Write what each one says. Follow the model.

▶ **Modelo:** —¿*Qué estudias?*
                —*Estudio matemáticas.*
                —¿*Estudias sociología?*
                —*No, no estudio sociología, estudio psicología.*

	Estudiante 1	Estudiante 2	Estudiante 3
Materia 1			
Materia 2			
Materia 3			

••• LENGUA EN ACCIÓN

Cognados falsos

A false cognate, sometimes called **falso amigo,** is a word in Spanish that looks like a word in English but has a different meaning. Some examples are found when talking about academic subjects.

■ To ask what someone's major is, you say ¿**Cuál es tu (su)** (*your*) **especialización?** The word **mayor** in Spanish means *older.*

■ To attend class is **asistir a clase.** The verb **atender** means *to take care of, to pay attention to.*

■ The *faculty* of a university is **el profesorado. La facultad** in Spanish means the *School* as in **La facultad de humanidades,** *The School of Humanities.*

■ An academic subject matter is **la materia,** not **el sujeto. El sujeto** often refers to the grammatical subject of a sentence.

6 ¿Qué enseña? (*What does he/she teach?*) In which department would you find the following people?

1. Sigmund Freud
2. Isaac Newton
3. Stephen King
4. Abraham Lincoln
5. Florence Nightingale
6. Jane Goodall
7. Aristotle
8. Malcolm X
9. Salvador Dalí
10. Billie Holiday

7 Preferencias. Based on your preferences, give a name of an academic subject that matches the descriptions.

1. una materia de ciencias naturales
2. una materia práctica
3. una materia fascinante de humanidades
4. un idioma moderno
5. una materia de ciencias sociales muy popular

IV. Expressing likes and dislikes

Palabras y expresiones útiles

alquilar videos	*to rent videos*	mirar la televisión	*to watch television*
dar un paseo	*to take a walk*	navegar por Internet	*to surf the Web*
estar con amigos	*to be with friends*	practicar deportes	*to play sports*
estudiar	*to study*	trabajar	*to work*
hacer ejercicio	*to exercise*	viajar	*to travel*

• To say that someone likes to do something, you use the following structures.

Me gusta + *infinitive*

Me gusta mirar la televisión.   *I like to watch TV.*

Te gusta + *infinitive*

Te gusta estudiar.   *You like to study.*

• To say that someone likes one thing or many things, you use the following structures.

Me gusta + *singular noun*

Me gusta la clase de español.   *I like Spanish class.*

Me gustan + *plural noun*

Me gustan las clases.   *I like my classes.*

Te gusta + *singular noun*

Te gusta el fútbol.   *You like soccer.*

Te gustan + *plural noun*

Te gustan el fútbol y el volibol.   *You like soccer and volleyball.*

VISTAS Y VOCES

I. Preparémonos

1 Anticipación. Answer these questions in pairs.

A. 1. ¿Qué materia es tu pasión?
   2. ¿Eres optimista o pesimista?
   3. ¿Qué pasatiempos te gustan? (dar un paseo, jugar al fútbol, estar con ami-
       gos y amigas, alquilar videos, etc.)
   4. ¿Te gusta la aventura?
B. Review chapter opening photo 1B. What do you think that Adriana and Felipe
    observe in the Hero Twins book?

Para comprender mejor			
el gemelo	*twin*	nadie	*nobody*
la leyenda	*legend*	se trata de	*it is about*

2 Secuencia. In pairs, number the video action shots in the order in which
you think the action will occur in the video you will watch.

1.

2.

3.

4.

II. Miremos y escuchemos

3 ¿Cómo son? While watching the video, check off the words that are used to describe these characters.

	Adriana	Felipe	ambos (*both*)
agradable	✓	✓	✓
exagerado/a			
fascinante			
inteligente		✓	
optimista			
profesional	✓		
romántico/a		✓	
simpático/a	✓	✓	✓
trabajador/a	✓		

III. Comentemos

4 ¿Quién? Check off where each character is from originally.

	Nayeli	Adriana	Felipe
Miami			
San Antonio			
Nueva York			

5 Frases. Working in groups, indicate who says the following.

1. "Pero te vas a México, tres meses con Felipe 'Futbolista' Luna, y yo aquí con mis libros."
2. "Adriana es muy agradable, ...muy simpática."
3. "Sí, la arqueología es fascinante."
4. "Eres optimista, Arturo. Esta chica sólo vive para trabajar..."
5. "Y tú, mi amigo, eres un romántico incurable..."
6. "Voy a México a aprender, a investigar, a trabajar. No voy para empezar un romance sin importancia."
7. "¿Pasatiempos? Yo paso el tiempo estudiando."
8. "El libro de Nayeli. Acaba de salir: 'Los héroes gemelos de Xibalbá.'"
9. "Estoy listo para la aventura de mi vida."
10. "Tú y yo, como los héroes gemelos, vamos a triunfar sobre los malos."

6 Miremos otra vez. After watching the scene again, check to see if you have ordered the video action shots in the appropriate sequence.

⋯ LENGUA EN ACCIÓN

Expresiones con infinitivos

The verbs **desear, necesitar, deber,** and **decidir** are most often used with an infinitive.

Deseo vender el coche.	*I want to sell the car.*
Necesitamos comer.	*We need to eat.*
Debes trabajar mucho.	*You should work a lot.*
Deciden estudiar en la biblioteca.	*They decide to study in the library.*

The construction **acabar** + **de** + infinitive means *to have just done* or *to have just completed* an action.

Acabo de comer.	*I have just eaten.*
Acabamos de vender el coche.	*We have just sold the car.*

3 **La lista de Javier.** Write in complete sentences the social activities that Javier and his friends plan to do this weekend. Use **desear, necesitar,** or **deber** + infinitive. Follow the model.

▶ **Modelo:** *alquilar un video*
Ellos necesitan alquilar un video.

1. correr en el parque
2. bailar salsa
3. visitar el museo
4. trabajar mucho
5. escuchar música
6. salir hoy
7. escribir la composición
8. comer tacos
9. recibir las cartas
10. aprender español

4 **Actividades recientes.** You have just visited with all of your friends. When you return to your room, your roommate asks you what your friends have just done. Report what they have done using **acabar de** + infinitive. Follow the model.

▶ **Modelo:** *Enrique (comer)*
Enrique acaba de comer.

1. Patricio (escuchar) música clásica
2. Paco y Graciela (comprar) pizza
3. Elvira (escribir) una composición en italiano
4. Alicia y su compañera de cuarto (dar) un paseo
5. Rodrigo y yo (terminar) un experimento en el laboratorio de física
6. Mario (hacer) ejercicios con amigos
7. Yo (visitar) a amigos

5 **Querido amigo / Querida amiga.** Write a postcard to a friend to tell him/her about university life. Include at least two sentences about each of the following: the university, the professors, classes, and new friends. Use as many different verbs as possible.

II. Asking and responding to questions

A. Question formation: Yes/No questions

There are three ways of asking questions in Spanish when only a **sí** or a **no** is required as an answer. Notice also how each question is answered.

- Raising the voice at the end of a statement.

—¿Manuel estudia ruso?	*Does Manuel study Russian?*
—Sí, él estudia ruso.	*Yes, he studies Russian.*
—¿Ellos viven en Acapulco?	*Do they live in Acapulco?*
—No, ellos viven en Veracruz.	*No, they live in Veracruz*

- Adding a tag word at the end of a statement.

  Note the English words that correspond to these expressions. Tag questions have the same sentence structure as statements, except for the addition of the tag words. Some common tag words are: **¿sí?**, **¿no?**, **¿(no es) verdad?**, and **¿(no es) cierto?**

—El portero abre la puerta, **¿no?**	*The doorman opens the door, doesn't he?*
—Sí, él abre la puerta.	*Yes, he does open the door.*
—Olga habla inglés, **¿verdad?**	*Olga speaks English, doesn't she?*
—No, ella no habla inglés.	*No, she doesn't speak English.*

- Inverting the word order of subject and verb.

  Note how the response to the question reestablishes the original order of the sentence.

—¿Es interesante el libro?	*Is the book interesting?*
—No, el libro no es interesante.	*No, the book isn't interesting.*
—¿Son deliciosos los chocolates?	*Are the chocolates delicious?*
—Sí, los chocolates son deliciosos.	*Yes, the chocolates are delicious.*

B. Question formation: Information questions

Interrogative words are used for questions that require an informative response, rather than a simple *yes* or *no*.

—¿**Qué** pasa hoy? ¡Hay mucha gente aquí!	*What is going on today? There are a lot of people here.*
—Hoy hay una celebración importante.	*There is an important celebration today.*
—¿Y **por qué** hay una celebración?	*And why is there a celebration?*
—Porque la excavación es un éxito.	*Because the excavation is a success.*
—¿Y **cuál** excavación es?	*And which excavation is it?*
—La excavación arqueológica maya.	*The Mayan archaeological excavation.*
—¿Y **quién** es el director de la excavación?	*And who is the director heading the excavation?*
—No es un director. Es una directora.	*It is not a male director. It is a female director.*

—Bueno, ¿**cómo** se llama la directora?

Well, what is the director's name?

—Se llama Nayeli Paz Ocotlán.

Her name is Nayeli Paz Ocotlán.

—¡Ah! Y ¿**de dónde** es la profesora Paz?

Ah, and where is Professor Paz from?

—Es mexicanoamericana, de Nueva York.

She is Mexican-American, from New York.

—¿**Quiénes** son los asistentes de la profesora?

Who are the professor's assistants?

—Son dos estudiantes, Adriana Reyes y Felipe Luna.

They are two students: Adriana Reyes and Felipe Luna.

—¿**Cuándo** termina la celebración?

When does the celebration end?

—Termina hoy por la noche, muy tarde.

It ends tonight, very late.

The interrogatives *how much* (**cuánto/a**) and *how many* (**cuántos/as**) agree with the noun they modify in gender and number. They also carry a written accent.

¿Cuán**ta** cerve**za** bebes?

How much beer do you drink?

¿Cuán**tas** lámpa**ras** hay en la habitación?

How many lamps are in the room?

¿Cuán**to** caf**é** tomas?

How much coffee do you drink?

¿Cuán**tos** estudian**tes** son de Madrid?

How many students are from Madrid?

6   Preguntas. Create a question for each of the following answers using interrogative question words such as **¿qué, ¿cómo?, ¿cuándo?, ¿dónde?, ¿cuánto(a/os/as)?, ¿de dónde?**

▶ **Modelo:** *En la ciudad hay tres museos.*
            ¿Cuántos museos hay en la ciudad? ¿Dónde hay tres museos?

1. Celina bebe leche.
2. La computadora es de plástico.
3. Nosotros hablamos francés.
4. Paula y Lucía miran dos videos españoles.
5. En la universidad hay muchos coches.
6. Hay veinte estudiantes de español en la clase.
7. El video "Misión imposible" es interesante.
8. Nosotros somos de Santiago de Chile.
9. Yo camino los sábados.
10. El libro es de papel.

7   La vida universitaria. Choosing from the three infinitives provided, ask a classmate one question about the academic and social life of his or her roommate.

▶ **Modelo:** *viajar / estudiar / comer*
            ¿Dónde estudia tu compañero/a de cuarto?

1. vivir / correr / trabajar
2. escuchar / mirar / describir
3. escribir / hablar / leer
4. comer / beber / llevar
5. deber / recibir / abrir
6. cantar / practicar / bailar
7. pagar / vender / comprar
8. vivir / visitar / viajar
9. imprimir / escribir / investigar
10. llegar / viajar / mandar

8 ¿Cómo es? Work with two classmates to discuss life at your university.

▶ **Modelo:** —*¿Son interesantes las clases? fácil / malo / difícil*
        —*Sí, las clases son interesantes y fáciles.* or:
        —*No, las clases son malas y difíciles.*

1. ¿Son buenos los médicos universitarios? inteligente / tonto / malo
2. ¿Es grande la universidad? hermoso / feo / viejo
3. ¿Son jóvenes los profesores de español? alto / bajo / gordo
4. ¿Es bonita la residencia? nuevo / feo / malo
5. ¿Es fácil el español? interesante / difícil / aburrido
6. ¿Es bueno el clima de la ciudad? hermoso / malo / frío
7. ¿Son simpáticos los estudiantes? / inteligente / antipático / optimista

9 Mi vida universitaria. Using the information from **Actividad 8** write six sentences describing university life on your campus.

10 Actividades diarias. Write down five questions to ask a classmate about his or her daily activities at home or at the university. Then work in pairs to ask and answer each other's questions.

III. Telling time

A. The clock: ¿Qué hora es? *(What time is it?)*

Es mediodía.   **Es medianoche.**

Son las once menos	Es la una y media	Son las cuatro y	Son las dos en
cuarto de la mañana.	de la mañana.	veinte de la tarde.	punto de la tarde.

- In many Spanish-speaking countries, the question is also formed as **¿Qué horas son?**
- Time is expressed using the verb **ser.** As you can see, time that has already passed is added to the hours using **y.** Time before the hour is expressed with the hour + **menos** + minutes.

B. Time expressions

Por la noche

CAROLINA: ¡Hay una fiesta fantástica en la universidad!

LUISA: ¿A qué hora es la fiesta?

CAROLINA: Es a las nueve y media **de la noche.**

MARIO: ¡Qué lástima! *(Too bad!)* Yo estudio **por la noche.**

LUISA: Y yo trabajo **por la noche.**

CAROLINA: ¡Qué mala suerte!

Useful time expressions:

por la mañana   *morning* (general time period)

   Mireya toma café **por la mañana.**   *Mireya drinks coffee in the morning.*

por la tarde   *afternoon* (general time period)

   Ellos miran la televisión **por la tarde.**   *They watch TV in the afternoon.*

por la noche   *evening/night* (general time period)

   Esteban y Lucía trabajan **por la noche.**   *Esteban y Lucía work at night.*

specific time + **de la mañana**

   El autobús llega **a las seis de la mañana.**   *The bus arrives at six in the morning.*

specific time + **de la tarde**

   La clase es **a las tres de la tarde.**   *The class is at three in the afternoon.*

specific time + **de la noche**

   La visita es **a las siete de la noche.**   *The visit is at seven p.m.*

- Time can also be expressed in Spanish using a.m. and p.m. Lower case letters are preferred.

   Voy al cine a las 7.30 **p.m.**   *I'm going to the movie theater at 7:30 p.m.*

∷ LENGUA EN ACCIÓN

El horario de veinticuatro horas

In daily life, a 12-hour time format is usual in the Hispanic countries. However, a 24-hour time table is preferred in Spain for transportation itineraries, official events, and so on. In this time format, 12 midnight is 00:00 hours.

El autobús sale a las **23.35** horas.   *The bus leaves at 11:35 p.m.*

11 ¿Qué hora es? Take turns with a partner to tell the time on each clock below. Use the 24-hour clock.

12 Hora mundial. You are in San Francisco and have to communicate with friends in eight cities, located in eight different time zones. Following the model, ask your partner what time it is in each location.

▶ **Modelo:** —*¿Qué hora es en San Antonio?*
—*En San Antonio son las dos de la mañana.*

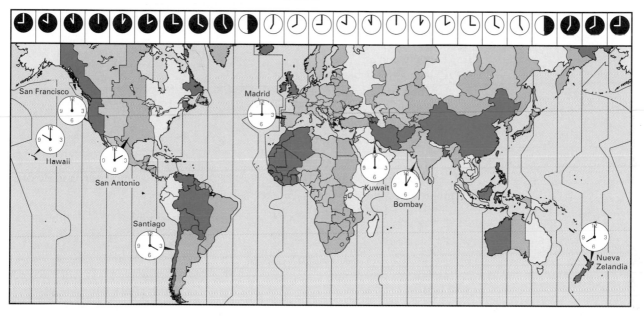

13 ¿Cuál es la rutina? In pairs, ask each other these questions.

1. ¿Cuándo estudias tú, por la noche o por la mañana?
2. ¿A qué hora comes?
3. ¿Te gusta ir a clase a las seis de la mañana?
4. ¿Cuándo lees el correo en la computadora?
5. ¿A qué hora miras videos?

Lectura B

Introducción

In this reading selection you will meet three university students from different parts of the Spanish-speaking world.

Prelectura

1 El mapa. With a classmate, review the names and locations of Spanish-speaking countries and islands that you studied in the introductory chapter on pages 4 and 5. Then, complete each of these ideas orally.

1. Las tres islas de habla española en el Mar Caribe son Puerto Rico, La República Dominicana y _____.
2. Venezuela es un país al _____ del continente suramericano.

3. En Centroamérica hay seis naciones de habla española: Guatemala, Honduras, El Salvador, Costa Rica, _____ y _____.
4. A, B y C son las primeras letras de tres países de Suramérica. ¿Qué países son? A_____ , B_____ y C_____.
5. España y Portugal forman parte del continente de _____.

2 **Persona a persona.** Working with a classmate, ask each other these questions.

1. ¿De dónde eres?
2. ¿Qué lenguas hablas?
3. ¿Cuántas materias estudias? ¿Cuáles son?
4. En tu opinión, ¿qué especialización es difícil?
5. ¿Qué días trabajas?
6. ¿Qué deseas ser en el futuro?

3 **Palabras internacionales.** Construct meaningful sentences by adding one of the provided words to each sentence below.

especialización   emocionales   la universidad   literatura
familia   inteligente   ecuatoriana   optimistas

1. Los estudiantes estudian en _____.
2. Soy un estudiante muy _____.
3. Me llamo Celina y soy _____.
4. Mis amigos y yo somos muy _____.
5. Vivo con mi _____.
6. ¿Estudias _____?
7. El español es mi _____.
8. Ella tiene problemas _____.

Tres estudiantes universitarios

Read the following passages using your knowledge about cognates. First, study the photos. Then, while you read, underline the words that you recognize as cognates and read them aloud to learn about the students.

Ph.D.
I have

to have

soccer

Me llamo Luis González. Soy mexicano, de la ciudad de Chihuahua. Soy estudiante de doctorado° y estudio psicología clínica. Tengo° clases los lunes, miércoles y viernes. Los martes y jueves, trabajo en un laboratorio de biología. Deseo ser psicólogo en el futuro, tener° una práctica en la capital y ayudar a las personas con problemas emocionales. Me gusta practicar el fútbol.° Soy una persona flexible y optimista. Mi vida es fantástica.

Mi nombre es Janet Quesada y soy dominicana. Hablo inglés y español. Vivo con mi familia en un apartamento, en la ciudad de Nueva York, en los Estados Unidos. Estudio italiano como especialización en la universidad. Soy poeta bilingüe y actriz. Me gusta ir al teatro y ver telenovelas° en la televisión. También,° bailo danzas afrocaribeñas. Es difícil tener auto en la ciudad y yo uso transporte público. En el futuro deseo ser profesora de lengua, literatura y cultura.

soap operas / Also

¡Hola! Soy española y me llamo Beatriz Iraeta. Soy alta y rubia. Soy de Granada pero vivo en Madrid, una ciudad enorme con millones de personas. Ando en motocicleta. Me gusta escribir música original contemporánea y los sábados toco la guitarra y canto en discotecas con un grupo de amigos universitarios. Estudio antropología en la Universidad Complutense de Madrid. En el futuro deseo ser antropóloga y viajar a Asia, a África y a las Américas para trabajar.

Postlectura

4 **Preguntas.** Answer the following questions with a classmate. Then write your answers.

1. ¿De dónde es Luis? ¿Cómo es?
2. ¿Dónde vive Janet? ¿Cómo es? ¿Qué desea ser en el futuro?
3. ¿Cómo es Beatriz? ¿De dónde es? ¿En qué universidad estudia?
4. ¿Qué especialización tiene Luis?
5. ¿Quién desea trabajar en África?
6. ¿Qué materia estudia Janet?
7. ¿Dónde canta Beatriz los sábados?
8. ¿Qué deporte practica Luis?
9. ¿Quién escribe música contemporánea?
10. ¿Quién es poeta?

5 **Retratos.** Write a description in Spanish of three famous people. Then, working in groups of three, read your descriptions and have your classmates guess who they are.

En resumen

I. Hablemos

1 **¡Personas con...!** Arrange the class with all seats in a circle. There is one chair for each student except for one volunteer. The volunteer starts this activity by standing in the middle of the class and calling out a descriptive phrase like: **Personas con mochilas verdes.** All students with green bookbags must stand up and search for a seat that is *different* from the one they are sitting in. At this time, the volunteer must also find a seat leaving one student without a seat. This student calls out the next description. The game continues for at least five rounds.

2 **Una entrevista con Letterman.** Some of the main characters from the video have been invited to appear on the David Letterman show. In groups of three or four, prepare an interview for the class. One member plays the role of Letterman and the others choose one of the main characters from the video. Choose from Adriana, Felipe, Gafasnegras, and Nayeli.

II. Investiguemos por Internet

Using Internet addresses

The Internet and the World Wide Web are important means of communication and reference resources. In this section, you will learn vocabulary and strategies to find and use available information in Spanish, and to increase your learning enjoyment of the Spanish language.

3 **El sitio Web.** Your first activity will be to find the Web site of the Houghton Mifflin Company. When you are on this site, search for the title of this book to access its home page.

Here are some useful words to start with. You will encounter these words many times on Spanish Web sites.

Vocabulario informático			
buscar	*to search*	la página principal	*home page*
la búsqueda	*search*	(la página inicial)	
el navegador	*browser*	la red	*the Net, Internet*
navegar por Internet	*to surf the Internet*	el sitio Web	*Web site*

4 **Palabras.** Select three words presented in the *Vocabulario informático* and create one sentence with each one. You may want to review the adjectives and verbs that you have learned in this chapter.

▶ **Modelo:** *El navegador Netscape es bueno.*
    La página principal de Houghton Mifflin es **http://www.hmco.com**

III. Escribamos

Writing strategy: Using visual organizers

When beginning to write in a new language, it is a good idea to use strategies that help you organize your thoughts. Although you might be tempted to write in English and then translate your writing into Spanish, you will be a better writer if you apply some of the suggestions provided in this textbook. At the end of each workbook segment, you will practice these strategies in a section called *Escribamos*.

Writing strategy: Creating a cluster diagram

One common visual organizer is called a cluster diagram. It allows you to see the connection between main topics and details and will help you find the words that you will need to write in Spanish.

1. Choose your topic and write it in the center of a piece of paper. Circle it.
2. Focus on the main ideas for your topic. Write them down, circle them, and connect them to your topic.
3. Think about these main ideas and write any related words around them until you have a diagram that looks like this one.

Strategy in action

Turn to *Escribamos* in the Workbook to practice the strategy of creating a cluster diagram.

5 La vida universitaria. You have been chosen by the university to write an article (in Spanish) on university life for incoming freshmen from Mexico. Use a cluster diagram to organize your thoughts before writing your article.

Vocabulario

En el cuarto

la alfombra	*rug*	el libro	*book*
el basurero	*waste basket*	la llave	*key*
el bolígrafo (la pluma)	*pen*	el mapa	*map*
la bolsa	*purse*	la mesa	*table*
el borrador	*eraser*	la mochila	*bookbag, backpack*
la calculadora	*calculator*	la oficina	*office*
el calendario	*calendar*	el papel	*paper*
la cama	*bed*	la pared	*wall*
la carpeta	*folder*	la pizarra	*blackboard, chalkboard*
el cartel	*poster*	la planta	*plant*
la carta	*letter*	el pupitre	*writing desk*
la cartera	*wallet*	el radio	*radio*
la computadora	*computer*	la regla	*ruler*
el cuaderno	*notebook*	el reloj	*watch, clock*
el escritorio	*desk*	la rosa	*rose*
el estante	*bookshelf*	la silla	*chair*
el florero	*flower vase*	el sillón	*arm chair*
la habitación	*room*	el teléfono	*telephone*
la impresora	*printer*	la televisión	*television*
la lámpara	*lamp*	la tiza	*chalk*
el lápiz	*pencil*	la ventana	*window*

Colores

amarillo/a	*yellow*	morado/a	*purple*
anaranjado/a	*orange*	negro/a	*black*
azul	*blue*	rojo/a	*red*
blanco/a	*white*	rosa, rosado/a	*pink*
café (marrón)	*brown*	verde	*green*
gris	*gray*		

Números de 0 a 100

(See p. 12)

Gente / Personas

(See p. 19)

Descripción de personas y cosas

alto/a	*tall*	delgado/a	*thin*
bajo/a	*short (height)*	difícil	*difficult*
bueno/a	*good*	feo/a	*ugly*
corto/a	*short (length)*	gordo/a	*fat*

grande	*big, large*	moreno/a	*dark-complexioned*
guapo/a	*handsome, good-looking*	nuevo/a	*new*
importante	*important*	pelirrojo/a	*red-headed*
inteligente (listo/a)	*intelligent*	pequeño/a	*small*
joven	*young*	rápido/a	*fast*
largo/a	*long*	rubio/a	*light-complexioned, blonde*
lento/a	*slow*		
malo/a	*bad*	viejo/a	*old (for a person or thing)*
mayor	*older*		

Días de la semana

lunes	*Monday*	viernes	*Friday*
martes	*Tuesday*	sábado	*Saturday*
miércoles	*Wednesday*	domingo	*Sunday*
jueves	*Thursday*		

Meses del año

enero	*January*	julio	*July*
febrero	*February*	agosto	*August*
marzo	*March*	septiembre	*September*
abril	*April*	octubre	*October*
mayo	*May*	noviembre	*November*
junio	*June*	diciembre	*December*

En la universidad

la especialización	*major*	la residencia	*dormitory*
la facultad	*School*	la sala de clase	*classroom*
la materia	*academic subject*	la universidad	*university*
el profesorado	*faculty*		

Idiomas / Lenguas

alemán	*German*	inglés	*English*
chino	*Chinese*	italiano	*Italian*
español	*Spanish*	japonés	*Japanese*
francés	*French*	portugués	*Portuguese*

Pasatiempos

alquilar videos	*to rent videos*	jugar al volibol	*to play volleyball*
caminar	*to walk*	leer libros	*to read books*
dar un paseo	*to take a walk*	mirar la televisión	*to watch television*
escribir cartas	*to write letters*	navegar por Internet	*to surf the Web*
escuchar música	*to listen to music*	pintar	*to paint*
estar con amigos	*to be with friends*	practicar deportes	*to play sports*
estudiar	*to study*	tocar la guitarra	*to play the guitar*
hablar con amigos	*to talk with friends*	trabajar	*to work*
hacer ejercicio	*to exercise*	viajar	*to travel*

Adjetivos de personalidad

aburrido/a	boring	inteligente, listo/a	intelligent
agradable	pleasant	introvertido/a	timid
antipático/a	unfriendly	malo/a	bad
bueno/a	good	mentiroso/a	(lying) / liar
cómico/a	funny	moderno/a	modern
desagradable	unpleasant	optimista	optimistic
desorganizado/a	disorganized	organizado/a	organized
divertido/a	enjoyable, amusing	perezoso/a (flojo/a)	lazy
envidioso/a	greedy, envious	pesimista	pessimistic
estúpido/a (tonto/a)	stupid	serio/a	serious
extrovertido/a	outgoing	simpático/a (amable)	nice, friendly
generoso/a	generous	trabajador/a	hardworking
honesto/a	honest	tradicional	conventional

Verbos -ar, -er, -ir

(See p. 39)

Tiempo, hora y fecha

(See p. 43)

Palabras y expresiones útiles

acabar de	to have just done or completed an action
con	with
hay	there is, there are
me gusta/n	I like
muy	very
no	no
sí	yes
te gusta/n	you like
norte	north
este	east
oeste	west
sur	south

CAPÍTULO 2

LOCALIDAD:
México

2A

¿Dónde está Nayeli?

A stranger plays a pivotal role in the search for Nayeli and the missing Jaguar Twin. Will the mysterious note hold the clue to their whereabouts?

2B

Vocabulary themes
Describing an apartment
Describing places in a city
Talking about weather
Talking about seasons, weather, and appropriate clothes
Describing how you feel

Language structures
Expressing possession
Describing actions
Expressing location with *estar*
Describing people and places

Describing direction
Expressing obligation and mental or physical conditions
Using common expressions with *tener*

Culture topics
La cerámica, adorno urbano y doméstico
La temperatura

Readings
Puebla, una ciudad importante
Oaxaca maravillosa

Reading/writing strategies
Asking questions
Brainstorming ideas

Internet strategy
Searching for Spanish sites

ETAPA A

Pistas y palabras

I. Describing an apartment

Se vende apartamento en la Colonia Villareal.

1. una sala con terraza al jardín
2. tres dormitorios/alcobas grandes
3. un comedor amplio (*big*)
4. una cocina moderna
5. un cuarto de baño completo
6. una oficina privada

Palabras y expresiones útiles

el alquiler	*rent*	el/la inquilino/a	*tenant*
el balcón	*balcony*	el pasillo	*hallway*
la bañera	*bathtub*	la piscina	*swimming pool*
la calefacción	*heat*	el piso	*floor*
la cancha de tenis	*tennis court*	el ropero/armario	*closet*
el cuarto	*room*	barato/a	*inexpensive*
la ducha	*shower*	caro/a	*expensive*
el/la dueño/a	*owner*		

1 **¿Qué necesito en un apartamento?** You need to look for a new apartment. Before you go to the rental agency, make a list of five things that you need in an apartment and five things that you want but are not essential.

2 **Necesito compañero/a.** You decide that it would be more economical to live with a roommate. Compare your list with that of a classmate's and come up with a final list of things you need/want in your apartment.

3 **Buscamos apartamento.** You and your roommate go to the rental agency to look for an apartment. Fill out the following rental application.

SOLICITUD DE ALQUILER

CIUDAD Y FECHA: _____

DATOS PERSONALES:

Apellido(s): _____ Nombre(s): _____
Dirección: _____
Ciudad: _____ Estado: _____ Zona postal: _____
Teléfono: _____ Fax: _____ Correo electrónico: _____
Sexo: Masculino ___ Femenino ___ Edad: _____ años
Documento de identificación: _____
Profesión: _____

TIPO DE RESIDENCIA:

Casa: ___ Apartamento: ___ Número de dormitorios: ___
Ascensor: Sí ___ No ___
Bañera: Sí ___ No ___ Ducha: Sí ___ No ___
Balcón: Sí ___ No ___ Jardín: Sí ___ No ___
Terraza: Sí ___ No ___ Garaje: Sí ___ No ___
Cancha de tenis: Sí ___ No ___ Campo de golf: Sí ___ No ___
Piscina: Sí ___ No ___

SERVICIOS NECESARIOS:

Electricidad: ___ Gas: ___ Aire acondicionado: Sí ___ No ___
Calefacción central *(central heating)*: Sí ___ No ___

ALQUILER:

Máximo alquiler al mes: $ _____

---

4 **El apartamento ideal.** You have found the perfect apartment. Work with a partner to discuss the following floor plan. Discuss the number of rooms, the things that you like and don't like. Follow the model.

▶ **Modelo:** —*¿Cuántas alcobas hay?*
—*Hay tres alcobas.*
—*¿Hay un jardín?*
—*No, no hay un jardín, hay un balcón.*

APARTAMENTO DE 99.27 M²

• SALÓN - COMEDOR.
• BALCÓN.
• 3 ALCOBAS.
• BIBLIOTECA.
• 2 BAÑOS.
• COCINA INTEGRAL.
• ZONA DE ROPAS.
• ALCOBA DE SERVICIO
• CON BAÑO.

II. Describing places in a city

¿Qué hay en la ciudad?

1. la plaza/el zócalo	10. la estación de tren
2. la tienda	11. la casa
3. el hotel	12. el restaurante
4. la librería	13. la biblioteca
5. la parada de autobús	14. el cine
6. la iglesia	15. el estadio
7. el café	16. el centro comercial
8. el hospital	17. el museo
9. el correo	18. el aeropuerto

5 ¿Dónde está? Work with a partner to identify and locate the buildings in the illustration. Follow the model.

▶ **Modelo:** —¿Dónde está la tienda?
　　　　　　—Está en la calle Zaragoza.

6 Una ciudad ideal. Create your own city by drawing and labeling an original city plan. Include at least seven buildings and places from the city map on page 56.

7 Los planes. Now work with a partner to compare the maps of your city plans. Follow the model.

▶ **Modelo:** —*¿Hay un restaurante en la ciudad?*
—*Sí, hay un restaurante, (No, no hay un restaurante.)*
—*¿Dónde está el restaurante?*
—*Está en la Calle 5 de Mayo.*

8 ¿Qué haces? (*What do you do?*)   Now work in groups of three. Choose one of your maps and state what things you do in the buildings shown. Use the following list of activities and follow the model.

▶ **Modelo:** —*¿Qué haces en la biblioteca?*
—*Leo libros en la biblioteca.*

beber café	mandar postales (*post cards*)
caminar	mirar arte
comer	mirar a la gente
comprar	mirar una película
esperar el autobús	pagar mucho dinero
estudiar	tomar el tren
hablar con amigos	ver televisión

ENLACE CULTURAL

La cerámica: adorno urbano y doméstico

The town of Puebla in Mexico is well known for its Talavera ceramic objects and tiles (**azulejos**). Beautiful Talavera tiles adorn today's homes, fountains, and buildings in Puebla, and artists continue to create ceramic objects in many colors and forms,

La Cocina de Santa Rosa.

such as plates, cups, and vases. In addition, Talavera tiles with numbers and patterns may be used to identify a particular residence. Talavera ceramics were influenced by Spanish-Arabic and Chinese artisans. Even though silver, as well as Chinese porcelain, were valued more than the local Talavera tiles by the wealthy Mexicans during Colonial times, today these tiles are considered works of art and are very valuable.

VISTAS Y VOCES

I. Preparémonos

1 **Anticipación.** Answer these questions in pairs.

A. **1.** ¿A quiénes escribes notas? ¿Escribes en la computadora o escribes a mano?
  2. ¿Qué bebes tú por la mañana, café o té?
  3. ¿Cómo se llama tu profesor/a favorito/a? ¿Cómo es? ¿Qué enseña?
  4. ¿Te gusta la televisión? ¿Miras las noticias? ¿Son buenas o malas?
B. Review chapter opening photo 2A.
  1. Who do you think the man wearing a jacket and a tie is?
  2. What does he want?

Para comprender mejor			
el periódico	*newspaper*	buscar	*to look for*
la prensa	*press (news)*	preocupado/a	*worried*
encontrar	*to find*	raro/a, extraño/a	*strange*
escribir a mano	*to write by hand*	(no) (lo) sé	*I do (not) know*
el detective	*detective*	siento	*I regret*
la noticia	*news*	¡Qué mala suerte!	*What bad luck!*

2 **Secuencia.** In pairs, number the video action shots in the order in which you think the action will occur in the video you will watch.

1.

2.

3.

4.

II. Miremos y escuchemos

3 **Palabras importantes.** Circle the items you hear and see in this segment.

periódico	nota	taxi
computadora	café	plantas
flores	flores	universidad
fútbol	camión	televisión
jaguar	autobús	bolsa

III. Comentemos

4 **Frases.** Working in groups, indicate who says the following.

1. "Yo también busco a Nayeli. Soy un colega de ella."
2. "¿Qué quieren ustedes? ¿Son de la prensa?"
3. "Nayeli es mi profesora. Le ruego, por favor, quiero ayudarla."
4. "Veo la televisión. Sé lo que está pasando."
5. "Nayeli Paz Ocotlán es nuestra criminal. ¡Tenemos que encontrarla!"

5 **Opinión.** Answer these questions in groups.

1. ¿Cómo se llama la universidad?
2. ¿Quiénes llegan a la universidad?
3. ¿Cómo se llama el señor?
4. ¿De quién es la foto en el periódico?
5. ¿Cómo se llama la señora que está en la casa de Nayeli?
6. ¿Cómo es el jaguar? ¿grande? ¿pequeño?

6 **Miremos otra vez.** After watching the scene again, check to see if you have ordered the video action shots in the appropriate sequence.

Lengua

I. Expressing possession

A. Possessive adjectives

> ¡Me gusta el auto de Álvaro! Es grande, moderno y bonito.

> Sí, pero su casa es pequeña y vieja.

> La casa de María y Benito es grande, moderna y bonita, pero yo tengo un auto fantástico.

> Es cierto, nuestra casa es elegante.

> ¡Y tu perro es maravilloso también!

There are many ways to express possession. Look at the conversation above and find these expressions in Spanish.

Alvaro's car	María and Benito's house
his house	I have a fantastic car
our house	your dog

In English, words such as *my, your, his, her, their,* and *our* are called possessive adjectives. In Spanish, they must agree in number (singular/plural) with the nouns they modify. This is how they are expressed in Spanish.

mi auto	*my car*	su perro	*(his, her, their, your) dog*
tu**s** auto**s**	*your cars*	su**s** perro**s**	*(his, her, their, your) dogs*

Possessive adjectives		
Before singular nouns	**Before plural nouns**	**English**
mi	mis	*my*
tu	tus	*your (informal singular)*
su	sus	*her, his, your (formal singular and plural, informal plural), its, their*
nuestro/a	nuestros/as	*our*
vuestro/a	vuestros/as	*your (informal plural)*

Notice that **nuestro/nuestra** and **vuestro/vuestra** also change to agree with the noun they modify in gender (masculine/feminine) as well as in number.

nuestro apartament**o**	*our apartment*	**nuestra** casa	*our house*
nuestros apartament**os**	*our apartments*	**nuestras** cas**as**	*our houses*

1 Práctica. Replace the English word in parentheses with the appropriate Spanish possessive adjective. Then practice the completed phrases with a partner.

▶ **Modelo:** _____ *mochila* (my)
  mi mochila

1. _____ computadoras (*his*)
2. _____ auto (*our*)
3. _____ ducha (*their*)
4. _____ compañera de cuarto (*my*)
5. _____ pisos (*our*)

6. _____ correo electrónico (*her*)
7. _____ balcón (*your, familiar*)
8. _____ aeropuertos (*our*)
9. _____ estadio (*their*)
10. _____ hospital (*your, formal*)

2 Posesión. Create sentences using the correct possessive adjective.

▶ **Modelo:** *el libro / Paco*
  Es su libro.

1. la clase / nosotros
2. las mochilas / Uds.
3. la pluma / yo
4. el apartamento / los Gómez

5. el estéreo / Pepín
6. el portafolio / tú
7. el auto / papá
8. la computadora / ella

B. Phrases with de

- In Spanish, possession can also be expressed using **de.**

  El auto **de** Álvaro es grande, moderno y bonito.

  La casa **de** María y Benito es grande, moderna y bonita.

  Álvaro's car (lit., the car of Álvaro) is big, modern, and beautiful.

  María and Benito's house (lit., the house of María and Benito) is big, modern, and beautiful.

- Since **su/s** can refer to several owners, the phrases **de él, de ella, de ellos/ ellas, de Ud.,** and **de Uds.,** are often used to indicate the specific person or persons.

  —¿Es su casa?
  —Sí, es la casa de ellos.

  Is it their house?
  Yes, it's theirs.

- As you learned in Chapter 1, when the preposition **de** precedes the article **el,** they contract to form **del.** Note that it doesn't form a contraction with the pronoun **él,** as in the sample sentences below.

  —¿Quiénes son Adriana y Felipe?
  —Adriana y Felipe son estudiantes de la profesora Paz Ocotlán.
  —¿También son estudiantes **del** señor de Landa?
  —No, son solamente estudiantes **de ella,** no **de él.**

  Who are Adriana and Felipe?
  Adriana and Felipe are students of Professor Paz Ocotlán.
  Are they also Mr. de Landa's students?
  No, they are only her students, not his.

- You can also use **ser** + **de** + a noun or pronoun to express possession.

  —¿**De quién** es la casa grande?
  —Es **de María y Benito.**
  —¿Es el perro **de Álvaro?**
  —Sí, es **de él.**

  Whose large house is it?
  It's María and Benito's.
  Is it Álvaro's dog?
  Yes, it's his.

3 Preguntas. Answer the questions.

▶ **Modelo:** —¿De quién es la televisión? (la señora Pérez)
            —La televisión es de la señora Pérez.

1. ¿De quién es el auto? (Paquita)
2. ¿De quién es el estéreo? (mi compañero/a de cuarto)
3. ¿De quién son las plumas? (el profesor Salinas)
4. ¿De quién es el teléfono celular? (los señores Vera)
5. ¿De quién son los papeles? (la estudiante de español)

4 ¿De quién es? Column A has a list of articles, and column B has a list of possible owners. Take turns asking each other questions about who owns what. Work with a partner and follow the model.

▶ **Modelo:** A: ¿De quién es el portafolio?
            B: El portafolio es del Sr. Luna.

            A: ¿De quién son los papeles?
            B: Los papeles son de las alumnas.

A	B
1. portafolio	1. el señor Luna
2. libros	2. la señora francesa
3. teléfonos	3. él
4. estéreos	4. los papás de Adriana
5. calculadora	5. unos turistas ingleses
6. apartamento	6. el señor Chávez
7. radio	7. ellos
8. llave	8. Mario
9. silla	9. un profesor
10. dormitorio	10. el estudiante

5 ¿Qué hay aquí? Working in pairs, make a list of six things seen in the classroom or at home. Then ask your partner who owns them. Take turns.

▶ **Modelo:** —En la clase hay muchos cuadernos.
            —¿De quién son?
            —Son de los estudiantes.

C. The verb tener

The verb **tener** is used to express possession in the same way the verb *to have* is used in English.

—¿**Tienen** Uds. clase de sociología al mediodía?   *Do you have sociology class at noon?*

—No, al mediodía **tenemos** clase de álgebra.   *No, at noon, we have algebra class.*

—¿**Tienes** buenas amigas?   *Do you have good friends?*

—Sí **tengo** muchas buenas amigas.   *Yes, I have many good friends.*

The verb **tener** is irregular, meaning that the stem of its present-tense forms does not follow the same model presented for the regular verbs in Chapter 1. Notice, however, that the endings are the same as for the other **-er** verbs.

Singular		Plural	
yo	**tengo**	nosotros/nosotras	**tenemos**
tú	**tienes**	vosotros/vosotras	**tenéis**
él/ella, Ud.	**tiene**	ellos/ellas, Uds.	**tienen**

••• LENGUA EN ACCIÓN

Quién/Quiénes

Questions that use **de quién** are usually answered by sentences with possessives. When asking questions of this kind, you may use the plural **de quiénes** if you think that several people are the owners.

¿De quiénes son los autos?
El auto azul es de Isabel y el auto
   rojo es de Juliana.

Whose cars are these?
The blue car is Isabel's and the red
   car is Juliana's.

6 **¿Qué tiene?** Using the correct form of the verb **tener,** answer the questions.

1. ¿Qué tiene el profesor?
2. ¿Qué tienen las dos chicas?
3. ¿Qué tiene la señora?

4. ¿Qué tiene el hombre?
5. ¿Qué tienen las muchachas?
6. ¿Qué tienen los novios en la mano?

7 *Posesiones.* Some students are in the cafeteria eating and talking. Answer the questions they ask each other. Use the correct form of **tener.** Work in pairs.

1. ¿Tiene tu familia un auto viejo o nuevo?
2. ¿La universidad de tu amigo tiene televisión de cable?
3. ¿Cuántos cursos tiene tu compañero/a de cuarto? ¿Cuáles son?
4. ¿Tienes un apartamento o una casa?
5. ¿Quién tiene un calendario con las fechas de las vacaciones?

II. Describing actions

A. Irregular *yo* verbs in the present tense
La cocina de Daniel

Yo **sé** preparar° comidas deliciosas. Los domingos, invito a mis amigos y **hago°** platos° exquisitos. **Pongo** la mesa° y comemos en el jardín o en la terraza. Después, **salgo°** con ellos al cine o a una discoteca. Son buenos amigos y todos tienen la misma opinión: "¡la cocina° de Daniel es excelente!"

I know how to prepare
I make / dishes (food) /
I set the table /
I go out / cooking

As you have learned, some verbs in Spanish are irregular in the present tense. The following groups of verbs are easy to remember because they are irregular only in the first person (**yo**) form. The other forms follow the same pattern as other verbs you have learned. It will be easier to remember if you group them according to their similarities.

- **-go** verbs add a **g** before the **-o** in the **yo** form.
- **-zco** verbs add a **z** before the **-co** in the **yo** form.

Here is how you conjugate these verbs.

	-go verbs **salir** *to leave*	**-zco verbs** **conducir** *to drive*	**Irregular verbs** **ver** *to see*	**saber** *to know*
yo	**salgo**	**conduzco**	**veo**	**sé**
tú	**sales**	**conduces**	**ves**	**sabes**
él/ella, Ud.	**sale**	**conduce**	**ve**	**sabe**
nosotros/nosotras	**salimos**	**conducimos**	**vemos**	**sabemos**
vosotros/vosotras	**salís**	**conducís**	**veis**	**sabéis**
ellos/ellas, Uds.	**salen**	**conducen**	**ven**	**saben**

Common verbs with irregular *yo* forms

-go verbs		**-zco verbs**	
hacer (hago)	*to do; to make*	conocer (conozco)	*to know, be familiar with*
poner (pongo)	*to put, place*	traducir (traduzco)	*to translate*
traer (traigo)	*to bring*	conducir (conduzco)	*to drive*
		producir (produzco)	*to produce*

8 **Una invitación.** Linda meets Pablo and they talk about going to the movies. Complete the following sentences with the correct forms of the present tense.

LINDA: ¡Hola, Pablo! ¿ _____ (saber) tú si hay películas buenas hoy?

PABLO: Sí, hay muchas. Yo _____ (conocer) un teatro muy bueno. Allí presentan películas francesas.

LINDA: ¿Películas francesas? ¡Yo no _____ (saber) francés! ¿Tienen subtítulos?

PABLO: No, no tienen, pero yo _____ (traducir) muy bien el francés.

LINDA: ¡Pablo, qué tonto eres! Es una broma (*joke*), ¿verdad?

PABLO: ¡Claro que es una broma! Las películas tienen subtítulos. ¡Vamos al cine; yo _____ (conducir)!

LINDA: ¡Y yo pago, vamos!

9 **Rutinas.** Alicia writes to her cousin about her weekly routine. Complete the following story with verbs from the list. You may use each verb more than once.

beber	hacer	traducir
conducir	comer	poner
ir		

Hola Patricia, mi rutina siempre es igual. Los domingos, (yo) _____ mi coche a la universidad. Por la mañana, (yo) _____ a la biblioteca y (yo) _____ las tareas para el lunes. Por la noche, mis amigas y yo _____ a un café muy bueno, _____ pizza o _____ un café. El lunes por la mañana, (yo) _____ al gimnasio y _____ ejercicio. Los lunes, miércoles y viernes hay clases de humanidades; en la clase de latín, (yo) _____ de latín a inglés y vice versa. Los sábados (yo) _____ los libros en el escritorio y no estudio.

10 ¡**Yo también!** See what the following people do and then say whether or not you do these things.

▶ **Modelo:**   —*Nosotros salimos de la casa a las siete, ¿y tú?*
                —*Yo también (also) salgo a las siete.* [or]
                —*No, no salgo a las siete. Salgo a las siete y media.*

1. Ricardo sale para México, ¿y tú?
2. Nosotros conducimos autobuses grandes, ¿y tú?
3. Los estudiantes hacen fiestas fantásticas, ¿y tú?
4. El profesor sale temprano, ¿y tú?
5. María y Pepe ponen la mesa muy bien, ¿y tú?
6. Mis amigos y yo viajamos los sábados, ¿y tú?
7. Ella pone la mesa antes de comer, ¿y tú?
8. El señor Rulfo conoce bien a mucha gente, ¿y tú?
9. Tu compañera traduce la tarea al inglés, ¿y tú?
10. Ellos viven en Madrid, ¿y tú?

B. Common expressions with *poner* and *salir*

These are some common expressions with **poner** and **salir**.

poner la mesa	*to set the table*
poner una carta en el correo	*to mail a letter*
salir de	*to leave from a place*
salir para	*to leave for a place*
salir con	*to leave with*
salir a	*to go out to*

11 ¿**Quién hace qué?** Answer the questions, using **poner** and **salir**.

1. ¿Quién pone la mesa en tu familia?
2. ¿A dónde sales los viernes?
3. ¿A qué hora tienes que poner las cartas en el correo por la mañana?
4. ¿Con quiénes salen tú y tus amigos los fines de semana?

C. The personal *a*

A direct object is a word that receives the action of the verb.

I see the *house*.	(*House* is the direct object.)
I see *Marcos*.	(*Marcos* is the direct object.)

In Spanish when the direct object is a person, you need to place an **a** in front of that person's name or reference. This is called the "personal **a**."

Veo la casa.
but: Veo **a** Marcos.   Veo **a** mi amigo. *(I see my friend.)*

12 **Práctica.** Write the personal **a** where needed and make any other necessary changes.

1. Escucho _____ música contemporánea.
2. Veo _____ Leonardo.

3. ¿Usted desea vender _____ su teléfono celular?
4. Compramos _____ la mochila verde.
5. ¿Vas a leer _____ nuestro libro para la clase de historia?
6. ¿Conoce Ud. _____ Roberto Méndez?

⋯ LENGUA EN ACCIÓN

Saber, conocer

The verbs **saber** and **conocer** both mean *to know* in English. In Spanish **saber** is used to express knowledge about facts or things that people know how to do. **Conocer** means to meet someone or to be acquainted with persons, places, or things.

¿Sabes la dirección de Hernando?	*Do you know Hernando's address?*
Lola **sabe** español.	*Lola knows Spanish.*
No **conoces** Madrid, ¿verdad?	*You don't know Madrid, do you?*
Conozco a tu amigo Ignacio.	*I know your friend Ignacio.*

Like **de** + **el** forming **del,** the preposition **a** combined with **el** forms the contraction **al** (a + el = al).

Conozco al presidente de México.	*I know the president of Mexico.*
Conocemos a la enfermera Ríos.	*We know Nurse Ríos.*

---

13 ¿Quién sabe qué? Say what these people know or know how to do. Use **saber** or **conocer.** Follow the model.

▶ **Modelo:** *Elena / inglés*
    Elena sabe inglés.

1. Berta / muchos secretos
2. nosotros / Madrid
3. Verónica / bailar
4. ellos / a la Profesora Paz
5. usted / la hora
6. el chico / un buen restaurante mexicano
7. yo / español
8. el profesor / nuestros nombres
9. yo / a Adriana
10. Gil y yo / traducir al inglés

[handwritten:]
1. sabes
2. conocemos
3. sabes
4. conoccen
5. sabes
6. sabes
7. se
8. sabes
9. conozco
10. sabemos

14 Necesito un hotel. Teodoro is going to Colombia and is looking for a hotel. His friend, Aida, gives him information. Complete their conversation with the correct form of **saber** or **conocer.**

TEODORO: El lunes viajo a Colombia. ¿Tú __sabes__ un hotel bueno allí?
AIDA: Sí, __conozco__ un buen hotel. Se llama El Tequendama y está en Bogotá.
TEODORO: ¿ __Sabes__ tú la dirección exacta?
AIDA: No, no __se__ la dirección exacta, pero tengo el número de teléfono del hotel.
TEODORO: ¡Qué bien! Mil gracias. Deseo __conozco__ Bogotá.

III. Expressing location with estar

Las frutas están en el plato.

Los niños están en la escuela.

Las chicas están en la cafetería.

El auto está en el garaje.

Isabel y su bebé están en el hospital.

The verb **estar** indicates the location of persons or objects. Note that the first person singular is irregular and the second and third persons singular and plural carry written accents.

Singular		Plural	
yo	**estoy**	nosotros/nosotras	**estamos**
tú	**estás**	vosotros/vosotras	**estáis**
él/ella, Ud.	**está**	ellos/ellas, Uds.	**están**

15 **¿Dónde están mis cosas?** You are constantly misplacing things, but luckily you have a roommate who remembers where you put them. You call him/her to ask for help. Work with a partner and follow the model.

▶ **Modelo:** *llaves / mochila*
—¿Dónde están mis llaves?
—Están en tu mochila.

1. cuadernos / cama
2. radio / cuarto de baño
3. mi libro de español / portafolio
4. reloj / escritorio
5. papeles / estante
6. teléfono / mesa
7. cuaderno / laboratorio de ciencias

16 ¿Dónde están? Work in pairs. Ask your partner where the articles and the people in the house or apartment can be found. Make a list of all the things or people in the room. Follow the model.

▶ **Modelo:** *televisión*
      —*¿Dónde está la televisión?*
      —*La televisión está en la cocina.*

Lectura A

Introducción

In this reading, you will learn about the location of Puebla and its most important buildings downtown.

> **Reading strategy: Asking questions**
> Preparing yourself to read in another language is an important step to achieve strong reading skills. One way to help you understand and remember ideas is to ask yourself questions before you read, while you are reading, and after you read.

1 Antes de leer. Ask yourself these questions before you read.

1. What does the title tell me about the topic of the reading?
2. Do I already know anything about the topic?
3. What information do the pictures and captions tell me about the article?
4. ¿...?

2 Al leer. Ask yourself these questions while you are reading.

1. What is the topic of the article? Have I guessed correctly after reading the title of the article?
2. Which vocabulary words related to the topic do I already know? (Review in Spanish the buildings and places you find in a city.)
3. Can I get the gist of the reading without looking things up in a dictionary?
4. Which words are essential for me to know to understand the passage?
5. Which words can I gloss over and still understand the reading?
6. Do I understand what this paragraph is telling me?
7. ¿...?

Puebla, una ciudad importante

La ciudad de Puebla de los Ángeles es la capital del estado de Puebla y está en el altiplano° central de México. Está a noventa minutos de la ciudad de México en automóvil, a tres horas de la ciudad de Oaxaca, a tres horas y media del Puerto de Veracruz y a seis horas de Acapulco. La temperatura media° varía entre 20°C y 30°C.

Puebla es famosa por sus estructuras barrocas° de ladrillo° rojo, piedra° gris, estuco° blanco y por los espectaculares azulejos de Talavera. La Catedral de Puebla tiene altas torres y un hermoso altar con adornos de ónice°, mármol° y oro°, diseñado° por un arquitecto de origen español, Manuel Tolsá.

La Biblioteca Palafoxiana es un hermoso edificio de la época colonial. Tiene más de 40.000 libros, todos muy valiosos°. Algunos° especialistas

high plain

average

Baroque / brick / stone stucco

onyx / marble / gold / designed

valuable / Some

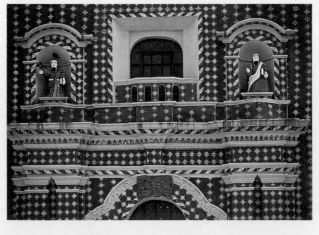

La casa de las muñecas, Puebla, México.

consideran la Capilla° de la Virgen del Rosario como la octava° maravilla° del mundo por los impresionantes adornos interiores. El Convento Colonial de Santa Rosa es hoy un museo de cerámica. El Museo Amparo, con muchos adelantos tecnológicos, es uno de los más modernos de América Latina.

Chapel
eighth
wonder

**La Capilla de la Virgen del Rosario,
Puebla, México.**

3 Después de leer. After you read, ask yourself these questions.

1. What is the main idea of the reading?
2. What themes or topics does the reading contain?
3. Which words do I need to look up to help me better understand the reading?
4. ¿...?

4 Edificios. Work with a partner to complete these ideas based on the reading.

1. ¿Dónde está Puebla?
2. ¿A cuántas horas en automóvil está Puebla de Oaxaca? ¿de la capital? ¿del Puerto de Veracruz? ¿de Acapulco?
3. ¿Cuál es la temperatura media de la ciudad?
4. Menciona cinco edificios importantes de Puebla.
5. ¿De dónde es el arquitecto de la Catedral de Puebla? ¿Cómo se llama?
6. Según los especialistas, ¿qué tipo de maravilla es la Capilla del Rosario?
7. ¿Qué colores tienen los edificios del centro de la ciudad?
8. ¿Hay un museo de cerámica en Puebla?
9. En Puebla hay un museo tecnológico muy moderno. ¿Cómo se llama?
10. ¿Qué biblioteca menciona la lectura? ¿Cuántos libros hay allí?

5 Mi ciudad. Describe your city and the important sites and buildings in it.

ETAPA B

Pistas y palabras

I. Talking about weather

¿Qué tiempo hace? (What's the weather like?)

El tiempo de hoy ___ de septiembre

BUENOS AIRES	SAN JUAN	CIUDAD DE MÉXICO	MADRID	BOGOTÁ	SANTIAGO	CARACAS
9 °C/48°F	24 °C/75°F	17 °C/63°F	20 °C/68°F	14 °C/57°F	12 °C/54°F	29 °C/84°F
Hace sol.	Hace sol.	Está nublado.	Llueve.	Llovizna.	Hace sol.	Hace sol.
Está despejado.	Está despejado.	Hace frío.	Está nublado.	Está nublado.	Está despejado.	Está parcialmente nublado.
Hace frío.	Hace calor.	Hace mal tiempo.	Hace mal tiempo.	Hace mal tiempo.	Hace buen tiempo.	Hace buen tiempo.
Hace buen tiempo.	Hace buen tiempo.					
It's sunny. It's clear. It's cold. The weather is good.	It's sunny. It's clear. It's hot. The weather is good.	It's cloudy. It's cold. The weather is bad.	It's raining. It's cloudy. The weather is bad.	It's drizzling. It's cloudy. The weather is bad.	It's sunny. It's clear. The weather is good.	It's sunny. It's partly cloudy. The weather is good.

Palabras y expresiones útiles

las condiciones del tiempo	*weather conditions*
los grados centígrados/Celsius	*degrees centigrade/Celsius*
el pronóstico del tiempo	*weather forecast*
la temperatura máxima/mínima/media	*highest/lowest/average temperature*
El tiempo está despejado/nublado.	*The weather is clear/cloudy.*
Hace mucho calor/frío/viento.	*It's very hot/cold/windy.*
Hace un poco de frío/calor/viento.	*It's a little cold (chilly)/warm/windy.*
Llovizna un poco/mucho.	*It's drizzling a little/a lot.*
Llueve un poco/mucho.	*It's raining a little/a lot.*
Nieva un poco/mucho.	*It's snowing a little/a lot.*
Tiene buen/mal clima.	*It has good/bad climate.*

1 El tiempo. Work with a partner to describe the weather report in each city.
Follow the model.

▶ **Modelo:** —*¿Qué tiempo hace en Buenos Aires?*
—*Hace buen tiempo. Hace sol y está despejado.*
—*¿A cuánto está la temperatura?*
—*La temperatura está a 9°C.*
—*¿Hace frío?*
—*Sí, hace frío.*

2 ¿Qué tiempo hace? Work with a partner asking questions about the
weather and temperatures in the cities listed below. Follow the model.

▶ **Modelo:** —*¿Hace buen tiempo en Asunción?*
—*No, no hace buen tiempo.*
—*¿Llueve?*
—*Sí, llovizna un poco.*
—*¿A cuánto está la temperatura máxima?*
—*La temperatura máxima está a 30 grados centígrados.*
—*Entonces hace calor.*

INFORME METEOROLÓGICO

Septiembre 27 Ciudad	Temp. máxima en °C	Temp. mínima en °C	Temp. media en °C	Condiciones del tiempo
Asunción, Paraguay	30	19	27	Llovizna.
La Paz, Bolivia	14	0	7	Parcialmente nublado. Tiempo seco.
Málaga, España	25	17	21	Vientos fuertes. Muy nublado.
Quito, Ecuador	17	10	14	Llueve. Muy nublado.
San José de Costa Rica	24	29	18	Parcialmente nublado. Tiempo seco.

ENLACE CULTURAL

scale

Escala° Celsius y escala Fahrenheit

In the United States, temperatures are expressed on the Fahrenheit scale (°F), and in Hispanic countries, on the Celsius or centigrade scale (°C). A temperature of 32°F corresponds to 0°C. Use the following formula to convert from Fahrenheit to Celsius and vice-versa: °C = (°F − 32) / 1.8. For the conversion from Celsius to Fahrenheit: °F = (°C x 1.8) + 32. Decimals of 5 and higher round off to the number above, while decimals below 5 drop down a number.

La temperatura

In Latin America, temperatures vary with the altitude of the site and its distance from the Equator. When it is winter in January in the United States, the countries south of the Equator have summer, and vice versa. High mountain locations close to the Equator vary in climate according to their altitude above sea level. The lowlands are warm and higher altitudes are progressively cooler.

El Pico de Orizaba, en los estados de Puebla y Veracruz, México.

II. Talking about seasons, weather, and appropriate clothes

A. *¿Qué llevo?* (What do I wear?)

el abrigo

el sombrero

el paraguas

el impermeable

la bufanda

los guantes

la gorra

la chaqueta

las botas

el traje de baño

las gafas de sol

el suéter

los pantalones cortos

B. ¿En qué estación estamos? (What season is it?)

la primavera

el verano

el otoño

el invierno

3 ¿Qué llevo? Work in small groups to discuss the things you will need in the different weather conditions and seasons. Follow the model.

▶ **Modelo:** —¿*En qué estación hace sol?*
—*Hace sol en el verano.*
—¿*Qué llevas cuando hace sol?*
—*Cuando hace sol, llevo unos pantalones cortos.*

4 ¿Cuál es la estación? Work with a partner to identify the season for each month where you live. Then describe what the weather is like in each month. Follow the model.

▶ **Modelo:** *julio*
—¿*En qué estación estamos en julio?*
—*Estamos en verano.*
—¿*Qué tiempo hace?*
—*Hace buen tiempo.*

1. julio
2. enero
3. agosto
4. junio
5. abril
6. noviembre
7. mayo
8. septiembre
9. febrero
10. diciembre
11. octubre
12. marzo

III. Describing how you feel

¿Cómo están?

Está cansada.

Están contentos.

Está triste.

Está enojado.

Está enferma.

Palabras y expresiones útiles

alegre	*happy*	enamorado/a	*in love*
aliviado/a	*relieved*	entusiasmado/a	*enthusiastic*
alterado/a	*upset*	listo/a	*ready*
borracho/a	*drunk*	nervioso/a	*nervous*
calmado/a	*calm*	preocupado/a	*worried*
deprimido/a	*depressed*	seguro/a	*sure*
desilusionado/a	*disappointed*		

5 **Entrevista.** Interview six of your classmates to ask them how they are today. Report your findings to the class.

▶ **Modelo:** —*¿Cómo estás?*
—*Estoy preocupado/a.*
—*¿Y tú?*
—*Estoy contento/a.*

6 **Reacciones.** How would you feel in the following situations? Write your reactions and then share them with a classmate.

▶ **Modelo:** Your paycheck is late.
Estoy preocupado/a.

1. You have an exam tomorrow.
2. You just found your true love.
3. You have the flu.
4. Your favorite aunt died.
5. You passed your most difficult class.
6. Your roommate stole some money.

7 **Emociones.** Complete these ideas.

1. Estoy contento/a cuando...
2. Estoy triste cuando...
3. Estoy enojado/a porque...
4. Estoy cansado/a porque...
5. Estoy desilusionado/a porque...

VISTAS Y VOCES

I. Preparémonos

1 **Anticipación.** Answer these questions in pairs.

A. 1. ¿Qué tipo de códices hay en tu país? ¿Tienen números? ¿letras? ¿arte?
  2. Cuando tú viajas, ¿te gusta viajar en autobús, en tren o en avión?
  3. ¿Tienes computadora en tu cuarto? ¿Es grande o pequeña? ¿De qué color es?
  4. ¿Tienes un/a buen/a amigo/a en la universidad? ¿Quién es?

B. Review chapter opening photo 2B.
  What do you think that this glyph is going to reveal?

Para comprender mejor

a solas	*alone*	la tarjeta de	*credit card*
el avión	*plane*	crédito	
la ciudad	*city*	el vuelo	*flight*
el códice	*codex, ancient manuscript*	ayudar	*to help*
		el dinero	*money*
confiar	*to confide in*	el jeroglífico	*glyph*
estar en peligro	*to be in danger*	el presentimiento	*premonition*
el lugar	*place*	el/la reportero/a	*reporter*
el pájaro	*bird*	en efectivo	*cash*

2 **Secuencia.** In pairs, number the video action shots in the order in which you think the action will occur in the video you will watch.

1.

2.

3.   **4.**

II. Miremos y escuchemos

3 ¿Verdadero o falso? While you are watching the video, put a checkmark next to the phrases that are true.

1. ___✓___ Adriana estudia el jeroglífico.
2. ___✓___ Armando escucha la conversación de Adriana y Felipe.
3. _____ Felipe y Adriana tienen mucho dinero.
4. _____ Armando es amigo de Esperanza.
5. ___✓___ La nota es para Adriana.
6. _____ Nayeli llama a Armando por teléfono.
7. ___✓___ Una reportera habla de Nayeli en la televisión.

III. Comentemos

4 Frases. Working in groups, indicate who says the following.

1. "Cuatro códices, en cuatro ciudades: Dresden, París, Madrid, Distrito Federal." Adring
2. "¡Madrid! ¡Nayeli está en Madrid!" Adriada
3. "Los boletos aéreos, una tarjeta de crédito, un poco de efectivo, una computadora para facilitar la comunicación." Alamdo —
4. "Aquí está la nota para el señor Raúl Guzmán." Adriana
5. "Oye, ¿qué tiempo hace en junio en Madrid?" Felipe
6. "Todo está bajo control." Alamdo
7. "Si los gemelos no están juntos, no tendremos paz ni armonía económica en México." La reportera

5 Opinión. Answer these questions in groups.

1. ¿Cómo están Adriana y Felipe? ¿Contentos o preocupados? ¿Por qué?
2. ¿Qué revela el códice a Adriana sobre dónde está Nayeli?
3. ¿Qué ofrece Armando a Adriana y Felipe? En tu opinión ¿es bueno o malo Armando?
4. Armando habla con una señora por teléfono. ¿Cómo es ella? ¿Es buena o mala?
5. ¿Qué mira Armando?

6 Miremos otra vez. After watching the scene again, check to see if you have ordered the video action shots in the appropriate sequence.

Lengua

I. Describing people and places

A. Adjective placement

As you have learned, adjectives usually follow the nouns they describe. In Spanish when two adjectives modify the noun, they are joined by **y.**

unas tiendas elegantes	*some elegant shops*
un mercado mexicano	*a Mexican market*
las iglesias viejas y coloniales	*the old, colonial churches*
la plaza grande y hermosa	*the large and beautiful plaza*

However, numbers, possessive adjectives, and definite and indefinite articles precede the noun.

cuarenta alumnos	*forty students*	una hora	*an hour*
mis papeles	*my papers*	cuatro ciudades	*four cities*
las clases	*the classes*		

B. Bueno, malo, grande

The adjectives **bueno** (*good*), **malo** (*bad*) and **grande** (*big*) can appear either before or after the noun they describe. When **bueno** and **malo** appear before a singular masculine noun they change to **buen** and **mal. Grande** changes to **gran** before any singular noun. Notice that **grande** has a different meaning depending on its placement.

¿Es Armando un **buen** hombre?	
¿Es Armando un hombre **bueno?**	*Is Armando a good man?*
¿Es Armando un **mal** hombre?	
¿Es Armando un hombre **malo?**	*Is Armando a bad man?*

But:

Puebla es una **gran** ciudad.	*Puebla is a great city.*
México D.F. es una ciudad **grande.**	*Mexico City is a large city.*

1 Repaso. Make the necessary changes in gender and number in the text that follows. Work in pairs.

Nayeli es una arqueóloga _____ (importante) y _____ (famoso). Ella es también una _____ (grande) profesora. Felipe y Adriana son estudiantes muy _____ (trabajador). Son _____ (joven) y muy _____ (bueno) investigadores de arqueología. Ellos viajan a _____ (diferente) partes del mundo _____ (hispano) para buscar a Nayeli.

2 Tu opinión. Use **buen/o, malo/o,** and **gran/de** to express your opinion about the following. Then, compare your answers orally with a partner.

Nueva York / ciudad	CNN / canal
Toyota / coche	Tiger Woods / golfista
Gloria Estefan / cantante	*USA Today* / periódico
IBM 123 / computadora	

II. Describing direction: Coming and going

A. *Ir* and *venir*

A B

LETICIA:	Oye, Juan, ¿por qué no **vienes** a la fiesta ahora?	*Hey, Juan, why don't you come to the party now?*
JUAN:	Me gustaría, pero no tengo auto y no hay autobuses hoy.	*I would like to, but I don't have a car and there are no buses today.*
LETICIA:	**¡Voy** a tu casa inmediatamente en mi auto y tú **vienes** a la fiesta conmigo, ¿verdad?	*I'll go to your house immediately by car and you will come to the party with me. O.K.?*
JUAN:	¡Perfecto! Hasta luego, entonces.	*Perfect! I'll see you later, then.*
LETICIA:	Hasta luego.	*See you later.*

In the conversation above, what verb is used to talk about going from point A to point B? From point B to point A?

In Spanish, the verb **ir** (*to go*) is used to describe motion from point A (where the speaker is) to point B, and **venir** (*to come*) to talk about motion from point B to point A (where the speaker is). These verbs are irregular and are conjugated below.

	ir	venir
yo	**voy**	**vengo**
tú	**vas**	**vienes**
él/ella, Ud.	**va**	**viene**
nosotros/nosotras	**vamos**	**venimos**
vosotros/vosotras	**vais**	**venís**
ellos/ellas, Uds.	**van**	**vienen**

B. *Ir + a + location*

Ir + **a** + location indicates destination. Its use is similar to English.

Ustedes **van a** la universidad.	*You go to the university.*
Vamos mucho **al** cine.	*We go to the movies a lot.*
Mañana **voy a** la estación de tren.	*Tomorrow I am going to the train station.*

3 **Los viajes.** Work with a partner and create questions and answers with these elements.

nosotros	la piscina	mañana
los estudiantes	el mercado	el lunes
nuestros amigos	**ir a**	la clase	en mayo
yo	**venir de**	la universidad	el martes
tú	**venir a**	la plaza	en junio
ustedes	la cancha de tenis	el miércoles
ellas	mi casa	el domingo

▶ **Modelo:** —¿*A dónde vamos nosotros mañana?*
—*Vamos a mi casa.*

4 **¿Adónde van?** The following people are going to different places. Create sentences indicating their destinations.

▶ **Modelo:** *las mamás y sus hijos / parque*
Las mamás y sus hijos van al parque.

1. Gonzalo / el centro comercial
2. nosotros / las clases de español
3. ellas / el estadio
4. Liliana / la tienda
5. ustedes / el mercado
6. tú / la discoteca
7. el doctor / el hospital
8. los chicos / el museo
9. yo / la universidad
10. Adriana y Felipe / Madrid

5 **Itinerario de buses.** You and your partner are in Puebla. Take turns asking each other where the buses are headed and where they come from using the information in the **salidas** (*departures*) and **llegadas** (*arrivals*) tables. Follow the model.

▶ **Modelo:** —¿*A dónde va el bus de las 6.45 a.m.?*
—*El bus de las 6.45 a.m. va a México D.F.*
—¿*De dónde viene el bus de las 11.40 a.m.?*
—*El bus de las 11.40 a.m. viene de Veracruz.*

Llegadas a Puebla		Salidas de Puebla	
6.30 a.m.	México D.F.	6.45 a.m.	México D.F.
8.30 a.m.	Toluca	9.50 a.m.	Toluca
9.50 a.m.	Cuernavaca	11.05 a.m.	Cuernavaca
11.05 a.m.	Taxco	11.30 a.m.	Taxco
11.40 a.m.	Veracruz	12.15 p.m.	Veracruz
11.45 a.m.	México D.F.	12.45 p.m.	México D.F.
1.10 p.m.	Acapulco	2.15 p.m.	Acapulco
2.10 p.m.	Cuernavaca	3.05 p.m.	Cuernavaca
4.05 p.m.	Taxco	5.55 p.m.	Taxco
6.30 p.m.	Veracruz	8.45 p.m.	Veracruz
9.45 p.m.	Oaxaca	10.30 p.m.	Tlapa

6 *¿Quién va y quién viene?* You coordinate the schedule of several groups of tourists traveling to and from Puebla. You are an agent in Puebla and there are other agents in the other cities listed in the bus timetables. Use the tables to ask each agent which bus the tourists are traveling with.

▶ **Modelo:**

You, in Puebla: *¿En qué bus va el grupo de turistas argentinos a Veracruz?*

Your agent in Veracruz: *El grupo de turistas argentinos viene a Veracruz en el bus de las 8.45 p.m.*

You, in Puebla: *¿En qué bus viene el grupo de turistas chinos a Puebla?*

Your agent in Veracruz: *El grupo de turistas chinos va a Puebla en el bus de las 11.40 a.m.*

7 *Testimonio falso.* You are the prosecutor in a theft trial listening to the deposition of Isabel Iriarte. Each one of Isabel's descriptions indicates where each person involved is heading, from where, and Isabel's whereabouts: **¿Banco?, ¿Correo?, ¿Restaurante?** For each sentence, draw an arrow to indicate the direction of the person and Isabel's position. Explain why her explanation is false.

La señorita Isabel Iriarte explica *(explains):*

1. A las 8 a.m., los dos chicos van del correo al restaurante.
2. A las 8 a.m., la chica joven sale del banco y va al restaurante.
3. A las 8 a.m., el señor elegante viene del correo al banco.
4. A las 8 a.m., cuando la señora anciana va al banco, yo estoy aquí, en el restaurante.

C. Making future plans with *ir*

PATRICIA:	¡Hola Mauro! ¿Adónde vas?	*Hi, Mauro! Where are you going?*
MAURO:	¡Hola Patricia! **Voy al** aeropuerto.	*Hi, Patricia! I'm going to the airport.*
PATRICIA:	Y ¿cómo **vas a** llegar allá?	*And how are you going to arrive there?*
MAURO:	En autobús, pero ¡es muy tarde ya!	*I'm taking a bus, but it's already very late!*

PATRICIA: Si no llegas al aeropuerto, no **vas a** tener vacaciones. Yo te llevo! **¡Vamos!**

If you don't arrive at the airport, you won't have a vacation. I'll take you. Let's go.

MAURO: ¡Acepto! ¡Eres una buena amiga!

I accept. You are a good friend.

1. Ir + a + *infinitive*

The verb **ir** may also be used to discuss the immediate future as part of the construction **ir** + **a** + infinitive. It is comparable to the English expression *going to*.

No sé cómo **voy a** pagar el viaje.

I don't know how I am going to pay for the trip.

¿Y dónde **vamos a** conseguir el dinero?

And where are we going to get the money?

2. Vamos

Vamos and **vamos a** + infinitive are usually used to mean *Let's go* somewhere or do something.

¡Vamos a tomar helados!
Bueno, **¡vamos!**

Let's go and have some ice cream!
Fine, let's go.

8 *¿Es posible o no?* Work in pairs. Look at the list of things your partner would like to do depending on the circumstances. Compare each numbered item on your list with your partner's list to see what he or she will do given the conditions on your list.

▶ **Modelo:** *A. Hay programas interesantes.   B. mirar la televisión*
    —¿Qué vas a hacer si hay programas interesantes?
    —Voy a mirar la televisión.

A	B
1. Hace buen tiempo.	1. salir al parque
2. Tienes dinero.	2. comprar una computadora
3. Llega el autobús pronto.	3. llegar temprano a la escuela
4. La paella es buena.	4. comer mucho
5. El examen es mañana.	5. estudiar hoy
6. El auto es elegante.	6. conducir por la ciudad
7. Tus amigos vienen hoy.	7. ir al aeropuerto
8. Hay oportunidad.	8. comprar un carro Honda
9. Es sábado.	9. bailar en la discoteca
10. El profesor es bueno.	10. estudiar español

9 *¡Vamos!* Plan some fun events with your family and friends, using the expression **Vamos a** + infinitive. Follow the model.

▶ **Modelo:** *comer en un buen restaurante*
    Vamos a comer en un buen restaurante.

1. escuchar al cantante Marc Anthony
2. ir a un concierto de los Rolling Stones
3. comprar un coche importado
4. bailar en nuestra discoteca favorita
5. hacer y comer pizza
6. organizar una fiesta
7. escribir cartas de amor
8. tocar la guitarra y cantar

III. Expressing obligation and mental or physical conditions

Tener que

Tener que + infinitive is used to express obligation or the commitment to do something or behave in a certain way.

Tengo que confiar en él.	*I have to trust him.*
Tenemos que ir a Madrid.	*We have to go to Madrid.*
Tienen que buscar a Nayeli.	*They have to look for Nayeli.*

⠇LENGUA EN ACCIÓN

Deber

The verb **deber** *(should)* is used to talk about duties or things that you are expected to do.

Debo trabajar el lunes.   *I should work on Monday.*
Debemos asistir a todas las clases.   *We should attend all classes.*

Using common expressions with tener

Tener is used in many high-frequency expressions.

Tiene frío.

Tiene calor.

Tiene hambre.

Tiene sed.

Tiene sueño.

Tiene miedo.

Tiene prisa.

Tiene cinco años.

Some other expressions with **tener** are:

- **tener ganas de** + *infinitive*   *to really want to do something*

  Adriana **tiene ganas** de ir a Madrid.   *Adriana wants to go to Madrid.*

- **tener razón**   *to be right*

  —Nayeli está en peligro. De eso   *Nayeli is in danger. Of that we are sure.*
  estamos seguros.
  —**Tienes razón.**   *You're right.*

10 **Responsabilidades.** You and your friends have a lot to do before you can relax during the weekend. Create sentences describing everybody's obligations.

▶ **Modelo:** *yo / escribir / las cartas*
      Yo tengo que escribir las cartas.

1. nosotros / terminar la composición
2. Cristián / leer la novela
3. yo / hacer los ejercicios de gramática
4. Miguel / vender su estéreo
5. Isabel / ayudar a su mamá en casa
6. Eduardo / lavar el auto de papá
7. Bernardo / comprar comida para la familia
8. Guillermo y Daniel / ir al centro comercial
9. Juana y Pedro / alquilar los videos
10. Rosa / pagar los libros

11 **¿Qué tengo?** Create complete sentences by matching a situation (column A) with an expression with **tener** (column B). Follow the model.

▶ **Modelo:** *Hay poco tiempo. / tener prisa*
      Si hay poco tiempo, tengo prisa.

A	B
1. Veo un tigre (*tiger*).	1. tener hambre
2. Compro un buen libro.	2. tener miedo
3. No hay agua.	3. tener sed
4. Hace mucho sol.	4. tener ganas de leer
5. Es invierno.	5. tener sueño
6. Tengo muy poco tiempo.	6. tener frío
7. Es medianoche.	7. tener calor
8. No hay comida.	8. tener prisa
9. Estoy seguro/a.	9. tener razón

Lectura B

Introducción

This reading takes you on a tour of different cities and sites in the state (**el estado**) of Oaxaca on the Mexican Pacific Coast.

Prelectura

1 **Atracciones turísticas.** Which of the sites in column A would you like to visit? First, number the sites in order of priority. Then, match the reasons in column B to your selections. Compare your choices with a partner's.

A	B
el correo	Allí venden artículos típicos.
el estadio	El arte me gusta mucho.
las discotecas	La historia local es importante.
los cines	Me gusta bailar y hablar con mucha gente.
los edificios famosos	Me gusta mucho la arquitectura.
los mercados populares	Me gustan los deportes.
los monumentos históricos	Tienen platos deliciosos.
los museos de arte	Voy mucho al cine en mis vacaciones.
los restaurantes de comidas típicas	Yo escribo y mando cartas en mis vacaciones.

2 **¿Qué ciudades te gustan?** The table below describes weather conditions and main attractions in five imaginary cities. Which of them would you like to visit? Number them in your order of priority. Compare your choices with a partner's.

#	Ciudades	Temperatura media	Mes	Atracciones
	Ciudad A	30°C	junio	Tiene buen clima y hace mucho sol. Tiene parques y plazas muy hermosos, y museos interesantes.
	Ciudad B	4°C	diciembre	Su comida es deliciosa y su gente es muy simpática. Su clima es frío.
	Ciudad C	12°C	agosto	Hay enormes tiendas y mercados típicos.
	Ciudad D	28°C	septiembre	Hay monumentos históricos y ruinas arqueológicas muy famosas.
	Ciudad E	21°C	abril	No hace frío, pero llueve mucho. Sus restaurantes y discotecas son fenomenales.

¡Oaxaca maravillosa!

La región de Oaxaca   Durante tres días vamos a viajar por el estado de Oaxaca. Van a ser días inolvidables° en una hermosa región mexicana. El estado limita° al norte con los estados de Veracruz y Puebla, al este con Chiapas y al sur con el Océano Pacífico. El clima del estado depende° de la altura. En la costa° el clima es caliente y en las montañas de 2.000 metros de altura o más, el clima es frío. En las regiones intermedias, el clima es templado.° Su temperatura en primavera es de 25°C, en

unforgettable
borders

depends / coast

temperate

Una playa en Puerto Escondido, México.

La zona arqueológica de Monte Albán, Oaxaca, México.

El centro histórico, Oaxaca, México.

verano y en otoño es de 22°C, y en invierno es de 16°C.

Martes Hoy vamos a visitar la ciudad de Oaxaca. Por la mañana, vamos al centro histórico de la ciudad; allí está el acueducto español de San Felipe, en uso hasta° 1940. También vamos a visitar el Museo de Arte. Por la tarde, vamos al Museo Regional de Antropología e Historia. Finalmente,° vamos al Zócalo, Plaza de la Constitución (existe desde el año 1529), y la cena es a las 8.30 de la noche. Vamos a cenar en el restaurante El Patio, en nuestro camino° a Mitla, a 46 kilómetros de la ciudad. Regresamos a Oaxaca, al hotel Casa Colonial.

Miércoles Hoy salimos temprano para ver las bellas pirámides zapotecas° de Monte Albán y el museo de la ciudad. El camino es corto y regresamos a Oaxaca para almorzar en el restaurante La Abuelita. Por la tarde hay tiempo para comprar artículos típicos de Oaxaca.

Jueves, viernes y sábado El jueves, salimos en auto para Puerto Escondido, un pintoresco° puerto° en la Costa Esmeralda del Océano Pacífico mexicano. Es un viaje largo porque está a 318 kilómetros al sur de Oaxaca. El puerto es un paraíso y el centro turístico más antiguo de la región. Tiene playas° muy buenas y exquisitos restaurantes. Regresamos a Oaxaca el sábado por la tarde.

in use until

Finally

way

Zapotec

picturesque / port

beaches

Postlectura

3 **Viaje turístico.** Answer in writing the following questions about the tour in Oaxaca.

1. ¿Dónde está el estado de Oaxaca?
2. ¿Cómo son las temperaturas en las diferentes estaciones? ¿Dónde hace frío? ¿Y dónde hace calor?
3. ¿Qué van a visitar los turistas en el centro de Oaxaca?
4. ¿Cuántos años tiene el Zócalo de Oaxaca? ¿Cómo se llama?
5. ¿A dónde van a cenar los turistas el martes?
6. ¿A qué hora van a ir a cenar?
7. ¿Qué hay en Monte Albán?
8. ¿Dónde van a almorzar los turistas el miércoles?
9. ¿Cómo es el clima de Puerto Escondido? ¿Cómo es la ciudad?
10. ¿Cómo es la Costa Esmeralda: el clima, la temperatura, el agua?

4 **Me gusta, no me gusta.** List five sites mentioned in the reading and say whether you like them or not and why. Compare your selections with a partner's.

▶ **Modelo:** *Me gusta... porque tiene buenos restaurantes.*
No me gusta... porque hace mucho calor.

5 **Me gusta la comida.** Look at the two restaurant ads and write two sentences describing the food they serve. You will find the Spanish word for **Oaxacan** in one of the ads. Use it! Work with a partner and ask each other if you like the food you have described.

6 **Un sitio.** Describe a site that you like, using some of the adjectives and expressions that you have learned.

En resumen

I. Hablemos

1 **La casa de mis sueños** *(My dream house).* Draw and label an original floor plan for your dream house. Then present your plan to the class.

2 **El canal del tiempo.** You have just landed a new job with the weather channel. You are expected to give an updated weather report for your home town; Mexico City, México; Madrid, Spain; and Buenos Aires, Argentina. Prepare a weather report for all four cities. Work in groups and compare your reports to those of your classmates. Use the information provided in this chapter.

II. Investiguemos por Internet

Searching for Spanish sites

When searching for Spanish sites, the first thing you must do is to write in Spanish the word or words for which you are searching. The most popular search engines have a Spanish version and offer links to search engines in Spanish. The Houghton Mifflin Web site will give you updated links to useful sites and to Web browsers in Spanish.

Usually, when you write several words in a phrase, you should use quotation marks; in this way, the search engine will read them as a phrase and not word-for-word. You may also want to read the instructions of the browser you are using on how to refine your search. Following these instructions, you will access more relevant and useful sites for your purposes.

3 **Pronósticos del tiempo de hoy.** You may want to search for actual weather reports in Spanish for the four cities that you have selected. Review the Spanish words that you have learned related to weather and type them in as keywords in your search. Start with the following keywords one-by-one: **tiempo, clima, pronóstico del tiempo.**

Vocabulario informático

la guía Internet/el directorio Internet	*Internet guide*	la palabra clave	*keyword*
el motor de búsqueda/ el buscador Internet	*search engine*		

III. Escribamos

Writing strategy: Brainstorming ideas

Before writing an essay or a report, it is often useful to brainstorm your ideas, especially with a partner or in a group. In order to do this effectively, write only in Spanish.

1. Write down your ideas on paper as they occur to you. They can be single words, phrases, or questions.
2. Write quickly and in no particular order. Do not stop to evaluate which ideas are good.
3. Once the ideas are written, read the list and circle the ideas that you will use in your writing.

The following is a possible brainstorm for an essay that describes your apartment.

grande	me gusta
cocina fea	azul
comer	novio arrogante
no hay sofá	jardín bonito
2 pisos	hace frío
buena compañera	dormitorio pequeño

Strategy in action

Turn to *Escribamos* in the Workbook to practice the strategy above.

4 **Nuestra universidad.** You have been chosen to be the host for an international student coming to visit your campus and the city where you live. Before he or she arrives you write a letter that describes four interesting places in town to visit and two to three activities to do on campus. Before writing your letter, use the diagram to brainstorm your ideas.

Vocabulario

El apartamento

el alquiler	*rent*	la ducha	*shower*
el balcón	*balcony*	el/la dueño/a	*owner*
la bañera	*bathtub*	el/la inquilino/a	*tenant*
barato/a	*inexpensive*	el jardín	*garden*
la calefacción	*heat*	la oficina	*office*
la cancha de tenis	*tennis court*	el pasillo	*hallway*
caro/a	*expensive*	la piscina	*swimming pool*
la cocina	*kitchen*	el piso	*floor*
el comedor	*dining room*	el ropero (armario)	*closet*
el cuarto	*room*	la sala	*living room*
el cuarto de baño	*bathroom*	la terraza	*terrace*
el dormitorio (la alcoba)	*bedroom*		

La ciudad

el aeropuerto	*airport*	el hospital	*hospital*
la biblioteca	*library*	el hotel	*hotel*
el café	*café*	la iglesia	*church*
la casa	*house*	la librería	*bookstore*
el centro comercial	*shopping district*	el museo	*museum*
el cine	*movie theater*	la parada de autobús	*bus stop*
el correo	*post office*	la plaza (el zócalo)	*city square, plaza*
la estación de tren	*train station*	el restaurante	*restaurant*
el estadio	*stadium*	la tienda	*store*

Expresiones con poner y salir

(See p. 66)

Tiempo y clima

las condiciones del tiempo	*weather conditions*	Hace mal tiempo.	*The weather is bad.*
Está despejado.	*It's clear.*	Hace sol.	*It's sunny.*
Está nublado.	*It's cloudy.*	Hace (mucho) viento.	*It's (very) windy.*
el grado (centí-grado/Celsio)	*degree (centigrade/Celsius)*	Llovizna (mucho/un poco).	*It's drizzling (a lot/a little).*
Hace buen tiempo.	*The weather is good.*	Llueve (mucho/un poco).	*It's raining (a lot/a little).*
Hace (mucho) calor.	*It's (very) hot.*	Nieva (mucho/un poco).	*It's snowing (a lot/a little).*
Hace fresco.	*It's cool.*	el pronóstico del tiempo	*weather forecast*
Hace (mucho) frío.	*It's (very) cold.*	la temperatura	*temperature*
		Tiene buen/mal clima.	*It has a good/bad climate.*

Ropa

el abrigo	*coat*	**el impermeable**	*raincoat*
las botas	*boots*	**los pantalones**	*pants*
la bufanda	*scarf*	**los pantalones cortos**	*shorts*
la chaqueta	*jacket*	**el paraguas**	*umbrella*
las gafas de sol	*sunglasses*	**el sombrero**	*hat*
la gorra	*cap*	**el suéter**	*sweater*
los guantes	*gloves*	**el traje de baño**	*bathing suit*

Estaciones del año

el invierno	*winter*
el otoño	*autumn*
la primavera	*spring*
el verano	*summer*

Descripción de personas con estar

aliviado/a	*relieved*	**enfermo/a**	*sick*
alterado/a	*upset*	**enojado/a**	*angry*
borracho/a	*drunk*	**entusiasmado/a**	*enthusiastic*
calmado/a	*calm*	**listo/a**	*ready*
cansado/a	*tired*	**nervioso/a**	*nervous*
contento/a	*content, happy*	**preocupado/a**	*worried*
deprimido/a	*depressed*	**seguro/a**	*sure*
desilusionado/a	*disappointed*	**triste**	*sad*
enamorado/a	*in love*		

Expresiones con tener

(See p. 84)

Verbos

conducir	*to drive*	**producir**	*to produce*
conocer	*to know, be familiar with*	**saber**	*to know*
		salir	*to leave*
esperar	*to wait*	**tener**	*to have*
estar	*to be*	**traducir**	*to translate*
hacer	*to do; to make*	**traer**	*to bring*
ir	*to go*	**venir**	*to come*
ir a (+ infinitive)	*going to (+ infinitive)*	**ver**	*to see*
poner	*to put, place*		

Adjetivos posesivos

(See p. 60)

LOCALIDAD:
España

3A

¿Qué revela el sueño de la abuela?

3B

The trucker, el señor Covarrubias, plots to keep the jaguar twin for himself, but the jaguar has other plans. While Adriana continues to search for Nayeli, doña Gafasoscuras finds an ingenious way to keep track of Nayeli's every move.

Vocabulary themes
Describing means of transportation
Checking into a hotel
Talking about large quantities
Ordering food
Setting the table
Shopping for food

Language structures
Describing actions in the present
Describing daily routines
Describing how actions are done

Expressing negation
Pointing out people, things, and places
Describing actions in progress
Using *ser* and *estar*

Culture topics
Las medidas
Las sabrosas tapas de Madrid

Readings
Transportes y comunicación
Plácido Domingo Restaurant

Reading/writing strategies
Skimming
Scanning
Providing supporting detail

Internet strategy
Keyword searches

Some common stem-changing verbs

e > ie cerrar	to close	o > ue almorzar	to have lunch	e > i conseguir	to obtain, get
comenzar	to begin	contar	to count	conseguir	to get, obtain
empezar	to begin	costar	to cost	decir	to say, tell
entender	to understand	dormir	to sleep	pedir	to ask for
nevar	to snow	encontrar	to find	perseguir	to follow, pursue
pensar	to think	llover	to rain	seguir	to follow
perder	to lose	mostrar	to show	servir	to serve
preferir	to prefer	morir	to die		
querer	to want	poder	to be able to		
recomendar	to recommend	probar	to try, taste		
		recordar	to remember		
		soñar (con)	to dream (about)		
		volver	to come back, return		

- **Decir** also has an irregular form in the first-person singular: **yo digo.**

  ¡Yo siempre **digo** sí y tú siempre **dices** no!   *I always say yes and you always say no!*

- The verbs **llover** *(to rain)*, **nevar** *(to snow)*, and **costar** *(to cost)* are used, as in English, usually in the third person singular.

  Una llamada por cobrar **cue**sta mucho dinero.   *A collect call costs a lot of money.*
  En invierno **nie**va y hace frío.   *It snows and it's cold in the winter.*
  En el desierto no **llue**ve mucho.   *It doesn't rain much in the desert.*

••• LENGUA EN ACCIÓN

Expresiones con infinitivos

■ The verbs **empezar** and **pensar** are frequently used with infinitives.

empezar a + infinitive	*to begin, start to do something*
El chofer y su esposa **empiezan a** correr.	*The driver and his wife begin to run.*
Nayeli **empieza a** buscar al chofer.	*Nayeli begins to look for the driver.*
pensar + infinitive	*to plan, intend*
Adriana y Felipe **piensan viajar** a Sevilla.	*Adriana and Felipe plan to travel to Sevilla.*
Pensamos ir a la compañía de transporte para buscar a Nayeli.	*We plan to go to the transport company to look for Nayeli.*

1 **Los planes de Vicente.** Fill in the correct forms of the verbs in the following passage. Then answer the questions that follow.

Yo _pienso_ (pensar) viajar por Andalucía y _voy_ (ir) a empezar mi viaje en Madrid y después yo _quiero_ (querer) visitar Granada, Málaga y Jerez. Yo _prefeiro_ (preferir) ir en verano porque no _llueve_ (llover) mucho. Luis Fernando, mi amigo andaluz, _dice_ (decir) que yo _puedo_ (poder) dormir y comer en su casa. Es fantástico porque yo sé que su madre _sirve_ (servir) comidas deliciosas todos los días.

Now answer the following questions about Vicente's plans.

▶ **Modelo:** —*Vicente piensa empezar su viaje en Granada, ¿verdad?*
　　　　　　—*No, Vicente piensa empezar su viaje en Madrid.*

1. Vicente quiere dormir en un hotel, ¿verdad?
2. Vicente no puede comer en casa de Luis Fernando, ¿verdad?
3. En Andalucía llueve mucho en verano, ¿verdad?
4. Vicente prefiere ir a Andalucía en invierno, ¿no?
5. Vicente no piensa visitar Sevilla, ¿verdad?

2 **¿Qué quieres hacer?** You are planning a tour around town and discuss with a friend the best places to go. Follow the model.

▶ **Modelo:** *el cine / la discoteca*
　　　　　　—*¿Quieres ir al cine?*
　　　　　　—*No, prefiero ir a la discoteca.*

1. el teatro / el museo
2. el restaurante español / el restaurante alemán
3. el parque / el correo
4. el banco / la universidad
5. la piscina del hotel / la playa
6. la catedral / la plaza central

II. Describing daily routines

Reflexive verbs and reflexive pronouns

To discuss many daily routines in Spanish, you use a class of verbs called reflexives. Identify who performs and who receives the action of the verbs in these illustrations.

A Susana lava al perro.　**B** Miranda se baña.　**C** Roberto se lava los dientes.

When the subject both performs and receives the action of the verb, as in **B** and **C** above, the action is called reflexive.

To make a verb reflexive, Spanish uses the pronouns in boldface.

Subject pronoun	Reflexive pronouns	Conjugated verb: *lavar*	*(to wash)*
yo	**me**	lavo	*I wash myself.*
tú	**te**	lavas	*You wash yourself.*
él/ella, usted	**se**	lava	*He washes himself. She washes herself. You wash yourself.*
nosotros/nosotras	**nos**	lavamos	*We wash ourselves.*
vosotros/vosotras	**os**	laváis	*You (plural) wash yourselves.*
ellos/ellas, ustedes	**se**	lavan	*They wash themselves. You (plural) wash yourselves.*

- Reflexive verbs do not mean only *myself, yourself,* and so on in English. They can sometimes be expressed as *to get.* **Yo me visto.** = *I get dressed.* **Ella se levanta.** = *She gets up.*
- To identify that a verb is reflexive, the infinitive is usually listed with **-se** attached to the end.
- Reflexive pronouns are placed before a conjugated verb. When reflexive verbs are used together with an infinitive, the reflexive pronouns may be attached to the end of the infinitive or may go before, as they do with a conjugated verb.

Los chicos van a vestir**se**.   *The boys are going to get dressed.*
Los chicos **se** van a vestir.

Common reflexive verbs			
acostarse (ue)	*to lie down*	levantarse	*to get up*
afeitarse	*to shave*	maquillarse	*to put on makeup*
alojarse (hospedarse)	*to stay (in a hotel)*	peinarse	*to comb one's hair*
		ponerse la ropa	*to put on clothes*
bañarse	*to take a bath*	preocuparse	*to worry*
cepillarse	*to brush*	probarse (ue)	*to try on*
desayunarse	*to have breakfast*	quedarse	*to stay*
despertarse (ie)	*to wake up*	quitarse la ropa	*to take off one's clothes*
divertirse (ie)	*to enjoy oneself*		
dormirse (ue)	*to fall asleep*	secarse	*to dry off*
ducharse	*to take a shower*	sentarse (ie)	*to sit down*
irse	*to go away, leave*	sentirse (ie)	*to feel*
lavarse	*to get washed*	vestirse (i)	*to get dressed*

Some common words to use with these verbs are:

la cara	*face*
los dientes	*teeth*
las manos	*hands*
el pelo	*hair*

To express the sequence of the things you do, use words such as:

primero	*first*	entonces	*then, at that time*
luego	*later, then, next*	por fin	*finally*
después	*after*		

Primero me despierto a las seis
de la mañana, **luego** me baño,
y **por fin** me visto.

*First, I wake up at six in the
morning, then I take a bath,
and finally, I get dressed.*

⋯ LENGUA EN ACCIÓN

Hablando del cuerpo

When talking about parts of the body, use the article in Spanish and not the possessive adjective, as we do in English.

Nos lavamos **las** manos.
Tienes que cepillarte **los** dientes.

We wash our hands.
You have to brush your teeth.

3 Nuestras rutinas. You are describing the routines of several people. Follow the model to complete your descriptions. Remember to change the reflexive pronouns to agree with the subjects.

▶ **Modelo:** *tú / despertarse temprano todos los días*
Tú te despiertas temprano todos los días.

1. yo / ducharse con agua caliente
2. usted / levantarse tarde
3. las chicas / ponerse el sombrero sevillano
4. el señor / afeitarse por la mañana
5. Marina / secarse el pelo
6. tú / vestirse con ropa moderna
7. ustedes / divertirse mucho en la discoteca

4 ¿Cuándo haces tus actividades? Ask the following people when they are going to do the activities indicated. Follow the model.

▶ **Modelo:** *Luis / afeitarse mañana*
—Luis, ¿cuándo te vas a afeitar? or: *Luis, ¿cuándo vas a afeitarte?*
—Me voy a afeitar mañana. or: *Voy a afeitarme mañana.*

1. Cecilia / bañarse temprano
2. Cristina y María Teresa / secarse el pelo por la mañana
3. Raúl / acostarse tarde
4. Nubia / ponerse las botas hoy
5. Daniel / levantarse a las seis
6. tú y yo / divertirse en la discoteca esta noche
7. Gil / cepillarse los dientes por la mañana

5 **Día típico.**   What does Felipe do on a typical day? Look at the pictures and decide in which order Felipe would do the following activities. Number the activities in a logical order, then write a sentence to describe each action shown in the picture. Use reflexive verbs.

6 **Mi rutina diaria.**   Write a short paragraph describing your daily activities. Include the order in which you do them and at what time you do them.

▶   **Modelo:**   *Primero, me despierto a las seis y media de la mañana.*

III. Describing how actions are done

Adverbs ending in -mente

Adverbs of manner describe how an action is done. These adverbs are usually formed in Spanish by adding **-mente** to the singular form of the adjective. If the adjective has **-a** and **-o** endings, **-mente** is added to the feminine form. No changes are necessary when the adjective ends in another vowel or in a consonant. The **-mente** ending in Spanish corresponds to the *-ly* ending of many English adverbs (*easy > easily*).

rápido	rápid**amente**	*rapidly*
impaciente	impaciente**mente**	*impatiently*
fácil	fácil**mente**	*easily*

Adriana y Felipe hablan con el portero **impacientemente.**	*Adriana and Felipe speak with the porter impatiently.*
Nayeli puede ir a la compañía de transporte **fácilmente.**	*Nayeli can go to the transport company easily.*
El chofer maneja **rápidamente.**	*The chauffeur drives rapidly.*

• Written accents on the adjectives are retained when the **-mente** ending is added.

fácil   fácilmente   rápido   rápidamente

7 *¿Cómo se dice?* Give the correct adverb for the following adjectives.

1. difícil
2. elegante
3. frecuente
4. fuerte
5. lento

6. moderno
7. normal
8. perezoso
9. profesional
10. claro

11. regular
12. serio
13. tímido
14. tradicional

8 *¿Cómo hacen las cosas?* Use adverbs to tell how the following people do the activities indicated.

▶ **Modelo:** *El examen es fácil. Yo hago el examen fácilmente.*

1. La explicación de Julia es muy clara. Julia explica las cosas muy _____ .
2. Mis conversaciones con Luis son agradables. Luis y yo conversamos _____ .
3. Mi trabajo es muy duro. Yo trabajo _____ .
4. Ese tren es muy lento. Ese tren anda muy _____ .
5. La ropa de Verónica es elegante. Verónica se viste _____ .
6. Carlos es un escritor profesional. Carlos escribe _____ .
7. Los aviones modernos son rápidos. Los aviones modernos viajan _____ .
8. Tú eres muy tímido. Tú hablas muy _____ .

9 *¿Cómo hacemos las cosas?* Ask each other the following questions about habits and actions, using adverbs. Work in pairs.

1. ¿Manejas el coche de la familia rápidamente? ¿lentamente?
2. ¿Llegan a clase puntualmente los estudiantes de tu universidad?
3. ¿Hablas con tus amigos/as por teléfono frecuentemente? ¿infrecuentemente?
4. ¿Trabaja tu compañero/a pacientemente? ¿impacientemente?
5. ¿Los estudiantes de tu escuela se visten elegantemente los sábados por la noche?
6. ¿Te duchas inmediatamente después de levantarte todos los días?
7. ¿Puede hablar abiertamente la gente de tu país?
8. ¿Generalmente sales a comer con tu familia o con amigos?
9. ¿Usualmente practicas deportes solo/a o con otra persona?

IV. Expressing negation

Affirmative and negative expressions

Affirmative expressions		Negative expressions	
algo	something, anything		
todo	everything	**nada**	nothing
todos, todas	everybody, all		
alguien	someone, somebody	**nadie, ningún, ninguno**	no one, nobody, none
algún, alguno	a, an, some		
algunos, algunas	some		
(o) ... o	either . . . or	**ni ... ni**	neither . . . nor
siempre	always	**nunca, jamás**	never
todos los días	every day		
a veces	sometimes, at times		
también	also, too	**tampoco**	neither, either

To use negative and affirmative expressions:

- You can make a sentence affirmative or negative by placing the appropriate expression either before or after the verb. If you use it after the verb in negative expressions, you must put **no** in front of the verb.

  Nayeli **siempre** se aloja en el mismo hotel. | *Nayeli always stays in the same hotel.*
  Nayeli se aloja **siempre** en el mismo hotel.

  Doña Gafasoscuras **nunca** va a perder de vista a Nayeli. | *Sunglasses will never lose sight of Nayeli.*
  Doña Gafasoscuras **no** va a perder de vista a Nayeli **nunca.**

- **Nadie** and **alguien** refer to people and require the personal **a** when used as direct objects.

  —¿Nayeli ve **a alguien** sospechoso? | *Does Nayeli see someone suspicious?*
  —No, **no** ve **a nadie** sospechoso. | *No, she doesn't see anyone suspicious.*

- All forms of **alguno** and **ninguno** agree in gender with the noun they modify. Notice that they drop the **-o** before the noun in the masculine singular form. **Ninguno** does not usually have a plural form and is mostly used in the singular form.

  Nayeli necesita **alguna** información sobre el chofer. | *Nayeli asks for some information about a driver.*
  El empleado **no** le da **ninguna** información sobre el chofer. | *The employee doesn't give her any information about the driver.*

  —¿Tienen Felipe y Adriana **algún** problema con el portero? | *Do Felipe and Adriana have any problems with the porter?*
  —No, no tienen **ningún** problema con el portero. | *No, they don't have any problems with the porter.*

10 **Los contrarios.** Change the following affirmative statements to make them negative. Some statements require two changes.

▶ **Modelo:** *Necesito comer algo antes de la reunión.*
           No necesito comer nada antes de la reunión.

1. Nosotros viajamos en tren o en avión.
2. Quiero hablar con algún director.
3. Ellos siempre hablan por teléfono con alguien.
4. Todos los días tomamos el metro.
5. Alguien siempre llama a Rosario por la mañana.
6. Teresa va a divertirse y Rafael también.
7. Todas las postales tienen la dirección correcta.
8. Tengo todo listo para las vacaciones.
9. Elena siempre llega tarde a todas partes.

11 **Sucede todos los días.** You have just returned from a vacation and are answering your friend's questions about your experiences. Unfortunately, it was not a very good trip and you are quite negative about it.

▶ **Modelo:** *¿Hay muchos hoteles de cinco estrellas?*
           No, no hay ningún hotel de cinco estrellas.

1. ¿Sirven siempre buena comida en el hotel Prisma?
2. ¿Tienen alguna oferta especial para el verano?
3. ¿Hay televisión en todas las habitaciones?
4. ¿Hacen algunas fiestas para los visitantes?
5. ¿Conoces alguna compañía de transportes allí?

12 **Nunca el domingo.** This is your weekly schedule for this semester. Follow the model to create a list of five activities that you usually do and five activities that you usually do not do. Use affirmative and negative expressions.

▶ **Modelo:** *Los martes me levanto a las ocho de la mañana y los miércoles también.*
           Nunca me levanto temprano los domingos.
           Los lunes no veo televisión ni los sábados tampoco. or
           No veo televisión ni el sábado ni el domingo.

Mi agenda semanal						
lunes	**martes**	**miércoles**	**jueves**	**viernes**	**sábado**	**domingo**
levantarme a las 6 a.m.	levantarme a las 8 a.m.	levantarme a las 6 a.m.	levantarme a las 9 a.m.	levantarme a las 5 a.m.	levantarme a las 7 a.m.	dormir y dormir
tomar el bus: 7 a.m.	tomar el bus: 9 a.m.	tomar el bus: 7 a.m.	tomar el bus: 10 a.m.	tomar el bus: 7 a.m.	tomar el bus: 8 a.m.	tomar el bus: 11 a.m.
clase de ciencias	clase de ciencias	clase de ciencias	clase de ciencias	clase de ciencias	clase de fotografía	clase de fotografía
almorzar con Isabel	almorzar con Isabel	almorzar con Isabel	almorzar con Isabel	almorzar con Isabel	almorzar con Isabel	almorzar con René
clase de arte	clase de geografía	clase de literatura	hacer tareas	clase de arte	clase de cine	tomar la siesta
hacer tareas o ver televisión	cenar con Marta y Cecilia	hacer tareas	hacer tareas o ver televisión	hacer tareas	ir a la discoteca	jugar cartas

···LENGUA EN ACCIÓN

Todavía (still) / ya no (not any more)

■ **Todavía** can be placed before or after the verb.

¿**Todavía** está Nayeli en Sevilla?   *Is Nayeli still in Sevilla?*
¿Está Adriana **todavía** en Madrid?   *Is Adriana still in Madrid?*

■ The negative expression **ya no** is placed before the verb.

Felipe **ya no** está preocupado.   *Felipe is not worried anymore.*
Esas tapas de pescado **ya no** me gustan. *I don't like those fish tapas anymore.*

13 Todavía. You are trying to find out what is going on in school. There are many things that people have recently stopped doing. Create questions and answers for your investigation. Follow the model.

▶ **Modelo:** *usar el sistema americano de medidas / los profesores*
             ¿Todavía usan los profesores el sistema americano de medidas?
             No, ya no usan el sistema.

1. tener clases a las ocho de la mañana / los estudiantes
2. comen pizza en el almuerzo / mis compañeros
3. estudiar en grupos / los estudiantes de español
4. pedir informes de los estudiantes / la policía de la universidad
5. tener tiempo libre por las tardes / las chicas y los chicos
6. servir helados para el postre / el restaurante de la universidad

Lectura A

Introducción
In this selection you will learn about various means of transportation and communication in Spain.

Reading strategy: Skimming
When you want to learn information quickly from written materials, skimming and scanning are two reading strategies that you can apply. Skimming is the technique of quickly eliciting the general idea or main focus of the text or article.

Quickly look at any headings, titles, and obvious cognates (which were presented in chapter one), as well as visuals which your instructor may give you. Skimming is very useful in reading in Spanish. Skim this selection and then do the activities that follow.

Transportes y comunicaciones

Es bien sabido° que el sector de transportes y comunicaciones es funda-
mental para el buen desarrollo° económico, cultural y social de un país.
España ha realizado° una gran inversión° en infraestructuras en los últimos años hasta situarse a la altura° de cualquier país de su entorno.°

known
development
has made / investment
level / area

Viajar en avión En el año 2000
se habrán invertido° en España
más de 500.000 millones de pesetas en reformas y ampliación° de
aeropuertos. Muchas ciudades españolas están comunicadas por
rutas aéreas a la vez° que desarro-
llan un gran tráfico internacional.
Sólo el aeropuerto de Madrid-
Barajas recibe más de 16.000.000
de pasajeros al año. Su tráfico es,
fundamentalmente, de líneas regulares, nacionales y extranjeras.°
En cambio,° Palma de Mallorca,
por ejemplo, tiene un 77% de vue-
los charter.

will have invested
expansion
at the same time
foreign
On the other hand

**Avión en el aeropuerto de Palma de
Mallorca.**

En barco En cuanto al° tráfico de pasajeros por mar, varias° ciudades
españolas (Valencia, Barcelona, Málaga) comunican habitualmente la
Península con las islas Baleares y Canarias y con el norte de África. La
compañía naviera° más importante es la Transmediterránea, que trans-
porta pasajeros y automóviles. Los puertos más importantes para el tráfico de mercancías° son: Barcelona, Bilbao, Valencia y Vigo, entre° otros.

Regarding / several
boating
merchandise / among

En tren Más de 13.000 kilómetros de vía° enlazan° los pueblos y las ciudades de España. Debido a° la orografía° accidentada° del terreno, en España todavía° existen recorridos° auténticamente pintorescos.° Pero en

track / connect
Because of / contour / rough
still / routes / picturesque

los últimos 30 años las
líneas ferroviarias° y los
trenes han experimen-
tado una modernización
espectacular que se ha
traducido° no solamente
en una mayor rapidez
sino en la mejora° de la
calidad de los servicios
de atención al cliente. Por
ejemplo: el tren de alta
velocidad, AVE, es capaz°
de recorrer la distancia
Madrid-Sevilla (538 km)

railway network
has been translated
improvement
capable

**Confort, rápidez y seguridad en los recorridos del
AVE, tren de alta velocidad.**

will connect
century

roads / go through
expressways / toll
divided highways / free
registered

en 2 horas y 45 minutos. Existe el proyecto de una vía para el AVE que enlazará° España con Francia a comienzos del siglo° XXI.

En automóvil Más de 162.000 km de carreteras° surcan° el territorio; de ellas, 2.022 km son autopistas° (de peaje°), y cerca de 6.000 km de autovías y carreteras de doble calzada° (gratuitas°). El número de vehículos matriculados° en toda España es de 18.218.000 (datos de 1994); de ellos, más de 13 millones son automóviles.

Modernas carreteras de España.

1 Información general. In the selection above, skim the headings of the text for the types of transportation in Spain. In pairs, ask each other, **¿Cuáles son las cuatro categorías de transportes en España?** Then, examine the photos, taking turns reading the captions under each one to gather further information rapidly about the content of the selection. Ask each other, **¿Cuáles son los cognados y qué significan?**

2 Impresiones generales. What overall impressions about **transportes españoles** do you get immediately from skimming the reading?

Reading strategy: Scanning

Scanning is a reading strategy that is often used in conjunction with skimming, especially if there is an abundance of new vocabulary. In scanning, you look for specific details that support the general information learned.

---

3 Características. After scanning this selection, jot down one basic characteristic of each **medio de transporte.**

1. avión _____
2. barco _____

3. tren _____
4. automóvil _____

4 Detalles. Complete the following information, which elicits details regarding transportation in Spain.

1. Los transportes son importantes para el desarrollo _____, cultural y _____ de España.
2. Más de _____ millones de pasajeros pasan por el aeropuerto de Madrid que se llama _____.
3. Algunos barcos españoles van a las Canarias y al norte de _____.
4. Los puertos más importantes para el tráfico de mercancías son Barcelona, _____ , _____ y _____.
5. Los trenes españoles tienen más de 13.000 _____ de vías. Esto equivale a _____ millas.
6. El número de autos matriculados en 1994 es _____.
7. En España hay _____ kilómetros de carreteras.

Pistas y palabras

I. Ordering food

¿Qué van a tomar?

1. la camarera	**5.** el vino tinto
2. la cerveza	**6.** la carta/el menú
3. las gambas (L. Am.: los camarones)	**7.** la cuenta
4. la jarra	**8.** la tortilla española

Palabras y expresiones útiles

el almuerzo	*lunch*	el plato principal	*main dish*
la cena	*dinner*	la propina	*tip*
la comida	*food, dinner in some places, lunch in others*	las tapas	*appetizers (Sp.)*
		cenar	*to have dinner*
el desayuno	*breakfast*	dejar	*to leave (behind)*
la hambre	*hunger*	disfrutar	*to enjoy*
el jugo (el zumo)	*juice (L. Am., Sp.)*	ligero/a	*light*
la papa (la patata)	*potato (L. Am., Sp.)*	rico/a	*rich, delicious*
el pedido	*order*	sabroso/a	*delicious, tasty*

¡A sus órdenes!	*At your service!*
La carne está dura.	*The meat is tough.*
La comida está muy salada/dulce.	*The food is too salty/sweet.*
La cuenta, por favor.	*The check, please.*

estar listo/a	*to be ready*
Estoy muerto/a de hambre.	*I'm starving, famished.*
Me falta (el tenedor).	*My (fork) is missing.*
Me gustaría...	*I would like . . .*
¿Podría traer la cuenta, por favor?	*Could you bring the check, please?*
Los precios están por las nubes.	*The prices are high (in the clouds).*
¿Qué desean comer/beber?	*What do you want to eat/drink?*
¡Qué hambre!/¡Tengo mucha hambre!	*I am very hungry!*
¿Qué nos recomienda?	*What do you recommend to us?*
¿Qué recomendaría Ud.?	*What would you recommend?*
Quisiera pedir...	*I would like to order . . .*
El servicio es deficiente.	*The service is not acceptable.*
La sopa está fría.	*The soup is cold.*
El zumo/jugo de naranja está amargo/ácido.	*The orange juice is bitter/sour.*

Precio en pesetas

Entremeses	Tortilla española	350	**Appetizers**	*Spanish omelette with potatoes and onions*
	Chorizo y pan	450		*Sausage and bread*
	Pulpo o calamar frito	850		*Fried octopus or squid*
	Queso manchego	500		*Manchego (goat) cheese*
Sopas	Gazpacho	400	**Soups**	*Gazpacho (cold vegetable) soup*
	Sopa de pollo	500		*Chicken soup*
	Sopa de pescado	600		*Fish soup*
	Sopa del día	450		*Soup of the day*
Ensaladas	Ensalada mixta	600	**Salads**	*Mixed salad*
	Ensalada sencilla	300		*Green salad*
	Ensalada rusa	400		*Potato salad*
Entradas	Especialidad de la casa:		**Entrées**	*Specialty of the house:*
	Paella valenciana	1.400		*Paella valenciana*
	Pescado del día al horno	1.100		*Baked fish of the day*
	Gambas al ajillo	900		*Shrimp in garlic sauce*
	Chuletas de cerdo con legumbres	800		*Pork chops with vegetables*
	Bistec asado con patatas fritas	1.100		*Steak with French fries*
Postres	Helado de chocolate, vainilla o fresa	300	**Desserts**	*Chocolate, vanilla, or strawberry ice cream*
	Fruta del día	200		*Fruit of the day*
	Flan	300		*Baked egg custard*
Bebidas	Sangría – 1 litro	900	**Drinks**	*Beverage of wine, soda or juice, and fruit pieces*
	Agua mineral con/sin gas	250		*Mineral water (carbonated/uncarbonated)*
	Té o café	200		*Tea or coffee*
	Refrescos variados	250		*Assorted soft drinks*
	Zumo de naranja	500		*Orange juice*
	Cerveza	250		*Beer*
	Vino tinto/blanco	150		*Red/white wine*
	Batido de frutas	250		*Blended fruit beverage*

*151 **pesetas** = 1 USA *dollar* (1999)

1 **En el café.** Work with a partner to decide what you are going to eat.

▶ **Modelo:** *ensalada mixta y vino blanco / paella valenciana y vino tinto*
　　　　　　—¿Qué vas a pedir?
　　　　　　—Quisiera una ensalada mixta y un vino blanco. ¿Y tú?
　　　　　　—Tengo ganas de pedir una paella valenciana y un vino tinto.

1. chuletas de cerdo / ensalada rusa y la sopa del día
2. pescado del día al horno y agua mineral con gas / bistec con patatas fritas
3. tortilla española / chorizo
4. helado de chocolate / flan y café con leche
5. pescado del día / sopa de pescado y ensalada mixta
6. gazpacho y chorizo / batido de banana y piña

2 **Una cena importante.** You are dining with a friend in a nice restaurant. Work with a partner and talk about the things you like and don't like.

▶ **Modelo:** *las chuletas de cerdo / calientes*
　　　　　　—¿Te gustan las chuletas de cerdo?
　　　　　　—No, no me gustan porque están calientes.　　or:
　　　　　　—Sí, me gustan porque están calientes.

1. el helado de chocolate / amargo
2. el postre de piña / dulce y delicioso
3. la ensalada con pulpo frito / buenísima
4. las patatas con carne / duras
5. sopa de pollo / muy caliente

6. los quesos manchegos / salados
7. los batidos de frutas / sabrosos
8. las tapas / picantes
9. la sopa de tomate / fría
10. el café / muy fuerte

ENLACE CULTURAL

Las sabrosas tapas de Madrid

¡Comer tapas es una costumbre° muy española! Las tapas son pequeñas porciones de comida que las tabernas y los bares de la ciudad sirven con vino o cerveza. En platos grandes y pequeños, ponen jamón, queso, pescado, aceitunas, mariscos y carne. Los madrileños toman las tapas especialmente como entremeses antes del almuerzo, a las tres de la tarde o antes de la cena, a las diez de la noche. Muchas veces, las familias o los amigos van de bar en bar en Madrid para comer tapas y hablar de la política, de la economía, del trabajo, de los estudios y de la vida en general.

custom

Un bar de tapas en la Plaza Mayor, Madrid, España.

Discusión en grupos

1. ¿Qué son las tapas madrileñas? ¿Qué tipos de tapas sirven los bares?
2. ¿De qué hablan frecuentemente los madrileños mientras (*while*) comen tapas? Y ustedes, ¿de qué hablan mientras comen en un restaurante?
3. Ustedes van a preparar tapas esta noche. ¿Qué van a servir?

II. Setting the table

Pepito pone la mesa.

3 **¡Ay, Pepito!** Pepito is helping out in his parents' restaurant by setting the tables. Help him out by giving him a list of where to put things on the table.

a la izquierda (on the left)	en el centro (in the center)	a la derecha (on the right)	delante (in front)

4 **Te toca a ti.** *(It's your turn.)* Use the list above to draw and label a typical place setting. Work with a partner.

5 **¡Hay una mosca (fly) en mi sopa!** You are at a restaurant with some friends and everything is going wrong. The food is cold and the table is missing some important items. Use your imagination to create an interesting conversation. With a partner practice and present the conversation to the class.

6 **Entre nosotros.** Role-play the following situation with a partner.

Turista:	Camarero/a:
After a whole day of sightseeing in Sevilla, you want to eat at a restaurant called "Los Arcos." You're very hungry and could eat everything on the menu, but really want to try **sangría, tapas, paella,** and dessert.	Today has been a difficult day. The cook is sick and the only person who knows anything about cooking is the dishwasher. In addition, there are no desserts, shrimp, or wine. Try to resolve the situation.

III. Shopping for food

¿Qué hay en las tiendas?

PESCADERÍA

- ostras 1.000/kg
- cangrejos 800/kg
- langosta 3.000/kg
- gambas 1.500/kg
- calamar 1.000/kg
- pulpo 1.200/kg

CARNICERÍA

- aceite de oliva 450/litro
- huevos 200/docena
- queso 1.000/kg
- pollo 300/kg
- cordero 1.200/kg
- leche 250/litro
- ternera 1.500/kg
- chuleta de cerdo 900/kg
- carne de bistec 1.200/kg

FRUTERÍA

- plátanos 150/kg
- manzanas 200/kg
- peras 225/kg
- uvas 175/kg
- piña 300/unidad
- lechuga 100/unidad
- naranjas 150/kg
- apio 125/kg
- tomates 125/kg
- cebollas 100/kg
- zanahorias 70/kg
- patatas 40/kg

FRUTAS

- mandarinas 175/kg
- pepino 150/kg

LEGUMBRES

- pimientos verdes 150/kg
- pimientos rojos 200/kg

Panadería

- pan 100/barra
- bollos suizos 100/kg
- pastas de té 1.500/kg
- bizcocho 120/unidad

7 ¿Cuánto cuesta? Work with a partner to identify the prices of the items in the stores. Follow the model.

▶ **Modelo:** —¿Qué hay en la frutería?
—En la frutería hay tomates.
—¿Cuánto cuestan los tomates?
—Los tomates cuestan ochenta pesetas por kilo.

8 ¿Qué necesitas comprar? With a friend, you are preparing dinner for some important guests. First, read the descriptions of your guests. Decide what you need to buy for the dinner. Then create a shopping list.

El Sr. Martín: Es un hombre muy tradicional. Todos los días come carne, papas y pan. Nunca come legumbres, siempre come ensalada y jamás come postre. No toma vino y bebe agua con todas las comidas.

La Sra. López: Es vegetariana y no come nada de carne roja. A veces come pescado o mariscos, pero no le gustan ni el pulpo ni el calamar. Le encantan las frutas y los postres. A veces bebe agua mineral y otras veces bebe jugo de naranja o limonada.

La señorita Morales: Sus platos favoritos son las sopas y las ensaladas, todo con mucho chile, pero sin sal. Solamente come pollo y no le gustan las carnes rojas ni el pescado ni los mariscos. Bebe agua o vino blanco con sus comidas. No le gustan las cosas dulces.

9 De compras. You need to go shopping for the ingredients for the meal you planned in **Actividad 8.** With a partner create a conversation between the store clerk (**el/la dependiente**) and the shopper (**el/la cliente**).

VISTAS Y VOCES

I. Preparémonos

1 Anticipación. Answer these questions in pairs.

A. 1. ¿En qué café comes tú? ¿Cómo es? ¿Cuál es su especialidad? ¿Son simpáticos/as los/las camareros/as?
   2. ¿Cuál es tu bebida favorita? ¿Qué ingredientes tiene?
   3. ¿Cuál es tu plato favorito? ¿Qué ingredientes tiene?
   4. ¿Te gustan las flores? ¿De qué colores?
B. Review chapter opening photo 3B.
   Why do you think that Adriana is glaring at the clerk? What is he telling her? Where is Nayeli?

Para comprender mejor

alterado/a	*upset*	la especialidad	*specialty*
calmado/a	*calm*	insoportable	*unbearable*
¡Dios mío!	*My goodness!*	el peligro	*danger*
Eso sí que está claro.	*That's clear.*	la regla	*rule*

2 Secuencia. In pairs, number the video action shots in the order in which you think the action will occur in the video you will watch.

1.

2.

3.

4.

II. Miremos y escuchemos

3 ¿Quién/es? While watching and hearing this episode, check off the emotions or conditions associated with these characters.

	Portero	Nayeli	Adriana	Felipe	Empleado
1. Tiene miedo.					
2. Está preocupado/a.					
3. Está alterado/a.					
4. Está calmado/a.					
5. Tiene hambre.					
6. Está en peligro.					
7. Tiene mala suerte.					
8. Está frustrado/a.					

III. Comentemos

4 Frases. In groups, tell to whom these characters speak and where.

El personaje	La frase	¿A quién habla y dónde?
Adriana	"¿Por qué no nos traes dos entremeses, los más populares de la casa? Y también un gazpacho para mí."	al camarero; en el café
Empleado de la compañía de transportes	"Mire, señorita, yo estoy perfectamente calmado. Es usted y su amiga, la profesora, quienes están alteradas."	
Adriana	"Esta situación es muy seria. No hay tiempo para las reglas."	
Empleado de la compañía de transportes	"¡Dos clientes impertinentes en un solo día!"	
Felipe	"Tengo la información que necesitamos."	
el portero	"¡Qué horror! Voy a llamar a la policía."	
Felipe	"Nayeli está en mucho peligro, eso sí que está claro."	

5 Comprensión. Answer these questions in groups.

1. ¿Qué comen Adriana y Felipe en el café? ¿Qué bebe Adriana?
2. ¿Adónde van los dos después de comer allí?
3. ¿Cómo es el empleado de la compañía de transportes?
4. ¿Qué le muestra Adriana al empleado de la compañía de transportes?
5. ¿Por qué está alterada Adriana con el empleado?
6. ¿Cómo reacciona Felipe? ¿Cómo consigue la información que él y Adriana necesitan?
7. ¿Cómo encuentra Nayeli su habitación en el hotel, ordenada o desordenada?
8. ¿De qué color es la rosa que recibe Nayeli?

Lengua

I. Pointing out people, things, and places

A. Demonstrative adjectives and pronouns

Look at the following drawing and try to identify which objects the persons are talking about.

¿De qué hablan?

Cecilia, esas flores rojas me gustan mucho.

Sí, son muy bonitas, pero prefiero aquellas flores amarillas.

No, aquellas flores no me gustan. Prefiero éstas.

- Demonstrative adjectives are used to point out persons or objects. Demonstrative adjectives modify a noun and have three main forms: *here, close to me* (**este**); *there, close to you* (**ese**); or *over there, away from both of us* (**aquél**). These adjectives agree in gender and number with the noun they modify.

Esta compañía de transportes es buena.   *This transportation company is good.*
Ese señor está alterado.   *That man is upset.*

- Demonstrative pronouns are used to replace the noun. These pronouns have the same forms as the adjectives, but carry a written accent over the stressed vowel to mark their function as pronouns. Demonstrative pronouns agree with the gender and number of the nouns they replace.

Me gusta mucho este café, **aquél** no.	*I like this café very much, not that one.*
Prefiero esta tortilla. **Ésa** está muy salada.	*I prefer this tortilla. That one is very salty.*

- The neuter demonstrative pronouns are used to refer to something indefinite or abstract: an object, an event, or an idea. Note that the neuter pronouns don't have written accents.

Esto representa un problema enorme.	*This represents an enormous problem.*
Eso no me parece bien.	*That doesn't seem fine to me.*

Demonstrative adjectives	Demonstrative pronouns		Neuter demonstrative pronouns	
este, esta	éste, ésta	*this (one)*	esto	*this*
estos, estas	éstos, éstas	*these*		
ese, esa	ése, ésa	*that (one)*	eso	*that*
esos, esas	ésos, ésas	*those*		
aquel, aquella	aquél, aquélla	*that (one)*	aquello	*that*
aquellos, aquellas	aquéllos, aquéllas	*those*		

B. Adverbs of location

When using demonstrative adjectives and pronouns, the following adverbs of place are useful to describe the relative location of things: **aquí**, *here;* **allí (ahí)**, *there;* **allá**, *over there.*

—Por favor, necesito **esos** libros.	*Please, I need those books.*
—¿Cuáles libros? **¿Éstos** que están **aquí?**	*Which books? These here?*
—Sí, **ésos** que están **allí.**	*Yes, those there.*

1 ¿Preferencias? Use demonstrative pronouns to make comparisons about the following foods. Follow the model.

▶ **Modelo:** *Este café está fuerte hoy, (that one) no.*
Este café está fuerte hoy, ése no.

1. Me gusta más esta ensalada que (*that one*). ésa
2. Mi tío favorito come este tipo de pescado, no (*that one*). ése   aquellos
3. Estos atletas corren más que (*those, in the distance away from both speakers*).
4. Esta pizza de vegetales es deliciosa, pero (*that one*) no. ésa
5. ¿Quieres este pan o (*that one*)? ése
6. Prefiero estas galletas, no (*those*). ésas   aquella
7. Esta tortilla española es pequeña; (*that one, away from both speakers*) es grande.
8. Estos postres tienen chocolate; (*those*) tienen piña. ésos
9. Este café es de Colombia; (*that one*) es de Costa Rica. ése

2 *¿Cuáles galletitas?* Two friends are planning to buy a dessert for dinner. Complete their conversation using demonstrative adjectives or demonstrative pronouns. Look closely at the drawing to establish the most appropriate demonstrative adjectives or pronouns to use, based on where the people are standing.

ROMEO: ¡Mira, Julieta, ___estas___ galletas María parecen muy ricas!

JULIETA: No, Romeo, no me gustan, quiero ___aquella___ galletitas con piña.

ROMEO: De acuerdo, pero ¿ves alguna galletita de chocolate?

JULIETA: Claro, mira, ___esas___ son de chocolate.

ROMEO: ¡Qué bien! Voy a comprar ___esas___ galletas de chocolate y ___aquellos___ mazapanes.

JULIETA: Y yo quiero comprar también ___esos___ pastelitos de coco y ___esas___ galletas de almendra. ¿Quieres probar ___estos___ pastelitos de coco?

ROMEO: Por supuesto, quiero probar de todo. ¡Nuestra cena va a ser estupenda!

3 *¿Preferencias?* You and a friend are talking about foods. Work with a partner to form the demonstrative pronouns in your comparisons. Follow the model.

▶ **Modelo:** *¿Cuál helado prefieres, éste o (that one)?*
   —*¿Cuál helado prefieres, éste o ése?*
   —*Prefiero éste.*

1. ¿Cuál sopa de pollo te gusta, ésta o (*that one*)? ese ; este
2. ¿Cuál plato prefieres, (*this one*) o ése? este ; ese
3. ¿Cuáles quesos deseas, éstos o (*those*)? eses ; deseas son este
4. ¿Cuál chorizo está más picante, (*this one*) o aquél? este ; aquelles mas picante
5. ¿Cuáles tapas quieres, (*these*) o ésas? esos ; yo quiero ese
6. ¿Cuál carne está más rica, ésta, ésa o (*that one, away from both speakers*)? aquell ; esa es mas rica
7. ¿Cuál sopa está más caliente, ésta o (*that one*)? esa ; esta es mas caliente

4 *Restaurante Delicias.* Using the vocabulary you have learned in this chapter, do a role-play in a restaurant. Ask questions of each other and the waiter about the different foods and dishes for each course for dinner.

II. Describing actions in progress

A. Present progressive tense
¿Qué están haciendo?

1. Ernesto está hablando por teléfono.

2. Los amigos están comiendo pizza.

3. La gente está saliendo del cine.

The present progressive tense describes actions in progress. It is formed with the verb **estar** and the *present participle*. The present participle is formed by dropping the **-ar**, **-er**, or **-ir** ending of the verb and adding **-ando** for **-ar** verbs and **-iendo** for **-er** and **-ir** verbs.

Present participle of regular verbs

-ar	-er	-ir
hablar: habl**ando**	comer: com**iendo**	salir: sal**iendo**

Present participle of stem-changing verbs

- Stem-changing verbs ending in **-ar** and **-er** have regular present participle forms. Stem-changing verbs ending in **-ir** have irregular forms.

e > i	e > i	o > u
sentir: s**i**ntiendo	servir: s**i**rviendo	d**o**rmir: d**u**rmiendo

- The stem-changing reflexive verbs that end in **-ir** also follow the same rule, except that they add the reflexive pronoun on the end. Note that the accent is marked in this case.

e > i	e > i	o > u
divertirse: div**i**rtiéndose	vestirse: v**i**stiéndose	morirse: m**u**riéndose

- Reflexive pronouns can precede the verb or can be attached to the end of the participle. Notice the written accent when adding the pronoun to the end.

Nayeli está alojándo**se** en el hotel Prisma.   *Nayeli is staying at the Prisma hotel.*
Nayeli **se** está alojando en el hotel Prisma.

Irregular present participles

Some verbs like **leer** and **construir** have irregular present participles. Other verbs that follow this model are: **traer, oír, creer, caer,** and most verbs ending in **-uir** (**incluir, destruir,** etc.).

Felipe **está leyendo** la dirección.	*Felipe is reading the address.*
Mis amigos **están construyendo** una casa nueva.	*My friends are building a new house.*

Adverbial phrases used with participles

Adverbs of manner or time are frequently used with the present progressive tense.

en este momento	*at this moment*
ahora	*now*
ahora mismo	*at this very moment, right now*

En este momento todos están buscando a Nayeli.	*At this moment, everyone is looking for Nayeli.*
Y **ahora,** ¿qué están haciendo Adriana y Felipe?	*And now, what are Adriana and Felipe doing?*
Ellos están hablando con el empleado **ahora mismo.**	*They are speaking with the employee right now.*
Todos están trabajando **tranquilamente.**	*Everyone is working calmly.*

5 ¿Qué están haciendo? Use the present progressive tense to describe what the following people are doing.

6 **En este momento...** What do you think the following people are doing right now? Work with a partner.

▶ **Modelo:** —*¿Qué están haciendo tus padres en este momento?*
　　　　　　—*Creo que están trabajando.*

1. tus padres
2. tus compañeros/as de cuarto
3. tus amigos/as
4. tu profesor/a de matemáticas
5. tu profesor/a de español
6. el presidente de los Estados Unidos
7. los camareros de una cafetería
8. las personas en un restaurante
9. la policía de tu ciudad
10. los turistas en tu región
11. los choferes de los autobuses
12. Y ¿qué estás haciendo tú?

B. Ongoing actions

The present progressive tense indicates only that an action is in progress at the moment we describe it. To indicate how long it has been going on, you may use these two expressions. Note that both expressions use verbs in the present tense.

- **llevar** + expression of time + present participle

¿Cuánto tiempo **llevas estudiando** español?	*How long have you been studying Spanish?*
Llevo tres años **estudiando** español.	*I have been studying Spanish for three years.*

- **hace** + expression of time + **que** + present tense

—¿Cuánto tiempo **hace que trabajas** en esa compañía?	*How long have you been working at that company?*
—**Hace** tres años **que** trabajo allí.	*I have been working there for three years.*
—¿Cuánto tiempo **hace que no** ves a tu novio?	*How long has it been since you have seen your boyfriend?*
—**Hace** dos semanas **que no** veo a mi novio.	*I haven't seen my boyfriend for two weeks.*

7 **Experiencia profesional.** You are hiring people for a company and need to assess their level of expertise in each field. Work with a partner and use **usted,** which is the socially preferred form of address for this situation. Ask the necessary questions following the model.

▶ **Modelo:** *vender tiquetes de avión / tres años*
　　　　　　—*¿Cuánto tiempo lleva usted vendiendo tiquetes de avión?*
　　　　　　—*Llevo tres años vendiendo tiquetes de avión.*

1. trabajar en una agencia de viajes / poco
2. administrar un hotel / dos años
3. escribir reportes / mucho tiempo
4. conducir taxis / tres meses
5. recibir turistas en los hoteles / algunos años
6. hacer comidas / toda la vida
7. preparar guías turísticas / algún tiempo
8. servir comidas rápidas / seis semanas

8 **Falta de tiempo.** You have been working very hard, even on weekends. Answer the following questions about all the things that you haven't had time to do because of your work load.

▶ **Modelo:** *ir a la discoteca / dos semanas*
   —*¿Cuánto tiempo hace que no vas a la discoteca?*
   —*Hace dos semanas que no voy a la discoteca.*

1. ver televisión / un mes
2. visitar a los amigos / una semana
3. tener tiempo libre / seis meses
4. ir al cine / mucho tiempo
5. comer en un restaurante / quince días
6. tener vacaciones / un año
7. conversar con mis amigas / tres días
8. preparar comida en casa / varios meses

[Handwritten answers:]
1. ¿Cuánto tiempo hace que no ves televisión? —Hace un mes.
2. ¿Cuánto tiempo hace que visitas a tus amigos? —Hace una semana que visitado mis amigos.
3. ¿Cuánto tiempo hace que tienes tiempo libre? —Hace mucho tiempo que tengo tiempo libre.
4. ¿Cuánto tiempo hace que no vas al cine? —Hace mucho tiempo que no has ido al cine.
5. ¿Cuánto tiempo hace que no comes en un restaurante? —Hace quince días que no comido en un restaurante.
6. ¿Cuánto tiempo hace que no has tenio vacaciones? —Hace un año que has tenio vacaciones.
7. ¿Cuánto tiempo hace que no converso con mis amigas? —Hace varios meses que no conveso con mis amigas.
8. ¿Cuánto tiempo hace que no has comido en casa? —Hace unos meses que no comido en casa.

••• LENGUA EN ACCIÓN

Expresiones progresivas

■ **seguir/continuar** + present participle means *to continue/to be still doing something.*

El empleado **sigue/continúa** trabajando.	*The employee continues/is still working.*
¡No puedo **seguir/continuar** pidiendo información a ese señor!	*I can't continue asking that man for information.*
Gafasnegras **sigue/continúa** persiguiendo a Nayeli, y Adriana **sigue/continúa** preocupándose.	*Sunglasses is still/continues pursuing Nayeli and Adriana continues worrying.*

---

9 **Práctica.** Follow the model to indicate a progressive action in the present tense.

▶ **Modelo:** *¿Estás trabajando en el mismo restaurante? (seguir)*
   ¿Sigues trabajando en el mismo restaurante?
   Sí, sigo trabajando en el mismo restaurante.

1. ¿Comes los mismos platos de pulpos y camarones cuando vas a o estás en Madrid? (seguir)
2. ¿Tus compañeros/as de apartamento estudian matemáticas? (continuar)
3. ¿Tus padres y tú visitan a los abuelos en Venezuela todos los veranos? (seguir)
4. ¿Venden allí la deliciosa paella española? (continuar)
5. ¿Preparas ensalada de camarones todas las noches para la cena? (seguir)
6. ¿Compras frutas para el postre en el mismo supermercado? (continuar)

III. Using ser and estar

You have already learned the general uses of **ser** and **estar** (*to be*). The following short story summarizes the different ways these two verbs are used.

Mini historia de amor—El noviazgo (*The courtship*)

A. Ser:

1. states identity.

La novia **es** Juliana Castro; el novio **es** Luis Orozco.	*The fiancée is Juliana Castro; the fiancé is Luis Orozco.*

2. describes origin of things and people.

Luis **es** de Buenos Aires y Juliana **es** de Quito.	*Luis is from Buenos Aires and Juliana is from Quito.*

3. states occupation or profession of persons.

Juliana **es** médica y Luis **es** arquitecto.	*Juliana is a doctor and Luis is an architect.*

4. describes nationality.

Él **es** argentino y ella **es** ecuatoriana.	*He is Argentinean and she is Ecuadorian.*

5. describes things and people.

Juliana **es** una chica muy bonita y Luis **es** un chico encantador.	*Juliana is a very beautiful girl and Luis is a charming boy.*

6. describes what things are made of.

El anillo de Juliana **es** de oro y tiene un diamante enorme.	*Juliana's ring is made of gold and has an enormous diamond.*

7. states where events take place.

La boda **es** en la iglesia de San Felipe.	*The wedding is in the church of San Felipe.*

La boda (*The wedding*)

B. Estar:

8. describes location of places, buildings, and so on.

La iglesia de San Felipe **está** en el centro de la ciudad, cerca del parque.	*The church of San Felipe is downtown, close to the park.*

9. describes where people and things are at a certain moment.

Cuando la novia llega, algunos invitados **están** en el parque, pero Luis ya **está** en la iglesia.	*When the bride arrives, some guests are in the park, but Luis is already at the church.*

10. states how things look or are at a certain moment.

La novia **está** muy hermosa hoy, con su vestido blanco y largo. Luis también **está** guapísimo, con su traje negro.	*The bride is very beautiful today, in her long, white dress. Luis is also very handsome, in his black suit.*

_____ es grand

terriblemente des

_____ están en el

hombre alto y ___

interrogar, dice: "

sale de la casa con

a Nieves y al dete

14 Mi historia

uses of **ser** and t

Lectura

Introducci

In this selection

speaking opera

Prelectura

1 Asociació

columna A?

A

1. paella
2. tortilla e
3. sangría
4. flan
5. sopa de

2 ¿Te gus

inquire about

following que

1. la ensalad
2. la ópera
3. comer er
4. Mel Gib
5. cocinar

3 Infor

fore you go

Plácido Do

mundo hisp

las cancion

padre de tr

ciones para

Son novios y están enamorados

otro gran cantante español, José Carreras, y con el distinguido tenor italiano Luciano Pavarotti. *Mis primeros cuarenta años* es el título del libro de memorias de Plácido Domingo. El siguiente artículo de la revista *Cristina* dice que Plácido, además de° ser un cantante extraordinario, tiene en Nueva York un restaurante español que sirve tapas, paella y mucho más.

besides

cocina°
Plácido Domingo Restaurant

cuisine

¿Por qué un restaurante de comida española... y por qué en Nueva York? Para el superastro° de la ópera Plácido Domingo, la respuesta° es muy sencilla:° "Porque amo esta ciudad, pero siempre pensé° que la comida de mi país no estaba° bien representada", dice. "Y, francamente, para tener un lugar donde cenar a las 12 de la noche, después de terminar mi actuación en la Ópera Metropolitana".

superstar
answer
simple
thought / was not

Donde, por cierto, ha cantado° como los mismísimos° ángeles durante 28 temporadas° consecutivas.

he has sung
same / seasons

Plácido Domingo.

Por estas razones, el 27 de octubre de 1996, *Domingo* abrió° sus puertas al público... y hay una larga lista de luminarias que almuerzan en el elegante salón y cenan *filet mignon* y sopa de azafrán° con albóndigas° en la terraza, a la luz de las velas° y rodeadas° por la frondosa° vegetación. Algunas de las celebridades que han visitado° *Domingo*: la diva Beverly Sills, El Rey Juan Carlos de España y su esposa, la Reina Sofía — quienes, según° Nick

opened

saffron / meatballs
candles / surrounded / lush
have visited
according to

Marco, el administrador, "son muy amables y se tomaron fotos con los meseros"° — y el actor australiano Mel Gibson, quien se sentó° en la mesa de Plácido y su esposa Marta, a jugar a las cartas° con los hijos del tenor.

waiters

sat

cards

Siempre que Domingo está en Nueva York, se le puede ver° cenando en su propio restaurante, acompañado por su querida Marta... y otros noctámbulos como él.

one can see him

Paella "Plácido Domingo".

Postlectura

3 Resumen. Write a short summary of three sentences about Plácido Domingo. Then read your work aloud to a classmate. Then, studying his photo, answer the question, **¿Cómo es Plácido?**

4 Quiero saber. Scan the reading selection to elicit the following details about Plácido Domingo, his family and his restaurant.

1. Plácido Domingo es un superastro de _____
   a. rock and roll.
   b. ópera.
   c. música jazz.
2. Domingo abrió un restaurante español en _____
   a. Nuevo México.
   b. Madrid.
   c Nueva York.
3. ¿Dónde canta Plácido cuando está en Nueva York?
   a. en la Ópera de Milán
   b. en la Ópera Metropolitana
   c. en la Ópera de México
4. ¿A qué hora cena Plácido generalmente?
   a. al mediodía
   b. a medianoche
   c. a las dos de la tarde
5. ¿Qué celebridades cenan con él y su familia?
   a. los reyes de España
   b. los reyes de Inglaterra
   c. los reyes de Dinamarca
6. ¿Quién se sentó a jugar a las cartas con los hijos de Plácido?
   a. la diva Beverly Sills
   b. el actor Mel Gibson
   c. el administrador Nick Marcos
7. ¿Cómo se llama la esposa de Plácido?
   a. María
   b. Mercedes
   c. Marta

5 Tengo hambre. Working with a partner, study the photo of the meal. Take turns describing the different ingredients in the paella, plus the other foods and drink. Then, tell each other what your Spanish food preferences are for each of these items.

1. entremeses
2. comidas
3. ensaladas
4. bebidas
5. postres

6 Los cognados. Using five cognates from the selection, write original sentences in Spanish. Then, read them aloud to each other in groups.

En resumen

I. Hablemos

1 **De viaje.** You and a friend are planning to spend the summer in Spain. You each have limited resources ($750). Negotiate an itinerary of cities and sites to visit, where to stay and what to eat. Choose to travel to a minimum of four places and use at least three different means of transportation. Use the map in the front of the book for reference. Work with a partner.

2 **El cuarto de Nayeli.** After Adriana and Felipe leave for Sevilla, the doorman calls the police to report the break-in of Nayeli's room. Create a telephone conversation between the police and the doorman to describe Nayeli and the condition of the room. Be sure to use **ser** and **estar** for your descriptions and the present tense.

II. Investiguemos por Internet

Keyword searches

Searching the Internet successfully requires some practice selecting keywords, using the available search engines and following their guidelines for keyword search. For faster searches in Spanish, set the language of your browser to Spanish, if this option is available. If you need help with your search, look for it on the Houghton Mifflin Web site (http://www.hmco.com). In the activities below, you will be looking for food recipes and for measurement units in the metric system. You may want to review the vocabulary for the chapter to come up with useful keywords.

Vocabulario informático	
el/la cibernauta	*cyberspace surfer*
el enlace	*link*
el/la internauta	*Internet surfer*

3 **Actividad para internautas.** Work in groups and find one of the following categories of foods: (1) Two dishes—from any Hispanic country—that contain rice as the main ingredient, and in addition, seafood, chicken, or red meat. (2) Two dishes from Spain. (3) Two desserts. Report to the class the names of the dishes that you have selected, where they are from, and the ingredients. Keep a record of the keywords that you have used and report them to the class. Try **recetas de cocina** as your first keyword; other keywords could be **platos típicos** or **platos regionales.** If you have a specific country in mind, you may start looking for the country information first. Sometimes, recipes for regional dishes are listed as part of the country information, for example under the *tourism* (**turismo**) or *restaurants* (**restaurantes**) sections.

4 *Cibernautas en acción.* Work in groups and find the standard symbols for the metric measures listed in the "Las medidas" *Enlace cultural*. Be aware that on the Internet, you may also find the metric system listed under the International System of Units (**SI** or **SI** system), which is an extension of the metric system and is now the standard throughout the world. You may search in English or in Spanish. Start with one the following keywords: *metric system*, **sistema internacional de unidades, sistema métrico.**

III. Escribamos

Writing strategy: Providing supporting detail

One way of making your writing interesting for the reader is to provide details about your topic that support or explain your main idea. The result is more vivid and convincing prose.

Main idea:

Doña Gafasoscuras es mala.

Supporting detail:

Ella siempre lleva gafas de sol.   Piensa robar el jaguar.
Ella persigue a Nayeli.   Pone un microfonito en la agenda de Nayeli.

Sample passage:

Doña Gafasoscuras es una persona muy mala. No sabemos quién es, pero la conocemos por sus famosas gafas de sol. Desde el primer capítulo de la historia, ella sigue a Nayeli porque piensa robar el jaguar. Desordena la habitación de Nayeli y pone un microfonito en su agenda para saber donde está Nayeli.

Strategy in action

Turn to *Escribamos* in the Workbook to practice the writing strategy of providing supporting detail.

5 *Mi viaje.* Choose one of the places you selected in **Actividad 1** and write a postcard to a close friend describing either the city or a specific place in the city. Write a main idea and some supporting detail.

6 *Querido compañero/Querida compañera.* Put yourself in the place of Felipe or Adriana. Select one of the themes below and write an e-mail of ten sentences. Use **ser, estar,** and other present-tense verbs.

Temas

1. Felipe escribe a su compañero de cuarto, Arturo, y describe cómo es Adriana y comó es España.
2. Adriana escribe a su compañera de cuarto, Patricia, y describe cómo es Felipe y cómo es España.

Vocabulario

Medios de transporte

a pie	*on foot*	el coche	*car*
el autobús	*bus*	el metro	*subway*
el avión	*plane*	la moto/motocicleta	*motorcycle*
el barco	*boat*	el taxi	*taxi*
la bicicleta	*bike*	el tren (ferrocarril)	*train*

En el hotel

el almuerzo	*lunch*	en seguida	*right away*
el ascensor	*elevator*	la habitación	*room*
Aquí tengo mi confirmación.	*Here is my confirmation.*	hacer una llamada de larga distancia	*to make a long distance phone call*
el/la botones	*bellhop*	hacer una llamada por cobrar	*to make a collect call*
el buzón	*mailbox*	el/la huésped	*guest*
la cama	*bed*	la llave	*key*
el cambio de moneda	*money exchange*	Lo siento.	*I'm sorry.*
¿Cómo quiere Ud. pagar?	*How do you want to pay?*	la maleta	*suitcase*
		no fumar	*no smoking*
con cheques de viajero	*with traveler's checks*	la piscina	*swimming pool*
con desayuno	*with breakfast*	Quiero pagar con dinero en efectivo.	*I want to pay cash.*
con media pensión	*with breakfast and lunch*	Quisiera una habitación doble/sencilla.	*I would like a double/single room.*
con tarjeta de crédito	*with a credit card*	la recepción	*reception*
el/la conserje	*concierge*	el/la recepcionista	*receptionist*
¿Cuánto cuesta...?	*How much does . . . cost?*	el salón de conferencias	*conference room*
¿Dónde puedo cambiar el dinero?	*Where can I exchange money?*	la tarjeta de crédito	*credit card*
¿En qué le(s) puedo servir?	*How can I help you?*	¿Tiene(n) Ud(s). reservación?	*Do you have a reservation?*
		el viaje	*trip*

Números grandes

(See page 97.)

Palabras afirmativas y negativas

(See page 110.)

En el restaurante

A sus órdenes.	*At your service.*	**la pimienta**	*(black) pepper*
el almuerzo	*lunch*	**el platillo**	*saucer*
el azúcar	*sugar*	**el plato**	*dish, plate*
la bebida	*drink*	**el plato fuerte**	*main dish*
el café	*coffee*	**¿Podría traer la cuenta,**	*Could you bring the*
el/la camarero/a	*waitperson*	**por favor?**	*check, please?*
La carne está dura.	*The meat is tough.*	**el postre**	*dessert*
la carta (el menú)	*menu*	**Los precios están por**	*The prices are high (in*
la cena	*dinner*	**las nubes.**	*the clouds).*
cenar	*to have dinner*	**la propina**	*tip*
la cerveza	*beer*	**¿Qué desean comer/**	*What do you want to*
la comida	*food, meal*	**beber?**	*have (to eat/drink)?*
La comida está muy	*The food is too*	**¡Qué hambre! / ¡Tengo**	*I am very hungry!*
salada/dulce.	*salty/sweet.*	**mucha hambre!**	
la copa	*wine glass*	**¿Qué nos recomienda?**	*What can you recom-*
la cuchara	*spoon*		*mend to us?*
la cucharita	*teaspoon*	**¿Qué recomendaría Ud.?**	*What would you*
el cuchillo	*knife*		*recommend?*
la cuenta	*check, bill*	**Quisiera pedir...**	*I would like to order . . .*
La cuenta, por favor.	*The check, please.*	**rico/a**	*rich, delicious*
dejar	*to leave*	**la sal**	*salt*
el desayuno	*breakfast*	**el servicio**	*service*
disfrutar	*to enjoy*	**El servicio es deficiente.**	*The service is not*
la ensalada	*salad*		*acceptable.*
la entrada	*entrée*	**la servilleta**	*napkin*
el entremés	*appetizer*	**la sopa**	*soup*
Estoy muerto/a	*I'm starving,*	**las tapas**	*appetizers (Spain)*
de hambre.	*famished.*	**la taza**	*cup*
la jarra	*pitcher*	**el té**	*tea*
ligero/a	*light*	**el tenedor**	*fork*
listo: estar listo/a	*to be ready*	**el vaso**	*glass*
el mantel	*table cloth*	**el vino (tinto/blanco)**	*(red/white) wine*
Me falta (el tenedor).	*My (fork) is missing.*	**Un vino tinto/blanco,**	*A glass of red/white*
Me gustaría...	*I would like . . .*	**por favor.**	*wine, please.*
el pedido	*order*	**el zumo (jugo)**	*juice*

Comidas

el aceite de oliva	olive oil	la fruta	fruit	el pepino	cucumber
el apio	celery	la frutería	fruit stand	la pera	pear
el bizcocho (el pastel)	cake	la galleta	cookie	la pescadería	fish market
		la gamba (el camarón)	shrimp	el pescado	fish
el bollo	hard roll	el huevo	egg	el pimiento verde/rojo	green/red pepper
el cabrito	goat	la langosta	lobster	la piña	pineapple
el calamar	squid	la leche	milk	el plátano	banana
el cangrejo	crab	la lechuga	lettuce	el pollo	chicken
la carne	meat	las legumbres	vegetables	el pulpo	octopus
la carne de vaca (res)	beef, Sp. (L. Am.)	la mandarina	tangerine	el queso	cheese
		la manzana	apple	la ternera	veal
la carnicería	meat market	la naranja	orange	el tomate	tomato
		la ostra	oyster	la uva	grape
la cebolla	onion	el pan	bread	la zanahoria	carrot
la chuleta de puerco	pork chop	la panadería	bread bakery		
		la patata (la papa)	potato		

Adjetivos demostrativos

(See page 124.)

Verbos

almorzar (ue)	to have lunch	encontrar (ue)	to find	preferir (ie)	to prefer
		entender (ie)	to understand	probar (ue)	to try; to taste
cerrar (ie)	to close	llover (ue)	to rain	querer (ie)	to want
comenzar (ie)	to begin	morir (ue)	to die	recomendar (ie)	to recommend
conseguir (i)	to get, obtain	mostrar (ue)	to show	recordar (ue)	to remember
		nevar (ie)	to snow		
contar (ue)	to count	pedir (i)	to ask for	seguir (i)	to follow, to continue
costar (ue)	to cost	pensar (ie)	to think		
decir (i)	to say, tell	perder (ie)	to lose	servir (i)	to serve
dormir (ue)	to sleep	perseguir (i)	to follow, pursue	volver (ue)	to come back, return
empezar (ie)	to begin	poder (ue)	to be able to		

Verbos reflexivos

(See page 106.)

Adverbios

ahora	now	entonces	then
ahora mismo	at this very moment, right now	luego	later, then
		por fin	finally
después	after	primero	first
en este momento	at this moment		

CAPÍTULO 4

LOCALIDAD:
España

4A

¿Está en peligro el jaguar?

Nayeli desperately tries to get information from the trucker regarding the jaguar's whereabouts. Meanwhile, an ominous figure shadows Adriana through the streets of Sevilla.

4B

Vocabulary themes
- Talking about train travel
- Expressing location
- Making travel plans
- Using ordinal numbers
- Talking about location

Language structures
- Describing to whom and for whom actions are done
- Establishing relationships through prepositions

Retelling simple past events

Indicating when actions were completed

Avoiding redundancy

Culture topics
- El tren, un gran medio de transporte
- El sistema de trenes en España
- España

Readings
- Los jóvenes de España
- La encantadora ciudad de Sevilla

Reading/writing strategies
- Making notes in the margins
- Creating a time line

Internet strategy
- Identifying country domains

ETAPA A

Pistas y palabras

I. Talking about train travel

A. ¡Todos a bordo!

▲ *Salidas y llegadas.*

◄ *Estación de Atocha, Madrid, España.*

1. los pasajeros
2. el billete/el boleto
3. la llegada
4. la salida

Palabras y expresiones útiles

el andén	*track*	el maletero	*porter*
el asiento	*seat*	la plaza	*place/seat*
la demora	*delay*	la taquilla	*ticket window*
el horario	*schedule*	el tiquete (pasaje	*round trip*
el itinerario	*itinerary*	de ida y vuelta)	

bajar (del tren)	*to get off (the train)*
estar/llegar a tiempo	*to be/arrive on time*
estar/llegar atrasado/a	*to be late/arrive late*
ir/salir con destino a	*leave/depart with destination to*
no fumar	*no smoking*
subir (al tren)	*to board (the train)*
tardar en llegar/salir	*to take (too much) time to arrive/leave*

¿Cuánto cuesta? ¿Cuánto es?	*How much is it?*
¿En qué les puedo servir?	*How may I help you?*
¡Que tenga/n un buen viaje!	*Have a good trip!*

⠂⠂⠂ LENGUA EN ACCIÓN

Sinónimos

There are several ways to say *ticket* in Spanish. In some countries like Spain, **el billete** is used for transportation, sporting events and the lottery, while in others like Mexico, **el boleto** is also used. Other synonyms are:

el tiquet(e) = ticket or receipt
el pasaje = fare or ticket
la plaza = place, seat
la entrada = ticket to the movies, sports event, theater, and so on

1 **Hablando de viaje.** Working with a partner, create complete sentences in the present tense with the words provided in the columns. Use each subject and verb at least once. Then read your sentences aloud to another classmate to compare answers.

A	B	C
la empleada	escribir	de Toledo
nosotros	llegar	el equipaje
tú	llevar	a Madrid
el maletero	no tener	un mensaje
yo	salir	atrasado/a
el tren	subir	a tiempo
los pasajeros	viajar	la reservación
	volver	al ascensor
	estar	a las 9.00
		al tren

2 **¿A qué hora llega?** Discuss the AVE train schedule with a classmate. Follow the model.

▶ **Modelo:**   —*¿A qué hora llega el tren a Tarragona?*
—*Llega a las once menos cinco de la noche.*

—*¿A qué hora sale el tren de Tarragona?*
—*Sale a las once menos cuatro de la noche.*

INTERNET ADDRESS: http://www.renfe.es						
TREN HOTEL: Madrid=>Sevilla Santa Justa					
ESTACIÓN	**Llegada**	**Salida**	**ESTACIÓN**	**Llegada**	**Salida**
BARCELONA-SANTS	—	22:00	MADRID-PUERTA DE ATOCHA	05:28	05:33
TARRAGONA	22:55	22:56	CIUDAD REAL	06:38	06:39
REUS	23:11	23:12	CÓRDOBA CENTRAL	07:48	07:50
LLEIDA	00:10	00:11	SEVILLA SANTA JUSTA	08:50	—
ZARAGOZA-EL PORTILLO	01:49	01:50	Antonio Machado No circula 24 y 31-12-96.		

ENLACE CULTURAL

El tren, un gran medio de transporte

El AVE es un tren muy moderno de alta velocidad° que funciona en España desde° 1992, el año de la Exposición Mundial de Sevilla. Este tren va de Madrid a Sevilla en dos horas y cuarenta y cinco minutos. Allí presentan películas, hay música y venden comidas y bebidas.

high speed
since

En Madrid y en otras ciudades hispanas, la gente viaja también en trenes interurbanos° o en metro, por ejemplo en la Ciudad de México; en Santiago de Chile; en Caracas, Venezuela; en Buenos Aires, Argentina y en Medellín, Colombia.

commuter trains

En contraste con el AVE, el tren que va a Machu Picchu, en los Andes peruanos, sube poco a poco° hasta la cima° de la gran montaña. Es el tren que sube a más altura° en el mundo.

little by little
top
height

El AVE.

Discusión en grupos

1. ¿Hay trenes en la ciudad donde ustedes viven?
2. ¿Hay en los Estados Unidos trenes de alta velocidad, trenes interurbanos, metro?
3. ¿En qué región de los Estados Unidos hay más trenes? ¿Qué transportan estos trenes?
4. Menciona tres características de trenes que conoces en los Estados Unidos.

El tren que va de Cuzco a Machu Picchu, Perú.

B. ¿En qué les puedo servir?

—¿En qué les puedo servir?
—Queremos comprar dos billetes de Madrid a Sevilla.
—¿En qué tren prefieren viajar?
—¿Cuál es el tren más económico?
—El interurbano es el más económico, pero tarda en llegar.
—No, nosotros tenemos prisa. ¿Cuál es el más rápido?
—El AVE. Solamente tarda dos horas y cuarenta y cinco minutos.
—¡Eso está muy bien! ¿Cuánto cuesta un billete en el próximo AVE?
—¿De ida y vuelta?
—No, solamente el billete de ida.
—¿En qué clase?
—En segunda clase,° por favor.   *second class*
—Cada billete cuesta 8.900 pesetas. Son 17.800 pesetas por los dos.
—Está bien, entonces dos billetes por favor.
—Aquí tienen ustedes sus billetes. Los asientos son el A1 y el A2 en el vagón
   número 4.
—¿Dónde está el andén?
—Está allí, a la izquierda.°   *to the left*
—Muchas gracias, señor.
—¡Qué tengan un buen viaje!

3 **Comprensión.** Answer the questions based on the conversation.

1. ¿Cuántas personas viajan?
2. ¿Adónde van?
3. ¿Cuándo quieren viajar?
4. ¿Compran billetes de ida y vuelta?
5. ¿En qué tren deciden viajar?
   ¿Por qué?
6. ¿Cuánto cuestan los dos billetes?
7. ¿Piensan viajar en primera clase?

4 ¡Todos a bordo! Working with a partner, complete the following situations in the train station with an appropriate answer. Then put the completed sentences in a logical order.

1. La empleada de la taquilla les dice:
2. El tren sale del
3. Hay
4. En la taquilla,
5. Felipe y Adriana se preocupan por
6. Los boletos son
7. Adriana y Felipe suben al

a. Nayeli.
b. de ida.
c. vagón número 4, asientos A1 y A2.
d. andén número 2.
e. ¡Qué tengan un buen viaje!
f. muchos pasajeros en el tren.
g. Felipe compra dos billetes para Sevilla en el AVE.

5 ¿Y tú? In pairs, ask each other these questions.

1. ¿Cuál es tu medio de transporte favorito—el avión, el tren, el auto, el autobús?
2. ¿Cuál es el medio de transporte favorito en tu ciudad y por qué?
3. ¿Qué medios de transporte usa tu familia?
4. ¿Camina mucho la gente en tu ciudad? ¿Camina al trabajo?
5. ¿Cómo van tú y tus compañeros/as de sus casas a la universidad? ¿Y cómo regresan?

6 Viaje urgente. Read the descriptions of the roles of passenger and employee. Then, with a partner, create a conversation between the two.

Pasajero/a:	Empleado/a:
You are in Madrid and have just received bad news: a member of your family is ill and is in the hospital in Cádiz. You have to travel on the next train, but there's a problem: there are no tickets left. Convince the ticket agent to send you to Cádiz as fast as possible. Review the conversation on page 145 for help.	Today is your first day on the job and you are a little nervous. Your boss (**el/la jefe/a**) is observing you. You want to impress him/her (**impresionar al jefe/a la jefa**). How will you handle this passenger? Look at the map of trains in Spain in the next *Enlace cultural* on page 148 for ideas on how to get to Cádiz.
Here are some useful expressions: **pagar con tarjeta de crédito** **viaje urgente** **primera clase** **Tengo que llegar/ir.** **por favor**	Here are some useful expressions: **No es posible ..., Es imposible ..., No puedo ...** **el tren de mañana / de la tarde / de las 3 p.m.** **más caro** **No hay billetes en ese tren.** **Lo siento (*I am sorry*).**

II. Expressing location

¿Quién está delante de la profesora Jaramillo?

1C: Sra. Coronado
1B: Carlitos Coronado
1A: Sr. Coronado

2C: Profesora Jaramillo

3C: Paula Peña
3B: Ricardo Ríos

4B: Frederica Fuentes
4A: Manuel Mendoza

Carlitos está **entre** el Sr. y la Sra. Coronado.
La profesora Jaramillo está **delante de** la Sra. Coronado.
Ricardo está **detrás de** Federica.
Paula está **al lado de** Ricardo.
Las bolsas están **debajo de** los asientos.
Las maletas están **encima del** portaequipajes.
El Sr. Coronado está **lejos de** *(far from)* Federica.
La profesora Jaramillo está **cerca de** *(close to)* la Sra. Coronado.

7 **¿Dónde están?** Tell where the following people are located. Follow the model.

▶ **Modelo:** *Carlitos Coronado / El Sr. Coronado*
Carlitos Coronado está al lado del Sr. Coronado.

1. la Sra. Coronado / Carlitos Coronado
2. Manuel Mendoza / Federica
3. la profesora Jaramillo / Paula y la Sra. Coronado
4. Ricardo / Federica
5. Manuel / Ricardo
6. Carlitos Coronado / Ricardo
7. el portaequipajes / las maletas

8 *¿Dónde estás?* Write a list of four classmates. Then, ask a partner where each one is located. Work in pairs to compare the locations of the eight people on your two lists.

▶ **Modelo:** **Persona A**   **Persona B**
        1. *Alison*   1. *Sean*

        —*¿Dónde está Alison?*
        —*Alison está lejos de Sean.*

ENLACE CULTURAL

El sistema de trenes en España

En España, las líneas de trenes van, básicamente, en dos direcciones: (a) las líneas que salen y llegan a Madrid: Líneas Radiales° y (b) las líneas que salen y llegan a otras ciudades: Líneas Transversales.°

Discusión en grupos

¿Cómo es el sistema de trenes de su país? ¿Existen trenes en su región?

---

radial
cross

9 *Descripción.* Look at the map of the *Enlace cultural* and select two of the train lines. Then write a short description of how the cities on these lines are located in relation to one another. Use prepositions.

▶ **Modelo:** *Madrid está lejos de Sevilla, pero cerca de Aranjuez.*
        En la línea de Madrid a Linares, Manzanares está entre Alcázar y Linares.

10 *A escribir.* Write a brief paragraph describing the photograph of Atocha at the beginning of the chapter on page 142. Use at least five prepositions.

VISTAS Y VOCES

I. Preparémonos

1 **Anticipación.** Working in pairs, answer these questions.

A. 1. ¿Cómo es la estación de tren o de autobuses que está más cerca de tu escuela?
2. ¿Cuántas personas usan esa estación en una semana? ¿La usas tú? ¿Por qué sí? ¿Por qué no?
3. ¿Qué objeto de arte valioso admiras mucho? ¿Cómo es? ¿Dónde está?
4. ¿Hay muchos robos en tu ciudad? ¿Qué roban los ladrones (*thieves*): obras de arte, dinero, radios, televisiones?

B. Review chapter opening photo 4A. What do you think that Felipe is doing at the Atocha train station in Madrid? Where are he and Adriana going? Why? What is going to happen next?

Para comprender mejor

el asunto	*matter*	No me cae nada mal.	*He's OK.*
cuidar	*to take care of*		
de todos modos	*anyway*	No se preocupe.	*Don't worry.*
de veras	*really*	No vale la pena.	*It's not worth it.*
desgraciadamente	*unfortunately*	Olvídelo.	*Forget it.*
enseguida	*right away*	por si acaso	*just in case*
esconder	*to hide*	reaccionar	*to react*
Estoy de acuerdo.	*I agree.*	recorrer	*to travel all around*
ilegal	*illegal*	el robo	*robbery*
Lo siento.	*I'm sorry.*	rogar	*to beg*
lucrativo/a	*profitable*	sacar	*to take (away)*
mientras	*while*	sacudir	*to shake*
mover	*to move*	sucio/a	*dirty/shady*
el negocio	*business*	Vámonos.	*Let's go.*

2 **Secuencia.** In pairs, describe what you see happening in each video action shot. Then, order them in a logical sequence.

1.

2.

3.   **4.**

II. Miremos y escuchemos

3 **¿Verdadero o falso?** While watching this episode, mark **V** (**verdadero**) for each true statement and **F** (**falso**) for each false one. Then, correct the false ones.

1. _____ El chofer y su esposa hablan de vender el jaguar.
2. _____ Adriana empieza a tener interés romántico en Felipe.
3. _____ Felipe y Adriana van a Sevilla en avión.
4. _____ El chofer le da un papelito a Nayeli.
5. _____ Nayeli le indica al chofer que es ilegal tener el jaguar.
6. _____ Doña Gafasoscuras escucha la conversación de Nayeli en la casa del chofer.
7. _____ El chofer espera tres semanas y después manda el jaguar el Ecuador.

III. Comentemos

4 **Comprensión.** In groups, answer the following questions.

1. ¿Cómo se llama el señor Covarrubias?
2. ¿Qué tiene el chofer del camión en las manos?
3. ¿Por qué hace el chofer un negocio "sucio" con el jaguar?
4. ¿Cómo reacciona (*reacts*) la esposa del chofer? ¿Qué coincidencias ocurren?
5. ¿Cómo se llama la estación de tren en Madrid?
6. ¿Adónde van Adriana y Felipe? ¿Cómo y en qué clase?
7. ¿Detrás de (*behind*) qué se esconden los señores Covarrubias?
8. ¿Cómo describe Nayeli el robo del jaguar? Según el chofer, ¿dónde está el jaguar?
9. ¿Cómo están los Covarrubias al final de esta escena?

5 **¿Estás de acuerdo?** Working in groups, compare the different ideas you have with regard to the following statements based on this episode. Tell if you agree (**estoy de acuerdo**) or disagree (**no estoy de acuerdo**) and the reason (**razón**).

1. El crimen no paga.
2. El dinero es la seguridad más importante de la vida.
3. Unas personas tienen mala suerte.
4. Está bien decir mentiras si la familia está en peligro.

6 **Miremos otra vez.** After watching this episode again, check to see if you have arranged the video action shots in the correct sequence.

Lengua

I. Describing to whom and for whom actions are done

A. Indirect-object pronouns

Mis padres **me** compran un estéreo.	Las Girl Scouts **nos** venden galletitas.

*My parents buy **me** a stereo.*   *The Girl Scouts sell **us** cookies.*

Indirect objects indicate *to* or *for* whom an action is done. Read the examples and identify who receives the action of the verb. The highlighted pronouns in Spanish and English indicate the indirect objects: the stereo is bought *for me* and the cookies are sold *to us*.

Indirect-object pronouns			
me	*to (for) me*	**nos**	*to (for) us*
te	*to (for) you*	**os**	*to (for) you*
le	*to (for) him, her, you*	**les**	*to (for) them, you*

- Indirect-object pronouns can precede the conjugated verb or can be attached to the end of the infinitive or the present participle.

  Te voy a decir una cosa.   *I am going to tell you something.*
  Voy a decir**te** una cosa.

  Nayeli **le** está haciendo preguntas.   *Nayeli is asking him questions.*
  Nayeli está haciéndo**le** preguntas.

- In Spanish, the indirect-object pronoun is mandatory in almost all cases, but the prepositional forms are optional.

  El chofer **le** da un papelito.   *or*   The driver *gives her* a piece of paper.
  El chofer **le** da un papelito **a ella.**   The driver gives a piece of paper *to her*.

Some common verbs that take indirect-object pronouns are:

agradecer (zc)	to thank	ofrecer (zc)	to offer
contar (ue)	to tell	pagar	to pay (for)
contestar	to answer	pedir (i)	to ask for
dar	to give	pegar	to hit; to stick
decir (i)	to tell, say	preguntar	to ask a question
escribir	to write	preparar	to prepare
explicar	to explain	regalar	to give a gift
hablar	to speak	servir (i)	to serve
mandar / enviar	to send	vender	to sell

B. Prepositional pronouns

Prepositional pronouns follow a preposition and have the same form as the subject pronouns except for the first person (**mí**) and second person (**ti**) singular forms.

Prepositional pronouns	
mí	me
ti	you
él/ella, usted	him/her, you (singular)
nosotros/nosotras	us
vosotros/vosotras	you
ellos/ellas, ustedes	them, you (plural)

- Indirect-object pronouns can be clarified or emphasized by using one of these expressions:

  a + person's name or word referring to a person
  a + prepositional pronoun

Nayeli **le** está haciendo preguntas **al señor** Covarrubias.	*Nayeli is asking Mr. Covarrubias questions.*
Nayeli **le** está haciendo preguntas **al empleado.**	*Nayeli is asking the employee questions.*
Te voy a decir una cosa **a ti.**	*I am going to tell you something.*

1 ¿A quién? Say the correct form of the indirect-object pronoun which corresponds to the underlined noun(s) or pronoun(s) in each sentence.

1. Adriana ____*le*____ dice <u>a Felipe</u> que está preocupada por Nayeli.
2. Felipe ____*le*____ contesta <u>a Adriana</u> que van a seguir buscando a Nayeli.
3. Algunas personas ____*les*____ pagan dinero <u>al chofer y a su esposa</u>.
4. Mi compañero de apartamento ____*me*____ está vendiendo su estéreo <u>a mí</u>.
5. ¿____*Te*____ digo la verdad <u>a ti</u> sobre Nayeli y los héroes gemelos?
6. Tino ____*nos*____ va a regalar <u>a nosotros</u> boletos para el cine, ¿verdad?
7. Nayeli ____*le*____ escribe una carta <u>a Felipe y a Adriana</u>.
8. Mis amigos ____*me*____ van a contar un secreto <u>a mí</u>.
9. La profesora ____*les*____ habla <u>a los estudiantes</u> sobre Puerto Rico.
10. ¡Yo ____*les*____ agradezco mucho <u>a ustedes</u> los hermosos regalos de boda!

2 **Preguntas personales.** Ask a classmate the following questions.

▶ **Modelo:** —*¿Quién te da regalos? (mi amigo Juan)*
        —*Mi amigo Juan me da regalos.*

1. ¿Quiénes te hablan por teléfono? (mis amigos)
2. ¿Quién te escribe cartas? (la gente)
3. ¿Quién les prepara la comida en casa? (yo)
4. ¿Quién les enseña español en la clase? (la profesora)
5. ¿Quién te agradece? (todo el mundo)
6. ¿Quién les pide su opinión? (nadie)
7. ¿Quiénes te dicen la verdad? (algunas personas)
8. ¿Quién te paga el alquiler de tu casa? (mis padres)

3 **¿De quién hablas?** Combine the cued words to form complete sentences.

▶ **Modelo:** *la profesora / preguntar (a los estudiantes)*
        La profesora les pregunta a los estudiantes.

1. ellos / contestar las preguntas (a la profesora)
2. el chofer del camión / enviar el jaguar (a alguien)
3. los médicos / ofrecer ayuda (a nosotros)
4. ustedes / servir la cena (a mamá)
5. Armando / escribir correo electrónico (a Adriana y Felipe)
6. alguien / regalar una rosa (a Nayeli)
7. Tomasito nunca / pegar (a su perro)
8. mi mamá / pedir un favor (a mí)
9. el chico / hablar (a la chica)
10. usted / explicar la lección (a nosotros)

C. The verb *gustar* and similar verbs

- As you have learned, the verb **gustar** is used with the indirect-object pronouns **me** and **te.**

  Me gustan los trenes rápidos.   *I like fast trains.*
  Te gusta viajar en tren.   *You like to travel by train.*

- The following table shows how **gustar** is used with the other indirect-object pronouns.

Me gusta(n).	*I like it/them.*	**Nos** gusta(n).	*We like it/them.*
Te gusta(n).	*You like it/them.*	**Os** gusta(n).	*You (plural) like it/them.*
Le gusta(n).	*He/She likes it/them. You (formal) like it/them.*	**Les** gusta(n).	*They/You (plural) like it/them.*

- Remember that **gustar** agrees in number with the thing/s liked. Use **gusta** when followed by a singular noun or an infinitive. Use **gustan** when followed by a plural noun.

  ¿Te **gusta** el AVE?   *Do you like el AVE?*
  No, no me **gustan** los trenes.   *No, I don't like trains.*
  Me **gusta** viajar en avión.   *I like to travel by plane.*

- Many Spanish verbs are used in a similar way to **gustar**. Some common verbs that follow this pattern are:

caer bien/mal	*to like/dislike (a person)*
encantar	*to delight, enchant, like very much*
faltar	*to lack, need; to be left (to do)*
fascinar	*to fascinate*
importar	*to matter, be of concern*
interesar	*to interest, be of interest*
molestar	*to bother, annoy*
parecer	*to seem, appear to be*
preocupar	*to worry*

Nos encanta comer tapas. *We love to eat tapas.*
¿**Te** molesta viajar en avión? *Does it bother you to travel by plane?*

- As with other verbs that take indirect objects, the preposition **a** + noun or **a** + prepositional pronoun can be used to emphasize or clarify the recipient of the action.

A mí me fascina viajar. *Traveling fascinates me.*
¡**A nosotros** nos encantan los *Five star hotels delight us!*
  hoteles de cinco estrellas!
A Felipe y Adriana les preocupa *Nayeli's problem worries Felipe*
  el problema de Nayeli. *and Adriana.*
Al dependiente le molestan los *Impertinent clients annoy the clerk.*
  clientes impertinentes.

- When verbs like **gustar** are used with a reflexive verb, the corresponding reflexive pronoun is attached to the infinitive.

Nos gusta **divertirnos** mucho. *We really like to have fun.*
A Nayeli le gusta **alojarse** en el *Nayeli likes to stay at the Prisma Hotel.*
  hotel Prisma.

4 ¿Te gusta? You and a friend are talking about what you like to do on a trip. Following the model, ask each other questions about the following information. Remember to modify the pronoun of reflexive verbs.

▶ **Modelo:** *levantarse temprano y viajar por la mañana*
       —¿Te gusta levantarte temprano y viajar por la mañana?
       —No, no me gusta levantarme temprano y viajar por la mañana.   or:
       —Sí, me gusta levantarme temprano y viajar por la mañana.

1. desayunar tarde y sentarse a leer
2. dar paseos por la ciudad y divertirse mucho
3. dormir mucho y despertarse tarde
4. irse en tren para Sevilla
5. viajar con un guía turístico
6. ducharse en la mañana
7. cenar comida española

5 *Gustos.* Working with a partner, ask each other the following information. Then write down the answers for the next activity.

▶ **Modelo:** *gustar / las ensaladas de tomate*
  —¿Te gustan las ensaladas de tomate?
  —Sí, me gustan las ensaladas de tomate. or:
  —No, no me gustan las ensaladas de tomate.

1. fascinar / los restaurantes españoles
2. encantar / las canciones románticas
3. interesar / las novelas de misterio
4. gustar / los libros para jóvenes
5. molestar / el problema del tráfico
6. importar / la ecología
7. fascinar / las nuevas tecnologías
8. gustar / el cine mexicano
9. encantar / el centro de Sevilla

6 *Cosas especiales.* Work with a classmate to ask about the tastes of different people. Remember to use the personal **a.** Follow the model.

▶ **Modelo:** *gustar leer por las tardes (ellas)*
  —¿Les gusta a ellas leer por las tardes?
  —Sí, les gusta leer por las tardes. or:
  —No, no les gusta leer por las tardes.

1. gustar tomar el café negro (a ustedes)
2. fascinar comer platos mexicanos (a ellos)
3. importar hacer las tareas (a ella)
4. interesar aprender chino (a ti)
5. molestar acostarse temprano (a usted)
6. interesar mirar la televisión (a ti)
7. encantar comprar frutas frescas (a él)

7 *¿Te importa?* You have to prepare a report for your sociology class. Following the model, ask four to six students questions and write the answers on the survey below. Write **M** for **mucho, P** for **poco,** and **N** for **nada.** What is the total for each column?

▶ **Modelo:** *la ecología*
  —Marcela, ¿te importa la ecología?
  —Sí, me importa mucho.

Nombre del/de la estudiante	La ecología	El dinero	Los amigos	Las clases
Marcela	M			
Total				

8 Mi informe. Write a summary, using the information from **Actividad 7.** Follow the model.

▶ **Modelo:** *La ecología les importa mucho. No les importa nada a X estudiantes.*

9 ¿Te caen bien o mal? Work in pairs. Make a list of persons you know or of fictional characters from TV, film, or literature. Then ask each other which persons in the list you like or dislike. Follow the model.

▶ **Modelo:** *Nayeli*
—¿Te cae bien Oprah? or:
—¿Te parece simpática Oprah?
—Sí, me parece simpática. Ella me cae bien. or:
—No, me parece antipática. Ella me cae mal.

II. Establishing relationships through prepositions

Perspectivas

Prepositions establish relationships between different parts of a sentence and can show where people or things are located in space. Prepositions can also state direction, position in space, sequence in time, or abstract relationships between objects, events, and persons. This chart summarizes the most common prepositions.

Simple prepositions		Compound prepositions	
a	to, for	al lado de	beside, to/on the side of
bajo	under	antes de	before
con	with	arriba de	up, on top of, above
de	from, of	cerca de	close to, near
desde	from, since	debajo de	underneath, below
durante	during	delante de	in front of
en	in, on, at	dentro de	inside of
entre	between, among	después de	after
hacia	toward	detrás de	behind, in back of
hasta	until	encima de	above, on top of, over, on
para	for, to, in order to	enfrente de	right in front of, across from
por	for, by means of	frente a	across from
sin	without	fuera de	outside of
según	according to	junto a	side-to-side with, close to
sobre	about, over, on top of	lejos de	far from

- As you already know, when pronouns follow a preposition, the forms of the first and second person singular change to **mí** and **ti.** All the others retain the form of the subject pronoun.

- The preposition **con** has its own forms for the first and second persons singular.

The preposition *con*	
conmigo	with me
contigo	with you
con él/ella/usted	with him/her/you
con nosotros/nosotras	with us
con vosotros/vosotras	with you
con ellos/ellas/ustedes	with them (masc./fem.)/you

- **Entre** (*between, among*) is used differently than the other prepositions because subject pronouns are always used with it.

  ¡**Entre tú y yo** no hay secretos!   *There are no secrets between you and me!*
  Esta información es un secreto   *This information is a secret*
     entre nosotros.   *among us.*
  No entiendo qué sucede **entre ellos.**   *I don't understand what is going on*
      between them.

10 *Conversaciones.* You are in a discoteque and overhear the following comments and questions. Complete each one with a preposition from the list below. You can use some prepositions more than once.

con	contigo	detrás de	para
conmigo	de	en	sin

1. —¡Estas flores son _____ ti, mi amor!
   —¿Son _____ mí las flores? ¡Qué cariñoso eres!
2. —¿Quién está _____ Marianela?
   — Francisco, su primo, está _____ ella.
3. —¿Quieres ir al cine _____ mañana?
   — No gracias, no puedo ir _____.
4. —¿Eres la hermana _____ Jorge Vázquez?
   — Sí, soy la hermana mayor _____ él.
5. — Tú sabes que no puedes vivir _____ mí, ¿verdad?
   — Sí, yo sé muy bien que no puedo vivir _____ ti.
6. —¿Dónde está mi billete de tren?
   — Está _____ tu mochila.

11 *En la estación de autobuses.* After studying the drawing, work with a classmate to talk about where things are in the bus station. Use as many of the prepositions you have learned as possible. Follow the model. Then compare with other classmates to see who has located correctly the most things and people.

▶ **Modelo:**   —*¿Dónde están los periódicos y las revistas?*
                  — *Los periódicos y las revistas están fuera del kiosko.*
                  —*¿Y el perrito, dónde está?*
                  — *El perrito está...*

12 ¡Colas para todo! Working with a partner, describe where the people are in the line to buy bus tickets.

▶ **Modelo:** — *El señor anciano está detrás de la señora alta, ¿verdad?*
  —*No, el señor anciano está enfrente de ella.*

13 ¿Dónde están? While you tell a partner where things are in your bedroom, he or she will make a rough sketch placing the objects according to your instructions. Switch roles. Then check each other's work. Use the questions below and create your own activity.

1. ¿Dónde está tu cama, tu lámpara, tu silla... ?
2. ¿En qué lugar está tu computadora?
3. ¿Qué cosas hay al lado de tu computadora?
4. ¿Tienes un teléfono en tu cuarto? ¿Dónde está?
5. ¿Qué tienes en la pared?
6. ¿Dónde están la puerta y la ventana? ¿Hay balcón?
7. ¿...?

Lectura A

Introducción

As Felipe and Adriana travel to Spain, you will learn about that country's young people and the problems and pressures they face.

Reading strategy: Making notes in the margin

A useful reading strategy is to make notes in the margin of the text you are reading. This strategy allows you to react actively to the ideas in the reading selection. Here are some suggestions to apply this technique:

a. While you are reading, jot down in the margin one or two themes in Spanish which highlight the content of the reading;
b. Next, put down short questions in Spanish about particular ideas of importance related to the themes, as though you were in a dialog with the author;
c. Mark down your ideas in the margin in response to the reading's content;
d. Finally, make short-hand references to other written materials you have read which relate to this reading.

Los jóvenes°de España

young people

El 77% de los jóvenes españoles (entre 15-29 años de edad°) vive en la casa de sus padres, según datos° del Ministerio de Trabajo° y Asuntos° Sociales. Aproximadamente tres de cada cuatro jóvenes dependen de su familia hasta los 30 años, un fenómeno social forzado por el desempleo° y el elevado precio° de las residencias.

age
data / Labor
Affairs

unemployment / price

Un reciente estudio del Instituto de la Juventud° indica que desde 1984 a 1995 se duplicó el número de jóvenes que no son independientes. De éstos, el 62% de los muchachos salen de su domicilio° familiar° cuando se casan,° lo que° hacen más tarde que en otros tiempos.

Youth

dwelling / family
get married / which

El prototipo del joven español de hoy es el de un soltero° que valora° mucho la generación de sus padres; es conservador, estudioso y descontento porque no encuentra° trabajo. Los jóvenes contemporáneos necesitan 130.000 pesetas al mes para ser independientes, pero los más pobres ganan solamente° unas 90.000 pesetas.

single person / values

find

only

Una familia española.

1 ¿Verdadero o falso? Working with another person, read each sentence and write **V** if the idea about the reading is true (**verdadero**) or **F** if it is false (**falso**).

1. _____ Los jóvenes españoles salen de la casa de su familia cuando tienen quince años.
2. _____ Entre los jóvenes españoles no hay desempleo.
3. _____ Muchos jóvenes viven en sus casas hasta los 30 años.
4. _____ El prototipo del joven español es el de un chico liberal, casado y contento.
5. _____ Más del 50% de los jóvenes españoles vive con su familia hasta su matrimonio.
6. _____ Generalmente, un joven no puede vivir independientemente con menos de 100.000 pesetas al mes.

2 Números y más números. With a classmate, orally practice the numbers and dates from the reading.

3 Nuestras reacciones. Working in groups of four, make a chart of your group's reactions to the reading by comparing the notes you made in the margin. Follow these steps: (1) Jot down the themes that you have identified, (2) fill in your questions, (3) write down your ideas about each theme, (3) then add the references to other materials that you may already know.

	Preguntas	Mi idea	Otra referencia
Tema 1 Muchos jóvenes dependen de sus padres.			
Tema 2			
Tema 3			

4 Análisis. Discuss the following questions. You may also be asked to write a short paragraph in Spanish on one of the topics, using the vocabulary from the reading.

1. Compara las condiciones económicas de España y tu país con referencia al porcentaje de desempleo.
2. ¿Cuáles son tus probabilidades de conseguir trabajo después de tu graduación?
3. ¿Cuáles son las carreras profesionales que los jóvenes prefieren actualmente?
4. ¿Les gusta a los jóvenes de tu edad vivir con sus padres mientras estudian en la universidad?
5. ¿Por qué es importante ser independiente? ¿Qué significa para ti?

ETAPA B

Pistas y palabras

I. Making travel plans

En la agencia de viajes

BORINQUEN
CRUCERO CARIBEÑO
Disfrute° de una fantástica aventura en Puerto Rico, a bordo
de los espectaculares barcos° de la compañía Cruceros S.A.

Duración: 9 días y 8 noches
Precio: 925 dólares americanos
Incluye desayuno continental. Otras comidas son adicionales.

ATRACCIONES
Comida Buffet • Bar a bordo°
Discoteca nocturna° • Tiendas
Clases de baile con excelentes instructores

GIMNASIO COMPLETO CON:
Ejercicios aeróbicos en grupo
Médico especialista en medicina deportiva
Equipos de ejercicios con pesas°
Masaje terapéutico°

Enjoy
ships

on board
nightly

weights
therapeutic
massage

¡VIAJE A COSTA RICA!
Excursión de ecoturismo

Aproveche esta oportunidad de viajar a una selva
tropical, de disfrutar los espectaculares volcanes
y las hermosas playas de Costa Rica.

Duración: 7 días y 6 noches
Precio: 750 dólares americanos

INCLUYE
Pasaje aéreo desde Miami hasta San José
Transporte local
Guías especializados
Comidas típicas
Alojamiento en campamento
o en casas particulares

Palabras y expresiones útiles

la excursión	*tour*
el folleto	*brochure*
el/la guía	*tour guide*
la guía	*guidebook*
el paquete	*package tour*
el pasaporte	*passport*
las vacaciones	*vacation*
el vuelo	*flight*

¡Buen viaje!/¡Feliz viaje!	*Have a nice trip!*
estar/irse de vacaciones	*to be/to go on vacation*
viajar	*to travel*

1 ¿Cuál viaje prefieres? With a partner, compare the two posters on page 162 and tell which of the trips you would associate with the things in the list below. Then tell your partner which tour you prefer and why.

animales	nadar
caminar mucho	volcanes
bailes	comidas típicas
plantas y flores	sol y calor
agua	ecoturismo
insectos	aventura
comer mucho	comprar cosas
hacer ejercicio	

2 En la agencia de viajes. In groups of three, create a conversation in a travel agency in Spanish.

Situation: Two friends (students A and B) are planning a trip together. They go to a travel agent to discuss where to go. Negotiate a vacation package that will suit all of their needs.

Student A	Student B	Travel Agent
You are a biology major and are interested in learning about tropical vegetation and animals. You only have a two-week vacation coming up and money is not a problem.	You want to get away to a relaxing and fun vacation spot in the Caribbean or in Central America. You love sports and swimming. You have a one-week vacation and are able to spend around $800 to go with your friend.	You are close to meeting your quota of sales for the month. You need to sell at least $1500 in package tours. You are able to offer customers a discount if they travel together.

II. Using ordinal numbers

Borinquen, crucero caribeño

Primer día	Por la mañana	Llegada de los pasajeros a Miami desde diferentes ciudades.
		Una limosina espera a cada uno de los pasajeros en el aeropuerto. Por favor, avísenos° su hora de llegada a Miami. (El precio de la excursión no incluye propinas.°)
	13.30	Almuerzo en el hotel con los guías del crucero y todos los participantes de la excursión. El precio del hotel incluye impuestos.°
Segundo día	7.30	Transporte desde el hotel al puerto en autobús. Los pasajeros deben estar listos en la recepción del hotel a las 7.25 de la mañana.
	8.30	Salida del crucero para San Juan.
	14.00	Llegada a San Juan.
Tercer día	8.00–15.00	Excursión y tour de la isla. (Opcional)
Cuarto día		Día libre° para recreo° o compras.
Quinto día	8.30	Paseo a la Isla Vieques.
	19.30	Cena y baile a bordo. Todas las noches hay un espectáculo diferente con las mejores orquestas y los mejores artistas del país.
Sexto día	8.45	Excursión en barco para pescar° en nuestras aguas cristalinas. (Opcional)
Séptimo día		Día libre para descansar.
Octavo día	8.30	Paseo a la Isla de Culebra.
	22.30	Excursión a las mejores discotecas para gozar° de las actividades nocturnas de la ciudad.
Noveno día	8.30	Salida del crucero para Miami.
	14.00	Llegada a Miami. Salida de Miami a sus países de residencia.

*Margin glosses:*
let us know
tips
taxes
free / recreation
to fish
to enjoy

- Ordinal numbers in Spanish (**primero, segundo, tercero...**) generally appear in front of the noun they modify and agree in gender and number.*

  segundo viaje   *second trip*   **cuarta** excursión   *fourth excursion*

- Notice in the itinerary above that **primero** and **tercero** drop the **-o** in front of a masculine noun.

- Normally, after **décimo** (*tenth*), the cardinal numbers are used.

  el día **once**   *the eleventh day*

---

* Notable exceptions are names of monarchs: Carlos V (quinto), (Charles the 5th).

3 **Comprensión.** Answer these questions from the information found in the poster and in the itinerary.

1. ¿A qué país va el crucero?
2. ¿Cómo se llama la excursión?
3. ¿De qué ciudad sale y a qué hora?
4. ¿Qué atracciones ofrecen los buques de la compañía Cruceros S.A.?
5. ¿Cuánto cuesta el viaje? ¿Qué cosas no incluye el precio de la excursión?
6. ¿En qué van los pasajeros del aeropuerto al hotel en Miami?
7. ¿Qué excursiones opcionales hay para los pasajeros?
8. ¿Qué ofrece el gimnasio del barco?
9. ¿Qué días libres tienen los turistas?

4 **Un día libre.** Create your own itinerary for your free day. Follow the model.

▶ **Modelo:** *Primero, voy a despertarme muy tarde. Segundo...*

5 **Unas vacaciones increíbles.** Create your own brochure for a vacation that you want to take. Be sure to include the destination, price, what the package includes, and special offers. Share your brochure with your classmates.

III. Talking about location

La geografía

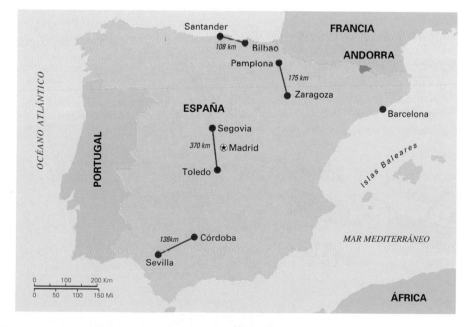

Segovia está a 370 km (*kilometers*) al norte de Toledo.
Sevilla está a 138 km al oeste de Córdoba.
Zaragoza está a 175 km al sur de Pamplona.
Bilbao está a 108 km al este de Santander.

6 Viajando en bicicleta. You and your friend want to tour five Spanish cities by bicycle. Use the chart to fill in your itinerary and routes. You can travel at a speed of 10 miles/hour. (1 mile = 1.6 kilometers)

De	A	¿Cuántos kilómetros?	¿Cuántas millas?
Barcelona	Lérida	150 km al oeste	240 millas al oeste
1.			
2.			
3.			
4.			
5.			

7 La clase de geografía. Refer to the maps on the inside front and back covers of this book in order to answer the following questions about the geography of the Spanish-speaking world.

▶ **Modelo:** *Costa Rica / Panamá*
Costa Rica está al noroeste* de Panamá.
Panamá está al sureste* de Costa Rica.

1. México / Guatemala
2. Honduras / Nicaragua
3. Guatemala / Honduras
4. Puerto Rico / La República Dominicana
5. La República Dominicana / Cuba
6. Baja California / México
7. México / Los Estados Unidos
8. España / Portugal
9. España / Francia
10. España / Marruecos

---

* **noreste** = northeast, **noroeste** = northwest, **sureste** = southeast, **suroeste** = southwest, **central** = central

ENLACE CULTURAL

España

España está en la Península Ibérica, tiene casi 40 millones de habitantes y un área de 504.750 km² (kilómetros cuadrados°). Es un país montañoso y tiene un clima muy variado. Al norte está el Mar Cantábrico; al oeste, el Océano Atlántico; al este el Mar Mediterráneo y al sur, África del Norte, a casi 13 kilómetros de la costa española. Los montes Pirineos están al noreste y separan el país del resto del continente Europeo.

España es un país multicultural y sus habitantes hablan varios idiomas: español, vasco,° catalán,° gallego° y mallorquín.° La historia española también tiene influencia de muchas culturas importantes: la cultura cristiana, la judía° y la cultura islámica o musulmana°. Por ejemplo, en Granada está la Alhambra, un hermoso palacio de arquitectura musulmana. En sus jardines° está el famoso Patio de los leones.°

La famosa Mezquita° de Córdoba está en esa ciudad. Su construcción empezó en el año 785 y terminó en el año 985; tiene 850 columnas de casi 4 metros de altura° y dentro de ella hay una iglesia cristiana del siglo XVI. En Córdoba hay también una sinagoga del siglo IV, en honor del gran filósofo y médico judío, Maimónides.

square

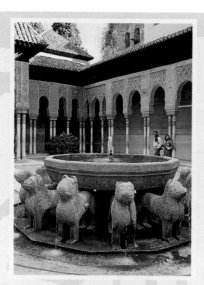
Patio de los leones en la Alhambra.

Basque / Catalan / Galician / Mallorcan

Jewish / Muslim

gardens / lions
Mosque

height

Discusión en grupos

1. ¿Cuáles son tres culturas importantes en la historia de España? ¿Dónde podemos ver la influencia de estas culturas?
2. ¿Qué idiomas hablan en España?
3. Describan un monumento o un lugar representativo de una cultura de su país o de su región.

La Mezquita de Córdoba.

4. Además del inglés, ¿qué idiomas hablan los habitantes de los Estados Unidos? ¿Qué idiomas hablan sus compañeros/as de clase?

VISTAS Y VOCES

I. Preparémonos

1 Anticipación. Working in pairs, answer these questions:

A. 1. Menciona una biblioteca importante o un archivo nacional o regional. ¿Qué tipo de documentos tiene? ¿En qué ciudad está?
2. ¿Te gusta visitar la biblioteca de tu ciudad o de tu universidad? ¿Qué tiene?
3. ¿Recibes mensajes de correo electrónico? ¿Quién te escribe?
4. ¿Te dan miedo las cosas, ciudades o personas desconocidas (*unknown*)?
B. Review chapter opening photo 4B. What do you think the **Archivo de las Indias** is? Do you believe that Adriana is going to find Nayeli there? What do you think that Adriana learns there?

Para comprender mejor

el archivo	*archive, document*	ni idea	*haven't got a clue*
asustado/a	*frightened*	¡Oye!	*Listen! Hey!*
averiguar	*to find out*	parar de	*to stop (doing)*
besar	*to kiss*	¡Qué alivio!	*What a relief!*
deshacerse de	*to get rid of*	¡Qué gusto!	*What a pleasure!*
espantoso/a	*frightening*	¡Qué susto!	*What a scare!*
estar a punto de	*to be about to*	recoger	*to pick up*
la isla	*island*	vigilar	*to watch*

2 Secuencia. In pairs, describe the action occurring in each video action shot.

1.

2.

3.

4.

II. Miremos y escuchemos

3 Observaciones. While watching this episode, circle the letter of the correct answer.

1. En el hotel, Felipe y Adriana reciben un mensaje de correo electrónico de esta persona. ¿Cómo se llama?
   a. Nayeli Paz Ocotlán   b. Armando de Landa   c. Gerardo Covarrubias
2. Alguien está contentísimo de saber que los boletos para Puerto Rico están en el aeropuerto de Barajas en Madrid. ¿Quién es?
   a. el chofer del camión   b. el agente de viajes   c. Felipe
3. En el hotel, Adriana mira el libro de Nayeli. ¿Cuál es el título del libro?
   a. *El camino del jaguar*   c. *La tumba de Pacal*
   b. *Los héroes gemelos de Xibalbú*
4. Nayeli sale de la agencia de viajes después de comprar un boleto de avión. ¿Adónde va?
   a. a Puerto Rico   b. al Ecuador   c. a Costa Rica
5. Los eventos de este episodio ocurren en la ciudad de
   a. Sevilla.   b. San Juan.   c. Quito.

III. Comentemos

4 Comprensión. In groups, answer the following questions.

1. ¿Cuál es el número de la casa de los Covarrubias?
2. ¿Sabe la señora Covarrubias dónde está su esposo? ¿Cómo está ella?
3. Adriana va al Archivo General de Indias. ¿La acompaña Felipe?
4. ¿De quién recibe Felipe un correo electrónico? ¿Qué dice su mensaje?
5. ¿Quién persigue a Adriana? ¿Cómo está ella al regresar al hotel?
6. ¿De quién es la foto que hay en el libro que Adriana lee en la habitación del hotel?
7. ¿Qué le cuenta Adriana a Felipe?
8. ¿Qué le cuenta Felipe a Adriana?
9. ¿Para dónde es el boleto de avión que compra Nayeli?
10. ¿Parece Nayeli triste, alegre o preocupada cuando recibe la rosa?

5 Yo creo que... In pairs, discuss the following question: ¿Qué crees que van a hacer estas personas?

1. Nayeli: ¿Va a encontrarse con Felipe y Adriana? ¿Va a hablar con la policía?
2. Adriana y Felipe: ¿Van a hablar con el señor del anillo raro? ¿Van a tener una relación romántica?
3. El chofer del camión: ¿Va a volver a su casa? ¿Va a hablar con Nayeli otra vez? ¿Le va a pasar algo malo?
4. El hombre del anillo raro: ¿Va a perseguir a Adriana en Puerto Rico? ¿Va a capturar a Adriana?

6 Miremos otra vez. After viewing the episode, put the video action shots in the correct order.

7 ¡Qué gusto! In trios, describe Sevilla by answering the following question: ¿Qué cosas, sitios, personas y actividades observas en Sevilla en este episodio?

Lengua

I. Retelling simple past events

A. Preterite indicative of regular verbs

Un día fantástico

he called me / he invited me
I had / he arrived
We went / we ate / he told me
it seemed to me
got out / I asked him / again
he answered

Querido Diario:

El viernes, por primera vez, Oscar **me llamó°** por teléfono y **me invitó°** a salir. El sábado **pasé°** un día fantástico. Oscar **llegó°** a las ocho de la noche. **Fuimos°** a un restaurante, **comimos°** y él **me contó°** muchas cosas sobre su vida. A mí **me pareció°** todo muy interesante. Cuando **salimos°** del restaurante, yo le **pregunté°**: "¿Te voy a ver otra vez?°" Y él me **contestó:°** "¡Sí! Me vas a ver muchas, muchas veces más."

To talk about actions that were completed in the past, use the preterite. To conjugate regular verbs in the preterite, the endings shown on page 171 are added to the stem of the verb:

	-ar (llamar)	-er (comer)	-ir (salir)
yo	llamé	comí	salí
tú	llamaste	comiste	saliste
él/ella, usted	llamó	comió	salió
nosotros/nosotras	llamamos	comimos	salimos
vosotros/vosotras	llamasteis	comisteis	salisteis
ellos/ellas, ustedes	llamaron	comieron	salieron

- Note that the first and the third persons singular have a written accent.
- Verbs that end in **-er** and **-ir** have identical forms in the preterite.

B. Preterite indicative of verbs with orthographic changes

- Verbs ending in **-car**, **-gar**, and **-zar** change spelling in the first person singular.

Felipe, te **busqué** en el hotel.	*Felipe, I looked for you at the hotel.*
Te **expliqué** lo que pasó con el hombre del anillo misterioso.	*I explained to you what happened with the man with the mysterious ring.*
Llegué al hotel muy asustada.	*I arrived at the hotel very frightened.*
Empecé a sentirme mejor al hablar contigo.	*I started to feel better talking to you.*

	c > qu (buscar)	g > gu (jugar)	z > c (abrazar)
yo	busqué	jugué	abracé
tú	buscaste	jugaste	abrazaste
él/ella, usted	buscó	jugó	abrazó
nosotros/nosotras	buscamos	jugamos	abrazamos
vosotros/vosotras	buscasteis	jugasteis	abrazasteis
ellos/ellas, ustedes	buscaron	jugaron	abrazaron

Other verbs with orthographical changes include:

c > qu		g > gu		z > c	
explicar	**expliqué**	llegar	**llegué**	comenzar	**comencé**
practicar	**practiqué**	pagar	**pagué**	empezar	**empecé**
tocar	**toqué**				

1 Mi primer día de práctica. Mario's internship at the city library started yesterday, and he describes to his friend Lupe what he did. Change all the verbs to the preterite to tell Mario's story in the past. Follow the model.

▶ **Modelo:** *Me levanté a las siete...*

Me levanto a las siete. Me ducho, desayuno, y tomo el autobús número setenta y tres para el trabajo. Llego a la biblioteca a las ocho y media. Bebo un café con leche con mi jefa y converso con ella sobre mis responsabilidades en el trabajo. Después llegan muchos clientes y me preguntan por libros de diferentes temas. A mediodía, almuerzo con mi jefa y con otro de los empleados en un pequeño café cerca de la biblioteca. Por la tarde, la gente empieza a llegar después de las cuatro. Llegan muchos chicos y chicas buscando material para sus proyectos. A las seis de la tarde, salgo para casa, pero antes ceno en el restaurante La buena mesa con Ricardo, otro de los chicos de la biblioteca. ¡Qué día tan interesante y productivo!

2 **Práctica.** Answer the following questions, using the correct form of the preterite. Follow the model.

▶ **Modelo:** —¿Explicaste el problema? (Sí)
—Sí, expliqué el problema.

1. ¿Tocaste la guitarra en el concierto? (Sí)
2. ¿Empezaste tus lecciones de tenis? (No)
3. ¿Llegaste tarde esta mañana? (No)
4. ¿Practicaste fútbol el año pasado? (Sí)
5. ¿Abrazaste a tu novia durante la ceremonia de bodas? (Sí)
6. ¿Pagaste la cuenta de la tienda de ropa? (Sí)
7. ¿Jugaste al volibol anoche? (No)
8. ¿Buscaste el horario del tren? (Sí)

C. Preterite indicative of *ir* and *ser*

The verbs **ir** and **ser** are irregular in the preterite. Both have the same forms.

	ir / ser
yo	fui
tú	fuiste
él/ella, Ud.	fue
nosotros/nosotras	fuimos
vosotros/vosotras	fuisteis
ellos/ellas, Uds.	fueron

3 **Un fin de semana maravilloso.** Nela describes her weekend in Boston. Use the preterite tense of each of the verbs in parentheses to complete her paragraph.

El fin de semana pasado _____ (ser) muy divertido. Mis amigas Rosa, Marta y yo _____ (ir) de vacaciones a Boston. Nosotras _____ (comprar) un viaje muy barato en la agencia de viajes "Viajes Boston". Nosotras _____ (salir) de Nueva York muy tarde el viernes por la noche y _____ (llegar) a la medianoche a la ciudad. El sábado, Rosa y Marta _____ (visitar) primero a su abuela que vive allí. Después, nosotras _____ (entrar) a la tienda Filene's y _____ (probarse) unos zapatos y unas chaquetas. El domingo, _____ (ir) a comer a un restaurante elegante en la calle Newbury. Marta y Rosa _____ (comer) pollo con arroz pero yo solamente _____ (beber) un jugo de frutas. Por la tarde, nosotras _____ (visitar) el Museo de Ciencias.

Por la noche nosotras _____ (ir) a una discoteca. Allí _____ (conocer) a unos chicos muy simpáticos, _____ (escuchar) música y _____ (bailar) toda la noche. Nosotras _____ (salir) de Boston el lunes a las 6.00 de la mañana. ¡Quiero regresar muy pronto!

4 De viaje. The Ramírez family went to Europe on vacation. Rogelio called his grandmother to tell her about the trip. Complete their conversation using the preterite.

ABUELA: Cuéntame (*tell me*), Rogelio, ¿cómo _fueron_ (ser) las vacaciones en Europa?

ROGELIO: Abuela, _fueron_ (ser) maravillosas.

ABUELA: ¡Qué bien! ¿Cuántos países _visitaron_(visitar) ustedes?

ROGELIO: _fuimos_ (ir) a Francia, Italia y España. Nos encantaron todos.

ABUELA: ¿Qué medios de transporte _usaron_ (usar) ustedes?

ROGELIO: Primero, nosotros _volamos_ (volar) en avión a Italia donde _visitamos_(visitar) los museos y el Vaticano; segundo, _paseamos_ (pasear) en coche por Francia, y luego, _tomé_ (tomar) el tren a Barcelona.

ABUELA: ¿Qué les _gustó_ (gustar) a ustedes en Barcelona?

ROGELIO: Papá y mi hermana Patricia _nadaron_ (nadar) en la playa y _caminaron_(caminar) en la zona antigua de la ciudad. Ellos _llegaron_ (llegar) al hotel muy tarde. Abuela, toda la familia _pasaron_ (pasar) unas vacaciones deliciosas.

ABUELA: Pues, la próxima vez, ¡quiero ir yo también!

5 ¿Qué hiciste ayer? In pairs, ask each other two typical questions in the pretcrite for the following settings. Choose two verbs from each of the lists in parentheses.

▸ **Modelo:** En casa (leer / despertarse / limpiar / descansar)
         —¿*Qué hiciste en casa ayer?*
         —*Me desperté tarde y después limpié la cocina.*

1. En casa (comer / despertarse / limpiar / tocar música)
2. En la escuela (estudiar / escribir / escuchar / discutir)
3. En el gimnasio (correr / practicar deportes / usar las máquinas / caminar rápido)
4. En el cine (mirar / beber / hablar / reunirse con amigos)
5. En la tienda (comprar / buscar / pagar / probarse)
6. En el parque (caminar / practicar / jugar / correr)

6 Querido Diario. Write ten sentences in the preterite. Choose from the following verbs.

bailar	practicar	caminar
despertarse	levantarse	ducharse
llegar	empezar	ir
comprar	estudiar	trabajar
acostarse	jugar	tocar la guitarra
salir	buscar	comer

II. Indicating when actions were completed

Adverbs of time

You have already learned many adverbs of manner and time. Adverbs of time modify verbs and indicate when actions are completed.

¿Cuándo ocurrió?

—¿Me dices que Héctor chocó
   su coche **ayer?**
*Are you telling me that Héctor
crashed his car yesterday?*

—Sí, pero no pasó nada grave.
Yes, but nothing serious happened.

—Y ¿a qué hora ocurrió el
   accidente?
At what time did the accident occur?

—**Anoche,** después de la cena.
Last night, after dinner.

—¡Vaya! Menos mal que Héctor
   está bien.
Well, it's a relief that Héctor is fine.

Adverbial expressions of time		
ayer	*yesterday*	El accidente ocurrió ayer. *The accident happened yesteday.*
anteayer	*the day before yesterday*	Compramos toda la comida anteayer. *We bought all the food the day before yesterday.*
anoche	*last night*	La visita de México llegó anoche. *The visitor from Mexico arrived last night.*
anteanoche	*the night before last*	Anteanoche no dormí nada. *I didn't sleep at all the night before last.*
la semana pasada	*last week*	Abrieron la nueva tienda la semana pasada. *They opened the new store last week.*
el fin de semana pasado	*last weekend*	Fuimos a bailar el fin de semana pasado. *We went dancing last weekend.*
el año pasado	*last year*	Terminé mis estudios el año pasado. *I finished my studies last year.*
el mes pasado	*last month*	Pagamos nuestras cuentas el mes pasado. *We paid our bills last month.*

7 Quiero saber... With a partner, answer the following questions using the cues provided. Follow the model.

▶ **Modelo:** —*¿Cuándo visitaste la catedral de Sevilla? (la semana pasada)*
   —*Visité la catedral de Sevilla la semana pasada.*

1. ¿Cuándo cenaste comida española? (ayer)
2. ¿Cuándo le explicaste la lección a Marta? (la semana pasada)
3. ¿Cuándo le compraste el regalo a Martín? (anteayer)
4. ¿Cuándo reservaste los billetes? (el jueves pasado)
5. ¿Cuándo pensaste en mí durante tu viaje? (anoche)
6. ¿Cuándo fuiste a la discoteca? (el sábado pasado)
7. ¿Cuándo saliste con tus amigos en Málaga? (anteanoche)
8. ¿Cuándo fuiste de vacaciones a Bolivia? (el mes pasado)
9. ¿Cuándo compraste el coche? (el año pasado)

8 Preguntas personales. With a partner, answer the following questions. Then report your findings to the class.

1. ¿Adónde fuiste ayer?
2. ¿Bailaste anteayer?
3. ¿Fuiste de vacaciones el año pasado? ¿Adónde?
4. ¿Escribiste composiciones el mes pasado? ¿Sobre qué temas?
5. ¿Estudiaste anoche?

III. Avoiding redundancy

Direct-object pronouns

Preparando el viaje

ADELAIDA: No encuentro mi maleta azul. **La** necesito para empacar mis cosas.

ARTURO: **La** tengo lista; aquí está la maleta. También tengo los tiquetes de avión.

ADELAIDA: **Los** tienes también, ¡qué bien! Mil gracias. ¿Y el dinero?

ARTURO: También **lo** tengo aquí. Supongo que fuiste a la embajada americana y sacaste las visas, ¿verdad?

ADELAIDA: ¿Las visas? Claro, fui ayer a la embajada para pedir**las.**

ARTURO: Es importante tener**las.**

ADELAIDA: Sí, **lo** sé. Sin visas no podemos viajar.

A direct object is the person or thing that directly receives the action of the verb. In the sentences above, **mi maleta azul** is the first direct object. Once the object is stated, it is replaced by a direct-object pronoun to avoid redundancy: *La* **necesito para empacar mis cosas.**

   In the selection above, identify the remaining direct-object nouns that correspond to the pronouns in boldface.

The direct-object pronouns are:

me	*me*	**nos**	*us*
te	*you*	**os**	*you*
lo, la	*him, her, you*	**los, las**	*them, you*

- Direct-object pronouns are placed immediately before the conjugated verb.

¿Y los boletos?	*And the tickets?*
Los recogemos en Barajas.	*We'll pick them up in Barajas.*

- Direct-object pronouns are attached to the end of the infinitive when the infinitive is in expressions such as **es importante** and **es necesario** or in prepositional expressions such as **para recibir*las*, para visitar*la*.**

Me gusta tener un buen mapa.	*I like to have a good map.*
Sí, es bueno tener**lo.**	*Yes, it's good to have it (one).*
¿Vas a visitar a tu prima en Barajas?	*Are you going to visit your cousin in Barajas?*
Sí, en este momento salgo para visitar**la.**	*Yes, I am leaving right now to visit her.*

- When the direct object is used together with a conjugated verb and an infinitive, for example, in expressions that you already know: **tengo que comprar, voy a hacer, acabo de escribir,** the pronoun can go either before the conjugated verb or attached to the end of the infinitive:

Tenemos que encontrar al chofer que llevó al jaguar.	*We have to find the driver who brought the jaguar.*
Lo tenemos que encontrar. *or* Tenemos que encontrar**lo.**	*We have to find him.*
Quiero pedir una habitación más grande.	*I want to ask for a larger room.*
La quiero pedir./Quiero pedir**la.**	*I want to ask for it.*

9   **Sin repeticiones.** Write sentences replacing the direct-object nouns with direct-object pronouns. Follow the model.

▶ **Modelo:** *Miranda compra los pasajes.*
           Miranda los compra.

1. Quiero mucho a Manuela.
2. Compré unas gafas.
3. Miro los balcones de Sevilla.
4. Los turistas escuchan música.
5. Acuesto al niño en su cama.
6. Desperté a mi hermano temprano.
7. ¿Llamó usted al médico?
8. Podemos tomar el autobús.
9. Llamamos a nuestra profesora.

10   **Preguntas personales.** You are getting ready for a trip to Uruguay and your brother asks you if you have everything ready. Answer his questions using direct-object pronouns.

▶ **Modelo:** —*¿Reservaste el hotel?*
           —*Sí, lo reservé.*

1. ¿Encontraste tu pasaporte?
2. ¿Escribiste las cartas?
3. ¿Compraste el pasaje?
4. ¿Recibiste el dinero?
5. ¿Estudiaste la tarea de español?
6. ¿Llamaste al médico para las vacunas?
7. ¿Pagaste las cuentas?

11 ¿Qué me falta? Your roommate wants to know all about your vacation plans. Answer his/her questions using direct-object pronouns. Follow the model.

▶ **Modelo:** *tener que comprar los billetes*
　　　　　 —¿Tienes que comprar los billetes?
　　　　　 —Sí, los tengo que comprar.　or:　 *—Sí, tengo que comprarlos.*

1. tener que vender el auto
2. tener que reservar las habitaciones del hotel Ramos
3. acabar de preparar la cena
4. acabar de hacer las invitaciones
5. ir a invitar a los amigos
6. ir a celebrar la fiesta de cumpleaños
7. poder hablar español
8. querer conocer a gente
9. querer hacer muchos viajes

Lectura B

Introducción

Adriana y Felipe take the AVE train from Madrid to Sevilla and find out that they have to return to Madrid to catch a plane to Puerto Rico. While in Sevilla, they see that they have some time left before the AVE leaves and they decide to take a short tour of Sevilla. Let's see what they learn about the city.

Prelectura

1 Una ciudad que conozco. With a classmate, take turns describing a city to which each of you has traveled with family or friends. Answer the following questions and then compare your answers with those of other students.

1. ¿Cómo se llama la ciudad? ¿Dónde está? ¿Cuántos habitantes hay?
2. ¿Es una ciudad muy vieja o es muy nueva?
3. ¿Hay iglesias y edificios importantes? ¿Cómo son?
4. ¿Qué tipos de restaurantes tiene? ¿Hay muchas tiendas allí?
5. ¿Cuáles son los principales sitios turísticos de interés?
6. ¿Quién es alguna persona famosa de esa ciudad?
7. ¿Es famosa la ciudad por algún evento importante?

La encantadora° ciudad de Sevilla

charming

Sevilla es la cuarta ciudad de España. Tiene 704.857 habitantes y es la capital de la provincia de Andalucía. Hay parques hermosos y sus edificios tienen muy variados estilos arquitectónicos. La Catedral de Sevilla, de estilo gótico, es una de las más famosas del mundo; es la tercera en tamaño° después de la Catedral de San Pedro en Roma y la de San Pablo en Londres.° Los reyes° de España eligieron° la Catedral de Sevilla para la gran boda° de su hija, Elena, en 1996.

size

London / king and queen / chose / wedding

tower

bell tower
weather vane / view

Renaissance Baroque

outside

shore

Junto a la Catedral de Sevilla está La Giralda, que es una alta torre° rectangular de casi 117.5 metros de altura. En 1184 se empezó su construcción de arquitectura musulmana y en 1555 el arquitecto Hernán Ruiz adicionó el campanario,° como el de una iglesia cristiana, con una gran figura de bronce como veleta.° Desde la torre hay una magnífica vista° panorámica de la ciudad de Sevilla.

El Archivo de Indias, de estilo barroco-renacentista,° tiene muchos documentos sobre el comercio con las Américas durante la época de la colonización y colonia.

Como en Madrid, en Sevilla hay bares al aire libre° para comer tapas. En Sevilla, la hora más animada para disfrutar de las tapas es de la una a cuatro de la tarde, cerca de la orilla° del río Guadalquivir.

El Archivo General de Indias, Sevilla, España.

▲ **La Catedral de Sevilla, España.**
▶ **La Giralda, Sevilla, España.**

Postlectura

2 Comprensión. In pairs, answer the following questions based on the reading.

1. ¿Es Sevilla una ciudad española grande o pequeña?
2. ¿Cuál es la tercera catedral más grande del mundo?
3. ¿Quién se casó en la Catedral de Sevilla? ¿Quién eligió la catedral para la boda?
4. ¿Cómo es la Giralda? ¿De qué estilo es? ¿Qué altura tiene?
5. ¿Qué hay en el Archivo de Indias?
6. ¿Cuáles son las horas más animadas para comer tapas en Sevilla? ¿Y dónde?
7. Describan qué más hay en las fotos de Sevilla.

3 Dos ciudades interesantes. You are a television reporter for the program "Vamos a viajar." You have to do research and give a short presentation with visuals about two cities in Spain. The title of your two-paragraph talk is "Vamos a viajar a dos fascinantes ciudades españolas."

En resumen

I. Hablemos

1 **¿Cómo es el campus?**   How good are you at describing? Work with a partner to describe the location of five items or places on campus. Partner A describes where the items or places are in relationship to one another while Partner B draws them. Use only Spanish and do not use any visual cues. Check the accuracy of the drawing and switch roles.

2 **¿Adónde van los señores Covarrubias?**   After sending the jaguar twin off to Ecuador, Sr. Covarrubias decides to take a little trip with his wife with the money he was paid to transport the jaguar. With a partner create a conversation between them to plan the trip. Choose at least three different locations and three different means of transportation to get there. Also discuss what activities they will do while hiding out on "vacation."

II. Investiguemos por Internet

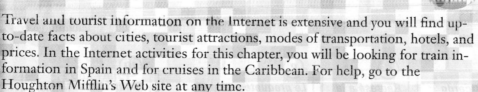

Identifying country domains

Travel and tourist information on the Internet is extensive and you will find up-to-date facts about cities, tourist attractions, modes of transportation, hotels, and prices. In the Internet activities for this chapter, you will be looking for train information in Spain and for cruises in the Caribbean. For help, go to the Houghton Mifflin's Web site at any time.

When you are looking for information originating in a specific country, it is useful to look at the country domain of the Internet address. The domain will tell you where the server is registered. For example, the address **http://www.renfe.es** is in Spain because the last part of the address, **es**, corresponds to **España**.

3 **Viaje en tren.**   As you have seen in this chapter, the Spanish railways company, RENFE (Red Nacional de Ferrocarriles Españoles) has a well-developed railway network. Work in groups to create a travel itinerary by train for your class. First, select one of these tours: (a) Madrid–Barcelona; (b) Sevilla–Madrid; (c) Huelva–Madrid. Then, look for the RENFE Web site. If you enter **RENFE** as a keyword, you may get many sites with related information. The selection will vary depending on the search engine you use. However, your best bet is to look for the main RENFE Web site. Try the address mentioned in *Investiguemos*.

4 **Un crucero maravilloso.**   Imagine that you need to look for cruise information for some friends traveling to the Spanish-speaking Caribbean or to the "Mexican Riviera" (Puerto Vallarta, Mazatlán, Los Cabos, Acapulco). Work in groups and select one of the many tours offered on the Internet. Focus only on the most important facts, for example, departure and destination locations, dates, price, and special services. Try the word **crucero** as the first keyword or go directly to the information provided by the national tourism offices in Mexico or any of the Caribbean countries.

En resumen

I. Hablemos

1 Recuerdos. You are attending your twenty-fifth high school reunion and run into an old friend. Reminisce about the things you used to do when you were in school. Review the uses of the preterite and imperfect.

2 Entre enemigas. When Sunglasses kidnaps Nayeli, they drive off to a secluded place. On the ride there, Nayeli tries to find out more about her kidnapper—who she is and why she is following her. With a partner, role-play the part of Nayeli and Sunglasses to complete the following conversation. Add four speeches.

NAYELI: ¿Cómo supo usted dónde estaba yo?
DOÑA GAFASOSCURAS: Es muy sencillo, señora arqueóloga. Puse un microfonito en la agenda y…

II. Investiguemos por Internet

Looking for personal homepages

Many people now have their own Web pages on the Internet with personal information and family pictures for anyone to see. Some of these pages also include a résumé and professional information for potential employers or clients.

3 Mi página Web. In this activity, you will present to the class information about three persons gathering data from their own Web pages. Work in groups and make a list of three people that you know or famous persons that you would like to know more about. If you have your own Web site, include yourself as one of the three persons. Access the Web sites and describe the information in them to your class. Give as many details as possible, especially if the sites have information about the person's family. Include a description of any photos or illustrations and whether there are links to other interesting Web sites. The White and Yellow Pages on the Internet may be useful in your search. Internet Guides may also be helpful.

Vocabulario informático

Guía Internet	*Internet Guide*
Páginas amarillas	*Yellow Pages*
Páginas blancas	*White Pages*

III. Escribamos

> ## ⚷ Writing strategy: Using a dictionary
>
> A dictionary is useful not only when reading a passage in Spanish. When used properly, it is also useful when writing a composition. To use a dictionary effectively, be sure to keep the following in mind.
>
> 1. There are many translations for some words. Do not use the first entry, but look for the translation that best suits your needs.
> 2. Once you have selected a word in the English–Spanish section, cross check its meaning in the Spanish–English section of the dictionary to assure accuracy.
> 3. When checking in the Spanish–English section, be sure to read any grammar notes that will tell you about irregular forms, different translations, and so on.
> 4. Always review the guide to using the dictionary to understand important symbols and abbreviations. Some common abbreviations are:
>
> | | |
> |---|---|
> | *f* | femenino |
> | *m* | masculino |
> | *adv* | adverbio |
> | *adj* | adjetivo |
> | *s* | sustantivo (*noun*) |

▶ **Modelo:** **fan**[1] (fan) **I.** s. (*paper*) abanico; (*electric*) ventilador *m*; AGR. aventadora **II.** tr. **fanned, fan-ning** (*to cool*) abanicar; FIG. (*to stir up*) avivar, excitar; AGR. aventar —intr. • **to f. out** abrirse en abanico

fan[2] (fan) s. FAM. (*enthusiast*) aficionado, hincha *m*.

suit (soot) **I.** s. (*garments*) traje *m*; (*set*) conjunto, juego; (*cards*) palo; (*court proceedings*) pleito; (*courtship*) galanteo, cortejo • **to follow s.** (*in cards*) jugar el mismo palo; (*as an example*) seguir el ejemplo **II.** tr. (*to accommodate*) ajustarse a, adaptarse a; (*to satisfy*) satisfacer; (*to dress*) vestir • **to s. oneself** hacer lo que uno quiere • **to s. to** adaptar a —intr. convenir

support (se-port') **I.** tr. (*weight*) aguantar, sostener, corroborar; (*a spouse, child*) mantener; (*a cause, theory*) sostener, respaldar; (*with money*) ayudar • **to s. onself** (*to earn one's living*) ganarse la vida; (*to learn*) apoyarse **II.** s. (*act*) apoyo; (*maintenance*) mantenimiento; ARQ., TEC. soporte *m*.

⚷ Strategy in action

Turn to *Escribamos* in the Workbook to practice the writing strategy of using a dictionary.

4 Usando el diccionario. Use the dictionary entries to decide which word to use in place of the italicized words.

1. Can I count on your *support*?
2. I can't *support* myself on this salary.
3. I need a new *suit* for the wedding.
4. I'm a sports *fan*.
5. It *suits* me just fine.
6. It's hot outside and you need to *fan* yourself to keep cool.
7. My psychology instructor *supports* the Freudian school of thought.
8. The house has good *support* beams.
9. The plaintiff has filed a *suit* in the court.
10. Turn on the *fan*! It's hot in here.

5 Mi pariente favorito. Write a description of your favorite relative. Describe where this person was born, where he or she lives and what profession he or she has. Then tell an interesting story about something that has happened to him or her or to the both of you.

6 Querida Adriana. Nayeli has a dream in which she talks with Adriana. Write a conversation between the two of them where they discuss what happened to them in the two episodes in Chapter 5.

Vocabulario

Pasatiempos y recreos

bailar en una discoteca	to dance in a club	ir de pesca (pescar)	to fish
el balón	beachball	montar a caballo	to go horseback riding
broncearse	to get a tan	montar en bicicleta	to go bicycling
bucear	to go skindiving, snorkeling	nadar	to swim
buscar conchas	to look for shells	navegar en velero	to go sailing
hacer castillos de arena	to build sand castles	la novela	novel
		el protector solar	sunscreen lotion
hacer esquí acuático	to go water skiing	protegerse	to protect onself
		quemarse	to get a sunburn
hacer surfing	to surf	la sandalia	sandal
hacer un picnic	to have a picnic	la sombrilla	umbrella
ir de compras	to go shopping	la toalla	towel
		tomar el sol	to sunbathe

Partes del cuerpo

la boca	mouth	la espalda	back	el pecho	chest
el brazo	arm	el estómago	stomach	el pelo	hair
la cabeza	head	la mano	hand	el pie	foot
la cara	face	la nariz	nose	la pierna	leg
el dedo	finger/toe	el ojo	eye	la rodilla	knee
el diente	tooth	la oreja	ear		

De viaje

la aduana	customs	la escala	layover
el/la aduanero/a	customs agent	estar a tiempo	to be on time
al llegar	upon arriving	estar atrasado/a	to be late
al subir	upon boarding	facturar el equipaje	to check in luggage
aparecer	to appear	hacer cola	to wait in line
aterrizar	to land	el mostrador	counter
la clase turística	coach class	el pasaporte	passport
contar	to tell	el/la piloto	pilot
de repente	suddenly	la puerta de salida	departure gate
despegar	to take off	quejarse	to complain
la emigración	emigration	la sala de espera	waiting room

Familia, animales y vecinos

el/la abuelo/a	grandfather/ grandmother	estar enamorado/a	to be in love
		estar separado/a	to be separated
la adolescencia	adolescence	la familia	family
el/la amigo/a	friend	el/la gato/a	cat
el/la bebé	baby boy/girl	hacerse + *profession*	to become + profession
el/la bisabuelo/a	great grandfather/ great grandmother	el/la hermano/a	brother/sister
		el/la hijo/a	son/daughter
el canario	canary	la madre	mother
casarse	to get married	el/la muchacho/a	boy/girl
el/la chico/a	child, young person	nacer	to be born
el conejo	rabbit	el/la nieto/a	grandson/ granddaughter
el/la cuñado/a	brother/sister-in-law		
dedicarse	to dedicate/devote oneself	la niñez	childhood
		el/la niño/a	baby, toddler, child
la edad adulta	adulthood	la nuera	daughter-in-law
enamorarse	to fall in love	el padre	father
la esposa	wife	los padres	parents
el esposo/ marido	husband	el/la pariente	family member, relative
estar casado/a	to be married	el/la perro/a	dog
estar divorciado/a	to be divorced	el/la primo/a	cousin

ser adulto/a	to be an adult	el/la tío/a	uncle/aunt
ser mayor	to be older	la tortuga	turtle
ser menor	to be younger	el vecindario	neighborhood
ser soltero/a	to be single	el/la vecino/a	neighbor
el/la sobrino/a	nephew/niece	el yerno	son-in-law
el /la suegro/a	father/mother-in-law		

Profesiones y oficios

(See p. 205.)

Adverbios de tiempo

a menudo	often	por último	finally
finalmente	finally	primero que todo	first of all
generalmente	generally	unas veces	sometimes
luego	then	ya	now, already, yet
otras veces	other times		

LOCALIDAD:
Puerto Rico,
Ecuador

6A

6B

*While evil forces are
about to descend on
Nayeli, Adriana, and
Felipe in Puerto Rico, a
mysterious person
picks up the Jaguar Twin
in Ecuador.*

¿Cuál es el plan de Gafasnegras?

Vocabulary themes

Talking about music and
dance

Talking about sports

Discussing technology

Talking about and
looking for work

Language structures

Indicating reason,
duration, purpose,
destination

Using verbs that change
meaning in the
preterite

Indicating how long ago
a past action occurred

Narrating in the past

Expressing reflexive
actions

Stressing the action and
not the subject

Giving instructions and
making requests

Culture topics

Los fabulosos ritmos del
Caribe

El Yunque, esplendor
ecológico

El observatorio de
Arecibo

Readings

Algunos deportes
caribeños

Internet: La red mundial

Reading/writing strategies

Skimming for main
ideas

Freewriting

Internet strategy

Using Internet guides

ETAPA A

Pistas y palabras

I. Talking about music and dance

It's already playing

New York quartet

became

(record) label
rhythmic music of the Dominican Republic / raised / Big Apple / skillfully mixes / sound / blood

beautiful and one of ours

singers

named
successful

Baile y canto

YA ESTÁ SONANDO°

PROYECTO UNO   *New Era*

En este tercer **disco** del **cuarteto** neoyorquino,° **producido** por el legendario Jellybean Benítez (quien **se hizo**° **famoso** trabajando con Madonna, Sting y Whitney Houston) para su nuevo **sello**° bilingüe, podemos escuchar R&B, **merengue**,° hip-hop y música house. Este **grupo** de jóvenes (de descendencia puertorriqueña y dominicana, pero **criados**° en la Gran Manzana°) mezcla **hábilmente**° el **sonido**° de las calles con el ritmo caribeño que llevan en la sangre.°
(H.O.L.A. Recordings)

Patty Cabrera

bella y de las nuestras°

Tiene 28 años, nació en California, de madre puertorriqueña y padre cubano, y está considerada como una de las **cantantes**° de música religiosa más famosas del mundo. ¡Por eso la prestigiosa revista norteamericana *People* **calificó**° a Patty Cabrera como una de las personas más bonitas y **exitosas**° del mundo!

Palabras y expresiones útiles

los audífonos	*headphones*	la guitarra	*guitar*
el/la bailarín/ina	*dancer*	la música	*music*
la balada	*ballad*	el piano	*piano*
la batería	*drum set*	el ritmo	*rhythm*
el/la cantante	*singer*	la salsa	*salsa music*
el clarinete	*clarinet*	el saxofón	*saxophone*
el conjunto	*band*	el trombón	*trombone*
el disco compacto	*compact disc*	la trompeta	*trumpet*
la flauta	*flute*	el violín	*violin*
la grabadora (video-grabadora)	*tape/video player/ recorder*		
cantar	*to sing*	grabar	*to tape*
bailar	*to dance*		

1 **¿Verdadero o falso?** Read the following statements about the ads. Mark **V** for each true statement and **F** for each false one. Then, correct the false ones.

1. Patty Cabrera es una famosa cantante de jazz.   F
2. *New Era* trabaja con Whitney Houston y Sting.   F
3. Patty Cabrera tiene mucho éxito.   T

4. *New Era* canta música salsa. ~~F~~
5. *New Era* canta en inglés y en español. ~~F~~
6. Patty Cabrera nació en Cuba. ~~F~~
7. *New Era* es de California. ~~F~~

2 Asociaciones. What instruments do the following people play? Compare your answers with a partner.

1. Elton John — *Piano*
2. Tito Puente — *bateria*
3. Miles Davis — *Trompeta*
4. Carlos Santana — *guitarra*
5. Ringo Starr — *bateria*
6. Joan Baez — *la guitarra*
7. Itzak Perlman — *el violin*
8. Andrés Segovia — *la guitarra*
9. Kenny G. — *el saxofin*

3 Preguntas personales. With a partner, answer these questions.

1. ¿Qué tipo de música te gusta? *Me gusta merengue y R&B*
2. ¿Te gusta bailar? ¿Dónde? ¿Cuándo? *si, En fiestas,*
3. ¿Cuál es tu conjunto musical favorito? ¿Por qué?
4. ¿Quién es tu cantante favorito/a? ¿Por qué? *Enrique Iglesias, porque es muy guapo*
5. ¿Quién era tu cantante favorito/a cuando tenías diez años? ¿Y cuando tenías 16 años? ¿Por qué? *Michael Jackson(10) - Enrique Iglesia (16)*
6. ¿Tocas algún instrumento? ¿Cuál?
7. ¿Tocabas algún instrumento cuando eras niño/a? ¿Qué instrumento?
8. ¿Te gustaba practicar? ¿Por qué sí o por qué no?

ENLACE CULTURAL

Los fabulosos ritmos del Caribe

El Caribe es famoso por su música y por sus bailes de origen africano. La música es un elemento omnipresente en la vida diaria de la gente, en los clubes, los bares, las casas, los carnavales y los festivales. Los ritmos tienen gran vitalidad, son muy expresivos e invitan al baile. Muchos de estos ritmos son populares internacionalmente, especialmente entre los países de habla española. La rumba y el cha-cha-cha son de Cuba, el merengue es de la República Dominicana y la cumbia tiene su origen en el caribe colombiano. La salsa tiene su origen en los ritmos de varios países caribeños y también recibió influencia de músicos latinos en los Estados Unidos.

Dos parejas bailando en La Habana, Cuba.

Cuando las parejas bailan ritmos caribeños, el hombre y la mujer bailan juntos° con movimientos de caderas° rítmicos y sensuales y muchas veces con pasos° complejos como los pasos de la salsa. Estos ritmos pegajosos° los producen los músicos con varios instrumentos de percusión como el tambor,° la conga y las maracas.

close together / hips
steps / catchy

drum

Discusión en grupos

¿Qué instrumentos y bailes típicos conoces? ¿Cómo son? ¿Qué origen tienen? ¿Sabes bailar esos bailes típicos?

II. Talking about sports

¿Qué deportes practicas?

el básquetbol / baloncesto

el béisbol

el boxeo

la caminata

el ciclismo

el esquí

el fútbol

el fútbol americano

la gimnasia

el golf

el hockey

el jai alai

la natación

el patinaje
(sobre hielo)

el tenis

los balones

el bate

las canchas

los esquís

los guantes

las raquetas

los patines

los palos

el casco

las pelotas

Palabras y expresiones útiles

el/la aficionado/a	*fan*	el uniforme	*uniform*
el/la deportista	*athlete, sports enthusiast*	ganar	*to win*
el equipo	*team*	gozar (de)	*to enjoy*
el/la espectador/a	*spectator*	patear	*to kick*
el/la jugador/a	*player*	patinar	*to skate*
el partido	*game*	perder	*to lose*
la pista	*ice rink, running track*		

4 **Busca la pareja.** Match the sports in the first illustration to the sporting equipment in the second. Follow the model.

▶ **Modelo:** *Para jugar al béisbol, necesitamos pelota, uniforme y bate.*

5 **¿Con qué se juegan estos deportes?** What parts of the body or sports equipment in column A do you use to do the activities in column B?

A		B	
la cabeza	las manos	jugar al tenis	tocar la guitarra
el balón	los pies	nadar	jugar al fútbol
la pelota	todo el cuerpo	jugar juegos de	jugar al volibol
la raqueta		computadora	ciclismo

6 **Encuesta.** Ask four classmates the following questions about sports. Write down their answers and present them to the class.

¿Cuál es tu deporte favorito? ¿Por qué?

¿Quién es tu jugador/a favorito/a? ¿Por qué? ¿Qué deporte juega?

¿Cuál es tu equipo favorito? ¿Por qué?

ENLACE CULTURAL

El Yunque, esplendor ecológico

El coquí.

El Yunque, con 11.200 hectáreas, es uno de los más extraordinarios bosques pluviales° del Caribe. Está bajo la administración de los Estados Unidos; tiene más de 240 especies de árboles° y recibe un promedio° de 305 cm de lluvia al año. Hay dos impresionantes cascadas° y cientos de diferentes especies de animales, las que incluyen la boa puertorriqueña, el papagayo° y el coquí°. Esta gran riqueza° ecológica permite a los ecólogos estudiar plantas y animales, algunos de ellos en peligro° de extinción.

rainforests

trees
average
impressive waterfalls

parrot / coqui frog
richness
danger

Discusión en grupos

¿Qué bosques importantes hay en tu país o en tu estado? ¿Son necesarios? ¿Qué características tienen? ¿Cómo es el clima? ¿Qué tipo de plantas existen allí? ¿y qué tipo de animales? ¿Cuál es el animal más típico del área? ¿Cómo es?

VISTAS Y VOCES

I. Preparémonos

1 **Anticipación.** In pairs, answer these questions.

A. 1. Si una persona extraña te persigue, ¿qué haces?
   a) Corres rápidamente.   b) La atacas.   c) Gritas mucho.
2. ¿Qué situaciones te dan miedo?
3. ¿Cuál es el objeto más importante en tu cuarto? ¿Por qué?
B. Review chapter opening photo 6A on page 227.
   ¿Dónde está Nayeli? ¿Qué hace doña Gafasnegras con ella? ¿Qué piensas tú que va a pasar?

Para comprender mejor

afuera de	outside of	jurar	to swear
caerse	to fall	mágico/a	magic
el diseño	design	pálido/a	pale
extraño/a	strange	el secuestrador	kidnapper
hacer daño a	to harm	el secuestro	kidnapping
alguien	someone	significar	to mean
involucrar	to involve	sonar	to sound

2 **Secuencia.** Put the video action shots in a logical order. Then, working in pairs, answer the following question: **¿Qué personaje va a hacerles daño a Nayeli, Adriana y Felipe? ¿Cómo?**

1.

2.

3.

4.

II. Miremos y escuchemos

3 ¿Verdadero o falso? While watching this episode, mark **V** for each true statement and **F** for each false one. Then, correct the false sentences.

1. _____ Adriana y Felipe regresan a las habitaciones de su hotel.
2. _____ Adriana le dice a Felipe que ella vio al hombre del anillo en el hotel.
3. _____ El hombre del anillo entra a la habitación de Felipe.
4. _____ Adriana habla por teléfono con Nayeli.
5. _____ Adriana dice que tienen que alquilar un carro para buscar a Nayeli.
6. _____ Adriana no está preocupada.
7. _____ Nayeli comenta que los dos jóvenes van a necesitar un mapa de la isla.
8. _____ En Ecuador, Zulaya recoge el paquete con el jaguar gemelo.
9. _____ Felipe maneja al centro ceremonial indígena de Tibes afuera de Ponce.
10. _____ Adriana y Felipe se encuentran con los primos bandidos en el puente.

III. Comentemos

4 Comprensión. Answer the following questions in groups.

1. ¿Qué tiempo hace cuando Adriana y Felipe caminan al hotel? *calor*
2. ¿A quién ve Felipe al entrar a su habitación? ¿y Adriana? *El señor con el anillo*
3. ¿Quién llama a Adriana? ¿Qué tono tiene esa persona? *Nayeli — afuera de Ponce*
4. ¿Dónde y con quién está Nayeli? *con las Suni... cerca en*
5. ¿Es prisionera o invitada Nayeli? ¿Va todo bien? *prisionera — NO*
6. ¿Por qué necesitan un coche y un mapa Adriana y Felipe? *Para llegar al Nauli, para usarla*
7. ¿Cómo encuentra Adriana a Nayeli? ¿A qué ciudad tienen que ir Adriana y Felipe?
8. ¿Dónde tiene Felipe los mapas? *en la computadora*
9. ¿Qué cosa rara ocurre con algunos paquetes en la oficina en el Ecuador?
10. ¿Cuándo llegó el paquete? ¿Qué encuentra Zulaya en el paquete?
11. ¿Qué coche sospechoso está en el parque ceremonial de Tibes en Ponce?
12. ¿Cómo está Gafasnegras—arrogante o humilde?

5 El mágico jaguar gemelo. You are a reporter for your school newspaper and have to interview two Spanish students about this episode and the magical jaguar. Work in groups of three to sketch out key questions, and then role-play the scene for the class.

6 Miremos otra vez. After viewing the episode again, put the video action shots in the correct order.

7 Mi personaje. Invent another possible character for the next episode. Work in groups of four, with each student answering two of the questions below to create the total profile of the new character. Then, compare the description of your group's character with that of other groups.

ESTUDIANTE # 1: ¿Cómo se llama? ¿De dónde es?
ESTUDIANTE # 2: ¿Cuál es su profesión? ¿Está casado/a?
ESTUDIANTE # 3: ¿Cuántos años tiene? ¿Cómo es físicamente?
ESTUDIANTE # 4: ¿Es bueno o malo? ¿Qué va a hacer y a quién?

Lengua

I. Indicating reason, duration, purpose, destination

Por, para

¡Trabajo **por** mi equipo...
y mi equipo es famoso
por mí!
*I work for my team's sake . . .
and my team is famous be-
cause of me!*

¡Mi equipo y yo traba-
jamos **para** ganar y **para**
ser el mejor equipo del
mundo!
*My team and I work to win
and to become the best team
in the world!*

Ayer jugué **por** Luis.
*I played yesterday in Luis's
place.*

La copa es un regalo **para**
mi novia.
The cup is for my girlfriend.

Jugué fútbol **por** todos los
Estados Unidos.
*I played soccer all around the
United States.*

Salí temprano **para** el
estadio.
I left early for the stadium.

Entrené sin pausa **por** tres
horas.
*I trained without stopping
for three hours.*

Tengo que entrenar **para**
el cinco de mayo.
I have to train for May fifth.

Tenemos tres partidos
por jugar. ¡Qué bien,
solamente nos faltan tres!
*This is good! We have three
more games (left) to play.*

Tomás tiene muchos
balones de fútbol **para**
practicar.
*Tomás has many soccer balls
with which to practice.*

Las cartas de sus aficionados le llegan a Tomás **por**
aire, **por** tierra y **por** mar.
*Letters from Tomás's fans
arrive by air, by land, and
by sea.*

Tomás es muy famoso y
da entrevistas **por** televisión. Él contesta las
cartas **por** Internet y se
comunica con su agente
por correo electrónico.

*Tomás is very famous and gives interviews on television.
He answers his letters through the Internet and writes to
his agent via e-mail.*

Por and **para** correspond in general to the English preposition *for*. However, **por** and **para** are not interchangeable in Spanish and each one has its specific use. Sometimes they may also correspond to other English prepositions or expressions. Here is a summary of their uses and their corresponding structures in English. You have already learned some of them in earlier chapters.

por	para
1. **Por** expresses factors or reasons that influence someone to do something. **Por** also identifies the cause of something.	2. **Para** expresses the final intention or aim of an action—what you want to achieve with what you do. **Para** is usually followed by a verb in these cases.
3. **Por** expresses that an action is done in someone else's place or on behalf of someone.	4. **Para** indicates the recipient of an intended action—the indirect object.
5. **Por** expresses an ambigous location (English: *around*).	6. **Para** expresses concrete destination.
7. **Por** indicates duration of time.	8. **Para** indicates a deadline to meet.
9. **Por** is used to express *remaining to be/left* + verb.	10. **Para** indicates availability, when used with a verb.
11. **Por** is used to express how someone or something is transported or moved from one place to another.	
12. **Por** is also used when talking about means of communication or broadcast media.	

1 ¿Por o para? Work in groups and discuss which preposition (**por / para**) is the best to use in each one of these situations. Don't translate the sentences, just think about the situation. You may want to review the examples about Tomás, the soccer player, before you start. Then, exchange your selections with another group and evaluate their answers.

Situación

1. Nayeli is still alive *because of* you, Adriana and Felipe! *Por 3.*
2. I am always doing things *on your behalf*, but you never do anything *for* me! *por 3 para 4*
3. Mr. de Landa, here is a letter *for* you. *para 4*
4. We are young and have many years left *to* live. *por*
5. I have so many things left *to* do! *para 9*
6. You have to be done with the project *by* tomorrow morning. *para 8 7*
7. Will you miss me, honey? I am going to be away *for* a whole month! *por 7*
8. Adriana and Felipe are working hard *in order to* find Nayeli. *para*
9. Would you please teach this class *for* me? I can't make it tomorrow. *por 3*
10. Where are you *headed for* at this hour, Adriana? *para 6*
11. Poor Juliana, she has lost her diamond ring. I am so sad *for* her! *por*
12. Our teacher likes to shop at Pepe's *because of* their low prices. *por*
13. *For* whom are all those gifts that you bought, Felipe? *para 4*

2 ¿Por o para? Work with a partner and fill in the correct preposition in the following sentences.

1. Compramos el auto _____ su bajo precio.
2. Tenemos comida _____ tres días solamente.
3. Mis papás compraron una computadora _____ mí.
4. Vamos a estar en Cuba _____ una semana.
5. Quedan cinco lecciones _____ estudiar.
6. Mi amor, yo hago cualquier cosa _____ ti.
7. La casa me gustó mucho _____ sus grandes ventanas.
8. Voy a imprimir el documento _____ ellos.
9. Si te sientes mal, yo puedo ir _____ ti.
10. El jefe necesita el trabajo _____ mañana a las ocho a.m.
11. Ud. tiene que terminar _____ las cuatro. A esa hora cerramos la tienda.
12. Estuvimos en Santo Domingo y ¡viajamos _____ todas partes!

Disctronics

POR UBICACIÓN,° *location*

POR ESPACIO,

POR COMODIDAD,° *comfort*

POR AMBIENTE,° *atmosphere*

POR ATENCIÓN,

POR VARIEDAD,

POR TODO . . .

3 ¿Por qué compras allí? Imagine that you are a good client of Disctronics, a store that sells CD's. Study the Disctronic's ad and work with a partner asking and answering questions about why you like this store. Use the phrases below to ask your questions.

buena ubicación   gran comodidad
excelente atención al cliente   amplio espacio
gran variedad de productos   moderno ambiente

▶ **Modelo:** —¿Es buena la ubicación de Disctronics?
                —Es muy buena.
                —¿Compras allí por eso?
                —Sí, compro allí por su buena ubicación.

4 La respuesta es ¡Mundial Leasing! Imagine that you need to lease a new car or equipment for your company. You also need some advice on investments. Looking at the advertisement of the company *Mundial Leasing*, discuss with a partner where you can seek help. Look at the model for examples.

▶ **Modelo:** —Necesito un auto nuevo para mi compañía.
                —Pues, debes ir a Mundial Leasing para adquirir un auto nuevo.

MUCHOS YA TOMARON UNA DECISIÓN MUNDIAL
¡FÁCIL, RÁPIDA Y OPORTUNA!

✓ ...Para adquirir[1] vehículo nuevo
✓ Para importar su maquinaria[2]
✓ Para renovar sus equipos
✓ Para aumentar su capital[3] de trabajo
✓ Para invertir en certificados de depósito[4]

MUNDIAL
L E A S I N G
COMPAÑIA DE FINANCIAMIENTO COMERCIAL
10 años

¡RECUERDE![5] HAY UN LEASING MUNDIAL PARA USTED

[1]acquire; [2]machinery; [3]capital; [4]certificates of deposit; [5]remember

5 Mi negocio. Imagine that you have your own business. Choose a product or a service and work with a partner to create the perfect advertisement. The ads for *Disctronics* and *Mundial Leasing* are possible models.

II. Using verbs that change meaning in the preterite

Querer, poder, conocer, saber

Iris   Lilia

Yolanda no pudo parar.

IRIS: Esta mañana **supe** que Yolanda está en el hospital.

LILIA: ¿Está enferma? ¡No lo sabía!

IRIS: No, no está enferma. La pobre tuvo un accidente ayer cuando patinaba. Iba muy rápido y no **pudo** parar.

LILIA: ¿Llevaba casco en la cabeza?

IRIS: Siempre lo lleva, pero ayer hacía calor y no **quiso** ponerse el casco, desgraciadamente.

LILIA: ¡Qué lástima!

The preterite expresses a completed action or its start and end points. Because of this characteristic, many verbs change meaning in the preterite. Here are some common verbs that change meaning.

Verbs	Present	Preterite
conocer	*to know*	*met/got acquainted with someone; visited a place the first time*
no conocer	*to not know*	*never met/got acquainted; never knew*
querer	*to want*	*intended to; wanted to do*
no querer	*to not want*	*refused; had no intention of doing*
poder	*to be able/can*	*was able to/managed to do something; found a way of doing it successfully*
no poder	*to be unable, cannot*	*tried and failed to do something*
saber	*to know*	*found out; realized*
no saber	*to not know*	*didn't find out*

Nayeli **no quiso** involucrar a Felipe y Adriana.	*Nayeli refused to get Felipe and Adriana involved.*
Adriana y Felipe **supieron** por fin dónde estaba Nayeli.	*Adriana and Felipe found out at last where Nayeli was.*
Adriana **no supo** quién era el hombre que la persiguió en Sevilla.	*Adriana didn't find out who the man was that chased her in Sevilla.*
Zulaya **pudo** recoger el paquete en Quito.	*Zulaya managed to pick up the package in Quito.*

6 **Un viaje por América.** Olga and Rubén made a trip around the Caribbean. In the short story about their travels, write the correct form of **conocer, querer, poder,** and **saber** in the past (preterite or imperfect).

Olga y Rubén hicieron hace poco un viaje por el Caribe. Fueron a la República Dominicana porque ellos _____ (querer) conocerla. Olga y Rubén _____ (conocer) Santo Domingo y otras ciudades dominicanas. Ellos no _____ (poder) ir a Puerto Rico porque Rubén no _____ (querer = *refused*); él prefirió ir a Cuba, el país de sus antepasados. Cuando llegaron a Cuba, Olga _____ (saber) que los bisabuelos de Rubén eran de Aragón, España. Esto le pareció interesantísimo y ella _____ (querer) saber más sobre la familia de Rubén. Una señora cubana que _____ (saber) mucho sobre genealogía del país la ayudó. De esta manera, ellos _____ (saber) que un bisabuelo de Rubén ¡era puertorriqueño! Por esta razón, Rubén _____ (querer) buscar sus raíces (*roots*) en la isla de Puerto Rico y fueron allí después de salir de Cuba.

7 **Nunca.** There were many things that people in earlier centuries never knew or could do. Work with a partner to create sentences about them, using the elements in columns A, B, and C. Remember to use double negatives if necessary.

▶ **Modelo:** *Mis bisabuelos no conocieron la televisión jamás.*

A	B	C
1. mis bisabuelos	conocer los clones de animales	nunca
2. Cristóbal Colón		durante toda su vida
3. el presidente Lincoln	poder viajar en avión	en su juventud
4. tus antepasados	conocer la televisión	jamás
5. Cleopatra	poder enviar correo electrónico	en su época
6. la gente del siglo XIX		el siglo pasado
7. ¿...?	conocer los autos	¿...?
	conocer la electricidad	
	¿...?	

8 **¿Cuál fue la razón?** Work with a partner to find out why several of your friends didn't do what they were supposed to do. Follow the model.

▶ **Modelo:** *Miranda / hacer el trabajo (difícil)*
    —¿Por qué no hizo Miranda el trabajo?
    —Porque el trabajo era difícil y no pudo hacerlo.

1. Orlando / escribir la introducción (complicada)
2. Nubia y Roberto / seguir las instrucciones (poco claras)
3. Todos los miembros / hacer el trabajo (demasiado largo)
4. Mónica / revisar la ortografía (difícil)
5. Isabel / enviar el correo (mucho)

9 Mis experiencias. You are talking with a friend about a party that you attended yesterday. Work with a partner and ask each other questions about whom you met, interesting things that you found out, and so on.

▶ **Modelo:** *conocer / a personas interesantes*
   —¿Conociste a muchas personas interesantes?
   —Sí, conocí a una chica... or
   —No, no conocí a nadie interesante.

1. saber / nuevas noticias sobre tu hermano/a
2. conocer / a la novia del profesor de español
3. poder / bailar salsa y tango
4. conocer / a algún hispanohablante
5. saber / cómo se llama el/la novio/a de tu mejor amigo/a
6. poder / tomar fotos de los invitados

III. Indicating how long ago a past action occurred

Hace + preterite

You have learned that the expression **hace** + time + **que** + verb in the present is used with the present indicative to state *for how long* an action *has been going on*.

Hace + time + *que* + verb in the present

Hace tres días que estoy mal.   *I have been sick **for** three days.*

When the same expression is used with the verb in the preterite, it means the event happened a certain period of time *ago*.

Hace + time + *que* + preterite

—¿**Cuánto tiempo hace que** Adriana **habló** con Nayeli?   *How long ago did Adriana talk to Nayeli?*

—**Hace tres días que habló** con ella.   *She talked to her three days ago.*

—¿**Cuánto tiempo hace que** el hombre misterioso **persiguió** a Adriana?   *How long ago did the mystery man chase Adriana?*

—**Hace dos días que** la **persiguió**.   *He chased her two days ago.*

• The type of sentence above can also start with subject + verb in the preterite + **hace** + time expression.

Ella vio a ese hombre en Sevilla **hace tres días**.   *She saw this man in Sevilla three days ago.*

Nayeli salió del hotel **hace** solamente **una hora**.   *Nayeli left the hotel just an hour ago.*

10 Memoria de elefante.   You are interviewing a person that has just turned 100 years old. Work with a partner asking the questions below and use **usted** as the form of address. Follow the model.

▶ **Modelo:** *terminar escuela secundaria (82 años)*
          —¿Cuánto tiempo hace que terminó usted la escuela secundaria?
          —Hace ochenta y dos años que terminé la escuela secundaria.

1. casarse (muchísimo tiempo)
2. estar en Puerto Rico (pocos años)
3. hacer esquí acuático (30 años)
4. estudiar piano (80 años)
5. producir películas de misterio (poco tiempo)
6. ir al médico (dos días)
7. jugar al tenis (algunos años)
8. participar en el equipo de fútbol (demasiado tiempo)

11 ¿Eres deportista?   You are participating in your school program for adding more physical activities to students' daily life. Work in groups of three and record the answers. Then, present the answers to the class. Which is the most active group in class?

1. ¿Cuánto tiempo hace que bailaste con tus amigos?
2. ¿Cuánto tiempo hace que jugaste un deporte?
3. ¿Cuánto tiempo hace que caminaste por el parque?
4. ¿Cuánto tiempo hace que montaste en bicicleta?
5. ¿Cuánto tiempo hace que nadaste?
6. ¿Cuánto tiempo hace que corriste?
7. ¿Cuánto tiempo hace que subiste las escaleras (*stairs*) en vez de tomar el ascensor?
8. ¿Cuánto tiempo hace que caminaste a la universidad en vez de ir en coche o autobús?

IV. Narrating in the past

As you have learned, the preterite and the imperfect tenses are used to describe different types of past actions. The preterite focuses on whether the action in the past was *started or completed*. The imperfect focuses on whether the action was *ongoing* in the past. This characteristic of completed or ongoing action in the past is called the *aspect* of the verb. The main aspect of the preterite is *completion* and the main aspect of the imperfect is that the action, state, or event was *in progress* at the time in the past we are talking about. Sometimes, the selection of either the preterite or the imperfect is subjective and either form can be used.

A. The imperfect

The story below is about what happened to Lorenzo and his beloved Adelaida. It is written in two separate parts. In the first part, the *imperfect* describes the *background* or *scenario* of a happy day on the beach and all the expectations Lorenzo had for his relationship with Adelaida. We realize, at the end, that things didn't turn out as he expected. This first part also illustrates most of the uses of the imperfect. The second part, in the next section, will illustrate the uses of the preterite.

Read the story and then answer the questions about it.

MI PRIMER AMOR

Parte 1: Adelaida y yo éramos felices

The imperfect is used:	Me llamo Lorenzo Villarreal y ésta es la historia de un día feliz en la playa y de mi amor por Adelaida.
to set up a continous background or a scenario in which events or actions evolve or occur in the past.	**Era** un día de sol, como todos los días de verano. El cielo **estaba** azul y brillante. No **había** nadie en la playa. Con nosotros **estaban** solamente los pájaros y las olas (*waves*) del mar.
to describe ongoing mental, emotional, or physical states in the past.	**Me sentía** completamente feliz por primera vez. **Estábamos** juntos por fin. ¡**Éramos** tan felices!
to describe how old a person was (*age*) in the past.	Adelaida **tenía** solamente veintitrés años y yo **tenía** veinticuatro.
to describe actions and events that were in progress in the past without emphasis on when they started or ended.	Adelaida me **quería** mucho. Y ¡yo la **adoraba** a ella!
to describe how people and things were in the past.	Para mí, ella **era** la mujer más hermosa del mundo, la más dulce, la más buena.
to describe repetitive or habitual past actions—what one used to do.	Desde ese primer día juntos, **íbamos** a esa playa con frecuencia y **tomábamos** el sol mientras **soñábamos** con el futuro, nuestro futuro.
to describe opinions, attitudes, and beliefs in the past using verbs like **creer, pensar,** and so on.	Yo **creía** que mi Adelaida **era** perfecta y al mismo tiempo pensaba que ella no **podía** engañarme (*betray*) jamás.
with **ir a** + *infinitive* to anticipate what was going to happen.	¡Pero las cosas no **iban a ser** como yo **quería**!

12 ¿*Cómo era todo antes?* Work with a partner and answer the following questions about the story.

1. ¿Qué tiempo hacía ese primer día juntos?
2. ¿De qué color estaba el cielo ese día?
3. ¿Con quiénes estaban Lorenzo y Adelaida en la playa?
4. ¿Cómo se sentía Lorenzo? ¿Por qué?

5. ¿Qué edad tenía Adelaida? ¿Qué edad tenía Lorenzo?
6. ¿Cómo era Adelaida, según Lorenzo?
7. ¿A dónde iban Lorenzo y Adelaida con frecuencia?
8. ¿De qué hablaban mientras tomaban el sol?
9. ¿Pensaba Lorenzo que Adelaida podía engañarlo?
10. ¿Crees que la Parte 2 de la historia va a tener un final feliz?

13 **Mi propia historia. Parte I.** You are going to write a story in two parts. Start by selecting the topic of a story. Then, write just the first part using the imperfect. Keep in mind a possible resolution that you will write later, in the next section. Invent your own theme or select one of the following.

Mi primer día en la universidad	Un viaje desastroso
Mi primer amor	Una lección de baile
Una fiesta de cumpleaños terrible	Mi carrera como atleta
La ilusión de mi vida	Tragedia en el concierto de rock

B. The preterite

In the second part, what happened, *the action*, is told by Lorenzo using the *preterite*. He tells us about all the events that lead to the end of his relationship with Adelaida and the sequence in which they occurred. This can also be viewed as the *plot* of the story. This part of the story illustrates most of the uses of the preterite. Note that the preterite may be used to talk about the weather when you want to state it as a fact and not just to open up the scenario of a story.

Read the story and then answer the questions about it.

MI PRIMER AMOR

Parte 2: Todo terminó

The preterite is used:	Me llamo Lorenzo Villarreal y ésta es la historia de lo que me sucedió con Adelaida, mi primer amor, un año después de ese día feliz en la playa.
to state facts in the past or to sum up a condition or state.	**Llovió** mucho el día de la mala noticia. **Fue** el día más terrible de mi vida.
to indicate the start or the end of an action, an event or a mental or physical state.	A las ocho de la mañana, el teléfono **empezó** a sonar (*ring*). Yo **quise** contestarlo, pero no **pude**. No **supe** por qué, pero me **dio** miedo.
to narrate completed actions that were repeated a number of times.	El teléfono **sonó** muchas veces más.
to narrate a sequence of completed past actions.	Finalmente, lo **contesté**. Adelaida me **dio** la noticia calmadamente: "Estoy enamorada de otro, lo siento mucho, Lorenzo." Cuando **escuché** estas palabras, **colgué** (*hung up*) el teléfono furiosamente y **pensé**:

to narrate actions that happened within a delimited period of time.

to state or sum up opinions, attitudes and beliefs as past completed actions, events, or facts.

"Esto es injusto (*unfair*) ... durante un año **fuimos** novios..."

Ahora solamente me queda su recuerdo. Ella **fue** el gran amor de mi vida; yo la **quise** y ella también me **quiso** ... alguna vez. ¡**Fui** tan feliz con ella!

14 ¿Qué sucedió? Answer the following comprehension questions about Lorenzo's story.

1. ¿Cómo fue ese día para Lorenzo?
2. ¿Qué tiempo hizo el día de la mala noticia?
3. ¿Qué pasó cuando sonó el teléfono?
4. ¿Cuántas veces sonó el teléfono?
5. ¿Qué hizo Lorenzo cuando escuchó las palabras de Adelaida?
6. ¿Durante cuánto tiempo fueron novios?
7. ¿Quiso Lorenzo mucho a Adelaida? ¿Y ella a él?
8. ¿Fue feliz Lorenzo con Adelaida? ¿Y ella con él?
9. ¿Qué fue Adelaida para Lorenzo?

15 Mi propia historia. Review *Parte 1* and *Parte 2* of Lorenzo's story and use them as models to structure the second part of your own story.

C. Contrasting the preterite and the imperfect

In the story about Adelaida and Lorenzo, the scenario or background is a text composed of several sentences, all in the imperfect, and what happens within this space is told using the preterite. However, normally, when you are talking about the past, the two forms often appear in the same text. In this way, interest and suspense can be added to the composition or the conversation. When two or more actions, events, or states are in contrast, the imperfect is normally used to describe the background, the scenario, or the atmosphere, while the preterite is used to indicate discrete, completed actions in the past.

1. The scenario: Ongoing actions

It is useful to think about the type of scenario or background of your narration. It can play the role of a stage and just be there as the ongoing background of your story as in the following sentences:

Cuando **éramos** novios, Adelaida y yo **fuimos** al cine solamente una vez.
When we were together, Adelaida and I went only once to the movies.

Estaba lloviendo cuando **salí** de casa.
It was raining when I left home.

Adelaida tenía ventitrés años cuando la **conocí.**
Adelaida was twenty-three when I met her.

Eran las tres de la tarde cuando **salieron** Adriana y Felipe para Sevilla.
It was three p.m. when Adriana and Felipe left for Sevilla.

2. The scenario: Interrupted actions

The ongoing scenario or background may cease to exist when the ongoing action or actions are interrupted by something else. Adverbial expressions and other linking words are very useful to highlight this abrupt stop.

Camilo **patinaba** alegremente y **de pronto, se cayó.**

Camilo was skating happily when suddenly, he fell.

Mauro siempre miraba los partidos de fútbol, **pero** ese día no lo **hizo.**

Mauro always used to watch the soccer games, but that day he didn't.

Adelaida me **quería** mucho **hasta que** un día, **me olvidó.**

Adelaida loved me very much until she just forgot me one day.

3. Retelling: Indirect speech

Generally, the imperfect is used when retelling what someone said, thought, believed, wanted to do, or found out. Note the combination of the preterite and the imperfect and the use of **iba a** + infinitive to express *was going to.*

Adriana le contó a Felipe que alguien la **perseguía.**

Adriana told Felipe that someone was chasing her.

Doña Gafasnegras supo que Nayeli **iba a ir** al Ecuador.

Sunglasses found out that Nayeli was going to Ecuador.

Yo pensé que tú **eras** mi mejor amiga.

I thought that you were my best friend.

Alejandro me dijo que **iba a venir** hoy.

Alejandro told me that he was coming today.

16 La nueva tecnología. Fill in the imperfect and the preterite in this reading about the computer your parents gave you.

Mis padres me _____ (regalar) una computadora nueva hace un año. Ya no la tengo porque _____ (descomponerse) hace un mes. Yo la _____ (llevar) a un especialista en computadoras, pero él me _____ (decir) que el trabajo _____ (ir a costar) mucho dinero. Yo _____ (intentar) componerla, pero _____ (ser) muy difícil y tampoco yo _____ (poder) hacer nada. Todo _____ (ser) inútil.

17 Practicando deportes. Complete the paragraph with the correct form of the preterite or imperfect.

Siempre _hacía_ (hacer) deportes cuando _era_ (ser) pequeña. A veces me _gustaba_ (gustar) mucho patinar. Una vez, cuando yo _tenía_ (tener) diez años, patinaba con unos amigos, y de pronto, yo _caí_ (caerse). Ellos me _llevaron_ (llevar) al hospital. Mientras yo _estava_ (estar) en mi cama con mucho dolor, _llego_ (llegar) el médico y me _dijo_ (decir): "Tú no _llevaras_ (llevar) casco cuando tú _caeste_ (caerse), ¿verdad?" Yo le _pregunte_ (preguntar) al doctor: "¿Cómo sabe usted que yo no _llevaba_ (llevar) el casco? Y el doctor _contestó_ (contestar): "No es difícil saberlo. ¡Me lo _dijo_ (decir) la fractura que tienes en la cabeza!"

18 Eventos frustrados. Use the imperfect to describe what people were about to do and the preterite to tell why they couldn't.

▶ **Modelo:** *Ana / cenar (llegar / la visita)*
Ana iba a cenar cuando llegó la visita.

1. Nosotros / comprar tiquetes (acabarse / los tiquetes)
2. Algunas personas / salir de casa (sonar / el teléfono)
3. Tú / acostarse (empezar / el incendio)
4. El niño / cruzar la calle (pasar rápidamente / un auto)
5. La gente / abrir las ventanas (empezar a llover)

19 **Testigo presencial** (*Eyewitness*).   Your classmates and you have just witnessed a traffic accident. The driver has disappeared and the police are interrogating the witnesses. Work in groups and answer the following questions for the police. Then, compare your testimony with other groups.

a. Descripción de la persona

1. ¿Era mujer o era hombre?
2. ¿Era alto/a, bajo/a, delgado/a?
3. ¿De qué color eran los ojos?
4. ¿Qué ropa llevaba?
5. ¿Estaba asustado el chofer?
6. ¿...?

b. ¿Dónde estabas y qué hacías cuando sucedió?

▶ **Modelo:**   *Yo estaba en la clase leyendo un libro cuando oí el choque (crash).*

20 **¿Qué dijeron?**   Work with a partner to retell what the persons said. Follow the model.

▶ **Modelo:**   *Isabel / querer ir a Sevilla*
        —¿Qué dijo Isabel?
        —Isabel dijo que quería ir a Sevilla

1. Armando / querer ayudarles a Felipe y Adriana
2. Mi compañero/a de cuarto / ser difícil bailar salsa
3. Ustedes / no saber nada
4. Ellos / no poder usar la computadora
5. Adriana / tener miedo en Sevilla

Lectura A

Introducción

In this selection, you'll learn about some popular sports in the Caribbean.

> **Reading strategy: Skimming for main ideas**
> By skimming titles and the first sentence of every paragraph, you can get a good idea about the content of the reading. There are usually three important parts to each paragraph:
>
> 1. **Topic:** The topic or theme can often be found by skimming the subtitles.
> 2. **Topic sentence:** The topic sentence can be found in the middle or at the end of each paragraph and states the main idea.
> 3. **Supporting details:** You must read the selection more closely to identify the details that support the main ideas. These can be facts about the topic or anecdotes to make the subject more interesting.

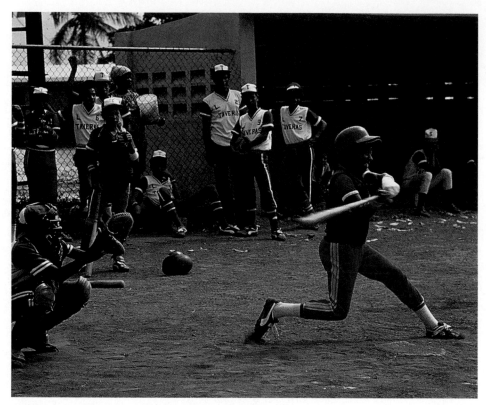

Los jóvenes jugando al béisbol en la República Dominicana.

Prelectura/postlectura

1 Without using a dictionary, read quickly the following selection about Caribbean sports. For each paragraph, identify and write the topic and topic sentence. Do not worry about the details.

2 ¿Qué más? Read the selection again in order to obtain additional information. Then, working in pairs, discuss the following questions.

1. ¿Cuál es la importancia en el Caribe de cada deporte discutido en la lectura?
2. ¿Cuál es el deporte más popular en tu región? ¿Quiénes lo practican? ¿Cuál es tu equipo preferido?
3. Compara tus preferencias deportivas con las de tus compañeros/as.

3 Mis deportes favoritos. Write a paragraph about your favorite sports. Include answers to the following questions.

1. ¿Cuáles deportes practicas en las diferentes estaciones: en invierno, primavera, verano y otoño?
2. ¿Cuáles deportes prefieres solamente como espectador/a?

Algunos deportes caribeños°

Caribbean

El béisbol   En los países de Cuba, Puerto Rico y la República Dominicana, el deporte nacional es el béisbol. Muchos caribeños lo practican desde la llegada° de los estadounidenses a las islas. Los chicos jóvenes juegan en las calles y en los parques y los partidos despiertan gran interés en la población. Muchos jugadores dominicanos, cubanoamericanos y puertorriqueños juegan en las ligas profesionales de los Estados Unidos y varios de ellos han tenido° grandes éxitos.° Cuba es el único país que por ahora prohibe la participación de cubanos en las ligas norteamericanas. Este deporte es popular también en las regiones caribeñas de Panamá y Colombia, donde también hay exitosos° equipos femeninos.

arrival

have had / successes

successful

Topic:
Topic Sentence:

El baloncesto   Otro de los deportes populares en el Caribe y en gran parte de las regiones hispanas es el baloncesto. La televisón de los Estados Unidos tuvo mucha influencia en su introducción en las islas del Caribe.

Topic:
Topic Sentence:

El fútbol americano   Los caribeños no juegan mucho este deporte, pero los partidos norteamericanos tienen espectadores en todo el mundo hispano porque se transmiten por los canales hispanos de televisión desde Miami. La gente de muchos países sabe los nombres de los equipos más populares de los Estados Unidos y es común encontrar a jóvenes que usan camisetas° y gorras° con los emblemas de equipos populares de fútbol americano.

T-shirts / caps

Topic:
Topic Sentence:

El fútbol   Los juegos ceremoniales de los indígenas mayas y de los arauacos° de la zona caribeña fueron los precursores del fútbol. Ellos practicaban este juego con una pesada° pelota de caucho° y usaban la cintura° para mantener la pelota en el aire sin tocar el suelo.° Posteriormente,° este juego evolucionó hasta convertirse en el juego moderno que conocemos hoy, con millones de aficionados en todo el mundo.

Arawak Indians
heavy / rubber
waist / ground
Later

Topic:
Topic Sentence:

ETAPA B

Pistas y palabras
I. Discussing technology

El mundo tecnológico

entertainment center
performs
multifaceted / are combined

performance / synchronizer
sound card
speakers

by pressing
by means of
available

E-mail
to utilize / advantages

cordless / keyboard
screen / device
unit / messages
user

news / stock prices / all kinds

Multimedia, televisión, CD y video

¿Computadora, televisor o centro de entreteni-miento°? Es difícil decir, porque el TMP 5100 de Tatung desempeña° todas esas funciones. En esta compacta y polifacética° unidad se unen° la fun-cionalidad de una computadora Pentium de alto rendimiento° lista para multimedia, sintonizador° de televisión, CD-ROM 8X, tarjeta de sonido,°par-lantes,° fax/módem y control remoto. Su inter-fase se ha simplificado para que los usuarios no familiarizados con la computadora puedan ver un CD presionando° los botones en el panel frontal o a través del° control remoto.
Precio: Información no disponible.°

Correo electrónico° sin computadora

Las alternativas para aprovechar° las ventajas° de Inter-net sin necesidad de una computadora continúan pro-liferando. Probablemente estés familiarizado con WebTV y otras tecnologías que reciben Internet en la televisión, pero Axis de Uniden es uno de los primeros en hacerlo a través del teléfono. Axis combina un telé-fono inalámbrico° de 900 Mhz, teclado,° módem y una pantalla° para gráficos y texto en un solo dispositivo.° La unidad° recibe los mensajes° a intervalos regulares durante el día y notifica al usuario.° Además de correo electrónico, también puedes tener acceso a servicios de noticias° en línea, precio de acciones° y todo tipo° de aplicaciones de Internet.
Precio: US$299-US$399

Palabras y expresiones útiles

la aplicación	*application*	el documento	*document*
el archivo	*computer file*	la impresora	*printer*
la ayuda	*help*	el mensaje	*message*
el botón	*button*	el programa	*program*
el directorio	*directory*	el ratón	*mouse*
el disco duro	*hard drive*	la red	*network*
abrir	*to open*	imprimir	*to print*
apagar	*to turn off*	mover (ue)	*to move*
archivar (guardar)	*to save*	prender (encender [ie])	*to turn on*
cerrar (ie)	*to close*	presionar (hacer clic,	*to click with the*
colgar (ue)	*to hang up*	pulsar)	*mouse*

contestar	*to answer*	recibir	*to receive*
copiar	*to copy*	portátil	*portable*
enviar (mandar)	*to send*		

1 **Cognados.** Technical vocabulary has many cognates. Write a list of words from the ads on page 248 that are cognates to words in English. Work with a partner.

2 **Preguntas.** Which of the products on p. 248 can you use to do the following activities?

▶ **Modelo:** *recibir Internet por teléfono*
Para recibir Internet por teléfono, uso/prefiero/me gusta Axis.

1. mandarle un mensaje electrónico a un amigo
2. escribir una composición
3. buscar información en la red Internet
4. hacer una llamada por teléfono
5. jugar un juego en CD-ROM
6. mirar tu programa de televisión favorito
7. leer las noticias
8. ver las noticias
9. mandar o recibir un fax

3 **Combinaciones.** Work with a partner to create as many sentences as possible by combining words from columns A, B, and C. Be sure to add any additional words you may need to create complete sentences about technology

A	B	C
yo	prender	archivo
tú	mandar	párrafo
mis amigos	abrir	computadora
los profesores	cerrar	palabras
Ud.	buscar	mensaje
tú y yo	imprimir	programa
mi mamá	¿...?	documento
¿...?		¿...?

4 **¡Qué buena es la tecnología!** Sometimes technology makes us work more than ever. You have just received a message from a friend, but you can't read the whole message. Complete the e-mail with the words provided.

mensaje	computadora	ayuda	impresora
programa	teléfono	tecnología	

¡Hola!

Hoy compré una nueva ◊*∞. Traté de instalar el *$∞¤< para mandarte un mensaje electrónico, pero dice que hay errores. La *$* tampoco funciona y no puedo imprimir este *$<*. Yo sé que soy nueva con la *&$v**∞, pero esto es ridículo. Por favor, necesito tu $*&Δ*. ¡Llámame, porque sé que por lo menos funciona mi *&∞!¤.

Tu amiga,

Leticia

5 **La respuesta.** You cannot get in touch with Leticia because her telephone is busy. Write her an e-mail to answer her message (**Actividad 4**).

ENLACE CULTURAL

El observatorio de Arecibo

Hay mucho interés en usar las nuevas tecnologías para aprender más sobre el mundo en que vivimos: las galaxias, las estrellas,° el sol, el agua, la tierra.° Para conocer más sobre el espacio, muchos astrónomos de todas partes del mundo van a Puerto Rico para utilizar el observatorio que está en Arecibo. Su radiotelescopio es enorme; tiene un diámetro de 400 metros, una superficie° de 16 hectáreas y se eleva a 185 metros sobre su plataforma. Con su ayuda, los científicos pueden medir° las radiaciones y determinar la composición química de los objetos estelares.°

La ciencia también ayuda a descubrir las causas de fenómenos que están cerca de la superficie terrestre,° más cerca de nosotros que las galaxias. Por ejemplo, en la Bahía° Fosforescente de Vieques, en Puerto Rico, ocurre un fenómeno nocturno muy dramático y hermoso: por la noche, aparecen° luces muy bonitas sobre el agua. Los científicos concluyeron que esta luz la emiten billones de criaturas microscópicas que viven en las aguas de la bahía.

stars
earth

surface
measure
stellar

earth
Bay
appear

El observatorio de Arecibo en Puerto Rico.

Discusión en grupos

¿Hay observatorios astronómicos en la región donde vives? ¿Hay universidades o industrias que investigan temas científicos interesantes?

II. Talking about and looking for work

Buscando trabajo

INGENIERO DE SISTEMAS

Para **desarrollo**° tipo cliente servidor,° en Visual Basic y su aplicación en **INTERNET**.

Experiencia mínima requerida 2 años.

Enviar hoja de vida° con sueldo° deseado° a Av. 19 No. 104-09, Bogotá.

development / client server

résumé / salary / desired

RECEPCIONISTAS

Estudios en secretariado, manejo de Word, Excel, mínimo 1 año de experiencia en **archivo**,° sistemas y recepción, edad máxima 30 años.
Enviar hoja de vida calle 45 No. 55A-05

filing

Abogado(a) Administrador(a) de Empresas°

Necesita **fábrica líder**° de muebles para hospitales, etc., preferible con experiencia, que sea° ejecutivo(a), inteligente, **dedicado(a)** y con **aptitudes** industriales. Todo en una persona.

Citas: 7803046, 7802200.

Companies

factory leader / Graduates who is

Licenciados°

Requiere colegio con prestigio nacional, áreas inglés, matemáticas, educación física, psicopedagogía,° **experiencia manejo**° de alumnos. **Hoja de vida** Anunciador No. 2096, EL TIEMPO.

psychology of teaching management

Palabras y expresiones útiles

el/la aspirante	*applicant*	la meta	*goal*
la calificación	*qualification, grade*	el negocio	*business*
la compañía	*company*	la responsabilidad	*responsibility*
el conocimiento	*knowledge*	el salario (sueldo)	*salary*
el desempleo	*unemployment*	la solicitud	*application*
el entrenamiento	*training*	el trabajo (puesto)	*work, position*
la entrevista	*interview*	despedir	*to lay off/fire*
la evaluación	*evaluation*	renunciar	*to quit (a job)*
la fábrica	*factory*	solicitar (un trabajo/	*to apply*
el hombre/	*businessman/*	puesto)	*(for a job)*
la mujer de negocios	*businesswoman*	tiempo parcial	*part-time*
el horario de trabajo	*work schedule*	tiempo completo	*full-time*

6 *Requisitos.* Which of the classified ads offer or ask for the following?

1. La persona debe saber mucho sobre computadoras.
2. La persona necesita ser muy organizada.
3. La persona debe tener aptitudes industriales.
4. La persona debe tener experiencia con estudiantes.
5. La persona necesita saber gimnasia.
6. La persona tiene que saber escribir a máquina.
7. La persona debe tener experiencia en fábricas.

7 La solicitud. Complete this job application in Spanish.

Solicitud de empleo	

Datos personales

Nombre: _____ Dirección: _____

Apellidos: _____ Ciudad: _____

Estado: _____ Código postal (*Zip*): _____

Teléfono y fax: _____

Correo electrónico: _____

Educación

Educación primaria: _____

Educación secundaria: _____

Universidad: _____

Otras instituciones: _____

Actividades, organiza-
ciones, premios (*honors*): _____

Diploma o grado: _____

Empleos anteriores

Fechas:	Empresa:	Puesto:	Salario:	Supervisor/a:

Recomendaciones

Nombre:	Relación:	Dirección y teléfono:
1.		
2.		
3.		

8 Cuando era niño/a. Work with a partner to answer the following questions.

1. ¿Qué querías ser cuando eras niño/a? ¿Por qué?
2. ¿Qué querían ser tus hermanos/as?
3. ¿Cuántas veces cambiaste de opinión? ¿Cuándo? ¿Por qué?
4. ¿Qué quieres ser ahora? ¿Por qué?

9 Buscamos trabajo. The Spanish Department needs a student to help with office work. Write a job ad for this position.

VISTAS Y VOCES

I. Preparémonos

1 **Anticipación.** In pairs, answer these questions.

A. 1. ¿Tienes computadora en tu casa? ¿De qué tipo es: de mesa o portátil? ¿Cuál prefieres? ¿Por qué?
   2. ¿Crees que no tener computadora es una desventaja para la vida profesional moderna? ¿Crees que es una desventaja para la vida personal? ¿Por qué?
   3. Si tu hermano/a, un/a primo/a o un/a gran amigo/a te pide ayuda para cometer un delito, ¿cómo reaccionas tú? ¿Por qué?
B. Review chapter opening photo 6B. Según tu opinión, ¿qué tiene Gafasnegras en la mano? ¿Qué va a hacer ella con ese aparato? ¿Qué crees que piensa Nayeli?

Para comprender mejor

cariñoso/a	*loving*	el parlante	*speaker*
cómodo/a	*comfortable*	la piedad	*mercy*
conforme	*according to*	el pleito	*fight*
la contraseña	*password*	el poder	*power*
desempeñar	*to perform*	predecible	*predictable*
la despedida	*farewell*	presumido/a	*conceited, arrogant*
detonar	*to detonate a bomb*	el secuestrador	*kidnapper*
la incertidumbre	*uncertainty*	se gana	*you win*
maltratar	*to mistreat*	se pierde	*you lose*

2 **Secuencia.** Put the video action shots in a logical order. Then, working in pairs, answer the following question: **¿Cómo pueden escaparse Nayeli, Adriana y Felipe del peligro?**

1.

2.

3.

4.

II. Miremos y escuchemos

3 Observaciones. While you view this episode, write the name of the person(s) associated with the following ideas.

1. Son prisioneros de Gafasnegras y los secuestradores. _____
2. Juega con la computadora de Felipe y Adriana. _____
3. Le grita al secuestrador Luis. _____
4. Tiene una bomba en las manos. _____
5. Describe a Nayeli como una mártir. _____
6. Tiene un control remoto para detonar la bomba. _____
7. Defiende a Adriana y Felipe diciendo que son inocentes. _____
8. Les deja la computadora a Adriana, Felipe y Nayeli. _____
9. No quiere dejarles la computadora con los prisioneros. _____
10. Detona la bomba. _____

4 ¿Cómo están los personajes? Describe the reactions or emotions of different characters in this episode: el secuestrador Luis, Nayeli, Gafasnegras, Felipe.

III. Comentemos

5 Comprensión. Answer the following questions in groups.

1. ¿Quiénes están en el coche?
2. ¿Qué piensa doña Gafasnegras de Nayeli?
3. ¿Qué dice Nayeli de Felipe y Adriana? ¿Cómo se siente ella?
4. ¿Cómo se portan (behave) los secuestradores? ¿Qué piensas de ellos?
5. ¿Qué pasa al final de este episodio?

6 Yo creo que... In pairs, discuss the fate of the jaguar twin by answering the following questions: ¿Dónde está el jaguar Yax-Balam en este momento? ¿Qué crees tú que le va a pasar al jaguar gemelo en el próximo episodio? ¿Lo va a conseguir doña Gafasnegras?

7 Análisis. Analyze the critical role of the computer by answering the following questions: ¿Qué importancia tiene la computadora en este episodio y durante los otros episodios del drama? ¿Cuáles son sus diferentes funciones? Work in groups of three.

8 Estoy / No estoy de acuerdo. Working in groups, compare your ideas with respect to the following statements of doña Gafasoscuras in this episode. Tell whether you are or are not in agreement and the reasons. Then, give examples, where possible.

1. "...qué maravilla es la tecnología..."
2. "...a los intelectuales les gusta saberlo todo...nunca están cómodos con las incertidumbres de la vida..."
3. "...La vida es una ruleta: a veces se gana y a veces se pierde..."

Lengua

I. Expressing reflexive actions

A. **Reflexive verbs meaning** *each other* **and** *to become*

Como perros y gatos: Hace tres meses mi novio y yo decidimos casarnos.° Aunque tenemos planes de contraer matrimonio en un año, ambos° nos hemos dado cuenta° de que no paramos de pelear. Nos queremos° mucho, pero cuando peleamos, nos herimos° demasiado el uno al otro° y creo que eso afecta nuestra relación. ¿Cree que nos debemos casar? ¿Cómo cree que podemos evitar esas peleas?

—*Julieta Santillana*
Maracaibo, Venezuela

get married

both of us / we have realized

we love each other / we hurt each other / one another

Reflexive verbs, as you have learned, are often used to express activities of daily routines. With reflexive verbs, the subject and the object of the sentence are the same; **yo me lavo.** Another use of the reflexive verbs happens when the subject is plural and the meaning is *each other*. **Nos queremos.** = *We love each other*. In this example, the verb is used in a *reciprocal* way. For emphasis and clarification, the expressions **el uno al otro, la una a la otra,** and **mutuamente** may be used. Note that **el uno al otro** is used for all male groups or mixed gender groups and **la una a la otra** is used for female groups.

Los prisioneros **se abrazan** y tratan de **consolarse el uno al otro.**	*The prisoners hug and try to comfort each other.*
Nosotros **nos escribimos** diariamente.	*We write to each other daily.*
Los dos deportistas **se respetan mutuamente.**	*The two athletes respect each other.*

1 **El uno al otro.** Summarize the action in each of the following sentences using a reflexive verb. Add expressions to clarify the meaning if needed.

▶ **Modelo:** *Juana mira a Raúl y él la mira a ella.*
Juana y Raúl se miran mutuamente or
Juana y Raúl se miran el uno al otro.

1. Fernando quiere mucho a Patricia y ella a él.
2. Nayeli respeta a Adriana y Adriana la respeta a ella.
3. Yo adoro a mi marido y él también a mí.
4. Felipe le escribe mensajes electrónicos a Armando y éste a Felipe.
5. Doña Gafasoscuras no entiende a Nayeli y ésta tampoco la entiende a ella.
6. Felipe no abraza a Adriana y ella tampoco lo abraza a él.
7. Usted no me conoce a mí y yo no la conozco a usted.

B. Verbs used reflexively and nonreflexively

Many common verbs have reflexive and nonreflexive forms. Sometimes the meaning of the verb or of the sentence may change when the reflexive form of the verb is used. English versions of the Spanish reflexive verbs are either nonreflexive verbs or expressions with **to get** or **to become**.

Reflexive forms		Nonreflexive forms	
acostarse (ue)	to go to bed, lie down	acostar (ue)	to put to bed
alegrarse	to become happy	alegrar	to make someone happy
darse cuenta de	to become aware of, notice	dar	to give
despertarse (ie)	to wake up	despertar (ie)	to wake someone up
divertirse (ie)	to have fun	divertir (ie)	to amuse someone
dormirse (ue)	to fall asleep	dormir (ue)	to sleep
enamorarse de	to fall in love with	enamorar a	to win someone's love
enfermarse	to get sick	enfermar	to make someone sick
enojarse	to get angry	enojar	to make someone angry
equivocarse	to be wrong/ mistaken	equivocar	to mistake
irse	to leave, go away	ir	to go
levantarse	to get up	levantar	to lift
ponerse	to put on; to become; to start doing something	poner	to put, place
probarse (ue)	to try on	probar (ue)	to taste, try
quedarse	to stay, remain behind	quedar	to remain
sentarse (ie)	to sit down	sentar (ie)	to seat someone
sentirse (ie)	to feel (well, bad, and so on)	sentir (ie)	to feel, sense, perceive
vestirse (i)	to get dressed	vestir (i)	to dress

2 **¿Reflexivo o no?** From the list to the left of each sentence, choose the reflexive or nonreflexive form of the verb to complete the sentence in the preterite. Work with a partner.

1. despertar(se)   Ricardo _despierta_ muy temprano. _levanta_ y _viste_.
   levantar(se)   Después, _levanta_ a los niños y los _viste_ con ropa
   vestir(se)   adecuada para el clima.

2. enamorar(se)   Estuve en Madrid cinco días. Allí _probé_ todas las tapas de
   probar(se)   un gran restaurante, visité los museos, _me probé_ la mejor
                   ropa en las tiendas y _enamoré_ del portero del hotel.

3. equivocar(se) Ayer <u>equivoque</u> ~~me~~ y abrí una carta que no era para mí. Ernesto
poner(se) <u>se puso</u> furioso y me dijo que nunca más iba a hablarme.
ir(se) Después, él <u>puso</u> la carta en su maletín y <u>se fue</u>
para su oficina.

4. dormir(se) Anoche <u>me dormí</u> a las dos de la mañana y hoy <u>quedé</u> ~~me~~
quedar(se) en cama hasta las doce del día. De pronto, <u>sentí</u> que
sentir(se) había alguien en mi sala. ¡Era mi mamá que llegaba con mis
regalos de cumpleaños!

3 *¿Qué hacen?* Look at the drawings and describe with a verb from the list
on page 256 what the persons are doing. Add clarifying expressions if the situation
is reciprocal.

••• LENGUA EN ACCIÓN

Ponerse (to become), ponerse a... (to start...)

This verb is commonly used to express sudden changes of emotional and
mental states or the onset of actions.

Verónica **se puso** furiosa cuando
supo la verdad.

*Verónica became furious when
she found out the truth.*

Ellos **se pusieron** tristes porque
te fuiste.

They became sad because you left.

Nosotros **nos pusimos a** escribir
inmediatamente.

We started to write immediately.

has doubled

For example

search engines

Unidos e Inglaterra pasaron más tiempo usando las computadoras que mirando televisión. Actualmente, esta tendencia continúa en todas partes. El número de usuarios de Internet se ha duplicado° en los últimos diez años y sigue aumentando. La red la usan personas de todas las edades: desde niños pequeños que están aprendiendo a leer, hasta personas de mucha edad. Por ejemplo,° en España, más de 250.000 personas usaron la red Internet en 1997 en comparación con sólo 20.000 en 1996.

La mayoría de los materiales en Internet está actualmente en inglés, pero hay ya muchos sitios en español y los usuarios hispanohablantes aumentan cada vez más.

Las guías, los motores de búsqueda° y los catálogos de Internet facilitan el acceso a la información. Actualmente existen muchos de estos recursos como Yahoo, Alta Vista, Hot Bot, Excite, las Páginas Amarillas y las Páginas Blancas.

Un muchacho puertorriqueño trabajando en la computadora.

Postlectura

2 Comprensión. Write answers to the following questions.

1. ¿Se vendieron más televisores o computadoras en el mundo, en 1995?
2. ¿Qué edad tienen los usuarios de Internet?
3. ¿Por qué les gustan a los usuarios la red Internet y el Web?
4. ¿Cuántos usuarios de Internet hay en España? ¿Cuánto aumentó el número de usuarios entre 1996 y 1997?
5. ¿Qué va a pasar con el número de usuarios hispanohablantes en el futuro? ¿Por qué?

3 Internet. In pairs, exchange information on the following questions.

1. ¿Qué catálogos, guías o motores de búsqueda usas tú para buscar información para tus trabajos de la universidad?
2. ¿Son difíciles de usar estos recursos de Internet?

4 La computadora y yo. Why is the computer important to you and your free time?

En resumen

I. Hablemos

1 **Una entrevista por radio.** You work as a news correspondent and have been asked to interview your favorite music or sports celebrity. Use some of the following questions to guide your interview. Ask at least ten questions about her or his achievements and background. Work with a partner. Be sure to use **usted** with the interviewee.

¿De dónde es Ud.?
¿Tocaba un instrumento/cantaba/hacía deportes cuando era joven?
¿Cuándo supo Ud. que quería ser deportista/cantante/músico/a profesional?
¿Cuándo fue su primer concierto/partido profesional?
¿...?

2 **¿Qué va a pasar?** In groups of three, act out the next scene of what happens to Adriana, Felipe, and Nayeli after Sunglasses leaves them. What do they say? What do they do? What will happen to them?

II. Investiguemos por Internet

Using Internet guides

Many Hispanic performers have their own Web pages, some of them with their own audio and video clips. You can find them through the Yellow and White Pages on the Internet, through Movie Guides, through the movie and music production companies or using Internet guides and catalogs.

3 **Mi artista preferido/a.** Work in groups in the classroom before you start your search. First, choose three Hispanic artists in any entertainment branch: TV, radio, film, music, or sports. You may also add a writer, a politician or a famous person in any social context. Then, make a list of at least six characteristics that you would like to find out about the three persons selected. For example, their age, what they do, if they are single or married, where they live, awards received, and so on. Use the name of the artist as the keyword to start your search. If you need more information about Hispanic artists in order to select the three names, you may start your search in the Yellow Pages in Spanish (**Páginas Amarillas**), in a specialized music, video or film guide or in an Internet guide like Yahoo.

Vocabulario informático	
archivos MIDI	*MIDI archives (digital music)*
audio digital	*digital audio*
efectos especiales	*special effects (F/X)*
efectos de sonido	*sound effects*
sonido digital	*digital sound*
video digital	*digital video, movies*

III. Escribamos

Strategy in action

Turn to *Escribamos* in the Workbook to practice the strategy of freewriting.

4 **Después de la entrevista.** You have just had a great interview for the job of your dreams. Write a follow-up letter to the company to thank the person who interviewed you and to emphasize your interest in the job. Use freewriting techniques to start your letter. Be sure to include these elements in your final letter.

(Fecha)

(Dirección)

Estimado/a señor/a _____ :

(Introducción)

(Experiencia)

(Despedida)

Atentamente,

(Nombre)

5 **En resumen.** Luis, the thug, is upset that Sunglasses didn't give him the computer. While he is in jail, he decides to complete his computer science studies and uses his own computer to write down his thoughts in an electronic diary that he keeps. Recount the events of the last episode from his point of view.

Vocabulario

Música y baile

los audífonos	*headphones*	grabar	*to tape*
bailar	*to dance*	la guitarra	*guitar*
el/la bailarín/ina	*dancer*	el merengue	*Caribbean rhythm*
la balada	*ballad*	la música	*music*
la batería	*drum set*	el piano	*piano*
el/la cantante	*singer*	el ritmo	*rhythm*
cantar	*to sing*	la salsa	*salsa music*
el clarinete	*clarinet*	el saxofón	*saxophone*
el conjunto	*band*	el tambor	*drum*
el disco compacto	*compact disc*	tocar	*to play (an instrument)*
la flauta	*flute*	el trombón	*trombone*
la grabadora	*tape/video player/*	la trompeta	*trumpet*
(videograbadora)	*recorder*	el violín	*violin*

Deportes

el/la aficionado/a	*fan*	el/la jugador/a	*player*
el balón	*ball*	el palo	*club*
el bate	*bat*	el partido	*game*
la cancha	*court*	patear	*to kick*
el/la deportista	*athlete, sports enthusiast*	patinar	*to skate*
		los patines	*skates*
el equipo	*team*	la pelota	*ball*
el/la espectador/a	*spectator*	perder	*to lose*
el esquí	*ski*	la pista	*rink (ice skating/hockey)*
ganar	*to win*	la raqueta	*racket*
gozar	*to enjoy*	el uniforme	*uniform*

Tecnología

abrir	*to open (a document)*	enviar (mandar)	*to send*
apagar	*to turn off*	hacer clic	*to click with the mouse*
la aplicación	*application*	la impresora	*printer*
archivar (guardar)	*to save*	imprimir	*to print*
el archivo	*computer file*	el mensaje	*message*
la ayuda	*help*	mover (ue)	*to move*
el botón	*button*	prender (encender [ie])	*to turn on*
cerrar (ie)	*to close (a document)*		
colgar (ue)	*to hang up*	presionar (pulsar)	*to click on something on a computer screen*
contestar	*to answer*		
copiar	*to copy*	el programa	*program*
el directorio	*directory*	el ratón	*mouse*
el disco duro	*hard drive*	recibir	*to receive*
el documento	*document*	la red	*network*

Trabajo

el/la aspirante	*applicant*	el horario de trabajo	*work schedule*
las calificaciones	*qualifications*	la meta	*goal*
la compañía	*company*	el negocio	*business*
el conocimiento	*knowledge*	renunciar	*to quit (a job)*
el desempleo	*unemployment*	la responsabilidad	*responsibility*
despedir (i)	*to lay off, fire*	el salario (sueldo)	*salary*
el entrenamiento	*training*	solicitar (un trabajo/	*to apply (for a job)*
la entrevista	*interview*	puesto)	
la evaluación	*evaluation*	la solicitud	*application*
la fábrica	*factory*	el trabajo (puesto)	*work, position*
el hombre/la mujer	*businessman/*	tiempo parcial	*part-time*
de negocios	*businesswoman*	tiempo completo	*full-time*

Verbos reflexivos

acostarse (ue)	*to go to bed, lie down*	irse	*to leave, go away*
alegrarse	*to become happy*	levantarse	*to get up*
darse cuenta de	*to become aware of, notice*	ponerse	*to put on clothing; to become; to start doing something*
despertarse (ie)	*to wake up*		
divertirse (ie)	*to have fun, have a good time*	probarse (ue)	*to try on*
		quedarse	*to stay, remain behind*
dormirse (ue)	*to fall asleep*	sentarse (ie)	*to sit down*
enamorarse de	*to fall in love*	sentirse (ie)	*to feel (well, bad, and so on)*
enfermarse	*to get sick*		
enojarse	*to get angry*	vestirse (i)	*to get dressed*
equivocarse	*to make a mistake, be wrong*		

CAPÍTULO 7

LOCALIDAD:
Ecuador

7A

¿Qué significa el sueño de Adriana?

Adriana has a compelling dream, experiences the joining of two hemispheres with Felipe, and reveals the history of the disappearance of the Jaguar Twin.

7B

Vocabulary themes

Talking about stores and shopping

Shopping for clothes

Talking about cars

Asking for and giving directions

Coping with traffic

Describing the countryside

Language structures

Describing past actions

Describing actions in progress in the past

Describing unplanned and unintentional occurrences

Making comparisons of persons and things

Expressing ideas that are subjective

Culture topics

El vestido típico de Otavalo

Fibras y textiles

El nombre del Ecuador

El salto Ángel

Readings

El norte andino

Rumiaya

Reading and writing strategies

Tapping background knowledge

Paraphrasing

Internet strategy

Refining your Internet searches

ETAPA A

Pistas y palabras

I. Talking about stores and shopping

En el centro comercial

- Note that many store names are made by adding **-ería** to the thing they sell.

1 **¿Dónde se compra?** ¿En qué tipo de tienda puedes comprar los siguientes artículos?

1. aspirina — *Farmacia*
2. un traje de baño — *Boutique la moda - Almacén Marque*
3. perfume — *Perfumería*
4. maquillaje — *farmacia*
5. una novela de amor — *Discos - Librería*
6. un cuaderno — *Papelería*
7. una docena de rosas — *Florería*
8. un reloj — *Joyería*
9. una corbata de seda — *Boutique la moda*

2 Regalos. Tienes que comprar regalos para tu familia y para tus amigos. Haz una lista de dos amigos/as y de tres miembros de tu familia. Decide qué piensas comprar para cada persona, a qué tienda vas, y por qué. Trabaja con una pareja para hablar de tu lista.

Nombre	Regalo	Tienda	Por qué
1. _____	_____	_____	_____
2. _____	_____	_____	_____
3. _____	_____	_____	_____
4. _____	_____	_____	_____
5. _____	_____	_____	_____

ENLACE CULTURAL

El vestido típico de Otavalo

Los países hispanos tienen generalmente vestidos típicos nacionales o representativos de una región o de un grupo étnico. Normalmente, estos trajes tienen tradiciones de muchos años.

En Otavalo, las mujeres se visten con faldas de paño° oscuro, llamadas **anacos**. La blusa es blanca con bordados muy bonitos. Los collares tienen varias hileras de cuentas.° Muchos hombres llevan el pelo en una larga trenza.° Cuando hace mucho frío, los hombres usan *poncho* y las mujeres usan una **fachalina**.°

cloth

threads of beads
braid

shawl

Hombres otavaleños en el mercado.

Discusión en grupos

1. Menciona un vestido típico que conozcas. ¿Quién lo usa? ¿Cuándo? ¿Cómo es?
2. ¿Tiene alguno de ustedes un vestido típico? ¿De qué región? ¿Cómo es?

II. Shopping for clothes

En el almacén

chaquetas

ROPA de HOMBRE

PROBADOR DE HOMBRES

ROPA de MUJER

PROBADOR DE MUJERES

¡OFERTA!

pantalones

sacos

trajes

abrigos e impermeables

suéteres de lana

camisas de algodón

vestidos

blusas de seda

faldas y minifaldas

ropa interior

cosméticos

ASEO PERSONAL

bufandas

perfume

guantes

talco

jabón

descuento 20%

sombreros y gorras

ACCESORIOS

corbatas

botas de vaquero

bolsas

cinturones de cuero

calcetines y medias

zapatos

Palabras y expresiones útiles

el/la cliente	*customer*
el/la dependiente	*clerk*
el escaparate	*shop window, display case*
la ganga, oferta	*sale, discount*
la mancha	*stain*
el mostrador	*display case/counter*
el par	*pair*
el precio	*price*
el recibo	*receipt*
las sandalias	*sandals*
la sudadera	*sweat suit*
la talla	*size*
la venta	*sale*
los zapatos de tacón alto/bajo	*high-heeled, low-heeled shoes*
los zapatos de tenis	*sneakers*

devolver (ue)	*to return*	ir de compras	*to go shopping*
estar a cargo de	*to be in charge of*	llevar	*to wear*
estar de moda	*to be in style*	probar(se) (ue)	*to try on*

Claro que sí.	*Of course.*
¿Cómo me queda?	*How does it fit me?*
de cuadros	*plaid*
de lunares (puntos)	*polka dotted*
de manga corta/larga	*short/long-sleeved*
de rayas	*striped*
¿En qué le puedo ayudar?	*How can I help you?*
¿En qué puedo servirle?	*How can I help you?*
Está roto/a, sucio/a, manchado/a	*It's ripped/dirty/stained*
mediano/a	*medium*
pequeño/a	*small*
¿Puedo probarme el/la...?	*Can I try on the . . . ?*
Quiero cambiar(lo/la) por otro/a.	*I want to exchange (it) for another.*
Quiero que me devuelvan el dinero.	*I want you to return my money.*
Te/Le queda bien (mal, grande, pequeño/a, largo/a, corto/a, estrecho/a, flojo/a).	*It fits you well (poorly, big, small, long, short, tight, loose).*
Voy a llevar(me)...	*I'm going to take . . .*
Voy a probarme(lo/la).	*I'm going to try (it) on.*

3 ¿Qué piensas comprar? ¿Qué ropa piensas comprar para las siguientes ocasiones? Haz una lista para cada una. Compárala con un/a compañero/a.

1. asistir a un partido de fútbol
2. ir a una discoteca nueva
3. ir a la fiesta de cumpleaños de tu novio/a
4. presentarte a tu primera entrevista de trabajo
5. ir a la playa
6. ir a esquiar
7. asistir a una boda muy elegante

4 ¿Qué está de moda? Describe lo que llevan los siguientes modelos.

5 ¿Qué lleva? Trae una foto de un/a amigo/a o de una persona famosa a la clase y describe lo que lleva.

6 En la tienda. Estás en una tienda comprando ropa para una ocasión especial. Haz el papel de cliente y completa tu conversación con el/la dependiente.

DEPENDIENTE: Buenas tardes. ¿En qué le puedo servir?

CLIENTE: Buenas tardes. Voy a una fiesta este fin de semana y necesito _____.

DEPENDIENTE: ¿Es una ocasión formal o informal?

CLIENTE: _____.

DEPENDIENTE: ¡Ay qué bien, lo que usted busca está en oferta!

CLIENTE: ¡Qué suerte! Necesito la talla _____.

DEPENDIENTE: Pues tenemos una variedad. Hay en todas las tallas.

CLIENTE: ¿_____?

DEPENDIENTE: Sí, también hay en muchos colores: azul, verde, marrón, negro y gris.

CLIENTE: ¿_____?

DEPENDIENTE: Claro, Ud. puede llevar tres al probador.

Vas al probador y regresas.

CLIENTE: ¿_____?

DEPENDIENTE: No, creo que otro color le queda mejor.

CLIENTE: ¿_____?

DEPENDIENTE: Sí, ese color le queda muy bien.

CLIENTE: _____.

DEPENDIENTE: Con mucho gusto. Puede pagar Ud. en la caja (*register*).

CLIENTE: _____.

7 **Entre nosotros.** Trabaja con un/a compañero/a para crear un diálogo entre un dependiente de una tienda de ropa y un cliente que llega a última hora.

Cliente	Dependiente/a
Hoy estuviste de compras en una tienda de ropa. Cuando llegas a casa, te das cuenta de que la ropa tiene una mancha y no la puedes usar en la fiesta de esta noche. Decides regresar a la tienda para devolver las cosas o comprar algo diferente. Estás de muy mal humor y tienes mucha prisa porque ya es bastante tarde.	Trabajas en una tienda de ropa relativamente pequeña. Estás bastante cansado/a porque hoy fue un día muy largo. Faltan quince minutos para cerrar y en ese momento llega un/una cliente para cambiar una ropa que está manchada. Tu jefe/a se llevó las llaves de la caja y no puedes abrirla para atender al/a la cliente.

ENLACE CULTURAL

Fibras y textiles

En la época de los incas, la gente de las regiones frías de los Andes fabricaba su ropa de algodón o de lana de alpaca, de llama o de guanaco.° La lana de vicuña° era la más fina y estaba reservada para los monarcas incas, quienes usaban cada prenda° solamente una vez.

Unas alpacas en Bolivia.

guanaco and **vicuña:** *animals similar to the llama*

garment

En nuestra época moderna, después de la invención de las fibras sintéticas derivadas del petróleo como el nilón, el poliéster y el rayón, la importancia práctica de las fibras naturales es mucho menor. Actualmente, las fibras naturales como el algodón, la seda y la lana fina tienen un toque° de lujo° y muchas veces, un alto precio.

touch
luxury

Discusión en grupos

1. ¿De qué material es la ropa que llevan hoy tú y tus compañeros/as? ¿Qué materiales se usan para hacer la ropa de invierno? ¿Y la ropa de verano?
2. ¿Cuál es el material que prefieres para tu ropa? Describe la ropa que usabas cuando eras pequeño/a.
3. ¿Qué tipo de materiales naturales se vende en la región donde vives? ¿Hay diferencia de precio entre los materiales naturales y los materiales sintéticos?

VISTAS Y VOCES

I. Preparémonos

1 **Anticipación.** Contesta estas preguntas. Trabaja con un/a compañero/a.

A. **1.** Describe el caso de algún secuestro en tu región o en tu país. ¿A quién secuestraron? ¿Quién lo hizo? ¿Cómo sucedió? ¿Por qué?
   2. ¿Quién te inspiró a estudiar tu especialización? ¿Cuándo? ¿Cómo?
   3. Cuenta los detalles de la mejor sorpresa que tuviste el año pasado. ¿Cómo te afectó?

B. Mira la foto 7A en la página 271. ¿Quiénes están en la foto? ¿Qué hacen? ¿Qué crees que va a pasar ahora?

Para comprender mejor

a lo lejos	*at a distance*	empapado/a	*very wet*
a propósito	*by the way*	empujar	*to push*
atado/a	*tied*	fiel	*faithful*
el bordado	*embroidery*	el lío	*hassle*
burlarse de	*to make fun of*	llamativo/a	*attractive*
la cabaña	*shack*	lograr	*to achieve*
cobrar	*to charge*	Parece mentira.	*It seems unreal.*
la cubeta	*bucket*	quebrar	*to break*
cubierto/a	*covered*	el sudor	*sweat*
cubrir	*to cover*	vacío/a	*empty*
de veras	*really*	valiente	*brave*
desatar	*to untie*	la ventanita	*little window*

2 **Secuencia.** Estudia cada escena de video y contesta las siguientes preguntas. ¿Quién es el señor? ¿Es bueno o malo? ¿Qué relación tiene con Gafasnegras? ¿Qué importancia crees que él va a tener en los próximos episodios?

1.

2.

3.   4.

II. Miremos y escuchemos

3 **Mis observaciones.** Mientras miras y escuchas el episodio, escribe el nombre del personaje o de los personajes relacionado(s) con los siguientes eventos.

1. Llamó a don Gustavo por teléfono. _Nayeli_
2. Escuchó la historia del secuestro de Felipe y Adriana. _Don Gustavo_
3. Quebraron la ventanita con la computadora. _Felipe_
4. Llamó a Gafasoscuras mientras vigilaba la casa de don Gustavo. _Miguel_
5. Se fue a Costa Rica. _Nayeli_
6. Negociaron con un taxista para ir a Otavalo. _Felipe y Adriana_
7. Se asustó mucho con el sueño que tuvo. _Adriana y_

4 **¡Peligro!** ¿Quién crees que va a estar en más peligro? ¿Cómo?

III. Comentemos

5 **Comprensión.** Contesta las siguientes preguntas.
1. ¿A quién le cuentan Felipe y Adriana la historia del secuestro? ¿Dónde?
2. ¿Quién desató a Felipe? ¿Qué hizo Felipe con el detonador?
3. ¿Cómo se escaparon Nayeli, Adriana y Felipe de la cabaña?
4. Según Adriana, ¿quién inspiró a Nayeli a estudiar arqueología? ¿Adónde la llevaba en México? ¿Quién tiene el jaguar Hun-Ahau en su poder?
5. Nayeli le pidió a Gustavo que fuera a la oficina de correo expreso. ¿Por qué?
6. ¿Cómo se llama la persona que recogió el paquete? ¿De dónde es ella?
7. ¿Cuánto les va a cobrar el taxista a Felipe y Adriana por el viaje a Otavalo? ¿En dónde van a hacer una parada? ¿Cuántos días van a quedarse allí?
8. Describe a las personas y las cosas que observes en este episodio en el Ecuador. Después, compara la primera y la última vista geográfica del episodio.

6 **Miremos otra vez.** Arregla las escenas de video en la secuencia correcta.

7 **Yo creo que...** En grupos de tres, analicen el significado de dos afirmaciones de Nayeli que Adriana escucha en su sueño: "La fama no hace la felicidad", "Lo que verdaderamente importa son tus amigos y tu familia".

8 **Miguel.** Trabajando en parejas, discute las siguientes preguntas. ¿Quién es Miguel? ¿Cómo es? ¿Cuántos años crees que él tiene? ¿Qué está haciendo en este episodio? ¿Qué malas noticias le da a Gafasnegras?

Lengua

I. Describing past actions

Review of the preterite and the imperfect

In previous chapters, you learned the various uses of the preterite and imperfect to narrate in the past. Review Chapters 4 and 5 for the formation and uses of these commonly used past tenses. The following narration uses the preterite to tell a story in the past, while the imperfect describes the background or sets the stage for the actions. First, read it aloud. Then, working with a partner, underline the past tense verbs to determine the uses of the preterite and imperfect.

lazy

¡De perezoso° a héroe! El dramático día de Diego

Yo trabajo en el Almacén Rodríguez, de las cuatro de la tarde hasta las once de la noche. El jueves pasado fue un día horrible. Dejé el horario del tren en casa y perdí el tren de las tres y diez de la tarde. Tuve que esperar una hora por el siguiente tren. Cuando llegué al trabajo media hora tarde, el jefe estaba furioso. Traté de explicarle mi problema, pero él no tenía interés en escuchar excusas. Me dijo que yo era muy irresponsable, me criticó por ser perezoso y me hizo sentir muy mal.

busy

Mi amiga Julia trabaja en el departamento de computadoras de la misma tienda, y yo soy dependiente en el departamento de música. Ese jueves por la tarde estuve muy ocupado,° con muchos clientes, y vendí bastantes artículos caros. Luego, a las nueve, Julia y yo salimos a cenar. Fuimos a nuestro restaurante ecuatoriano favorito. Comimos en una hora porque teníamos que regresar al trabajo.

toward

Cuando regresamos al almacén, no había ni una estrella en el cielo. Eran las diez de la noche y todo estaba muy oscuro. Al acercarnos, vi a dos personas que salían de allí cargando máquinas pequeñas: eran una mujer alta, pelirroja, bien vestida y un hombre grande, de pelo oscuro y también muy elegante. A pesar de las apariencias, yo estaba seguro de que eran dos ladrones y de inmediato corrí hacia° ellos. Mientras tanto, Julia llamaba a los detectives de la tienda. Los guardias llegaron junto con la policía y se llevaron a los ladrones. ¡Fue un día muy dramático!

1 **¿Qué pasó en la tienda?** Crea preguntas en el pasado sobre la historia de Diego y Julia. Pon atención al uso del pretérito y del imperfecto y usa palabras interogativas también.

2 **Situaciones.** Completa las siguientes narraciones con las formas apropiadas del pretérito y del imperfecto.

La vida universitaria

Eran las ocho de la noche. Yo _____ (escribir) un trabajo de literatura latinoamericana en la computadora, cuando mi madre me _____ (llamar). Me _____ (decir) que ella _____ (ir) a visitarme a la universidad la semana siguiente. Yo le _____ (contar) que _____ (estar) muy ocupada y que _____ (tener) que presentar dos exámenes. A las nueve, mi compañero de cuarto _____ (llegar). Me _____ (invitar) a ir a una fiesta de la residencia. Yo no _____ (poder) resistir la tentación y _____ (ir) con él olvidando mis exámenes por completo.

En la tienda

Manolo _____ (necesitar) un traje y varios accesorios. Una tarde, él _____ (ir) a la tienda para comprárselos. Primero, se _____ (comprar) un traje negro muy elegante y después, _____ (seleccionar) una camisa blanca de seda muy cara. Finalmente, _____ (ir) al departamento de accesorios donde _____ (probarse) varios pares de botas de cuero. No le _____ (gustar) las botas y _____ (decidir) irse a casa. Cuando _____ (salir) de la tienda, _____ (estar) bastante cansado, pero muy contento.

3 *¿Qué pasó?* Escribe un párrafo utilizando el pretérito y el imperfecto. Lee tu narración en grupos de tres. Después, comparen el uso de los dos tiempos verbales. (**Tema:** Una experiencia reciente en mi almacén favorito.)

II. Describing actions in progress in the past

Past progressive

Yo, Mónica   Mamá   Papá

Abuela   El gatito   Guillermo

¿Qué estaba haciendo la familia?	What was the family doing?
1. Yo **estaba hablando** por teléfono con mi hermano Guillermo desde mi cuarto en la universidad.	*I was talking on the phone with my brother Bill from my room at the university.*
2. Mamá **estaba probándose** un vestido nuevo.	*Mom was trying on a new dress.*

3. Papá **estaba plantando** flores en el jardín.

Dad was planting flowers in the garden.

4. Abuela **estaba leyendo** una novela mexicana.

Grandma was reading a Mexican novel.

5. El gatito **estaba comiendo** en la cocina.

The cat was eating in the kitchen.

6. Guillermo **estaba escribiendo** un trabajo sobre la historia del Ecuador.

Bill was writing a paper on the history of Ecuador.

- Review the formation and uses of the present progressive in Chapter 3, pages 126–127. Just as the present progressive describes what people are doing now (*I am walking. He is driving.*), the past progressive describes what people were doing at a particular time in the past (*We were running. They were watching television.*).

- The past progressive in Spanish is formed with the imperfect of **estar,** plus the present participle.

Adriana, Felipe y Nayeli **estaban luchando** por sus vidas.

Adriana, Felipe and Nayeli were fighting for their lives.

Raúl y yo **estábamos corriendo** en el parque.

Raúl and I were running in the park.

Ellos **estaban mirando** televisión.

They were watching television.

Yo **estaba durmiendo** una siesta.

I was taking a nap.

Tomás **estaba tomando** vino blanco.

Tom was drinking white wine.

- When used with the progressive, direct- and indirect-object pronouns follow the same placement patterns as reflexive pronouns. They may precede the conjugated form of **estar** or may be attached to the participle. When you add one or more pronouns to the participle, it is necessary to place a written accent over the stressed vowel.

Nos están llamando. Están llamándo**nos**.	*They are calling us.*
Nos estaban llamando. Estaban llamándo**nos**.	*They were calling us.*
Le estamos escribiendo una carta. Estamos escribiéndo**le** una carta.	*We are writing a letter to him.*
Le estábamos escribiendo una carta. Estábamos escribiéndo**le** una carta.	*We were writing a letter to him.*

4 *Comprensión.* Selecciona la expresión más correcta para describir lo que estaban haciendo las personas.

1. En la perfumería, Margarita:
   a. estaban haciendo compras.
   b. está comiendo pan y queso.
   c. estaba comprando perfumes.

2. En la tienda de discos, Etelvina:
   a. está escribiendo cartas.
   b. estaban escuchando música.
   c. estaba comprando billetes para un concierto de música hip hop.
3. En el departamento de accesorios del Almacén Márquez, Felipe y Jorge:
   a. estaban mirando corbatas y camisas de algodón.
   b. estaba probándose botas de vaquero.
   c. estaban planeando un viaje al Perú.
4. En la florería, la dependiente:
   a. estábamos vendiendo papel.
   b. estaba arreglando flores.
   c. estaban comprando antibióticos.
5. En la farmacia, Carolina y yo:
   a. estábamos comparando los precios de diferentes marcas de aspirinas.
   b. estaban tomando un café.
   c. está comprando frutas y verduras.
6. En la tintorería, Feliciano y su hermano Toño:
   a. estaban llevando a lavar sus impermeables.
   b. estaba recogiendo sus abrigos.
   c. estaba llevando a lavar sus zapatos de tenis.

5 **¡Qué gente tan ocupada!** ¿Qué estaban haciendo ayer las siguientes personas cuando las llamó Pepe, un muchacho universitario de dieciocho años? Sigue el modelo.

▶ **Modelo:** *mi prima Estela / tomarse dos aspirinas*
   Mi prima Estela estaba tomándose dos aspirinas.

1. mi abuelo / comer una naranja
2. la dependiente de la perfumería / arreglar los nuevos perfumes
3. mi profesora de física / preparar un experimento
4. el hombre que trabaja en la florería / vender flores para un funeral
5. mi compañero de cuarto del año pasado / planear un viaje a Uruguay
6. mi novia / hacer ejercicios
7. la doctora Vera / escribir una receta
8. mis amigos, Paco y Juana / ponerse los impermeables
9. el reportero del periódico *La nación* / escribir un artículo
10. mi perro / tomar una siesta

6 **¿Qué estabas haciendo...?** Trabaja con un/a compañero/a. Haz preguntas sobre qué estaba haciendo en un momento determinado. Después de hacer la actividad oralmente, escribe las respuestas de tu compañero/a. Sigue el modelo.

▶ **Modelo:** *a las tres de la tarde*
   —¿Qué estabas haciendo ayer, a las tres de la tarde?
   —Estaba comiendo con amigos en la cafetería de la universidad.

1. ayer, a las once de la mañana
2. el 31 del diciembre pasado
3. esta mañana, a las seis
4. el sábado, a las once de la noche
5. la última vez que te llamó tu familia
6. anoche, a las siete
7. hoy, antes de la clase de español
8. cuando llegó tu compañero/a de cuarto
9. el jueves al mediodía
10. antes de ayer, a las dos de la mañana

III. Describing unplanned and unintentional occurrences

Se for unplanned occurrences

Una noche de problemas y accidentes

You forgot	RAQUEL:	Marina, tuvimos una fiesta fabulosa. **Se te olvidó**° venir.
I didn't forget / I lost	MARINA:	Raquel, **no se me olvidó**° ir. **Se me perdieron**° las llaves del coche, las encontré tardísimo y cuando iba en camino para la fiesta, **se le**
ran out of		**acabó**° la gasolina al auto.
	RAQUEL:	¡Ay, qué pena! La música fue excelente. Bailamos toda la noche. ¿Por qué no nos llamaste?
	MARINA:	Iba a llamar, pero después de tantos problemas, decidí regresar a casa.
didn't occur to us	RAQUEL:	No sabíamos que tenías problemas. No **se nos ocurrió.**° Creíamos que estabas cansada, nada más. Lo siento mucho, Marina.
	MARINA:	Pues, quería pasar la noche bailando con ustedes, pero me puse a ver un video y me acosté temprano. ¿Pasó algo más en la fiesta?
fell	RAQUEL:	Sí, a Enrique **se le cayeron**° los lentes de contacto y pasó toda la noche
broke		bailando sin ver nada, a Juliana **se le rompieron**° los zapatos de tanto
I ran out of / at dawn		bailar y a mí **se me acabaron**° las energías al amanecer.°

- To indicate an unplanned or unintentional occurrence in English, we use expressions such as: *It slipped my mind, it got late,* or *it got lost in the mail.*
- Spanish frequently uses the following similar construction:

    se + indirect-object pronoun + verb in the third person + subject

- The **indirect-object pronoun** is used because, in Spanish, this construction conveys the idea that the action happened *to* the person, rather than being *caused* by the person.
- The verbs on the next page are commonly used to indicate unplanned or unintentional occurrences.

acabar	*to finish*	perder	*to lose*
caer	*to fall*	quedar	*to remain, be left over*
ocurrir	*to occur*	romper	*to break*
olvidar	*to forget*		

7 ¿Qué hizo Josefa? Trabaja con un/a compañero/a. En la columna **Resultados** encuentras las cosas que hizo Josefa. Busca la razón de cada una en la columna **Razones.**

▶ **Modelo:** *Josefa no pudo comprar nada en la tienda.*
　　　　　　 Se le olvidó el dinero.

Resultados	**Razones**
1. Decidió ir a México. c	a. Se le olvidó el horario.
2. No tomó el tren a tiempo para llegar al trabajo. a	b. Se le perdió el pasaporte.
3. Tenía los ojos muy rojos. e	c. Se le ocurrió la idea de viajar a un país de habla española.
4. No pudo subir al avión para ir a España. b	d. Se le perdieron las llaves de la casa.
5. No fue posible entrar a su casa. d	e. Se le rompieron las gafas de sol.

8 ¡Qué mala suerte! Completa cada idea con la forma correcta del verbo.

▶ **Modelo:** *Se nos ___ ___ las flores. (caer)*
　　　　　　 Se nos cayeron las flores.

1. A Alberto se le _____ la mochila en la universidad. (perder)
2. Se me _____ mi blusa de algodón. (romper)
3. A Leticia y a Rafa se les _____ el impermeable. (olvidar)
4. ¡Se me _____ una idea maravillosa! (ocurrir)
5. Se nos _____ las bebidas. (acabar)
6. A Yayo se le _____ los calcetines favoritos. (romper)
7. Se me _____ las llaves de mi cuarto. (perder)
8. A María Luisa se le _____ ir al examen de biología. (olvidar)
9. Se me _____ un vaso de agua. (caer)
10. Se nos _____ la computadora. (romper)

9 ¿Qué te pasó? Trabaja con un/a compañero/a contestando las siguientes preguntas sobre eventos que ocurrieron durante este año pasado.

1. ¿Se te perdió el traje de baño el verano pasado?
2. ¿A algún familiar se le olvidó tomar las medicinas?
3. ¿Se te rompió algo ayer en la cocina?
4. ¿Se te olvidó llevar el pasaporte al aeropuerto cuando ibas para Uruguay?
5. ¿Qué idea se te ocurrió hace poco?
6. ¿Se le rompió a tu amigo la sudadera nueva?
7. ¿Se te cayó algo recientemente?
8. ¿Se le rompió el reloj a tu compañero/a de cuarto?
9. ¿Se les perdieron a tus padres las llaves del auto el domingo?
10. ¿Se te olvidó el cumpleaños de tu mejor amigo/a?

IV. Making comparisons of persons and things

A. Comparisons of inequality

El auto rojo va **más** rápido **que** el auto azul.
El auto azul va **más** despacio **que** el auto rojo.

La casa es **menos** alta **que** el rascacielos.
El rascacielos es **más** alto **que** la casa.

La muchacha tiene **menos** dinero **que** el muchacho.
El muchacho tiene **más** dinero **que** la muchacha.

When referring to particular characteristics such as age, size, and appearance in order to compare persons or things that are unequal, Spanish uses the following structure:

más (*more*)/**menos** (*less*) + {adjective/adverb/noun} + **que** (*than*)

Which of the examples above shows a comparison of adjectives? Nouns? Adverbs?

Comparison of adjectives

Here are some examples of adjective comparative formations:

Adriana dijo que Felipe era **más** bravo **que** un león.	*Adriana said that Felipe was braver than a lion.*
El Almacén Márquez es **mejor que** el Almacén Fernández.	*The Márquez Department Store is better than the Fernández Department Store.*
Nelia es **más alta que** su hermana Lupe, pero es **más baja que** su hermano Pepe.	*Nelia is taller than her sister Lupe, but shorter than her brother Pepe.*
Mi abuela es **mayor que** mi abuelo, pero **menor que** su hermana Paquita.	*My grandma is older than my grandpa, but younger than her sister Paquita.*

The following common adjectives have irregular comparative forms.

Adjective		Comparative form	
bueno	*good*	mejor(es)	*better*
malo	*bad*	peor(es)	*worse*
joven	*young*	menor(es)	*younger*
viejo	*old*	mayor(es)	*older*

Comparison of adverbs

Here are some examples of adverb comparisons:

Elena maneja **menos rápido que** Panchito. — *Elena drives less rapidly than Panchito.*

Erlina canta **mejor que** su hermano. — *Erlina sings better than her brother.*

Los atletas generalmente piensan **más** en la nutrición **que** otras personas. — *Athletes usually think more about nutrition than other people.*

The following common adverbs have *irregular* comparative forms.

Adverb		Comparative form	
bien	*well*	mejor	*better*
mal	*bad, ill*	peor	*worse*
mucho	*a lot*	más	*more*
poco	*a little*	menos	*less*

Comparison of nouns

Here are some examples of noun comparative formations.

Patricia tiene **más cosméticos que** Débora. — *Patricia has more cosmetics than Deborah.*

Londres tiene **menos restaurantes que** París. — *London has fewer restaurants than Paris.*

10 ¿Quién tiene más? Escribe las comparaciones. Utiliza **más/menos que.** Sigue el modelo.

▶ **Modelo:** *El perfume* Amor *cuesta sesenta dólares. El perfume* Flor *cuesta ochenta dólares.*
El perfume Flor *cuesta más que el perfume* Amor.

1. En la universidad, Sonia tiene seis cursos. Abraham tiene ocho.
2. El coche *Divino* cuesta sesenta mil dólares. El coche *Elegante* cuesta setenta mil dólares.
3. La casa en que vive Eduardo tiene tres dormitorios. Pilar vive en una casa de cinco dormitorios.
4. En la familia de Anita hay nueve personas y en la familia de Carlos hay siete.
5. Para llegar al trabajo, Alberto viaja treinta y seis kilómetros. Fidel viaja veinte.

11 ¡Vamos a comparar! Trabaja con un/a compañero/a. Compara las siguientes personas y cosas. Sigue el modelo. Utiliza los verbos **ser/estar/tener**.

▶ **Modelo:** *Nueva York / Boston (grande)*
Nueva York es más grande que Boston.

1. Guatemala / Argentina (pequeño) *[handwritten: Guatemala es mas pequeña]*
2. metro / autobús (rápido) *[handwritten: Metro es mas rapido que el autobus]*
3. Michael Jordan / Tiger Woods (bajo) *[handwritten: TW es mas bajo que MJ]*
4. la computadora / la máquina de escribir (eficiente) *[handwritten: la com. es mas eficiente que tu maquina de es.]*
5. Newt Gingrich / Jesse Jackson (conservador)
6. mi casa / tu casa (lejos de la universidad)
7. un coche / un tren (cómodo) *[handwritten: es mas personal que]*
8. una pequeña tienda de ropa / un almacén (personal)
9. Donald Trump / Bill Gates (dinero)
10. una rosa roja / una rosa amarilla (bonito)

[handwritten margin notes:]
5. Newt es mas conservador que Jesse J.
6. mi casa es mas lejos de la universidad que tu casa
7. Un coche es mas cómodo que un tren
9. B.G tienes mas dinero que DT
10. una Rosa roja es mas bonita que una rosa amarilla.

12 Más comparaciones. Haz una encuesta (*survey*) en la clase. Pregúntales a tres compañeros/as sobre las cualidades de dos amigos/as. Compara a las dos personas usando adjetivos, adverbios y sustantivos. Preséntale los resultados al resto de la clase.

B. Superlatives: Going beyond the comparative

- To form the superlative, English adds -*est* to the adjective or uses expressions such as *the most* or *the least* with the adjective (*the most convenient, the greatest, the least expensive, the worst*).
- In Spanish, the definite article is used with **más** or **menos** with adjectives or adverbs. **Mejor** and **peor** are used with nouns and usually precede them. The superlative also requires the use of the preposition **de** to express *in* or *of*. The formulas are as follows:

definite article + **más/menos** + adjective + **de**
definite article + **mejor/peor** + noun + **de**

| Iván es **el más elegante de** los tíos Ríos. | *Ivan is the most elegant of the Ríos uncles.* |
| ¿Cuál es **la mejor película de** este año? | *Which is the best movie of this year?* |

13 En mi opinión... Contesta las preguntas usando la forma apropiada del superlativo.

1. ¿Cuál es el almacén más caro de tu región? ¿Qué vende?
2. ¿Cuál es el mejor coche de los Estados Unidos? ¿Por qué?
3. ¿Quién es la profesora más inteligente de tu universidad? Explica.
4. ¿Cuál fue la peor película que viste el año pasado? ¿En qué aspecto?
5. ¿Cuál es la música más popular de hoy? ¿Qué características tiene?

C. Comparisons of equality

When referring to particular characteristics in comparing persons or things that are equal, Spanish uses the structural formulas on page 289 for adjectives, adverbs, verbs, and nouns.

El muchacho es **tan alto como** la muchacha. La muchacha es **tan alta como** el muchacho.

La alumna canta **tan mal como** el alumno. El alumno canta **tan mal como** la alumna.

La niña tiene **tantos juguetes como** el niño. El niño tiene **tantos juguetes como** la niña.

- For comparison of adjectives:

  tan + adjective + **como**   =   *as* + adjective + *as*

  Miranda es **tan entusiasta como** Ina.   *Miranda is as enthusiastic as Ina.*

- For comparison of adverbs:

  tan + adverb + **como**   =   *as* + adverb + *as*

  Clara toca la guitarra **tan bien como** Lisa.   *Clara plays the guitar as well as Lisa.*

- For comparison of nouns:

  tanto/a/os/as + noun + **como**   =   *as much/many* + noun + *as*

  Teo tiene **tantas camisetas como** Samuel.   *Teo has as many T-shirts as Samuel.*

  Notice that **tanto** agrees in number and gender with the noun that follows.

- For comparison of verbs:

  verb + **tanto** + como   =   *as much as*

  Enrique lee **tanto como** Luisa.   *Enrique reads as much as Luisa.*

14 *¿Quiénes son? ¿Qué es?* Adivinen las personalidades o los eventos siguientes. Trabajen en parejas.

1. Es un actor tan famoso como Paul Newman y tan guapo como él. Fue estrella de las películas "Misión Imposible" y "Jerry Maguire". Gana tanto dinero como Arnold Schwarzenegger, pero es más jóven que él. ¿Quién es?
2. Más de doscientas personas murieron en este desastre. La explosión de este edificio federal fue el peor acto de terrorismo en territorio estadounidense y tan terrible como muchos desastres en otras partes del mundo. ¿Qué fue?
3. Esta mujer, originalmente de Albania, fue muy religiosa y siempre pensaba en los demás. Ayudó a los pobres más que muchas personas en el mundo. Fue tan buena como un ángel. ¿Quién fue?
4. No es tan famosa como el "Ratón Miguelito", pero es más bonita que el "Pato Donald". Tiene siete amigos que viven en el bosque.

15 **Comprensión.** Trabaja con un/a compañero/a. Crea comparaciones con las siguientes oraciones. Sigue el modelo.

▶ **Modelo:** *Nancy es muy inteligente. Su hermano Federico es muy inteligente también.*
Federico es tan inteligente como Nancy.

1. La casa de Antonio tiene siete cuartos. La casa de Guadalupe también tiene siete cuartos.
2. Las flores de la señora López son bonitas. Las flores del señor Pérez también son bonitas.
3. La Farmacia Robles prepara las medicinas muy bien. La Farmacia Sánchez también las prepara muy bien.
4. Jorge maneja rápidamente. Alicia también maneja rápidamente.
5. La Librería Cervantes tiene buenos libros. La Librería Cortázar también tiene buenos libros.

16 **¿Qué piensas tú?** Trabaja con un/a compañero/a de clase. Lee las oraciones siguientes y di si estás de acuerdo o no. Si no estás de acuerdo, modifica la oración. Compara las opiniones tuyas con las de tu compañero/a.

1. El dinero es menos importante que el amor.
2. Hoy en día (*Nowadays*) los hombres tienen tanta ropa elegante como las mujeres.
3. Los estudiantes universitarios trabajan más que los profesores de la universidad.
4. En los Estados Unidos, el béisbol es tan importante como el fútbol americano.
5. La comida tailandesa es mejor que la comida italiana.
6. Es más fácil hablar con los amigos que con los padres.
7. Jugar al baloncesto es menos difícil que jugar al volibol.
8. Rosie O'Donnell es tan divertida como Janeane Garofalo.
9. En tu región, la primavera es más agradable que el otoño.
10. En California hay tan buenas universidades como en Massachusetts.

Lectura A

Introducción

In this chapter, Adriana and Felipe are in Otavalo, Ecuador, a very well-known town in the Andes, north of Quito. Most of its inhabitants belong to the Otavalo ethnic group. In this reading, you will learn some geographical facts about five Andean countries: Bolivia, Colombia, Ecuador, Perú, and Venezuela.

Reading strategy: Tapping background knowledge

When we read a text, our experiences and any previous knowledge of its topic will influence our interpretation and understanding of the text. The following activity will help you activate background knowledge you may have about Latin America.

Handwritten annotations (left margin):

1. Guadalupe tiene tantos cuartos como Antonio.
2. Las flores del señor Perez son tan bonita como la de la señora Lopez.
3. La Farmacia Roble preparan la medicinas tan bien como la famacia Sánchez.
4. Alica maneja tan rapidamente como Jorge
5. La liberia Cervantes tien tantos libros como la librería cortazar tan buenos com

3 los professores trabajan tanto como los estudiantes
4. El fútbol Americano es mas importante que el beisbol
5. No, la comida tailandesa es mejor como la comida italiana.

1 *¿Qué sabes?* Antes de leer, trabajen en grupos para repasar sus conocimientos sobre la geografía de la región.

1. Los países hispanos están en diferentes continentes. ¿Cuáles son estos continentes?
2. ¿Con qué mares u océanos limitan estos continentes?
3. ¿Cuáles son las capitales de estos cinco países: Bolivia, Colombia, Ecuador, Perú y Venezuela?
4. La topografía de estos cinco países es muy diversa. A ver si puedes mencionar una montaña importante que conozcas en alguno de ellos. Si recuerdas, menciona también una selva importante, un río y un desierto.
5. Menciona algunos mamíferos (*mammals*), aves, peces, reptiles o insectos que se encuentran en estos países.
6. En el mundo hispano, además del español, los habitantes hablan otros idiomas amerindios. ¿Conoces el nombre de alguno de estos idiomas autóctonos (*native*) de los cinco países mencionados?
7. Uno de estos cinco países no tiene costas. ¿Sabes cuál es?
8. Parte de Suramérica está en una zona tropical, pero no todas las regiones son calientes. ¿Recuerdas por qué?

El norte andino

Bolivia Bolivia perdió su costa en una guerra° el siglo pasado y no tiene salida al mar. La cordillera° de los Andes forma en este país algunas de las cumbres° más altas de América; entre estas montañas está el Altiplano, donde se encuentra el famoso lago Titicaca y La Paz, la capital más alta del mundo (3.627 m.). El Altiplano se caracteriza por sus vientos helados°, su gran altitud y sus volcanes. En estas zonas montañosas viven las llamas, las alpacas y las vicuñas. Bolivia tiene siete y medio millones de habitantes y sus idiomas oficiales son el español, el quechua, el aimará y el tupiguaraní.

war
mountain range
summit, top

freezing

Dramática vista de La Paz, Bolivia.

Colombia Los Andes dividen el país en la región occidental° donde está Bogotá, la capital, y en la región oriental° donde están los Llanos° Orientales, en el límite° con Venezuela. El país limita con el Océano Atlántico al norte y el Pacífico al occidente.° Al sur, en el límite con con Perú y Brasil, está la selva° amazónica. Los variados climas del país permiten cultivar° muchos productos como el

western
eastern
Plains
border

west
jungle

grow

Panorama de Bogotá, Colombia.

[Handwritten marginal notes:]
Caminar - Camine
bajar - baje
subir - suba
doblar - doble
Cruzar - cruce
ir - vaya
volver - vuelva
pasar - pase
seguir - siga

2 **¡Quiero comprar un Jaguar!** Contesta por escrito las preguntas para decidir qué tipo de auto te gustaría comprar.

1. ¿Qué clase de auto te gusta? ¿deportivo? ¿compacto? ¿económico? ¿de lujo (*luxury*)? ¿camioneta (*minivan*)? ¿camión? ¿Por qué?
2. ¿Qué color prefieres? ¿Por qué? *rojo*
3. ¿Cuál es tu presupuesto?
4. ¿Qué características son esenciales en tu coche? *aire a.*
5. ¿Qué características son deseables pero no esenciales? *el radio, CD, Disco Compa*

3 **¿Qué auto compramos?** Ahora vas a comprar un auto con un/a compañero/a. Comparen sus listas de la **Actividad 2** y decidan cuál de los dos autos piensan comprar y por qué.

4 **Presentación.** Trae una foto del auto de tus sueños y descríbelo.

II. Asking for and giving directions

¿Dónde está?

Perdone la molestia, pero ¿me puede decir dónde está el museo?

Sí, señora, siga derecho por tres cuadras, pase por la catedral y doble a la izquierda. Está a tres cuadras a la derecha.

Palabras y expresiones útiles

la dirección	*address*	la manzana (cuadra)	*street block*
la esquina	*corner*	el semáforo	*stoplight*
acelerar	*to accelerate*	estacionar	*to park*
bajar (por)	*to go down (a street)*	parar	*to stop*
cruzar	*to cross*	seguir derecho (recto)	*to go straight*
dar la vuelta	*to turn around*	subir (por)	*to go up (a street)*
doblar (a)	*to turn*	tener cuidado	*to be careful*

Cruce la calle.	*Cross the street.*
despacio	*slowly*
Doble a la derecha (izquierda).	*Turn to the right (left).*
Pase por…	*Pass by . . .*
Siga…	*Follow . . .*
¿Cómo llego a…?	*How do I get to . . . ?*
¿Me puede decir dónde está…?	*Can you tell me how to get to . . . ?*

5 **¿Cómo se llega a...?** En parejas, practiquen dando instrucciones sobre cómo llegar a los lugares en el mapa. Mientras una persona da instrucciones, la otra las sigue en el mapa. Usen mandatos formales (**Ud.**).

¿Cómo se llega...
1. del museo al teatro?
2. del hotel al restaurante?
3. de la catedral al hotel?
4. de la escuela a la catedral?
5. de la biblioteca al museo?

6 **Ahora te toca a ti.** Una persona visita tu universidad y necesita saber cómo llegar a los siguientes lugares desde la residencia estudiantil. Trabaja en parejas.

1. la cafetería
2. el edificio de la administración
3. la oficina del decano (*dean*)
4. la clase de español
5. la librería
6. la Facultad de Ciencias Naturales
7. la Facultad de Artes
8. la cancha de fútbol americano
9. el centro estudiantil
10. ¿...?

III. Managing in traffic

Las señales de tráfico

Alto/Pare   **Ceder el paso**   **Curva peligrosa**   **Intersección**   **Paso peatonal**   **No estacionar/ No aparcar**

Escolares en la vía   **No hay paso**   **No doblar**   **En obras**   **Derrumbe**

7 **¿Qué debes hacer?** Indica dónde están generalmente estas señales y qué debes o qué no debes hacer cuando las ves.

▶ **Modelo:** *alto*
    Debes parar el coche cuando ves la señal de "Alto" en las intersecciones.

1. intersección
2. paso peatonal
3. no hay paso
4. derrumbe
5. no doblar
6. curva peligrosa
7. en obras
8. no estacionar
9. escolares en la vía

ENLACE CULTURAL

El nombre del Ecuador

En el siglo XVIII no se sabía si la tierra era una esfera° perfecta o no. Para saberlo, la Academia de Ciencias Francesa envió a un grupo de científicos a la colonia española Presidencia de Quito para medir° la circunferencia ecuatorial y la circunferencia del meridiano cero. Después de hacer la

Mitad del mundo en el Ecuador.

medida,° los científicos concluyeron° que la tierra era achatada° en los polos. Los especialistas usaron en su informe "las tierras del Ecuador" para referirse al sitio de la medida. Desde entonces, este nombre se volvió popular y posteriormente se adoptó como nombre oficial del país.

sphere

measure

measurement / concluded / flattened

Discusión en grupos

1. ¿Cuál fue la conclusión de los científicos sobre la forma de la tierra?
2. ¿Por qué tiene el país el nombre de "Ecuador"?
3. ¿Qué hay en el sitio (0, 0) de la tierra?

IV. Describing the countryside

El paisaje y la naturaleza

Palabras y expresiones útiles

el arroyo	*stream*		la catarata	*waterfall*
el bosque	*forest*		la colina	*hill*
el campo	*countryside*		la costa	*coast*

la isla	*island*	el puerto	*port*
el lago	*lake*	la selva	*jungle*
el mar	*sea*	la selva tropical	*rainforest*
el océano	*ocean*	el valle	*valley*
la piedra	*stone*		

8 Asociaciones. ¿Qué actividades se relacionan con los siguientes lugares?

1. el mar
2. la costa
3. las montañas
4. el campo
5. la selva
6. el lago
7. el bosque

9 De vacaciones. Elige uno de estos lugares para tus vacaciones o elige otro lugar que te guste. Explica por qué prefieres ese lugar, qué hay para ver y qué actividades se pueden hacer allí.

Costa Rica Bolivia Colombia
Puerto Rico España Ecuador
México Chile ¿...?

ENLACE CULTURAL

El salto Ángel

Las aguas del salto° Ángel, en el estado de Bolívar en Venezuela, caen desde 979 metros y producen un espectáculo impresionante. Ésta es la cascada más alta del mundo. Un piloto norteamericano, Jimmy Angel, la descubrió en 1935 cuando volaba sobre territorio venezolano. En segundo lugar en el mundo están las cataratas de Yosemite, en California, con 739 metros de caída.° El salto Cuquenán, también en Venezuela, tiene 671 metros de caída y está en tercer lugar. En comparación, las cataratas° de Niágara, las más famosas del mundo, tienen una caída de solamente 61 metros.

waterfall

fall, height

waterfalls

Discusión en grupos

1. Mencionen cuatro cascadas importantes del mundo y por qué es importante cada una de ellas.
2. ¿Por qué creen que el salto Ángel tiene ese nombre?
3. ¿Hay cascadas en la región de ustedes? ¿Hay otro tipo de fenómeno natural interesante, como cañones (*canyons*), ríos grandes, lagos u otra cosa?
4. ¿Conocen alguna catarata famosa? ¿Cuál? ¿Dónde está? ¿Qué características tiene?

VISTAS Y VOCES

I. Preparémonos

1 **Anticipación.** Contesta las siguientes preguntas en parejas.

A. **1.** Menciona algunos platos típicos de tu región. ¿Cuál es tu plato favorito?
   2. Cuando estás de vacaciones con tu familia, ¿quién toma fotos? ¿Cuál es el motivo favorito en las fotos: las personas o los paisajes?
   3. Describe un extraordinario lugar geográfico que te impresione como un paraíso. ¿Cómo es? ¿Dónde está? ¿Con quién vas allí? ¿Cómo te hace sentir?
B. Mira la foto 7B en la página 271. ¿Qué tipo de pájaro hay en la foto? ¿Dónde está y adónde va? ¿Quiénes lo miran? ¿Qué simboliza?

Para comprender mejor			
a través de	*through*	desconocido/a	*unknown*
aconsejar	*to counsel*	devastador	*devastating*
aparentar	*to pretend*	enseguida	*right away*
apetecer	*to be appetizing*	evitar	*to avoid*
el barro	*clay*	fuera de serie	*outstanding*
colorado/a	*red*	el hecho	*deed*
contar con	*to count on*	el locro de queso	*potato soup*
culpable	*guilty*	el paraíso	*paradise*
darse cuenta de	*to realize*	rendirse	*to give in*
desaparecer	*to disappear*	tomar en cuenta	*to take into account*

2 **Secuencia.** Estudia las escenas de video y discute la siguiente pregunta con un/a compañero/a. ¿Qué va a pasar entre Gustavo y doña Gafasoscuras?

1.

2.

3.

4.

II. Miremos y escuchemos

3 **Mis observaciones.** Mientras Adriana y Felipe buscan el jaguar, visitan diferentes lugares. Escribe las contestaciones a las siguientes preguntas: ¿Dónde están Felipe y Adriana y con quién? ¿Qué hacen? ¿Qué observan?

III. Comentemos

4 **Comprensión.** En grupos, contesten las siguientes preguntas.

1. ¿Cómo se llama el restaurante donde comen Adriana y Felipe?
2. ¿Qué piensa don Gustavo de los dos jóvenes?
3. ¿De qué están hechos los jaguares gemelos, según Adriana?
4. ¿Quién era Pacal y cuál es su relación con los jaguares?
5. ¿Cómo salieron los jaguares gemelos de la tumba de Pacal?
6. ¿Cómo y cuándo entra Nayeli en la historia de los jaguares?
7. ¿Con qué está mirando y escuchando doña Gafasoscuras su conversación?
8. ¿Dónde estudió Nayeli arqueología?
9. ¿Dónde está el códice maya más completo?
10. ¿Qué les dijo Nayeli sobre el jaguar a las autoridades en Dresden?
11. ¿Cuándo y dónde descubrió Nayeli el jaguar Hun-Ahau?
12. ¿Cómo se conocieron Nayeli y doña Carmen?
13. ¿Por qué tiene Nayeli que reunir a los jaguares gemelos? ¿Cuándo?
14. ¿Qué cosa extraordinaria siente Adriana en Mitad del Mundo?
15. ¿Cuáles eran los tres mundos de los mayas?
16. ¿Qué beben Adriana y Felipe en la estación de gasolina?
17. Imagínate que vas a sacar fotos de las vistas más extraordinarias de este episodio. Describe tres de ellas. ¿Qué elementos de la naturaleza hay en las fotos?

5 **Turistas en el paraíso.** Adriana compara Ecuador y la Mitad del Mundo con el paraíso. Resume toda la escena en que ella y Felipe se tocan los dedos entre los dos hemisferios del mundo. ¿Qué se dicen los dos jóvenes sobre el Ecuador, los dos hemisferios y los dos jaguares? En tu opinión, ¿cómo se sienten los dos sobre su misión de recuperar a Yax-Balam y sobre su relación personal? ¿Se besan? ¿Van a ser más que arqueólogos y turistas? ¿Por qué? Describe la música en este episodio—¿es lírica, aburrida, hipnótica, romántica, seria, nostálgica? ¿Te gusta?

6 **Miremos otra vez.** Después de mirar el episodio otra vez, arregla las escenas de video en la secuencia correcta.

7 **En mi opinión.** Adriana reflexiona y dice, "La vida es extraña, ¿no? A veces las coincidencias no parecen coincidencias". ¿Estás de acuerdo o no? Trabajen en grupos y den ejemplos concretos de la opinión de cada uno/a de ustedes.

8 **Yo creo que...** El 31 de agosto es muy importante en esta historia de los jaguares gemelos. Trabajando con un/a compañero/a, repasa las razones. Después, discutan las fechas importantes en sus vidas personales. ¿Cuáles son y por qué son importantes?

Lengua

Expressing ideas that are subjective

The present subjective forms for regular -ar, -er, and -ir verbs

There are two moods in Spanish, the *indicative*, which expresses actions that are definite, clear, factual events and outcomes; and the *subjunctive*, which expresses subjective feelings, emotions, wishes, doubts, or attitudes towards an event, or occurrence perceived as uncertain, unreal, or hypothetical.

- To form the present subjunctive of regular **-ar, -er,** and **-ir** verbs, drop the **-o** of the first person singular ending, then add the opposite endings (shown in the chart) to the remaining stem:

Verb	Present indicative	Subjunctive ending	Present subjunctive
comprar	**yo** compr**o**	-e	**yo** compr**e**
beber	beb**o**	-a	beb**a**
escribir	escrib**o**	-a	escrib**a**

Subject pronouns	comprar	beber	escribir
yo	compr**e**	beb**a**	escrib**a**
tú	compr**es**	beb**as**	escrib**as**
él/ella, Ud.	compr**e**	beb**a**	escrib**a**
nosotros/as	compr**emos**	beb**amos**	escrib**amos**
vosotros/as	compr**éis**	beb**áis**	escrib**áis**
ellos/ellas, Uds.	compr**en**	beb**an**	escrib**an**

- Note that the endings for **-er** and **-ir** verbs are identical.
- Because the subjunctive is formed from the first person singular, verbs that are irregular in the first person singular use that form as their base for all the subject pronoun endings. Study the following examples:

Verb	Present indicative	Subjunctive stem	Present subjunctive
decir	**yo** dig**o**	dig-	**yo** dig**a**
hacer	hag**o**	hag-	hag**a**
poner	pong**o**	pong-	pong**a**
traer	traig**o**	traig-	traig**a**
venir	veng**o**	veng-	veng**a**
ver	ve**o**	ve-	ve**a**
tocar	toc**o**	toc-	toque*
pagar	pag**o**	pag-	pague*
comenzar	comienz**o**	comienz-	comience*

*Remember that some verbs have spelling changes. For verbs ending in **-car**, the **c** changes to **qu**; **-gar**, the **g** changes to **gu**; **-zar**, the **z** changes to **c** before **e**.*

1 **Práctica.** Trabaja con un/a compañero/a practicando las formas del subjuntivo de los siguientes verbos.

1. yo: comer, bailar, recibir   *coma, baile, recibo*
2. tú: regresar, traer, decidir   *regreses, traigas, decidas*
3. Ud: comprar, escribir, beber   *compre, escriba, beba*
4. nosotros: empezar, tocar, deber   *empezemos, toquemos, debemos*
5. ellos: llegar, aprender, hacer   *lleguen, aprendan, hagan*

2 **Vamos a practicar.** Cambia las formas del subjuntivo del plural al singular y del singular al plural.

▶ **Modelo:** *(yo) coma   comamos*
   (nosotros) hablemos   huble

· a r e
er ir ·· a

1. (él) baile   *bailon*
2. (yo) corra   *corrimos*
3. (ella) escriba   *escriban*
4. (tú) toques   *toquen*
5. (usted) diga   *digamos*
   digan
6. (nosotros) escribamos   *escriba*
7. (ustedes) lleguen   *llege*
8. (ellos) hagan   *hage*
9. (nosotros) paguemos   *pague*
10. (ellas) compren   *compre*

The present subjunctive forms for stem-changing verbs

- Verbs that end in **-ar** and **-er** have the same stem changes in the present subjunctive as in the present indicative.

pensar (e > ie)		probar (o > ue)	
piense	*pensemos*	pruebe	*probemos*
pienses	*penséis*	pruebes	*probéis*
piense	piensen	pruebe	prueben

perder (e > ie)		volver (o > ue)	
pierda	*perdamos*	vuelva	*volvamos*
pierdas	*perdáis*	vuelvas	*volváis*
pierde	pierdan	vuelva	vuelvan

- Present tense verbs that end in **-ir** have the stressed **e** changing to **i** and the unstressed **o** changing to **u** in the **nosotros** and **vosotros** forms. The other persons maintain the same stem-change patterns in the present subjunctive as in the present indicative.

mentir (e > ie)		morir (o > ue)	
mienta	*mintamos*	muera	*muramos*
mientas	*mintáis*	mueras	*muráis*
mienta	mientan	muera	mueran

3 Práctica. Con un/a compañero/a, practica las formas del subjuntivo.

¿Cuál es el plural del subjuntivo de los siguientes verbos?
1. yo: recomiende, entienda, sienta
2. tú: pienses, duermas, pierdas, prefieras
3. ella: quiera, pida, empiece

¿Cuál es el singular del subjuntivo de los siguientes verbos?
4. nosotros: empecemos, sirvamos, sigamos
5. ellos: duerman, encuentren, repitan

The present subjunctive forms of irregular verbs

In Spanish, these verbs have irregular subjunctive forms in the present.

dar	estar	haber	ir	saber	ser
dé*	esté	haya	vaya	sepa	sea
des	estés	hayas	vayas	sepas	seas
dé	esté	haya	vaya	sepa	sea
demos	estemos	hayamos	vayamos	sepamos	seamos
deis	estéis	hayáis	vayáis	sepáis	seáis
den	estén	hayan	vayan	sepan	sean

*Note that **dé** in the subjunctive carries an accent to distinguish it from the preposition **de**.

4 Práctica. Practica las formas del subjuntivo de los siguientes verbos con un/a compañero/a.

1. yo: dar, ir, saber
2. tú: ser, estar, dar
3. Ud.: haber, dar, ir
4. nosotros: estar, ser, dar
5. ellos: dar, estar, ir

Uses of the present subjunctive: Expressions of volition

Estudios y entretenimiento

RITA: Nico, hay una excursión a las montañas. Quiero que me **acompañes.** Salimos el viernes a la cinco de la tarde. ¿Quieres ir?

NICO: Quiero, pero no debo ir porque tengo que estudiar para el examen de cálculo. Si es posible, prefiero que **te quedes** aquí y que me **ayudes** a estudiar. ¿Puedes?

RITA: Nico, te aconsejo° que **dejes** de estudiar tanto. Es importante que **cambies** de ambiente.° Te recomiendo que **tomes** un fin de semana libre.

advise
atmosphere

NICO: Tienes razón, Rita. Voy a ir, pero te pido que **volvamos** temprano el domingo. ¿De acuerdo?

RITA: Está bien. Quiero que **te diviertas** un poco, pero también que **tengas** buenos resultados en tu examen.

- There are two main ways to tell people that we want them to do something.

Direct commands (imperative)

Doble Ud. a la derecha.   *Turn to the right.*

Subjunctive construction

Quiero que Ud. doble a la derecha.   *I want you to turn to the right.*

- Notice that to use the subjunctive, we use two subjects in two different clauses: the main clause, and the subordinate clause. The verb of the subordinate clause must be in the subjunctive mood if the first verb expresses volition.
- The typical structure for the subjunctive mood is as follows:

Main clause +	**que** +	Subordinate clause (with verb in the subjunctive)
Quiero	que	**Ud. doble a la derecha.**

** Note that the subjunctive is used when there is a change of subject signalled by **que**.*

- In the conversation above, identify the verbs of volition that signal use of the subjunctive mood (the verbs in boldface). What do these verbs have in common?

Here are some important verbs of volition, some of which you already know.

aconsejar	*to advise*	preferir (ie)	*to prefer*
desear	*to want*	querer (ie)	*to want*
mandar	*to order*	recomendar (ie)	*to recommend*
necesitar	*to need*	rogar (ue)	*to beg, plead*
pedir (i)	*to request, ask for*	sugerir	*to suggest*

- The verb of the main clause may also be an impersonal phrase such as *it's necessary, it's essential,* and so on, but the verb in the subordinate clause must be in the subjunctive mood.

Es importante que **estudies.**   *It's important that you study.*
Es urgente que **compres** zapatos nuevos.   *It's urgent that you buy new shoes.*

Here are some common expressions of volition, some of which you already know.

Es importante...	*It's important . . .*	Es esencial...	*It's essential . . .*
Es preciso...	*It's necessary . . .*	Es preferible...	*It's preferable . . .*
Es necesario...	*It's necessary . . .*	Es urgente...	*It's urgent . . .*

5 Escenas de la vida. Completa los siguientes dialoguitos con las formas correctas del subjuntivo:

PANCHO: Te ruego que me _____ (comprar) un coche convertible importado.

PAPÁ: Te aconsejo que _____ (ser) independiente y que _____ (ahorrar) dinero para comprar tu propio coche.

SRA. RÍOS: Necesito que Ud. me _____ (ayudar) a seleccionar dos vestidos.

DEPENDIENTE: Señora, el vestido azul de seda le queda bien. Le recomiendo que se lo _____ (llevar).

LILIANA: Estás bebida (*drunk*). Miguel y yo te rogamos que no _____ (manejar).

EMILIA: Tienen razón. Prefiero que uno de ustedes _____ (conducir) mi coche.

PROFESOR: Le aconsejo que _____ (especializarse) en economía en su futura carrera.

ESTUDIANTE: ¡Sí, sí! Es bueno que mis compañeros y yo _____ (ganar) mucho dinero, pero también es importante que nos _____ (gustar) nuestra profesión.

6 Consejos. Algunas personas piden que les des consejos en las situaciones siguientes. Trabaja con un/a compañero/a en esta actividad con los verbos **aconsejar, recomendar** y **sugerir.** Usa el subjuntivo en la frase subordinada.

▶ **Modelo:** —*Quiero ir al cine, pero tengo que pagar las cuentas del mes y no tengo mucho dinero. ¿Qué me aconsejas?*
  —*Te aconsejo que pagues las cuentas primero y que vayas al cine otro día.*

1. Tengo dos invitaciones—una para ir a un concierto con mis amigos y otra para salir a cenar con mi familia. ¿Qué me aconsejas tú que haga yo?
2. Pablo quiere romper (*to break up*) con su novia. Ella lo quiere mucho, pero Pablo está enamorado de otra muchacha. ¿Qué le sugieres a él que haga?
3. Mi compañera de cuarto escucha música toda la noche y yo no puedo dormir. ¿Qué me aconsejas que le diga yo?
4. Había tres amigos en mi cuarto y desapareció mi reloj de oro. ¿Debo preguntarles si alguno de ellos tiene mi reloj o no debo hacerlo? ¿Qué me aconsejas que haga?
5. Toda mi ropa está sucia y mañana tengo una entrevista para un trabajo. ¿Qué es necesario que yo haga?
6. Nuestros primos están aquí de visita. ¿Adónde nos recomiendas que los llevemos?
7. La semana que viene es el santo de mi tía, una señora mayor. ¿Qué me sugieres que le regale?
8. Acabo de conseguir un buen trabajo en el Banco Central. ¿Qué marca de coche recomiendas que me compre?
9. Nos ganamos la lotería y queremos ir de vacaciones a un país hispano. ¿Adónde nos aconsejas que vayamos y qué recomiendas que veamos?
10. A Ina le duele la cabeza. ¿Qué recomiendas que ella haga?

7 Tengo que contarte algo. Escribe una lista de diez consejos para amigos/as, profesores/as, parientes y personas profesionales. Compara tu lista con la lista de un/a compañero/a de clase. Selecciona diez consejos de las dos listas y preséntalos a la clase.

Lectura B

Introducción

The Ecuadorian legend that you are about to read tells the story of a shepherd boy who tended llamas and who became the soul of a rock, Rumiaya. This spirit is the watchman of a small lake in the Limpiopungo plains at the foot of the Cotopaxi, a majestic snow-covered volcano in Ecuador. The God of the Cotopaxi allows Rumiaya to become human again and tell his story when a traveler, wandering the plains, shows interest in the lonely stone.

In **quechua**, the Inca language spoken in Bolivia, Ecuador, and Perú, **rumi** means *stone* or *rock*, **aya** means *spirit* or *soul*. Limpiopungo is the combination of the Spanish adjective **limpio**, *clean*, and the quechua noun **pungo**, *plains*.

Prelectura

1 Las leyendas. Legends have some facts based on events or actions that may be true, but they also contain fantastic elements, many times involving magical characters or circumstances. Discuss with the members of your group one or two legends you know. You might talk about, for example, a haunted house or place, a person that lived many years ago or a mysterious event that has triggered your curiosity.

2 Los pastores. With a partner, discuss what you know about shepherds. How would you define their work? What kind of animals do they care for? Why was their work very important earlier, in the United States? Why is their work still important in many regions of the world? Who are the modern shepherds today?

Rumiaya

Limpiopungo es una planicie° junto al Cotopaxi, el gran volcán nevado° del Ecuador. En este valle hay un hermoso lago de aguas limpias y cristalinas. Junto a este hermoso lago hay una piedra que parece un vigía.° Las personas que van a este lugar dicen que, a veces, el alma° de esta piedra, Rumiaya, sale de ella para contar su historia. Esto solamente sucede cuando los viajeros tienen mucho interés en la gran piedra, como los viajeros que llegan a la planicie esta noche. Ellos miran la piedra intensamente. De pronto, Rumiaya sale de la piedra; lleva un

plain / snow-capped

watchman / soul

El gran volcán Cotopaxi, cubierto de nieve.

heavy / chaps covering pants / warm
Dazzles

grueso° poncho de lana de llama, zamarros° y un gorro muy abrigado° para protegerse del frío. Los ojos negros le brillan como cristales. Deslumbra° con su mirada a los viajeros y empieza a hablar:

—Me llamo Rumiaya, el alma de la piedra. Vivo en la roca. Esta noche es especial y puedo contar mi historia. Hace mucho tiempo, solamente las llamas y los nativos del Cotopaxi vivíamos aquí. Yo era un pastorcito de *at dawn / I took out / graze* llamas y cuando amanecía,° sacaba° las llamas a pastar° por la mañana. *edge* Me sentaba en la orilla° de la laguna y me ponía a mirar sus tranquilas y hermosas aguas durante muchas horas sin cansarme.

spellbound Un día, cuando miraba embelesado° la laguna, una de las pequeñas llamas se acercó mucho y cayó al agua.

Sin dudarlo ni un momento, entré a la laguna para salvarla, pero em- *to sink* pecé a hundirme.° No pude salir y me hundí hasta que todo se volvió oscuro. Un terrible frío me llenó el cuerpo. Yo ya no era de esta vida.

De pronto, el gran dios de la montaña vino hacia mí y yo le dije:

—¡Gran dios de la montaña, creo que voy a morir! ¿Qué va a hacer mi *beloved* alma sin mi amada° laguna? Si muero, ¡déjame junto a ella!

Con voz de viento, el gran dios de la montaña me dijo:

grant —Voy a concederte° tu deseo. Vas a estar eternamente junto al agua en *deserve* forma de roca, pero como quieres tanto a la laguna, tú mereces° que tu *From now on* historia se conozca. Desde ahora° vas a ser Rumiaya, el alma de la *shows* piedra. Cuando alguien demuestre° interés por ti, puedes tomar la forma humana y contar tu historia.

Misteriosamente, como viene, Rumiaya desaparece en la noche, dejando un aire de melancolía.

Postlectura

3 **Personajes y eventos.** Trabaja en grupos y discute las siguientes preguntas.

1. Identifica a los personajes de la leyenda. ¿Quiénes son? Descríbelos.
2. ¿Quién narra la historia de Rumiaya?
3. ¿Cómo era la ropa del pastorcillo cuando salió de la piedra?
4. Según la ropa que lleva, ¿cómo es el clima en la planicie? ¿Quién vive allí?
5. ¿Por qué se cayó a la laguna una de las pequeñas llamas?
6. ¿Encontró el pastorcillo a la llama?
7. ¿Cómo era la voz del gran dios de la montaña?
8. ¿En qué convirtió el dios de la montaña al pastorcillo?
9. ¿Cuándo puede contar Rumiaya su historia?

4 **Suciopungo.** Escribe la forma del imperfecto o del pretérito en esta corta historia.

La planicie _____ (ser) hermosa, pero _____ (estar) llena de basura. Los viajeros que _____ (pasar) por allí no _____ (preocuparse) ni de la ecología ni de las plantas y animales que _____ (vivir) en ella. Un día, el rey de aquel país _____ (prohibir) tirar papeles y restos de comida en la planicie porque él _____ (querer) conservarla limpia. Desde ese día, el rey _____ (empezar) a castigar personalmente a todos los infractores (*offenders*) hasta que Suciopungo _____ (convertirse) en Limpiopungo.

5 **Mis deseos son órdenes.** Usa la forma correcta del subjuntivo para las órdenes del rey. Elige el verbo correcto de la lista de infinitivos.

enseñar   hacer   ser   tirar
estar   saber   obedecer   cuidar

1. No quiero que la planicie _____ sucia y ordeno que nadie _____ basura en ella.
2. Quiero que mi reino _____ el más limpio del mundo.
3. Espero que todos los habitantes _____ mis órdenes y siempre _____ lo que yo digo.
4. Quiero que todos los habitantes _____ que siempre voy a castigar a los infractores.
5. Quiero que los padres y los profesores les _____ buenas costumbres a los niños.
6. Es necesario que todos nosotros _____ la naturaleza.

6 **Fantasía y realidad.** Trabaja en grupos de dos personas. Una persona de cada grupo hace una lista de los eventos que parecen ser reales en la historia de Rumiaya; la otra persona hace una lista de los eventos que no son o no parecen ser reales. Discutan las razones de cada uno/a para clasificar los eventos como reales o irreales.

7 **Mi propia leyenda.** Escribe en español una corta leyenda sobre un tema de tu región, del campo o de la ciudad. Incluye elementos de la realidad y de la fantasía.

En resumen

I. Hablemos

1 Contrastes. Lee la lectura de la Etapa A (página 291) y haz una comparación entre dos de esos países. Trabaja con una pareja y preséntenle sus observaciones a la clase.

2 ¡Se escaparon! Luis, el programador de computadoras, descubre que Adriana, Felipe y Nayeli no murieron en la explosión. Él habla con su primo de cómo se escaparon. Inventa una conversación entre ellos. Trabaja con una pareja.

II. Investiguemos por Internet

Refining your Internet searches

One of the advantages of using the Internet is that information is usually updated regularly. This is very useful when you need time-sensitive data for your projects or writing assignments. In this chapter, you will work on gathering up-to-date information about one of the five Hispanic countries that you have read about in this chapter: Bolivia, Colombia, Ecuador, Perú, and Venezuela. There are many Web sites with information about countries in the world. The educational institution or your community library may have a license for an on-line encyclopedia. Ask your librarian about it. There are two Internet sites that you may want to visit when searching for current facts about Hispanic countries. One is The Latin American Network Information Service (LANIC) at the University of Texas at Austin (http://lanic.utexas.edu/) and the on-line World Factbook published by the The Central Intelligence Agency (http://www.odci.gov/cia/). Look at this site for the CIA publications when you have reached their home page.

3 Un país hispano. In this activity, you will gather information about one Hispanic country. You will then present the information to the class. Before you start, make a list of at least six facts that you would like to present to your class. For example, current population, area of the country, currency, main cities, popular touristic sites, and so on. If you find interesting photos, include them also. Use the words in your list to refine your search. For example, if you have chosen **Bolivia**, you may want to use one or more keywords to refine your search. For example, if you want to know more about its population, you may start your search by writing: **Bolivia** *and* **población.** Check the Help section of your browser to structure your searches in the most efficient way, or look for help on the Houghton Mifflin Web site.

Vocabulario informático

delimitar la búsqueda	*refine the search*

III. Escribamos

Writing strategy: Paraphrasing

One good way to check your comprehension of something you have heard, seen, or read, is to paraphrase. When you paraphrase, you put information and ideas in your own words. This is a good way to practice new language structures and reinforce new vocabulary without quoting a source directly.

Examples: (Taken from the final reading of this chapter)
Original:
Limpiopungo es una planicie junto al Cotopaxi, el gran volcán nevado del Ecuador.
Paraphrase:
Limpiopungo es un lugar en Ecuador que está al lado de un volcán que se llama Cotopaxi.

Original:
Junto a este hermoso lago hay una piedra que parece un vigía.
Paraphrase:
Una piedra grande está cuidando el lago.

Strategy in action

Turn to *Escribamos* in the Workbook to practice the writing strategy of paraphrasing.

4 Limpiopungo. En tus propias palabras, escribe un resumen de tres párrafos de la leyenda de Limpiopungo.

5 El sueño de Adriana. Vuelve a ver el video donde Nayeli aparece en el sueño de Adriana. Escribe un resumen del sueño con tus propias palabras.

Vocabulario

Tiendas

el almacén	*department store*	la librería	*bookstore*
la boutique	*boutique*	la papelería	*stationery store*
los discos	*records*	la perfumería	*perfume store*
la farmacia	*pharmacy*	la tintorería	*dry cleaner*
la florería	*florist*	la zapatería	*shoe store*
la joyería	*jewelry store*		

Ropa

el abrigo	*coat*	el perfume	*perfume*
los accessorios	*accessories*	la ropa de hombre	*menswear*
el aseo personal	*personal items*	la ropa de mujer	*womenswear*
la blusa de seda	*silk blouse*	la ropa interior	*underwear*
la bolsa	*purse*	el saco	*blazer, suit jacket (for men)*
las botas de vaquero	*cowboy boots*		
la bufanda	*scarf*	las sandalias	*sandals*
los calcetines	*socks*	el sombrero	*hat*
la camisa de algodón	*cotton shirt*	la sudadera	*sweat suit*
la chaqueta	*jacket*	el suéter de lana	*wool sweater*
el cinturón de cuero	*leather belt*	el talco	*powder*
la corbata	*necktie*	el traje	*suit*
la falda	*skirt*	el vestido	*dress*
la gorra	*cap*	los zapatos	*shoes*
el guante	*glove*	los zapatos de tacón alto/bajo	*high-heeled/low-heeled shoes*
el impermeable	*raincoat*		
las medias	*stockings*	los zapatos de tenis	*sneakers*
la minifalda	*miniskirt*		

De compras en el almacén

el/la cliente	*customer*	el jabón	*soap*
los cosméticos	*cosmetics*	la mancha	*stain*
de cuadros	*plaid*	mediano/a	*medium*
de lunares (puntos)	*polka dotted*	el mostrador	*display case/counter*
de manga corta (larga)	*short- (long-) sleeved*	la oferta	*sale, discount*
de rayas	*striped*	el par	*pair*
el/la dependiente	*clerk*	pequeño/a	*small*
el descuento	*discount*	el precio	*price*
devolver (ue)	*to return*	el probador de hombres	*men's dressing room*
el escaparate	*shop window, display case*	el probador de mujeres	*women's dressing room*
estar a cargo de	*to be in charge of*	el recibo	*receipt*
estar de moda	*to be in style*	la talla	*size*
la ganga	*sale, discount*	la venta	*sale*
ir de compras	*to go shopping*		

Claro que sí.	*Of course*
¿Cómo me queda?	*How does it fit me?*
¿En qué puedo servirle?	*How can I help you?*
¿En qué le puedo ayudar?	*How can I help you?*
Está roto/a, sucio/a, manchado/a.	*It's ripped/dirty/stained.*
¿Puedo probarme el...?	*Can I try on the . . .?*
Quiero cambiarlo/la por otro/a.	*I want to exchange it for another.*
Quiero que me devuelvan el dinero.	*I want you to return my money.*
Te/Le queda bien, mal, grande, pequeño/a, largo/a, corto/a, estrecho/a, flojo/a.	*It fits you well, poorly, big, small, long, short, tight, loose.*
Voy a llevarme...	*I'm going to take . . .*
Voy a probármelo/la.	*I'm going to try it on.*

Coches, carros y automóviles

abrocharse el cinturón	*to buckle up (seatbelt)*	dañar	*to injure; to damage*
el aceite	*oil*	el espejo retrovisor	*rear view mirror*
el acelerador	*gas pedal*	el freno	*brake*
acelerar	*to accelerate*	la gasolina	*gasoline*
el aire acondicionado	*air conditioning*	la guantera	*glove box*
apagar	*to shut off*	la licencia de manejar	*driver's license*
el apoyacabeza	*headrest*	el limpiaparabrisas	*windshield wipers*
arrancar	*to start*	la llanta (rueda)	*tire*
el asiento	*seat*	la llanta pinchada	*flat tire*
el asiento trasero	*rear seat*	las luces	*headlights*
el auto (automóvil, carro)	*car*	el motor	*motor*
la batería (pila)	*battery*	el parabrisas	*windshield*
el baúl	*trunk*	pitar	*to beep the horn*
la bolsa de aire	*air bag*	el pito	*horn*
chocar	*to collide, crash*	la placa	*license plate*
el choque	*crash*	la puerta	*door*
el cinturón de seguridad	*seatbelt*	el radio	*radio*
conducir (manejar)	*to drive*	el tanque de gasolina	*gas tank*
el/la conductor/a	*driver*	el volante	*steering wheel*

¿Dónde está?

¿Cómo llego a...?	*How do I get to . . . ?*
Cruce la calle.	*Cross the street.*
Doble/Dé la vuelta a la derecha/izquierda.	*Turn right/left.*
Está a ... cuadras.	*It's . . . blocks from here.*
¿Me puede decir dónde está...?	*Can you tell me where . . . is?*
Pase por ...	*Go/Pass by . . .*
Perdone la molestia.	*I beg your pardon.*
Siga derecho (recto) ...	*Continue straight . . .*

Señales de tráfico

Alto (Pare)	*Stop*	**No doblar**	*Do not turn*
Ceder el paso	*Yield*	**No estacionar**	*No parking*
Curva peligrosa	*Dangerous curve*	**(No aparcar)**	
Derrumbe	*Falling rock*	**No hay paso**	*Do not enter*
En obras	*Construction*	**Paso peatonal**	*Pedestrian crossing*
Escolares en la vía	*Student crossing*	**Suba por...**	*Go up . . .*
Intersección	*intersection*		

A manejar

acelerar	*to accelerate*	**la esquina**	*corner*
bajar por	*to go down (a street)*	**estacionar**	*to park*
cruzar	*to cross*	**la manzana (cuadra)**	*street block*
dar la vuelta	*to turn around*	**parar**	*to stop*
despacio	*slowly*	**seguir derecho (recto)**	*to go straight*
la dirección	*address*	**el semáforo**	*stoplight*
doblar a la derecha/	*to turn left/right*	**subir por**	*to go up (a street)*
izquierda		**tener cuidado**	*to be careful*

Paisaje y naturaleza

el altiplano	*high plateau, altiplano*	**la montaña**	*mountain*
el arroyo	*stream*	**nevado/a**	*snow-capped*
el bosque	*forest*	**el océano**	*ocean*
el campo	*countryside*	**la piedra**	*stone*
las cataratas	*waterfalls*	**el puerto**	*port*
la colina	*hill*	**el río**	*river*
la costa	*coast*	**la selva**	*jungle*
la isla	*island*	**la selva tropical**	*rainforest*
el lago	*lake*	**el valle**	*valley*
la llanura (planicie)	*plains*	**el volcán**	*volcano*
el mar	*sea*		

Verbos

aconsejar	*to advise*	**hacérsele a uno tarde**	*to become late*
caer	*to fall*	**mandar**	*to order*
Es esencial...	*It's essential . . .*	**ocurrir**	*to occur*
Es importante...	*It's important . . .*	**olvidar**	*to forget*
Es necesario...	*It's necessary . . .*	**quedar**	*to remain, be left over*
Es preciso...	*It's necessary . . .*	**rogar (ue)**	*to beg, plead*
Es preferible...	*It's preferable . . .*	**romper**	*to break*
Es urgente...	*It's urgent . . .*	**sugerir (ie)**	*to suggest*

LOCALIDAD:
Ecuador

8A

¿Qué plan secreto tiene Zulaya?

Sunglasses is about to grab the Jaguar Twin in Otavalo. However, Zulaya deftly devises other plans.

8B

Vocabulary themes

Talking about food and nutrition

Talking about health and exercise

Making an appointment with a doctor

Talking about money

Buying jewelry and merchandise in a marketplace

Language structures

Expressing emotions and wishes

Expressing doubt or certainty

Talking about the unknown

Talking about persons and things

Describing actions

Culture topics

Alimentos y remedios naturales

El cacao, una moneda valiosa

Los mercados y el arte del regateo

Readings

Comidas ideales

Los países del Cono Sur

Reading and writing strategies

Comparing and contrasting

Using visual organizers

Internet strategy

Formulating a query

ΞTAPA·A

Pistas y palabras

I. Talking about food and nutrition

food pyramid

A. La pirámide de la alimentación°

to maintain ourselves / healthy
shows
foods
to eat / quantity / upper

Mantener una **dieta** balanceada es importante para **conservarnos° sanos.°** La **pirámide de la alimentación** nos **muestra°** los productos recomendados en cada grupo de **alimentos.°** En la base de la pirámide están los alimentos que debemos **consumir°** en mayor **cantidad°** y en la parte superior,° están los alimentos que solamente debemos consumir en cantidades mínimas.

grasas
aceites
dulces

**cantidades
mínimas**

leche
yogur
queso

**de 2 a 3
porciones**

carne, pollo
pescado
huevos

**de 2 a 3
porciones**

verduras
**de 2 a 4
porciones**

frutas
**de 2 a 4
porciones**

pan
cereal
arroz
pasta

**de 6 a 11
porciones**

B. Las porciones

level
maintains

El número recomendado de **porciones** depende de cuántas **calorías** necesite la persona **diariamente**. Las calorías **dependen**, a su vez, del nivel° de actividad que **mantenga°** la persona, de su edad, de su sexo y de sus circunstancias. Por ejemplo, una persona muy **sedentaria** necesita menos calorías que una persona **activa**, las personas jóvenes consumen, por lo general, más calorías que las personas ancianas

pregnant / nutritious

y las mujeres **embarazadas°** deben mantener una dieta **nutritiva°** con mucho calcio. Las personas que sufren de alergias o de alguna insuficiencia **física** pueden necesitar dietas especiales.

Palabras y expresiones útiles

1 taza de vegetales de hojas
(lechuga, repollo)

4 cucharadas
de crema de
cacahuate

3/4 de taza de jugo de fruta

yogur

1 tortilla

1 plátano

mantequilla

1 manzana

1 huevo

3/4 de taza de cereal

pechuga de pollo

1 papa al horno

2 rebanadas de queso

1/2 de taza de frijoles cocidos

1 rebanada de pan

1 **Ponlas en su grupo.** Pon las comidas de la lista en el grupo de alimentos que les corresponde en la pirámide. Trabaja en parejas.

2 **¿Comes una dieta balanceada?** Haz una lista de lo que comiste ayer. Compárala con la de una pareja. Hablen de lo que necesitan hacer para mantener una dieta balanceada.

3 **Encuesta.** Hazles una encuesta a cinco compañeros/as sobre sus hábitos alimenticios (*eating habits*). Después, clasifica cada uno de estos alimentos en el sitio que le corresponde en la pirámide.

1. ¿Qué bebes cuando tienes sed? ¿Cuál es tu bebida favorita?
2. ¿Bebes alcohol? ¿Cuántas veces por semana? ¿Cuándo?
3. ¿Cuál es la fruta que más te gusta? ¿Cuál es la fruta que menos te gusta? ¿Por qué?
4. ¿Cuál es la verdura que más te gusta? ¿Cuál es la verdura que menos te gusta? ¿Por qué?
5. ¿Cuál es tu comida favorita? ¿Por qué?
6. ¿Cuál es la comida que menos te gusta? ¿Por qué?
7. ¿Cuántos vasos de agua tomas al día?
8. ¿Qué comes cuando tienes hambre entre las comidas?

Haz un resumen de la información que conseguiste. Dale un reportaje a la clase.

4 Planeando el menú. Tienes que planear la comida de una semana para la cafetería de tu universidad. Planea un menú balanceado para todos los días.

Menú diario				
lunes	**martes**	**miércoles**	**jueves**	**viernes**

5 Para todas las edades. ¿Cómo cambiarías (*would you change*) este menú para niños de siete a nueve años? ¿Para personas mayores?

II. Talking about health and exercise

Buena idea para el estrés

Más de 150 estudios psicológicos afirman que el **ejercicio** es un **antídoto** para el **estrés**.° Tres sesiones a la semana, de 20 o 30 minutos, no sólo le calman la **tensión nerviosa**, sino que la **mantienen en forma**.° Una tanda° de ejercicios vigorosos, según los expertos, aumenta las ondas alfa° de **relajación**, emitidas por el **cerebro**.° Además, reduce la tensión muscular y aviva° el ritmo del **corazón**.° "Usted se siente **relajada**,° pero muy despierta. Esto hace que pueda resolver mejor sus problemas", dice David Holmes, psicólogo de la Universidad de Kansas (Estados Unidos).

stress

stay in shape / set
alpha waves
emitted by the brain
intensifies / heart
relaxed

6 Preguntas personales. Contesta las preguntas.

1. ¿Qué cosas causan el estrés?
2. ¿Qué hace la gente para reducir el estrés en su vida?
3. ¿Qué síntomas tienes cuando sientes mucho estrés?
4. ¿Qué tipo de ejercicio haces? ¿Cuántas veces por semana?
5. ¿Qué síntomas tienes cuando tienes gripe (*flu*)?
6. ¿Vas al médico cuando estás enfermo/a? ¿Qué te recomienda generalmente?
7. ¿Cuántas horas duermes cada noche?
8. ¿Cuántas horas duermes la noche antes de tomar un examen?

7 Un plan para una vida sana. Haz una lista de cinco cosas que te causan estrés. Con una pareja, haz un plan para aliviar el estrés en tu vida. Preséntale el plan a la clase.

III. Making an appointment with a doctor

Una cita° con la médica

appointment

RECEPCIONISTA:	Buenos días. Oficina de la doctora Medina.
SR. JARAMILLO:	Buenos días. Habla el Sr. Jaramillo.
RECEPCIONISTA:	¿En qué le puedo ayudar, Sr. Jaramillo?
SR. JARAMILLO:	Mi hija Claudia **se torció**° el **tobillo**° y es necesario que la doctora Medina la vea hoy.
RECEPCIONISTA:	¿La niña puede caminar?
SR. JARAMILLO:	No, no puede. Parece que tiene el tobillo **fracturado**.°
RECEPCIONISTA:	Entonces lo mejor es que la lleve a **la sala de emergencia**° inmediatamente para tomarle una **radiografía**.°
SR. JARAMILLO:	¿Y la doctora Medina no puede atenderla?
RECEPCIONISTA:	No, lo siento. La doctora Medina está ahora en el hospital atendiendo a otros **pacientes**.° Cuando usted llegue al hospital, pida por favor, que le llamen a la doctora Medina. Ella puede **atender**° a la niña allí.
SR. JARAMILLO:	Muchas gracias, señorita.
RECEPCIONISTA:	No hay de qué. ¡**Ojalá**° que la niña **se mejore**° pronto!

twisted / ankle

broken

emergency room
X-Ray

patients

take care of

I hope / gets better

Palabras y expresiones útiles

el antibiótico	*antibiotic*	la lengua	*tongue*
la aspirina	*aspirin*	el músculo	*muscle*
la cápsula	*capsule*	el oído	*ear*
el catarro	*cold*	la píldora (pastilla)	*pill*
el/la curandero/a	*healer*	la presión	*blood pressure*
la enfermedad	*illness*	sanguínea	
el examen físico	*physical exam*	la prueba	*test, exam*
la fractura	*fracture*	la receta	*prescription*
la gripe	*flu*	el remedio	*remedy*
el hueso	*bone*	la sangre	*blood*
la infección	*infection*	el síntoma	*symptom*
la inyección	*injection*	la tableta	*tablet*
el jarabe	*syrup*	el yeso	*cast*

aliviar	to alleviate/ease (pain or symptoms)	respirar	to breathe
aliviarse	to get better	romper(se) (el brazo)	to break (one's arm)
cuidarse	to take care of oneself	sacar la lengua	to stick out one's tongue
curar	to cure		
doler (ue)	to hurt	sangrar	to bleed
enfermarse	to get sick	ser alérgico/a a... (tener alergia a...)	to be allergic to . . .
estornudar	to sneeze		
evitar	to avoid	toser	to cough
hacer una cita	to make an appointment	vomitar	to vomit

Expresiones con *estar*		**Expresiones con *tener***	
estar embarazada	to be pregnant	tener apetito	to have an appetite
estar mareado/a	to be dizzy	tener buena/mala salud	to be in good/bad health
estar resfriado/a	to have a cold	tener catarro/resfrío	to have a cold
		tener dolor	to have pain
		tener escalofríos	to shiver, have a chill
		tener gripe	to have the flu
		tener náuseas	to be nauseous

8 ¿Qué recomienda el médico? ¿Qué recomienda un/a médico/a en estas circunstancias? Trabajen en parejas e inventen recomendaciones para los siguientes síntomas. Comiencen sus recomendaciones con una de las frases siguientes.

Recomiendo que   Es importante que
Prefiero que   Es urgente que
Es mejor que   Sugiero que
Le pido que   Es bueno que

1. No tengo mucho apetito.
2. Me torcí el brazo.
3. Tengo fiebre y náuseas.
4. Me duele el estómago.
5. Estoy mareado/a y tengo dolor de cabeza.
6. Tengo catarro y no puedo respirar.
7. Me duele la cabeza.
8. Fui a un concierto anoche y me torcí la pierna.
9. ¿...?

9 En la consulta del médico. En parejas, hagan el papel de médico/a y paciente. Discutan los síntomas y las recomendaciones para mejorarse.

10 Remedios caseros. (*Home remedies*). Haz una lista de cinco remedios caseros que conoces para curar dolores o enfermedades, por ejemplo: **sopa de pollo para un catarro.** Con una pareja compara tu lista y habla de los beneficios de estos remedios tradicionales en comparación con las medicinas modernas.

ENLACE CULTURAL

Alimentos y remedios naturales

Buena salud y buena nutrición son importantes para el bienestar° diario. *well being*
Los habitantes nativos de América tuvieron muchos recursos naturales
para obtener las dos cosas. Entre los productos de la tierra, conocemos
bien el maíz, las papas y los cereales° la quinoa° y el amaranto.° Muchas *grains / quinoa plant / amaranth*
plantas medicinales conocidas por esas comunidades se usan para fabricar
medicinas o cosméticos o también como modelos para sintetizarlos quími-
camente. Por ejemplo, el aloe o penca sávila° y los bálsamos° de Perú y *aloe vera / balms*
Tolú para cremas; la yerba mate°, el guaraná° y la cafeína para bebidas; la *mate tea herb / healing plant*
quinina para medicinas y bebidas; la enzima papaína° de la papaya para *papaya enzyme*
ablandar° las carnes; el girasol rojo, la valeriana° y el tilo° en la medicina *to tenderize / echinacea; flowering plant used as sedative / lime tree /*
alternativa y la capsaicina° de los chiles para cremas contra la artritis. *medicinal pepper substance*

Discusión en grupos

1. ¿Es efectiva la medi-
   cina alternativa? ¿Puede
   reemplazar la medicina
   tradicional?
2. Mencionen tres pro-
   ductos medicinales, industriales o cosméticos
   que conocen en forma
   natural o sintética.

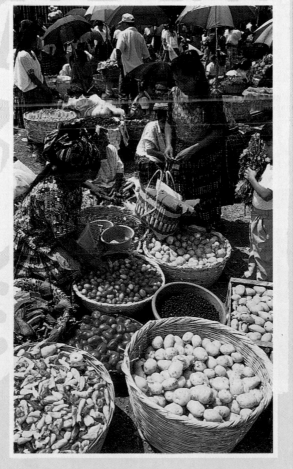

Vendiendo chiles, tomates,
papas y diferentes vegetales
en el mercado de Cobán,
Guatemala.

VISTAS Y VOCES

I. Preparémonos

1 Anticipación. Con un/a compañero/a, contesta las siguientes preguntas.

A. 1. Si quieres esconder algún objeto, ¿dónde lo pones? ¿Qué escondes?
   2. Describe algún mercado al aire libre en tu región. ¿Dónde está, en la ciudad o en el campo? ¿Qué venden? ¿Qué compras tú allí?
   3. ¿Siempre dices la verdad? Explica.
B. Mira la foto 8A en la página 315. ¿Quién es esta mujer y qué está haciendo?

Para comprender mejor

al aire libre	*open air*	el logro	*accomplishment*
la altura	*height*	mareado/a	*nauseous, dizzy*
el amanecer	*sunrise, dawn*	la nube	*cloud*
el arbusto	*bush*	la piedra	*stone*
la bolsa	*bag*	poderoso/a	*powerful*
el cielo	*heaven, sky*	el quechua	*Quechua language*
cumplir	*to fulfill*	silvestre	*wild*
el/la curandero/a	*healer*	el soroche	*altitude sickness*
engañar	*to deceive*	el tejido	*weaving*
envolver	*to wrap*	la tierra	*earth*
forjar	*to forge, to shape*	la vela	*candle*
el hogar	*home*	el/la vendedor/a	*salesperson*

2 Secuencia. Estudia cada una de las cuatro escenas de video.

1. 2.

3. 4.

II. Miremos y escuchemos

3 **Mis observaciones.** Mientras miras el episodio, escribe el nombre del personaje (o personajes) asociado(s) con las siguientes actividades.

1. Tiene(n) a Yax-Balam en las manos. _____
2. Habla(n) con Zulaya en su tienda. _____
3. Camina(n) por el mercado en Otavalo. _____
4. Se siente(n) mal y tiene(n) un sueño. _____
5. Un pájaro blanco vuela enfrente de su cara. _____
6. Despierta(n) a Adriana. _____
7. Habla(n) con Felipe y Adriana sobre el soroche. _____
8. Va(n) a la casa de la curandera. _____
9. Habla(n) en quechua y cura(n) a Adriana. _____
10. Pregunta(n) por Zulaya. _____

III. Comentemos

4 **Comprensión.** Con un/a compañero/a, contesta las siguientes preguntas.

1. Describe a Zulaya. ¿Qué tiene en las manos?
2. ¿Con quién habla Zulaya en la tienda? ¿Sobre qué?
3. ¿Qué envuelve y pone Zulaya en dos bolsas idénticas mientras habla con Mario?
4. ¿Cómo se siente Adriana? ¿Qué tiene?
5. Cuando está dormida, Adriana tiene un sueño en que Nayeli le dice que el jaguar va a ser su guía en la vida. También le describe otras tres guías de la vida. Una es la verdad. ¿Cuáles son las otras dos?
6. Cuando se despierta Adriana, ¿adónde van ella y Felipe?
7. ¿Quién es doña Remedios? ¿Qué tiene dentro y fuera de la casa?
8. Según doña Remedios, ¿por qué está enferma Adriana?
9. ¿Cuándo se despierta el jaguar, según doña Remedios?
10. ¿Qué dice ella sobre simplificar la vida? ¿Por qué?
11. ¿Qué les pregunta Gafasnegras a los vendedores del mercado?

5 **Guías de la vida.** En este episodio, Adriana sueña que Nayeli le habla. La madrina le dice, "El que no sabe su historia no puede forjar su destino". Trabajando con un/a compañero/a, discute esta idea con respecto a la historia de los jaguares y a tu vida del pasado y del futuro.

6 **Miremos otra vez.** Después de mirar el episodio otra vez, organiza las escenas de video en la secuencia correcta. Después, compara la cura que le hace doña Remedios a Adriana con el tipo de tratamiento que recibes tú cuando estás enfermo/a.

7 **Somos artistas.** En grupos de cuatro, creen un cartel representando las vistas y voces del mercado de Otavalo. Describan los detalles de cuatro escenas: el panorama del mercado de Otavalo; unos tejidos típicos; una tienda de ropa y objetos; la gente que está en el mercado. Después, comparen su interpretación artística con otros grupos.

Lengua

I. Expressing emotions and wishes

More uses of the present subjunctive

Salud eterna

ESTER: Estoy contenta de que **vengamos** mucho al Centro de Salud. Es importante que **cuidemos** nuestra salud.

ADÁN: Sí, mi amor, me alegro de que **hagamos** los ejercicios juntos.

I regret

ESTER: Lamento° que nuestros hijos Pepe y Marina no **participen** en estas activi-

it worries me

dades. A veces, me preocupa° que Pepe no **practique** ningún deporte y que Marina

I hope

sea tan sedentaria. Ojalá° **cambien** su estilo de vida. Siempre están ocupados, viven con mucho estrés y no tienen tiempo para hacer ejercicio.

I agree / I'm afraid

ADÁN: Estoy de acuerdo.° Temo° que **tengan** problemas de salud en el futuro.

it doesn't surprise me

ESTER: Querido, no me sorprende° que los médicos **digan** que el ejercicio reduce el estrés. Me encanta hacer ejercicio.

Look at the verbs in the subjunctive. What infinitives do they come from? Underline the expression in the main clause that requires the use of the subjunctive. What do these expressions have in common? Why do you think that the subjunctive is needed in each case?

- Remember that for the subjunctive to be needed, the structure usually looks like this.

Main clause	que	Subordinate clause
verb (subject 1)	que	verb (subject 2)

- It is not only the structure that causes the subjunctive to be used, but what the verb in the main clause expresses.

- In Spanish, when expressing emotions such as happiness, sadness, fear, anger, regret, shame, dislikes, sorrow, pleasure, joy, hope, and the like in the main clause, the subjunctive is used in the subordinate clause. Notice that emotion can be expressed personally or impersonally.

Personally

Lamento que Marta y Luis no hagan ejercicio.   *I regret that Marta and Luis don't exercise.*

Impersonally

Es una lástima que Marta y Luis no hagan ejercicio.

It is a pity that Marta and Luis don't exercise.

- When there is only one subject, the structure changes and the infinitive is used.

Lamento no tener un trabajo.

I regret not having a job.

- Common verbs and impersonal expressions used to express emotion are:

alegrarse	*to be happy*	es una lástima	*it's a shame*
enojarse	*to be angry*	esperar	*to hope*
es bueno	*it's good*	estar contento/a de	*to be happy*
es extraño	*it's strange*	lamentar	*to lament, regret, be sorry*
es malo	*it's bad*	molestar	*to bother*
es mejor	*it's better*	sentir (ie)	*to be sorry, lament, regret*
es peor	*it's worse*	sorprender	*to surprise*
es ridículo	*it's ridiculous*	temer	*to fear, be afraid of*
es terrible	*it's terrible*	tener miedo (de)	*to be afraid of*

░░░ LENGUA EN ACCIÓN

Ojalá para expresar esperanza

The Moors were in Spain from 711 to 1492 and there is much Arabic influence in the Spanish language. **Ojalá** is an Arabic word which means *God (Allah) willing*, and expresses the equivalent in Spanish of *I/Let's hope*. It only has one form and is always followed by the subjunctive.

Ojalá (que) nos sirvan frutas para el postre.

I hope that they serve us fruit for dessert.

It is also used on its own as an exclamation:

—¿Nos van a servir frutas para el postre?

Are they going to serve us fruit for dessert?

—¡Ojalá!

Let's hope so!

1 *Comprensión.* Completa las siguientes ideas con la forma correcta del subjuntivo de los verbos en paréntesis.

1. No me gusta que mi compañero de cuarto _____ fume _____ (fumar).
2. Esperamos que Gualterio no _____ tenga _____ (tener) gripe.
3. El médico lamenta que sus pacientes no _____ sigan _____ (seguir) sus consejos.
4. Mi amiga Alicia está contenta de que sus dos hijas _____ coman _____ (comer) alimentos variados.
5. Es una lástima que hoy _____ haga _____ (hacer) mal tiempo para la fiesta.
6. Ojalá que papá no _____ se enoje _____ (enojarse) con nosotros por llegar tarde esta noche.

7. Me gusta que la cafetería _serve_ (servir) mejor comida que el año pasado.
8. Irene se alegra de que su primo le _presto_ (prestar) equipo para hacer ejercicios.
9. Adelina tiene miedo de que su hermano mayor _se muera_ (morirse) del SIDA (*AIDS*).
10. A Marco Antonio le sorprende que nos _gustan_ (gustar) la comida italiana.

2 **Episodios de la vida.** Varias personas expresan sus emociones sobre los siguientes episodios de la vida. Reemplaza los verbos entre paréntesis con la forma correcta del presente (indicativo o subjuntivo). Sigue el modelo.

▶ **Modelo:** *yo (esperar) que Paco (comer) menos grasa*
Yo espero que Paco coma menos grasa.

1. mis tíos (alegrarse) de que Adán (ser) tan saludable
2. Mauro (lamentar) que su esposa todavía (fumar) cigarros
3. ojalá que mi novio me (enseñar) buena nutrición
4. no nos (sorprender) que Teresa y Javier (planear) hacer un crucero por el Caribe
5. nosotros (sentir) que Guillermo (tener) SIDA
6. el profesor Ramírez (esperar) que sus estudiantes (estudiar) mucho para el examen de sociología y que (hacer) los ejercicios
7. ojalá mamá (ganarse) la lotería y (llevarnos) de vacaciones a la Argentina
8. me (molestar) que José y Miguel (tomar) tanta cerveza
9. nosotros (estar) contentos de que el agua (ser) tan buena para la salud

3 **Reacciones.** Primero, escribe la forma correcta del subjuntivo en cada frase de la derecha. Después, trabaja con un/a compañero/a. Cada persona selecciona la afirmación con la que está de acuerdo y explica por qué.

Declaración	Reacciones ¿a o b? ¿Por qué?
1. El costo de la educación universitaria es demasiado alto.	a. Es mejor que los estudiantes _____ (trabajar) antes de ir a la universidad. b. Me molesta que no _____ (haber) educación gratis para todos.
2. Muchos estadounidenses piensan seguir una dieta balanceada.	a. Me alegro de que la gente _____ (estar) consciente de la buena nutrición. b. No me gusta que la gente _____ (hablar) tanto de la dieta.
3. Beber mucho alcohol es un problema serio en la sociedad.	a. Es extraño que algunas personas _____ (exagerar) el problema del alcohol. b. Temo que la gente _____ (beber) mucho alcohol.

4. Tener una mente sana en un cuerpo sano es una buena filosofía.

    a. Estoy contento/a de que _____ (haber) más énfasis en lo que comemos todos los días.

    b. Es ridículo que nosotros _____ (preocuparse) tanto de la salud. Es mejor que nosotros _____ (vivir) día a día.

5. Un coche es una necesidad esencial de la vida.

    a. Es bueno que el coche nos _____ (hacer) la vida más fácil.

    b. Es absurdo que la gente _____ (gastar) tanto tiempo viajando en coche y que no _____ (usar) el transporte público.

II. Expressing doubt or certainty

More uses of the subjunctive

En el restaurante *Mar azul*

CÉSAR: Norma va a ir con nosotros al restaurante *Mar azul*, pero no creo que Iván **vaya** porque le tiene alergia al pescado.

LILI: No, no es cierto que Iván le **tenga** alergia al pescado, es que no le gusta. Además, no importa, pues allí también sirven buena carne. ¿Crees que Iván no **coma** carne tampoco?

CÉSAR: Creo que le **encanta** la carne. Pero, tenemos que llamar al restaurante porque dudo que **esté** abierto hoy, lunes.

LILI: No te preocupes, ya llamé. Es cierto que *Mar azul* **está** abierto y podemos salir en media hora. ¡Tengo muchísimas ganas de comer langosta fresca!

Lili

César

Notice which verbs are in the subjunctive and which are not. Underline the expression in the main clause that requires the use of the subjunctive in the subordinate clause. What do these expressions have in common? Why do you think that the subjunctive is needed in each case? Find other examples that use the indicative. What do these expressions have in common that do not require the use of the subjunctive?

Expressions of doubt, uncertainty, denial, and disbelief

In Spanish, when expressing doubt, uncertainty, denial, and disbelief in the main clause, the subjunctive is used in the subordinate clause.

- Common verbs and impersonal expressions expressing doubt, denial, and disbelief are:

dudar	*to doubt*	no es cierto	*it's not certain*
es dudoso	*it's doubtful*	no es verdad	*it's not true*
es imposible	*it's impossible*	no estar seguro	*to be unsure*
negar (ie)	*to deny*	no pensar (ie)	*not to think*
no creer	*not to believe*		

- **Dudar** takes the subjunctive whether the subject in the subordinate clause is different or the same.

Moncho duda que él pueda jugar al golf hoy.	*Moncho doubts he can play golf today.*
Moncho duda que su hermano pueda jugar al golf hoy.	*Moncho doubts that his brother can play golf today.*

∷∷ LENGUA EN ACCIÓN

Quizás y tal vez: Usos especiales del subjuntivo

Both **quizás** and **tal vez** mean *perhaps* and are followed by the subjunctive when the speaker intends to express doubt or uncertainty. **Que** is omitted.

Quizás yo prepare una comida de pollo esta noche.	*Perhaps I'll prepare a chicken meal tonight.*
Tal vez llueva mañana.	*Perhaps it will rain tomorrow.*

Expressions of belief or certainty

In Spanish, when expressing belief or certainty, certain verbs and verb expressions use the indicative.

Es cierto que Raúl tiene diabetes.	*It's true that Raul has diabetes.*
Creo que en el futuro vamos a encontrar una cura para el SIDA.	*I believe that in the future, we are going to find a cure for AIDS.*

- Common verbs and impersonal expressions expressing belief or certainty are:

creer	*to think*	es cierto	*it's certain, true*
opinar	*to think, have an opinion*	es evidente	*it's evident*
pensar	*to think*	es verdad	*it's true*

- When **creer**, **opinar**, and **pensar** are used to ask a question, the subjunctive is often used.

Dra. Medina, ¿piensa Ud. que yo tenga gripe?	*Dr. Medina, do you think that I have the flu?*
¿Cree Ud. que mi hijo se mejore pronto?	*Do you think that my son will get better soon?*

4 Momentos de la vida. Completa los diálogos con el subjuntivo o el indicativo.

Sami está en la oficina de la doctora Colón, una psicóloga excelente.

SAMI: Es verdad que yo no ___me sien___ (sentirse) muy bien. Estoy triste.
DRA. COLÓN: Todos tenemos momentos bajos en la vida. Sami, no niego que tú ___estés___ (estar) deprimido. Es importante que tú ___hable___ (hablar) de tus problemas.
SAMI: Gracias, doctora, creo que Ud. me ___pued___ (poder) ayudar.

Ernesto y Amanda están en el restaurante Comida rápida.

ERNESTO: No creo que nosotros ___debamos___ (deber) comer un almuerzo con mucha grasa, pero dudo que tú ___sigas___ (seguir) mis consejos. Recuerda: nunca es demasiado pronto para pensar en la nutrición.
AMANDA: No niego que las papas fritas ___son___ (ser) malas para la salud y es cierto que la ensalada ___contribuye___ (contribuir) a la buena nutrición; pero, es imposible que la gente ___coma___ (comer) solamente ensaladas y verduras. Es muy aburrido.
ERNESTO: Es verdad que nosotros ___debemos___ (deber) tener una dieta balanceada. Vamos a pedir ensalada y hamburguesas, ¿de acuerdo?

Gregorio y Adelita, dos novios se declaran su amor y amistad.

GREGORIO: Adelita, es verdad que me ___quieres___ (querer). ¿No?
ADELITA: Corazón, es cierto que te ___adoro___ (adorar) y es verdad que ___quiero___ (querer) vivir el resto de mi vida contigo.
GREGORIO: Es evidente que nosotros ___vamos___ (ir) a ser muy felices, ¿no crees?
ADELITA: Opino que tú y yo nos ___respetamos___ (respetar) mucho y no somos solamente novios sino también muy buenos amigos.

5 ¿Es verdad? Tú no estás de acuerdo con tu amigo sobre sus opiniones. Usa expresiones verbales como **no es verdad, niego que, dudo que, no creo que,** and so on, para expresar las opiniones contrarias. Sigue el modelo.

▶ **Modelo:** *Costa Rica es más grande que Perú.*
No es verdad que Costa Rica sea más grande que Perú.

1. Las aspirinas son buenas para el dolor de garganta.
2. Una computadora IBM funciona mejor que una computadora Macintosh.
3. Hay muchos buenos restaurantes en esta ciudad.
4. Es importante hacer ejercicios todos los días.
5. La comida de nuestra cafetería no tiene mucha grasa.
6. El mejor coche del país es el Honda.
7. La gente debe comer una dieta balanceada.
8. A todos los médicos les gusta operar a las cinco de la mañana.
9. Los estudiantes universitarios se visten elegantemente.

6 Verdades y dudas. Escríbele un correo electrónico a tu prima, contándole las cosas que sabes y las dudas que tengas. Incluye diez ideas sobre la vida académica, social, familiar y profesional, utilizando las expresiones de duda, negación y certeza (*certainty*).

Lectura A

Introducción

In this chapter you have learned about food and nutrition. The reading that follows describes six important products in a healthy diet. The reading was published by the magazine *Vanidades Continental* in its section about health and nutrition.

> **Reading strategy: Comparing and contrasting**
> The six products presented in this reading are different in many respects, but also have some similarities. Before reading, do the activities that follow. This kind of comparing and contrasting will prepare you for the reading's content and will enable you to compare the foods presented.

1 **Preferencias.** Trabaja en parejas. Pregúntale a tu compañero/a si los productos de la lista le gustan mucho, poco o nada. Sigue el modelo.

▶ **Modelo:** —¿Cuánto te gusta el arroz: mucho, poco o nada?
    —A mí, el arroz me gusta...

Productos

1. arroz
2. bróculi
3. huevos
4. yogur
5. banano
6. chocolate

2 **Todo es relativo.** Trabaja en parejas. Basándote en las respuestas de tu compañero/a, compara sus preferencias por los productos. Sigue el modelo.

▶ **Modelo:** *A ti te gusta el arroz más que/menos que/tanto como el yogur.*

3 **Muy saludable.** Discute con tu compañero/a cuál de los seis productos es más o menos saludable. Sigue el modelo.

▶ **Modelo:** *Yo creo que el banano es menos saludable que el yogur. ¿Qué crees tú?*   or
    Yo creo que el banano es más saludable que el yogur. ¿Qué crees tú?
    Yo creo que el banano es tan saludable como el yogur. ¿Qué crees tú?

4 **¿Verdadero o falso?** Después de leer la lectura, trabajen en parejas y discutan si las oraciones siguientes son falsas o verdaderas. Corrijan las oraciones falsas.

1. Comer banano da buen humor. V
2. El yogur contiene bacilos vivos. V
3. Consumir chocolate pone nerviosa a la gente. F
4. Los huevos contienen más colesterol de lo que se creía. F
5. El chocolate contiene proteínas. V
6. Los huevos mantienen los músculos en forma. V
7. El bróculi protege contra el cáncer. V
8. El yogur no tiene mucho calcio. F
9. Casi nadie come arroz en el mundo. F
10. El banano es un alimento muy versátil. V

Comidas ideales

Estos seis alimentos básicos son como el A B C de la nutrición. No sólo revitalizan, sino que contienen vitaminas y minerales esenciales para el organismo. Inclúyalos a menudo en su alimentación diaria... ¡y su cuerpo y su mente, se lo agradecerán!° *will thank you*

Arroz

¿Por qué comerlo?
Porque es un carbohidrato complejo que posee los ocho aminoácidos esenciales y sólo contiene 90 calorías por cada media taza.° *cup*

¿Comida fácil? Sí. Hierva una taza de agua y agregue° media taza de arroz. Baje a fuego lento. Cocine 20 minutos. ¡Y ya está! *add*

¿Versátil? Puede hacer mil combinaciones con arroz: paellas, arroz con pollo, etc. Con él no se aburrirá.° *will not get bored*

¿Poderes mágicos? ¡Es nada menos que el alimento básico del 50% de la población mundial!

Bróculi

¿Por qué comerlo?
Porque una taza es rica en vitaminas A y C, contiene 3 gramos de proteínas y sólo 28 calorías.

¿Comida fácil? Sin duda. Si quiere, cómalo crudo,° pero si lo prefiere cocinado, póngalo unos 2 o 3 minutos en el microondas, o hágalo al vapor° y agréguele limón. *raw / steam it*

¿Versátil? Por supuesto. Combínelo con arroz, con queso derretido, pollo... ¡y hasta con yerbas aromáticas!

¿Poderes mágicos?
Contiene elementos que pueden ofrecer protección contra el cáncer.

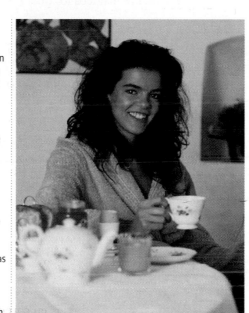

Huevos

¿Por qué comerlos? Porque contienen un promedio de 6 gramos de proteína, con sólo 75 calorías y 5 gramos de grasa. En cuanto al colesterol, los huevos tienen 22 por ciento menos colesterol de lo que se creía.

¿Comida fácil? ¿Qué no puede hacerse con ellos?

¿Versátil? Ya sea pasados por agua, en tortillas, revoltillos° o hervidos, se adaptan a todo lo que quiera. *scrambled*

¿Poderes mágicos? Los humildes° huevos, cargados de proteínas, proporcionan energía y ayudan a mantener en forma los músculos. *humble / provide*

Yogur

¿Por qué comerlo?
Porque una taza de yogur tiene 100 calorías, y proporciona° más de la mitad del calcio requerido diariamente. *supplies*

¿Comida fácil?
Se compra ya hecho,° y se ingiere a cualquier hora. ¡Muy sabroso con frutas naturales! *ready made*

¿Versátil? Sí. Puede usarlo como sustituto de aceites y grasas en muchos platos.

¿Poderes mágicos? Los bacilos° vivos del yogur protegen contra infecciones y la lactosa ayuda a hacer buenas digestiones. *bacilli*

Banano

¿Por qué comerlo?
Porque con sólo 100 calorías es rico en fibra y potasio. También por su alto nivel de carbohidratos.

¿Comida fácil? La más fácil (y una de las menos costosas). Cómalo como la naturaleza lo hizo o, si quiere, puede cocinarlos.

¿Versátil? Los caribeños saben hasta qué punto.° Comen los bananos fritos, asados, hervidos, horneados°... *degree / skim / baked*

¿Poderes mágicos?
Tienen aminoácidos que brindan° energía y dan buen humor. *provide*

Chocolate

¿Por qué comerlo? Una barra chica de chocolate puede contener riboflavina, hierro, calcio y proteínas. ¿En cuanto a calorías? 220.

¿Comida fácil? Sin duda.

¿Versátil? Se convierte en ricos dulces y postres. Para evitar las calorías, puede optar por cocoa y mezclarla con leche descremada.°

¿Poderes mágicos? El chocolate contiene una mezcla de cafeína y magnesio, parecida a la de ciertos calmantes, que relaja los nervios y da energías.

5 **¿Qué es?** Contesta las siguientes preguntas sobre la lectura.

1. ¿Quién te va a agradecer que comas estos seis alimentos básicos?
2. ¿Es necesario comer estos alimentos diariamente?
3. ¿Cuál de estos alimentos contiene mucha fibra?
4. Según tu opinión, ¿son los seis alimentos comidas fáciles? ¿Cuál es la más fácil?
5. ¿Son realmente mágicos los poderes de estos alimentos?

6 **Categorías.** Trabajen en grupos. Cada grupo elige dos alimentos para comparar sus calorías y su versatilidad. Luego, cada grupo escribe las comparaciones y las presenta a la clase. Miren el modelo para sacar ideas.

▶ **Modelo:** *El arroz tiene menos calorías que el chocolate, pero ambos productos son muy versátiles.*
El yogur es bastante versátil y tiene tan pocas calorías como el banano.

Alimento	Número de calorías	Muy versátil	Poco versátil
Arroz			
Huevos			
Bróculi			
Yogur			
Banano			
Chocolate			

7 **Recomendaciones.** Trabaja con un/a compañero/a y menciona por lo menos diez recomendaciones sobre los seis productos de la lista anterior. Comienza las oraciones con: **es importante, es necesario, es conveniente, es bueno, es mejor, es peor, es malo.** Sigue el modelo.

▶ **Modelo:** *No es bueno que consumas mucho chocolate.*
Es conveniente que incluyas yogur en tu dieta.

8 **Una dieta balanceada.** Imagínate que tú eres especialista en nutrición. Trabaja en parejas y dale a tu compañero/a algunas recomendaciones para tener una dieta balanceada. Sigue el modelo.

▶ **Modelo:** *comer diariamente de seis a ocho raciones de pan, cereal, arroz o pasta*
—¿Qué es necesario hacer para tener una dieta balanceada?
—Para tener una dieta balanceada es necesario que comas de seis a ocho raciones de pan, cereal, arroz o pasta.

1. incluir diariamente cantidades mínimas de grasas en las comidas
2. consumir un mínimo de dos raciones de leche, yogur o queso por día
3. comer diariamente dos o tres porciones de carne, pollo, pescado o huevos
4. comer entre dos y cuatro porciones de frutas
5. no usar mucha mantequilla en las comidas diarias
6. beber mucha agua diariamente
7. no abusar del azúcar y los dulces

9 **Mis alimentos básicos.** Según tus gustos y las tradiciones de tu familia elige tres alimentos básicos que sean importantes para consumir a menudo (*often*) en la alimentación diaria. Describe por qué es importante consumir el producto, si es una comida fácil y versátil y si tiene poderes mágicos. Preséntale tu selección a la clase.

ETAPA B

Pistas y palabras

I. Talking about money

A. En la casa de cambio

—Buenas tardes, a sus órdenes.

—Buenas tardes. Quisiera cambiar unos **cheques de viajero°** en dólares por **moneda en efectivo.°** ¿A cuánto está el cambio hoy?

— Está a 5.100 sucres por dólar.

—Bueno, a ver... ¿Me puede Ud. **cambiar°** un cheque de cuarenta dólares, por favor?

—Claro que sí, con mucho gusto. **Endóselo°** aquí, por favor.

—Ya está, aquí lo tiene.

—Gracias. ¿Desea usted algo más?

—Sí, por favor, necesito mandar un **giro postal°** al Ecuador. ¿Ofrecen ustedes ese servicio?

—No, lo siento, pero puedo venderle un **cheque certificado** y usted personalmente lo **envía° por correo.**

—Y ¿cuánto **cobran°** ustedes por el cheque certificado?

—**La tasa de cambio°** es un poco más favorable y la **comisión** nuestra por el cheque no es muy alta.

—Está bien, entonces, deme Ud. un cheque certificado de ciento cincuenta dólares.

—¿Cómo lo quiere pagar?

—Con tarjeta de crédito.°

—Muy bien. Aquí tiene usted su dinero en efectivo y su cheque certificado. **Revíselos°** por favor, antes de salir.

—A ver... Bien, parece que todo está en orden. Muchas gracias. Adiós.

—Adiós. Que esté usted muy bien.

travelers' checks

cash

exchange

Endorse it

money order

send

charge

rate of exchange

credit card

Check them

Palabras y expresiones útiles

el billete	*bill*	la cuenta de ahorros	*savings account*
la caja	*cashier*	la firma	*signature*
la caja fuerte	*safe*	el gasto	*expense*
el/la cajero/a	*cashier*	el préstamo	*loan*
el cambio	*exchange, change*	el presupuesto	*budget*
la cuenta corriente	*checking account*	el promedio	*average*
ahorrar	*to save*	pedir prestado	*to borrow*
depositar (dinero)	*to deposit (money)*	prestar	*to lend*
firmar	*to sign*	sacar (retirar) dinero	*to withdraw money*

¿Cuánto vale? (¿Cuánto cuesta?)	*How much does it cost?*

1 **¿Cuánto es?** Tienes dinero y quieres cambiarlo por moneda de otro país. Completa la tabla y escribe cuánto dinero vas a recibir. (Pista: Primero tienes que cambiar las cantidades a dólares estadounidenses para calcularlo.)

▶ **Modelo:** *Si tienes 100 nuevos pesos mexicanos y quieres comprar pesetas lo calculas así:*
100 nuevos pesos (100 / 8,5150) = $11,74 dólares americanos X 151,150 pesetas = 1.775 pesetas.

B. Tasas de cambio

País	Moneda nacional	Tasa de cambio por dólar
Estados Unidos	Dólar	1
Europa	Euro	1,1070
Chile	Peso	453,40
México	Nuevo peso	8,5150
España	Peseta	151,150
Venezuela	Bolívar	535,510

Moneda que quieres cambiar	Moneda que quieres comprar	Cantidad que recibes en la nueva moneda
24 dólares americanos	Euro	
777 nuevos pesos mexicanos	bolívares venezolanos	
1.000 pesetas españolas	nuevos pesos mexicanos	
300 pesos chilenos	dólares americanos	
550 Euro	pesetas españolas	
250 bolívares venezolanos	pesos chilenos	
79 dólares americanos	nuevos pesos mexicanos	

Remember that Spanish uses a decimal point where English uses a comma, and vice versa.

2 **El presupuesto.** Haz un presupuesto semanal para las siguientes categorías de gastos.

Alquiler y servicios: Comida   Entretenimiento
   agua, luz, teléfono... Transporte   (*Entertainment*)
Bebidas   Ropa   Misceláneos

3 **Presupuestos mensuales.** Compara tus gastos con los gastos de tres o cuatro compañeros/as. Calcula el promedio mensual para cada persona y para todo el grupo. Preséntalo a la clase.

4 **En el banco.** Estás en el banco y tienes que abrir una cuenta de ahorros y comprar un cheque certificado. Crea una conversación entre el/la dependiente del banco y tú.

ENLACE CULTURAL

El cacao, una moneda valiosa

Los mayas y los aztecas usaban los granos° de cacao como moneda para comprar otros alimentos o productos de lujo. El intercambio de productos fue muy importante para crear un comercio activo que ayudó al desarrollo de la agricultura, las artes y la arquitectura de estas civilizaciones.

beans

Un señor cortando frutas de cacao en México.

Como alimento, los aztecas consumían el cacao sin azúcar y lo llamaban **xocoatl.**° Actualmente, lo que nosotros llamamos chocolate es la pasta de cacao mezclada° con leche, azúcar y vainilla.

bitter water
mixed

Discusión en grupos

1. ¿Qué productos que contienen cacao consumen ustedes regularmente? ¿Cuál es el producto preferido?
2. ¿Cómo les gusta a cada uno de ustedes beber el chocolate? ¿caliente o frío? ¿con crema o con leche? ¿con azúcar y con vainilla?
3. ¿Les gusta intercambiar productos entre ustedes? Por ejemplo, ¿discos, lápices,...?

Unos jóvenes españoles tomando churros con chocolate.

II. Buying jewelry and merchandise in a marketplace

De compras en el mercado

Adriana and Felipe are about to visit a typical marketplace in Otavalo, Ecuador. Here is a preview of some items and customs that you will see in this episode.

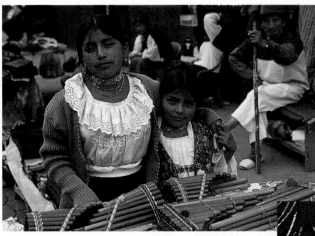

◀ *Dos muchachas ecuatorianas vendiendo instrumentos musicales en Otavalo.*

▼ *Artesanías y joyas típicas de plata y de oro en el mercado de Otavalo.*

Palabras y expresiones útiles

el anillo	*ring*	el pendiente	*pendant, earring*
los aretes	*earrings*	la perla	*pearl*
las artesanías	*folk art*	la piedra	*stone*
la cadena	*chain*	la plata	*silver*
el cobre	*copper*	el prendedor	*brooch*
el collar	*necklace*	la pulsera	*bracelet*
el diamante	*diamond*	el quilate	*karat*
la esmeralda	*emerald*	el reloj	*watch*
las joyas	*jewelry*	el tapete	*rug, small carpet, tapestry*
la/s joya/s de fantasía	*costume jewelery*	el tapiz	*tapestry*
el oro	*gold*	la turquesa	*turquoise*
regatear	*to bargain*		

5 ¿Qué llevan? Haz una lista de las joyas que llevan tus compañeros/as de clase.

6 Comprando regalos. Estás de vacaciones y tienes que comprar regalos para las personas de la lista. Describe las joyas que vas a comprar para cada una de ellas y por qué.

1. tu hermano/a
2. tu mejor amigo
3. tu mejor amiga
4. tu novio/a

5. tu madre
6. tu padre
7. una sobrina de quince años
8. tu hermano de diez años

7 Regateando. Estás en el mercado comprando las joyas, pero todos los vendedores te dan precios diferentes. Crea una conversación con un/una vendedor/a. Tú regateas para obtener el mejor precio. (Lee el *Enlace cultural* para más información sobre el regateo.)

ENLACE CULTURAL

Los mercados y el arte del regateo

El regateo es el arte de negociar un precio más bajo cuando un comprador quiere comprar algo. En los mercados artesanales° y en las tiendas pequeñas de España y América Latina todavía es usual regatear por el precio. En los mercados de las ciudades pequeñas, como Otavalo, y cuando se compran productos de vendedores ambulantes,° también es costumbre pedir rebaja° en el precio.

craft

street vendors
discount

De compras en el mercado al aire libre de Otavalo.

Discusión en grupos

1. ¿Es posible regatear en la región donde ustedes viven?
2. ¿Qué estrategias conocen ustedes para pedir rebajas?

Lengua

I. Talking about the unknown

The subjunctive with adjective clauses

Memorando

Para: Doña Rosario Domínguez
De: Elsa Samaranch
Fecha: 30 de septiembre

El propósito de este memorando es darle una lista de lo que necesito en mi nueva oficina.

1. Necesito una computadora que **pueda** conectarse con la red Internet a alta velocidad. La que tengo actualmente es demasiado lenta.
2. Como usted sabe, es necesario seguir buscando un buen secretario o secretaria para mi departamento. Debe ser una persona que **sepa** manejar muy bien las redes y las bases de datos.
3. Necesito una nueva enciclopedia electrónica que **tenga** todos los datos sobre nuestros mercados en España y América Latina.
4. Es muy importante modernizar nuestra impresora. Vamos a buscar una máquina que **sea** mucho más rápida que la que tenemos.

Le ruego que se comunique conmigo cuando tome usted su decisión sobre lo que necesito. Gracias.

Look at all of the phrases above that use the subjunctive. How do these verb phrases differ from the ones that have been previously presented? What do they have in common?

- In Spanish, when expressing something in the subordinate clause that refers to an indefinite, non-existent, or unknown person or thing, the subjunctive mood is used.

Quiero una dieta que **incluya** los cuatro grupos de alimentos.	*I am looking for a diet that includes the four food groups.*
Necesitamos un secretario que **sepa** inglés y español.	*We need a secretary who knows both English and Spanish.*
No hay nadie que **tenga** el cuerpo perfecto.	*There is not anyone who has a perfect body.*

- When expressing something in the subordinate clause that refers to a definite or existent person or thing, the indicative mood is used.

Yo sigo la dieta *Buena Salud*, que me gusta mucho.	*I'm following the* Good Health *diet, which I like a lot.*
Mi esposo busca el nuevo teléfono celular de AT&T que tiene su sobrina.	*My husband is looking for the new AT&T cell phone that his niece has.*
Necesito al cardiólogo Rivas que atiende pacientes a domicilio.	*I need cardiologist Rivas who makes home visits.*

1 Estoy buscando apartamento. Completa las siguientes ideas sobre el apartamento que estás buscando.

1. Busco un apartamento que __sea__ (ser) grande.
2. Necesito una cocina en la que yo __pueda__ (poder) atender a mis invitados.
3. Necesito un balcón que __tenga__ (tener) espacio para poner mis plantas.
4. Busco un condominio donde __pueda__ (poder) tener mis gatos.
5. En el comedor, necesito una lámpara que __de__ (dar) mucha luz.
6. Quiero que el cuarto de baño __este__ (estar) cerca de mi alcoba.
7. Quiero que la cocina __tenga__ (tener) horno microondas.

-Busco un profesor

2 ¿Qué necesita usted? ¿Cómo quieres que sean estas personas y cosas? Usa el subjuntivo y sigue el modelo. Usa verbos como **quiero, necesito, busco.**

▶ **Modelo:** *un médico*
    Busco un médico que cure las alergias.

1. un profesor	4. una computadora	7. un banco
2. un dentista	5. una médica	8. un presidente
3. un restaurante	6. una película	9. un coche

3 Un sueño posible. Acabas de ganarte la lotería y tienes muchísimo dinero. ¿Qué quieres de la vida? Escribe un párrafo sobre tus preferencias y tus sueños. Compara tu texto con el de un/a compañero/a.

II. Talking about persons and things

Selected uses of the definite article

Look at the uses of the definite article in the postcard. When is it used? When is it omitted?

El volcán Chimborazo en las montañas de los Andes en Ecuador.

Queridísimo Teo:

*Ya estoy en **el** Ecuador. **Las** montañas son magníficas y **los** nevados son hermosos. Sigo **la** misma rutina todos los días: A **las** seis de **la** mañana me levanto, me lavo **el** pelo con champú de hierbas naturales, me pongo **el** suéter de lana, desayuno y voy **al** trabajo. Estoy muy contenta trabajando con **el** doctor Curihual, **el** famoso arqueólogo. ¡Uso **el** español todos los días!*

Te quiero con todo el corazón
Abrazos[1] y besitos[2] de tu novia,
Carolina

[1]hugs; [2]kisses

Uses of the definite article

- With parts of the body

Me torcí **el** tobillo.	*I sprained my ankle.*
Me lavo **el** pelo con champú de hierbas naturales.	*I wash my hair with herbal shampoo.*

- With clothing and other personal articles

Elena se puso **el** reloj de plata y perlas.	*Elena put on her silver and pearl watch.*
Las muchachas se pusieron **el** traje de baño.	*The girls put on their bathing suits.*

- Before abstract nouns and nouns used in a general sense

El dinero es esencial en **la** vida.	*Money is essential in life.*
No me gusta **el** café.	*I do not like coffee.*

- With the time of day, days of the week, and to indicate *on*

Son **las** nueve de la noche.	*It's nine p.m.*
Los Burgos salen **el** domingo.	*The Burgos are leaving on Sunday.*

- When referring to or talking about people who have titles, except for **don/doña***

La doctora Orozco es de Texas.	*Doctor Orozco is from Texas.*
Doña Delia Domínguez es encantadora.	*Doña Delia Domínguez is charming.*
El presidente tiene muchas responsabilidades.	*The President has many responsibilities.*

- With the names of languages, except when they follow **de**, **en**, or forms of **hablar, practicar, estudiar, aprender,** and **entender**

Para el año 2050, **el** español va a ser la lengua extranjera más hablada de los Estados Unidos.	*By the year 2050, Spanish will be the most widely spoken world language in the United States.*
¿Sabes hablar español?	*Do you know how to speak Spanish?*
Solamente sé contar en español.	*I know only how to count in Spanish.*

- With certain countries or states**

la Argentina	**la** India
el Brasil	**el** Japón
el Canadá	**el** Paraguay
el Ecuador	**el** Perú
los Estados Unidos	**la** República Dominicana
la Florida	**el** Uruguay

---

* *Notice that you do not use a definite article when addressing someone directly:* **Doctor Orozco, ¿de dónde es usted?**

** *Note that the use of the article varies with many of these countries.*

4 **Las rutinas.** Escribe la forma correcta del artículo, si es necesario.

1. ¿Qué champú usas cuando te lavas _____el_____ pelo? ¿Y qué jabón usas cuando te lavas_____la_____ cara?

2. En el accidente, ¿te rompiste _____el_____ brazo izquierdo o _____la_____ rodilla derecha?

3. _____el_____ japonés es una lengua muy bonita; también me encanta _____el_____ español.

4. _____El_____ amor y _____la_____ verdad son cosas importantes en la vida. _____El_____ dinero es menos importante.

5. Sandra se probó _____la_____ camiseta nueva y _____los_____ pantalones de lana.

6. _____El_____ profesor Márquez enseña mejor que _____la_____ profesora Benítez.

7. Debes lavarte _____los_____ dientes después de cada comida.

8. Fuimos al cine _____el_____ viernes a _____las_____ diez de la noche.

9. Yo no bebo _____ cerveza; me gustan más _____el_____ vino blanco chileno y _____el_____ ron (*rum*) puertorriqueño.

10. _____La_____ amistad es un elemento necesario en la vida.

5 **Composición.** Escribe un párrafo sobre tus preferencias personales en joyas, ropa y diversiones. Presta atención especial al uso de los artículos. Después, pregunta a un/a compañero/a cuáles son sus preferencias personales.

III. Describing actions

Infinitives used with prepositions

En el banco

TONI: **Antes de** depositar dinero, siempre averiguo mi saldo (*balance*). Si tengo dinero suficiente en mi cuenta corriente, entonces deposito el dinero en la cuenta de ahorros.

BETO: Pues yo también, pero **en vez de** ir personalmente al banco, siempre hago los depósitos electrónicamente. Todos los jueves, **al** recibir mi cheque, voy al cajero automático (*ATM machine*) o uso mi computadora **para** hacer los depósitos.

TONI: Yo casi siempre voy personalmente al banco **para** depositar mi dinero y **al salir** del banco, reviso muy bien todos los recibos.

BETO: Claro, eso es muy importante. Yo siempre reviso mis papeles **antes de** hacer los depósitos y **después de** hacerlos.

Beto   **Toni**

Look at the examples above and identify when infinitives are used in these sentences. What kind of word do they generally follow? Where do pronouns go when an infinitive is used?

- Where English uses preposition + present participle to express the idea of doing something (*before running/after eating/instead of flying*), Spanish utilizes preposition + infinitive (**antes de correr/después de comer/en vez de volar).**
- **Al** + infinitive means *upon* or *on* or *when* + verb.

Al llegar, cené con la familia.   *Upon arriving, I ate supper with the family.*
    When I arrived, I ate supper with the family.

Al salir de clase por la mañana,   *After leaving my classes in the morning, we*
    siempre vamos a almorzar en la   *always have lunch in the cafeteria.*
    cafetería.

- Review the prepositions on page 157 before doing the following activities.

6 **¿Antes o después?** Trabaja con un/a compañero/a y contesta las preguntas con **antes** o **después.** Sigue el modelo.

▶ **Modelo:** —*¿Cuándo empezaste tu dieta? (después de...)*
    —*Empecé mi dieta después de comerme mi última galleta de chocolate.*

1. ¿Cuándo miraste la televisión ayer? (antes...)
2. ¿Cuándo fuiste de compras a las tiendas de ropa la semana pasada? (después de...)
3. ¿Cuándo prefieres estudiar? (antes de...)
4. ¿Cuándo vas al banco? (después de...)
5. ¿Cuándo tomaste cerveza el sábado? (antes de...)
6. ¿Cuándo escribiste el correo electrónico anoche? (después de...)
7. ¿Cuándo asistes a tus clases de español? (antes de...)
8. ¿Cuándo comes en tu restaurante favorito? (después de...)
9. ¿Cuándo tomaste las vacaciones el año pasado? (antes de...)

7 **Mis preferencias.** Completa las frases con las preposiciones apropiadas (*appropriate*). Después, trabaja con un/a compañero/a, contestando cuáles son las preferencias de cada uno/a.

al   antes de   después de   hasta   en vez de

1. Prefiero comer...
   a. _____ bailar en la discoteca.
   b. _____ dormir.
   c. _____ ir al cine.
2. Ayer tenía ganas de jugar al volibol...
   a. _____ estudiar para mi examen.
   b. _____ cenar.
   c. _____ terminar las clases.
3. El año pasado pasé el segundo semestre viajando por el Ecuador...
   a. _____ decidir en qué quería especializarme.
   b. _____ estudiar el primer semestre en los Estados Unidos.
   c. _____ quedarme aquí en los Estados Unidos.
4. Cuando yo era joven, me gustaba ir a la playa en el verano...
   a. _____ sufrir el calor de la ciudad todo el verano.
   b. _____ viajar con mi familia.
   c. _____ pasar el resto de las vacaciones en un campamento de verano.

5. Mañana voy al cine con mi novio/a...
   a. _____ escribir mi trabajo para la clase de antropología.
   b. _____ hacer mi experimento de laboratorio para el curso de química.
   c. _____ terminar de jugar al tenis con el equipo universitario.

8 **Planes y preferencias.** Utilizando las preposiciones (**antes de, después de, en vez de, hasta, al**) con diferentes infinitivos, escribe una lista de diez actividades académicas, sociales y personales. Compara tu lista con la de un/a compañero/a.

Lectura B

Introducción

With the exception of Paraguay and Uruguay, all South American countries are Andean countries, but to different degrees. As you have learned, Bolivia, Ecuador, and Peru have large Andean regions. Colombia's Andes are located only in its western territory, while one branch of the Andes enters Venezuela on its border with Colombia. In this chapter, you will read about Argentina, Chile, Paraguay, and Uruguay. These four countries are usually called the **Cono Sur**, the Southern Cone, because of their location.

Prelectura

1 **Más o menos que.** Forma comparaciones con la información de las siguientes oraciones. Sigue el modelo.

▶ **Modelo:** *La cordillera de los Andes tiene 7.242 metros de longitud y la cordillera del Himalaya tiene 2.500 metros de longitud.*
La cordillera de los Andes es más larga que la cordillera del Himalaya. or
La cordillera del Himalaya es menos larga que la cordillera de los Andes. or
La cordillera del Himalaya no es tan larga como la cordillera de los Andes.

1. Las Montañas Rocosas miden 6.400 metros de longitud y la cordillera de los Andes mide 7.242 metros.
2. El volcán Popocatepetl de México es muy activo. El volcán Cotopaxi del Ecuador no es muy activo.
3. América del Norte tiene 23.477.00 km^2 de superficie. América del Sur tiene 30.271.000 km^2.

2 **Tanto como.** Crea comparaciones basándote en los datos que se describen a continuación.

▶ **Modelo:** *En América del Sur y América del Norte hay grandes cordilleras.*
Tanto en América del Sur como en América del Norte hay grandes cordilleras.

1. En América del Norte hay volcanes y en América Central también.
2. Colombia y Venezuela tienen costas en el Mar Caribe.
3. En Chile y Argentina hay montañas altísimas.
4. En Uruguay y Paraguay hay estaciones de invierno y de verano.
5. Buenos Aires y Bogotá son ciudades muy grandes.
6. Chile y Argentina están en el Cono Sur.

Los países del Cono Sur

La Avenida 9 de Julio de Buenos Aires, Argentina.

Argentina   La Argentina tiene 35 millones de habitantes. Casi 8 millones viven en Buenos Aires, la capital, que está situada en la cuenca° del gran Río de la Plata. El Aconcagua es la montaña más alta del hemisferio (6.959 m.) y en sus valles se cultivan uvas° y se fabrica vino de gran calidad. En las llanuras de las Pampas se cultivan cereales y se cría ganado° para la exportación de carne de excelente calidad. El **churrasco**° argentino es conocido en todo el mundo. La meseta° de la Patagonia, de clima seco y ventoso,° desciende hacia la costa, donde hay importantes reservas de petróleo. Argentina comparte con Bolivia y Paraguay la región subtropical del Chaco. Con Chile comparte la Isla Grande, en la Tierra del Fuego. Argentina considera propias las Islas Malvinas.° El idioma oficial del país es el español, pero también se hablan el arauaco, el guaraní y el quechua.

Chile   La República de Chile tiene 14 millones de habitantes; 5 millones viven en su capital, Santiago. El país es una estrecha faja° de tierra en el suroeste de América del Sur, entre el Océano Pacífico y los Andes, donde las montañas llegan a más de 6 mil metros de altura. Al norte está el Atacama, uno de los desiertos más secos del mundo. El país tiene muchas islas, entre ellas, la extraordinaria isla de Pascua, donde se encuentran enormes cabezas de piedra. Chile produce gran cantidad de pescado, frutas y vinos; es un importante exportador de cobre,° y tiene extensas reservas de petróleo y salitre.° Puerto Montt en Chile y Mendoza en Argentina son dos importantes sitios para deportes de invierno. El español es el idioma oficial del país y se hablan también mapuche, quechua y aimará.

Santiago, la ciudad capital de Chile.

basin

grapes

cattle
Argentinean barbecue

plain
windy

Falkland Islands

narrow strip

copper
salt residue

Paraguay   En Paraguay hay 5 millones de habitantes. De ellos, más de un millón viven en el área metropolitana de la capital, Asunción; y el resto de la población vive en los fértiles valles del Oriente. El país no es montañoso ni tiene costas, pero sus ríos Paraná y Paraguay le dan salida al mar. Al occidente está la fértil llanura° del Chaco que comparte con Argentina. Los lagos paraguayos son famosos por su belleza, en especial el lago Ypacaraí, un gran atractivo turístico. Paraguay es el mayor exportador de energía eléctrica° en América Latina y posee la central hidroeléctrica más potente del mundo en la represa° de Itaipú. Es también un gran productor de soya y de algodón. Sus productos de cuero° son de excelente calidad. El español y el guaraní son sus idiomas oficiales.

Plaza de los Héroes, Asunción, Paraguay.

plain

electrical energy

dam

leather

Uruguay   En la República del Uruguay viven más de 3 millones de personas y casi la mitad de ellas residen en Montevideo, la capital. Uruguay es un país pequeño y sólo Surinam es menor que él. No hay montañas, solamente existen las **cuchillas**, que son ondulaciones° entre 200 y 500 metros de altura. Su clima es templado y sus playas tienen un gran atractivo turístico durante el verano, en especial el balneario° de Punta del Este. El estuario° del Río de la Plata y el litoral° atlántico son las zonas geográficas más importantes del país. Uruguay es un país casi solamente de emigrantes; la hermosa ciudad de Colonia Sacramento, representa la herencia arquitectónica de origen español y portugués. El país produce textiles de alta calidad, lanas, cueros y cereales. El idioma oficial del país es el español.

rolling hills

resort, spa

estuary / coast

La plaza de la Independencia en Montevideo, Uruguay.

Postlectura

3 **¿Verdadero o falso?** Trabaja en grupos. Las siguientes oraciones describen algo sobre un país. Señala cuáles oraciones son verdaderas y cuáles son falsas. Explica la razón.

1. En la Patagonia hay hermosas playas turísticas.
2. El Paraguay no tiene problemas de energía eléctrica.
3. La Argentina tiene tantos habitantes como Chile.
4. El río Paraná le da salida al mar a Uruguay.
5. El quechua se habla tanto en Argentina como en Chile.
6. Argentina y Paraguay comparten la región del Chaco.
7. El Uruguay es un país tan grande como Chile.
8. La montaña más alta de Suramérica está en Venezuela.
9. En Puerto Montt se puede esquiar en julio y agosto.

4 **Geografía del Cono Sur.** Trabaja en grupos y contesta las siguientes preguntas sobre la lectura.

1. Da una característica de cada una de las capitales de los cuatro países mencionados.
2. ¿Dónde está el Lago Ypacaraí?
3. Compara el clima de las regiones del Chaco y de las Pampas.
4. ¿Cuál es la cumbre más alta del hemisferio?
5. ¿Cuál es la capital más grande del Cono Sur?
6. ¿Cuáles son los idiomas oficiales de Paraguay?
7. ¿Qué es el Atacama? ¿Dónde está?
8. Según la Argentina, ¿a qué país pertenecen las islas Malvinas?
9. ¿Sabes qué otro nombre tienen las Islas Malvinas? ¿Por qué?

5 **Comparemos.** Llena la tabla con datos importantes sobre los países del Cono Sur.

	Argentina	Chile	Paraguay	Uruguay
Capital				
Lengua oficial				
Montañas, valles, etc.				
Población				
Productos importantes				

6 **De dos en dos.** Trabajen en grupos. Basándose en la tabla de la **Actividad 5**, cada grupo elige dos países para comparar y presenta la comparación a la clase.

7 **¿Quién sabe más?** Trabajen en grupos. Cada grupo escribe cuatro oraciones falsas o verdaderas sobre los países estudiados. Intercambien las oraciones con otro grupo. Cada grupo tiene un minuto para contestar si la oración es verdadera o es falsa y por qué.

8 **Mis regiones favoritas.** Trabaja en grupos de dos o tres personas. Cada grupo compara dos regiones de los Estados Unidos y le presenta la comparación a la clase.

En resumen

I. Hablemos

1 **Una dieta sana.** En parejas, hagan el papel de nutricionista y paciente. Primero, el/la paciente le presenta al/a la nutricionista la dieta que sigue actualmente. Después, el/la nutricionista compone una dieta balanceada para el/la paciente.

2 **Medicina tradicional y moderna.** En parejas, hagan el papel de un/a médico/a moderno/a y la curandera del video. Discutan el mejor tratamiento para curar a Adriana de una gripe muy fuerte con fiebre y tos.

II. Investiguemos por Internet

Formulating a query

The information available on the Internet is vast, and many times the results of your search may be too broad. In these cases, you need to enhance your search in order to reduce the number of search results and to be able to find the information that is relevant for your purposes. Refer to your browser's instructions to formulate your query. It is important to be specific and to include as many keywords in your query as possible. Your browser may require that you write these keywords using a "+" sign before or after the specific word or words you are looking for, or that you connect them with "AND." For example "+ **chocolate** + **historia**" or "**chocolate** AND **historia**." You can also refine your search by excluding words that you don't want in your search, for example "+ **chocolate** – **historia** + **productos**." If you need help, you can find it on the Houghton Mifflin Web site.

Vocabulario informático

la consulta　*query*	formular una consulta / *to formulate* una búsqueda　*a query*

---

3 **Té, chocolate, café y mate.** Work in groups. Each group selects one of these four beverages. Your objective is to find (a) five facts about the history of the product, and (b) the name of a dish or a popular beverage based on the product and its ingredients. All groups will present their results to the class. Using only the name of the beverage will give you too many search results. Make your search more specific by adding to it one of the following keywords: **historia, productos, exportación, bebida(s).** You may also find other synonyms for tea and herbal teas like **tisana, infusión, agua aromática.** If you decide to do your search starting with the Hispanic countries, remember that many Hispanic countries export coffee (mainly Colombia and Costa Rica). **Cacao** is originally from Mexico, but is also exported by Ecuador and the Dominican Republic. Tea is popular in many countries, mainly in the **Cono Sur** countries, where also **mate** is the most typical beverage.

Expresiones de certidumbre (certainty)

creer	to think	no negar (ie)	not to deny
es cierto	it's certain, true	opinar	to think, have an opinion
es evidente	it's evident	pensar (ie)	to think
es verdad	it's true		

Dinero

ahorrar	to save	firmar	to sign
el billete	bill	el gasto	expense
la caja	cashier	el giro postal	money order
la caja fuerte	safe	la moneda en efectivo	cash
el/la cajero/a	cashier		
cambiar	to exchange	pedir prestado	to borrow
el cambio	exchange, change	por correo	by mail
el cheque certificado	certified check	el préstamo	loan
los cheques de viajero	travelers' checks	prestar	to lend
cobrar	to charge	el presupuesto	budget
la comisión	commission	el promedio	average
la cuenta corriente	checking account	revisar	to check, examine
la cuenta de ahorros	savings account	sacar (retirar) dinero	to withdraw money
depositar (dinero)	to deposit (money)		
endosar	to endorse	la tasa de cambio	rate of exchange
enviar	to send	¿Cuánto vale?	How much does it
la firma	signature	(¿Cuánto cuesta?)	cost?

En el mercado

el anillo	ring	el pendiente	pendant, earring
los aretes	earrings	la perla	pearl
las artesanías	folk art	la piedra	stone
la cadena	chain	la plata	silver
el cobre	copper	el prendedor	brooch
el collar	necklace	la pulsera	bracelet
el diamante	diamond	el quilate	karat
la esmeralda	emerald	regatear	to bargain
la/s joya/s de fantasía	costume jewelery	el reloj	watch
		el tapete	rug, small carpet, tapestry
las joyas	jewelry	el tapiz	tapestry
el oro	gold	la turquesa	turquoise

9A

LOCALIDAD:
Costa Rica

¿Tiene Armando la solución?

9B

Nayeli, Felipe, and Adriana are reunited at doña Carmen's ranch in Costa Rica when suddenly an ominous surprise interrupts their happiness.

Vocabulary themes

Talking about household chores and furnishings

Talking about the kitchen and cooking

Talking about animals and plants

Discussing environmental issues

Language structures

Expressing impending actions

Substituting for persons, places, and things

Making requests and giving orders

Talking about the past

Expressing feelings about the past

Expressing resultant conditions

Culture topics

La hamaca

Utensilios tradicionales

El maíz, una planta multifacética

Los parques nacionales

Readings

Así cualquiera cocina

Un apartamento al estilo Shakira

Árboles con historia—El último dragón

Reading and writing strategies

Identifying descriptions of existing and non-existing objects and persons

Creating a point of view

Internet strategy

Searching for images

Pistas y palabras

I. Talking about household chores and furnishings

Los muebles y quehaceres de la casa

Muebles

1. el inodoro, sanitario
2. el lavabo, lavamanos
3. el papel sanitario, papel higiénico
4. la balanza
5. la llave, el grifo
6. la escoba
7. el secador de pelo
8. el pasillo
9. la cómoda
10. el espejo
11. la almohada
12. la mesita de noche
13. el sofá
14. el televisor
15. la mesita
16. la aspiradora
17. la mesa
18. las cortinas
19. el aparador

a. vacuuming
b. dusting
c. bed making
d. sweeping
e. trash removal
f. dishwashing

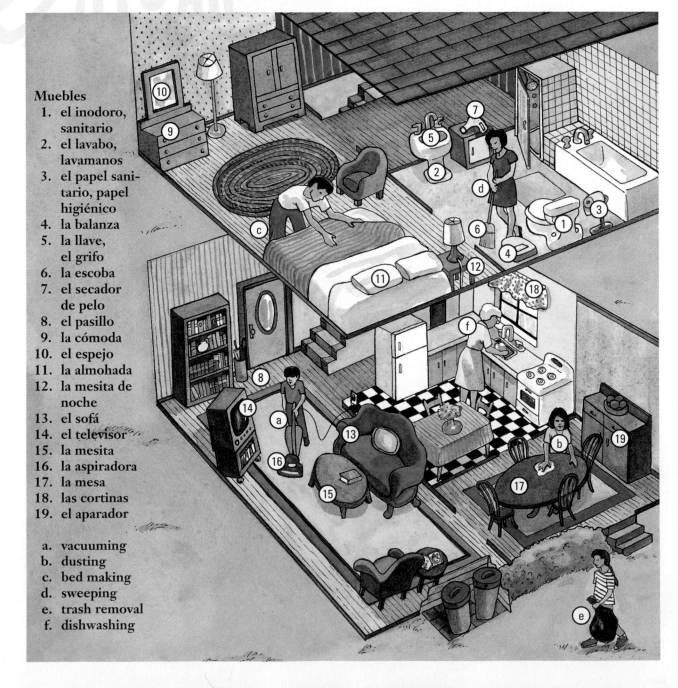

a. El hijo aspira la alfombra.   **d.** La madre barre el piso.
b. La hija sacude los muebles.   **e.** La niña saca la basura.
c. El padre hace la cama.   **f.** La abuela lava los platos.

Palabras y expresiones útiles

la lavadora	*washing machine*	los quehaceres	*chores*
la plancha	*iron*	la secadora	*clothes dryer*
cocinar	*to cook*	planchar la ropa	*to iron clothes*
lavar la ropa	*to wash clothes*	secar la ropa	*to dry clothes*
ordenar el cuarto	*to clean the room*		

1 ¿Recuerdas? ¿Cómo se llaman los cuartos de la casa? ¿Cómo se llaman los otros muebles del dibujo? Con una pareja repasen el vocabulario de los cuartos y muebles.

2 Asociaciones. ¿Qué mueble u otra parte de la casa asocias con las siguientes acciones o cosas?

1. agua   **3.** libro   **5.** dormir   **7.** ventana
2. piso   **4.** ropa   **6.** sentarse   **8.** descansar

3 ¿Quién hace qué? Di quién hace los quehaceres en tu casa. Compara la lista con la de una pareja. ¿Cuáles son las responsabilidades del padre? ¿de la madre? ¿de los hijos?

4 Buscan una casa que... Trabajas para una compañía de bienes raíces (*real estate*) y tienes que buscarles vivienda a cinco clientes que tienen gustos y necesidades diferentes. Mira la lista de tus clientes y describe el apartamento o casa más apropiado para cada uno. Incluye también los muebles para cada vivienda. Sigue el modelo y recuerda usar el subjuntivo.

▶ **Modelo:** *La profesora de francés necesita una casa que tenga una habitación, una oficina y un baño. Es necesario que la oficina tenga...*

Nombre	Número de personas	Necesidades y gustos
1. La profesora de francés	1	Le gusta leer. No necesita mucho espacio. Tiene muy poco dinero.
2. La familia Suárez	6	Los cuatro hijos son muy activos. La familia necesita mucho espacio. Todos tienen que salir temprano y tienen que bañarse antes de las 7.00 a.m.
3. La familia Burgos	5	Hay dos hijos mayores. A todos les gusta ver televisión y leer. La madre del señor Burgos vive con ellos y le encanta cocinar.
4. Niki y Patricio	2	Niki es escritora y trabaja en casa. A Patricio le gustan los deportes. Es una pareja con mucho dinero.
5. El señor Martín	4	El señor Martín tiene dos perros y un gato. Le gusta trabajar en el jardín y leer antes de dormirse.

5 Tu casa. Haz un plano (*diagram*) de tu casa o apartamento. Incluye los cuartos y los muebles que hay en cada uno. Usa las preposiciones de lugar (ver página 157 en capítulo 4) como **encima de, al lado de, enfrente de,** etc.

ENLACE CULTURAL

La hamaca

Se cree que la hamaca tuvo su
origen en las regiones del Caribe,
donde hay hábiles tejedores° y *skilled weavers*
donde se usan muy pocos mue-
bles en las casas. Actualmente,
la hamaca es tan popular que
existe en multitud de variedades. Muchas regiones tienen su propio
estilo de hamacas, por ejemplo los **chinchorros** del Caribe colombiano
y venezolano, los cuales son de macramé o de crochet, con boleros° por *folds*
los lados.

    Las hamacas son excelentes para mecerse,° para dormir en el campo a *to swing*
salvo de° reptiles y otros animales o simplemente para descansar. ¡Pero es *safe from*
muy importante colgar° la hamaca en un sitio seguro! *to hang*

Discusión en grupos

1. ¿Creen ustedes que la hamaca es un mueble? Escriban tres razones en
   pro y tres en contra de llamar mueble a la hamaca.
2. ¿Cuál creen ustedes que es el mejor lugar para colgar (*hang*) una
   hamaca?
3. En español existe el verbo "hamacarse". ¿Qué hace una persona que
   "se hamaca"?
4. ¿Por qué creen que es práctico dormir en una hamaca en las selvas
   tropicales?

La gente descansando en las hamacas, en la Playa del Carmen de México.

II. Talking about the kitchen and cooking

Cosas en la cocina

Palabras y expresiones útiles

la cucharada	*tablespoonful*
la cucharadita	*teaspoonful*
el utensilio	*utensil, tool*

añadir (agregar)	*to add*	freír (i)	*to fry*
batir	*to whip, beat*	hervir (ie)	*to boil*
calentar (ie)	*to heat*	hornear	*to bake*
cocinar	*to cook*	mezclar	*to mix*
congelar	*to freeze*	moler (ue)	*to grind*
cortar	*to cut*	picar	*to chop*
enfriar	*to cool*	revolver (ue)	*to turn*

asado/a	*broiled*
caliente	*hot*
frito/a	*fried*

6 El lugar perfecto. Identifica dónde se ponen las siguientes cosas.

1. El pan se pone en _____.
2. La sopa de pollo se prepara en _____.
3. La comida se calienta rápidamente en _____.
4. Los platos sucios se ponen en _____.
5. El café se prepara en _____.
6. Los platos se guardan en _____.
7. La comida se cocina en _____.

7 ¿Para qué se usa? ¿Qué comidas se pueden preparar con los siguientes utensilios?

1. el asador
2. el horno
3. el microondas
4. la batidora
5. el procesador de comida
6. la sartén
7. la olla
8. la licuadora

8 El gran chef. Tu hermano menor te pregunta cómo preparar las siguientes cosas. Dile qué ingredientes tiene cada comida y cómo se hace.

1. huevos fritos
2. hamburguesas
3. ensalada
4. omelette
5. sandwich de jamón y queso

9 Querida Cristina. Lee la carta que escribió un señor a la revista *Cristina* para pedir consejos. Contéstale la carta al señor y dale tres consejos para resolver su problema.

FOBIA A LA COCINA

Hace tres años que tengo una novia maravillosa. Tenemos planes de casarnos pero tengo miedo de que nuestro matrimonio fracase (*will fail*) porque ella me ha confesado que no le gusta la cocina y que no sabe ni freír un huevo. A mí me encanta comer y estoy acostumbrado a la buena sazón (*tasty cooking*) de mi madre. Yo la amo profundamente y no quiero que por esto nuestra relación termine. ¿Qué puedo hacer?

ENLACE CULTURAL

Utensilios tradicionales

La olla de barro°

En muchos países hispanos, los frijoles, los gar-
banzos° y las sopas de varios tipos se hacían y
se servían tradicionalmente en ollas de barro.
Todavía se hace así en muchas partes.

Una olla de barro.

clay pot

chick peas

La piedra de moler

La piedra de moler es un mortero grande
que se usa para triturar° los alimentos antes
de preparar las comidas. Esta piedra existe
en muchas versiones en diferentes países
de América y se usa para triturar el maíz,
las hierbas u otros alimentos. En México
existen dos tipos de morteros: el **molcajete**
para las hierbas y el **metate** para el maíz.

to grind

Una señora mexicana coci-
nando en el comal.

El molinillo

Para batir bien el chocolate se usa en
muchas partes un palito de madera° con una bolita
dentada° en un extremo. En México se llama
molinillo, en Colombia se llama **bolinillo.**

wooden stick
toothed with sharp points

Preparando el chocolate en
Tizimín, en Yucatán, México.

La paila

La paila° puede ser de muchas formas y
materiales. La paila mexicana se llama **comal**; es un disco grande y plano, de barro o
de metal. La **paellera** española es una paila
grande y poco honda,° muy práctica para
cocinar y servir la paella.°

large pan

deep
*rice with seafood, meat,
chicken*

Una paella española
preparada en Barcelona.

Discusión en grupos

1. ¿Se usan las ollas de barro en la región
   de ustedes, por ejemplo en la cocina, en
   el jardín o como adorno?
2. ¿Existe en sus familias o en su región un
   plato tradicional que requiera utensilios especiales para prepararlo o
   para servirlo? ¿Cómo es ese utensilio?
3. La barbacoa (*grill*) es muy popular en los Estados Unidos. ¿Qué tipo de
   utensilios usan ustedes en su región para la barbacoa? ¿Se usa gas o
   carbón?
4. ¿Qué utensilio de cocina se usa modernamente en vez de la piedra de
   moler?

VISTAS Y VOCES

I. Preparémonos

1 **Anticipación.** Contesta las siguientes preguntas. Trabaja con un/a compañero/a.

A. 1. ¿Tienes padrino, madrina o una persona especial que tú quieres como a un miembro de tu familia? ¿Cómo es esa persona? ¿Dónde vive y qué hace? ¿Cuándo la ves?

2. Describe un episodio en que un/a amigo/a te traicionó. ¿Qué pasó? ¿Dónde? ¿Cuándo? ¿Son ustedes amigos/as ahora o no?

3. ¿Qué cosas se pueden hacer con el dinero? ¿Cometerías un crimen por el dinero? ¿Por qué?

B. Mira la foto 9A en la página 353. Según tu opinión, ¿quién es esta persona? ¿Qué relación tiene con Nayeli? Explica.

Para comprender mejor			
a punto de	*about to*	la madrina	*godmother*
el/la ahijado/a	*godson/ goddaughter*	la maldad	*evil*
		merecer	*to deserve*
así	*like that*	ni la menor idea	*not even the least idea*
conforme a	*in accordance with*		
cumplir	*to fulfill*	el/la pintor/a	*painter*
demasiado	*too much*	quizás	*perhaps*
en cuanto	*as soon as*	reunido/a	*reunited*
en cuanto a	*in relationship to*	si no fuera por ti	*if it weren't for you*
enterarse de	*to learn*		
la felicidad	*happiness*	tanto	*so much*
la finca	*farm*	tapar	*to cover*
fuera de	*out of*	traicionar	*to betray*
hondo/a	*deep*	un rato	*a little while*
el/la jardinero/a	*gardener*	la valentía	*bravery*

2 **Secuencia.** Después de estudiar cada escena de video, inventa una conversación entre los dos pintores. ¿Qué dicen sobre los jaguares gemelos? Después, organiza las escenas en un orden lógico. Trabaja en parejas.

1.

2.

3.

4.

II. Miremos y escuchemos

3 Mis observaciones. Mientras miras y escuchas el episodio, describe una acción y la actitud de los siguientes personajes. Escribe tus observaciones.

   Nayeli   doña Carmen   Armando   Zulaya   Adriana   Felipe

4 ¡Juntos otra vez! ¿Cómo son los jaguares gemelos? Descríbelos.

III. Comentemos

5 Comprensión. En grupos, contesta las siguientes preguntas.

1. ¿A dónde llega Nayeli? ¿Cómo se siente Nayeli al llegar allí? ¿Qué ve Nayeli en el mueble?
2. ¿Qué le cansa a Nayeli?
3. ¿Dónde y cuándo conoció Nayeli a Armando? Según Nayeli, ¿qué les hizo Armando a Adriana y Felipe y de qué acusó a Nayeli?
4. ¿Cómo reacciona doña Carmen a lo que le dice Nayeli?
5. ¿Dónde está Armando? ¿Qué le dice Armando a Zulaya y qué le contesta ella? ¿Qué comenta Zulaya sobre el dinero?
6. ¿Cómo llegan Adriana y Felipe a la finca? ¿Qué llevan allí?
7. ¿Quiénes más están en la sala de doña Carmen? ¿Qué están haciendo allí?
8. ¿Cómo reacciona Nayeli al ver a Felipe, Adriana y Yax-Balam?
9. ¿A quién le da a Yax-Balam Adriana? ¿Qué pone Nayeli en el mueble de la sala y con quién? ¿Qué dice Adriana en ese momento?
10. ¿Qué comenta Nayeli sobre México?
11. ¿Qué cosa le da un muchacho a Nayeli? ¿Dónde la pone?
12. ¿Qué sucede al final de la escena?

6 Miremos otra vez. Después de mirar el episodio otra vez, arregla las escenas de video en la secuencia correcta. Escribe dos frases, explicando cada una.

7 El dilema de Armando. Resume la conversación entre Zulaya y Armando.

8 Nuestra opinión. En grupos de tres, expliquen el significado de lo que Felipe le dice a Adriana. Luego, intercambien las respuestas con otro grupo y compárenlas.

"Te lo mereces todo, Adriana, la felicidad, el triunfo, todo. Si no fuera por ti, quién sabe dónde estarían los jaguares. ¡Con tu tenacidad y tu valentía, vas a salvar a todo México!"

1 **¿Dónde viven?** Di qué animales y plantas hay en los siguientes lugares.

1. el campo
2. el desierto
3. la finca (*farm*)
4. el apartamento
5. el mar
6. las montañas
7. la ciudad
8. las selvas tropicales

2 **Asociaciones.** ¿Qué animales se asocian con las siguientes características?

1. lento/a
2. inteligente
3. perezoso/a
4. rápido/a
5. estúpido/a
6. hermoso/a
7. elegante
8. sucio/a
9. peligroso/a

3 **Ponlos en su grupo.** Pon las plantas en categorías. Agrúpalas por color, estación, comestibles (*edible*), o no comestibles. Trabaja con un/a compañero/a.

4 **Animales en peligro.** Hagan una lista de animales que están en peligro de extinción. Expliquen por qué están en peligro y qué se puede hacer para protegerlos. Trabajen en grupos.

ENLACE CULTURAL

corn

throughout all

red
kernels

corn on the cob

filled corn husk

El maíz°, una planta multifacética

El maíz, originario de América, es una planta de gran importancia a lo largo y ancho° del continente americano. Existen muchos tipos de maíz: blanco, amarillo, colorado° y de granos° oscuros, casi azules o negros. En Suramérica, existe una variedad de maíz de granos grandes llamada **choclo**. Es muy popular comer choclo asado con mantequilla. En México, el **elote**, es decir, la mazorca° de maíz entera, también se come asado, con mantequilla.

Ahora, como antes, la dieta de muchas regiones contiene productos basados en el maíz: sopas, salsas, postres, tamales° y tortillas (**arepas** en Colombia y Venezuela). Las tortillas y arepas se consumen tanto como el pan en los Estados Unidos y Europa. Con maíz se preparan también bebidas refrescantes y bebidas alcohólicas como la **chicha**. Un plato italiano muy popular, **la polenta**, también es de maíz.

Diferentes variedades de maíz de Latinoamérica.

Discusión en grupos

1. ¿Existen en la región de ustedes comidas especiales que usen el maíz como ingrediente?
2. ¿Qué platos de maíz hay en restaurantes mexicanos o TexMex?
3. ¿Les gustan a ustedes las tostaditas (*chips*) de maíz azul?
4. ¿Qué productos de maíz se venden en los supermercados de tu ciudad?
5. ¿Conocen ustedes recetas de platos que contengan maíz?

II. Discussing environmental issues

Consejos ecológicos

A muchos nos preocupa **el deterioro del planeta** y las **consecuencias** de nuestras desiguales° relaciones con la **naturaleza.** Pero gran parte de la gente considera que no puede hacer nada o que los problemas son tan grandes que se escapan de sus manos. Nada más falso.

unequal

Existen innumerables cosas que podemos hacer día a día para ayudar a **conservar el planeta** y llevar una **existencia** más **armoniosa** con la naturaleza. No se trata de° una lucha a muerte° entre **tecnología** y naturaleza, entre el hombre y las demás° **especies.**° Tomando consciencia° de nuestra **responsabilidad ecológica**, podemos aprender a coexistir adecuadamente° con el medio ambiente.° Lo único° que se requiere en muchas ocasiones es una pequeña modificación en nuestro **comportamiento.**° No debemos dejar° de hacer o usar las cosas que nos gustan o nos son cómodas. Tan sólo° debemos hacerlas de una manera más ecológica.

It isn't about / fight to the death / the remaining / species / Being aware

adequately / environment / The only thing

behavior / stop

only

Usa tu propia° taza...

own

Lleva un vaso o taza a la oficina y úsalo para beber agua o café. Así no **producirás**° **basura**° cada vez que tengas sed. Piensa en la **pila**° de vasos **desechados**° que acumulas al año y la cantidad de basura que se evita° si tú y tus compañeros de trabajo usan su propia taza.

you won't produce
garbage
pile / discarded
you would eliminate

¿Quieres salvar el mundo?

Empieza por **ahorrar**° **papel.**
El papel es producido de fibra vegetal procesada que se obtiene **explotando**° **los bosques**° del mundo.

save

exploiting
forests

Toda hoja° tiene dos caras.° **Reusándolas** y escribiendo o imprimiendo en su reverso, reduces tu **consumo**° de papel. Al reducir tu consumo, reduces la presión sobre los bosques y la cantidad de basura.

sheet of paper / sides

consumption

¡Apágalo!°

Apaga un bombillo° o la computadora, impresora, máquina de escribir° o cualquier otro aparato eléctrico que no estés usando. **La energía** consumida por estos equipos° se produce quemando° **combustible**° caro, que **contamina** el medio ambiente o explotando nuestros **recursos hidroeléctricos naturales** limitados y cada vez más **escasos.**°

Turn it off!
lightbulb
typewriter

instruments / burning
fuel

scarce

5 **¿Verdadero o falso?** Di si las siguientes oraciones de la lectura son verdaderas (**V**) o falsas (**F**). Si son falsas, corrígelas.

1. Una sola persona no puede hacer nada para resolver los problemas ecológicos.
2. Se puede vivir en armonía con la naturaleza.
3. Debemos modificar nuestras vidas modernas por completo.
4. La tecnología no puede coexistir con una naturaleza limpia.
5. Debemos usar muchas tazas de plástico.
6. Debemos ahorrar papel.
7. No es necesario que apaguemos los aparatos eléctricos cuando no se usan.
8. Nuestros recursos hidroeléctricos son ilimitados.
9. Los combustibles no contaminan ni el aire ni el agua.
10. Todo el mundo tiene responsabilidades ecológicas.

6 **¿Qué más podemos hacer?** Haz una lista de cinco cosas que se pueden hacer para ayudar a conservar el planeta.

7 **El papel.** ¿Cómo se pueden reusar las hojas de papel? Haz una lista con una pareja. Usa tu imaginación.

8 **A escribir.** ¿Cuál es el problema ecológico que más te preocupa? ¿Por qué? ¿Cómo se puede resolver?

ENLACE CULTURAL

Los parques nacionales

Los Estados Unidos establecieron el primer parque nacional del mundo en 1872 para proteger el ecosistema del parque Yellowstone. Desde entonces y con el crecimiento de las ciudades, estos parques son más y más importantes para proteger la naturaleza y mantener el equilibrio ecológico del planeta. Por esta razón, los gobiernos de muchos países, apoyados° por las

El Parque Nacional Braulio Carrillo en Costa Rica tiene una catarata impresionante.

organizaciones internacionales como la UNESCO,° han establecido parques naturales para proteger la fauna y la flora locales.

En los países hispanos hay numerosos parques nacionales, muchos de ellos declarados por la UNESCO sitios Patrimonio de la Humanidad.°

Discusión en grupos

1. ¿Hay regiones o ciudades protegidas en tu estado? ¿Conocen alguna de ellas?
2. ¿Qué plantas o animales están protegidos en los parques nacionales del país?
3. ¿Se puede acampar (*go camping*) en esos parques?

supported
United Nations Educational, Scientific, and Cultural Organization

Human Heritage sites

VISTAS Y VOCES

I. Preparémonos

1 Anticipación. Contesta las siguientes preguntas. Trabaja con un/a compañero/a.

A. **1.** ¿Qué característica geográfica predomina en tu región: los bosques, las montañas, los ríos, los lagos, los volcanes?
   2. ¿De qué colores son el pájaro y la flor que representan tu estado? ¿Son bonitos?
   3. ¿Prefieres vivir en el campo o en la ciudad? ¿Por qué? Menciona una buena característica de los dos lugares.
B. Mira la foto 9B en la página 353. ¿Qué están haciendo los pintores en la casa de doña Carmen? ¿Por qué?

Para comprender mejor

apagar	to turn off, go off	fiel	loyal
asombrado/a	astonished	fingir	to fake
astuto/a	sharp	incómodo/a	uncomfortable
atreverse	to dare	infundado/a	unfounded
la caminata	walk	involucrado/a	involved
comprobar	to prove	la mariposa	butterfly
devolver	to return	la palanca	lever
disculpar	to forgive	por encima de	above
el ejército	army	la prueba	proof
en seguida	right away	la riqueza	wealth
engañado/a	deceived	sabroso/a	delicious
expuesto/a	exposed	suplicar	to beg
fallar	to fail	el zorro	fox
la fe	faith		

2 Secuencia. Estudia cada escena de video y contesta la siguiente pregunta. ¿Por qué está tan serio todo el mundo? Después, arregla las escenas en un orden lógico.

1.

2.

3.

4.

II. Miremos y escuchemos

3 **Mis observaciones.** Mientras miras, escribe descripciones de la flora y la fauna que observes en Costa Rica. ¿De qué colores y formas son?

III. Comentemos

4 **Comprensión.** Contesta las siguientes preguntas.

1. ¿Con qué compara Adriana la gran diversidad biológica de Costa Rica? ¿Qué dice Adriana sobre las mariposas de Costa Rica?
2. ¿Qué comparación hace Felipe entre los pájaros de Costa Rica y la gente?
3. ¿Sabe Adriana por qué se siente incómoda en la presencia de doña Carmen?
4. ¿Qué relación hay entre doña Carmen y Nayeli?
5. ¿Qué opina Felipe de la imaginación de Adriana? ¿Qué quiere hacer ella?
6. ¿Qué están haciendo los pintores en la casa de doña Carmen?
7. ¿Cómo reacciona Nayeli cuando Adriana le cuenta sus sospechas sobre doña Carmen? ¿Tiene pruebas?
8. Según Adriana, ¿cómo se explican los jeroglíficos mayas en las piezas que se encuentran en Costa Rica? ¿Qué pasa al final de esta escena?

5 **¿Y tú qué piensas?** Imagínate que en este episodio el pájaro azul y anaranjado puede hablar. ¿Qué dice sobre doña Carmen? ¿Es una persona de confianza?

6 **Miremos otra vez.** Después de mirar el episodio otra vez, arregla las escenas de video en la secuencia correcta y narra brevemente el contenido del episodio.

7 **¿Qué animal eres?** Adriana compara a Felipe con un perro fiel. Él la compara a ella con un zorro astuto. Describan las características positivas de estos dos animales. ¿Con qué animal se identifican ustedes? ¿Por qué?

8 **En nuestra opinión.** En grupos de tres, discutan las siguientes opiniones de Adriana y Felipe. Cuando terminen, intercambien y comparen las respuestas con otro grupo.

ADRIANA: "...es urgente que conservemos la riqueza natural de los bosques."
  FELIPE: "¿En este siglo cómo puede un país funcionar sin ejército?"

Lengua

I. Talking about the past

Formation of the present perfect tense

ar - ado
er, ir - ido

Mario   Tomás

Mario ha tenido un buen día.

TOMÁS: ¿Qué **has hecho**° hoy, Mario?

MARIO: **He tenido**° un día muy bueno. **He trabajado**° en mi proyecto sobre el medio ambiente, **he ido**° a la tienda de comestibles y **he cocinado**° una cena muy sabrosa para mi novia.

TOMÁS: ¿Qué estás celebrando?

MARIO: Esta noche vamos a celebrar nuestro aniversario. Tú sabes que **hemos sido**° novios por dos años.

TOMÁS: Hombre, ¿y cuándo van a casarse?

MARIO: Pues **hemos decidido**° casarnos el próximo verano. **Ya hemos comprado**° una finca que tiene muchos animales, flores y jardines.

TOMÁS: ¡Qué bien, felicidades a ti y a Verónica!

have you done
I have had / I have worked
I have gone / I have cooked

we have been

we have decided
We have already bought

The present perfect tense has two parts—the present indicative of the verb **haber** and the past participle. Here are the present indicative forms of the auxiliary verb **haber.**

Present indicative of *haber*

haber			
yo	he	nosotros/as	hemos
tú	has	vosotros/as	habéis
él/ella, Ud.	ha	ellos/ellas, Uds.	han

The past participle is formed by eliminating the **-ar, -er** or **-ir** of the infinitive and adding the following endings: **-ado** for **-ar** verbs and **-ido** for **-er** and **-ir** verbs.

Regular verbs: Past participle of		
-ar **verbs**	*-er* **verbs**	*-ir* **verbs**
bailar	comer	recibir
bail**ado** (*danced*)	com**ido** (*eaten*)	recib**ido** (*received*)

- The following verbs have irregular past participles.

Irregular participles		
Infinitive	**Past participle**	**English**
abrir	**abierto**	*open*
cubrir	**cubierto**	*covered*
decir	**dicho**	*said, told*
descubrir	**descubierto**	*discovered*
hacer	**hecho**	*made, done*
escribir	**escrito**	*written*
morir	**muerto**	*died, dead*
poner	**puesto**	*put, placed*
resolver	**resuelto**	*resolved*
romper	**roto**	*broken, torn*
ver	**visto**	*seen*
volver	**vuelto**	*returned*

- You must write an accent over the **i** of the **-ido** ending for those **-er** and **-ir** verbs whose stems end in a vowel.

Infinitive	Stem	Past participle	English
creer	cre-	creído	*believed*
leer	le-	leído	*read*
oír	o-	oído	*heard*
traer	tra-	traído	*brought*

The present perfect tense (*el pretérito perfecto*)

	hablar	querer	venir
yo	**he** hablado	**he** querido	**he** venido
tú	**has** hablado	**has** querido	**has** venido
él/ella, usted	**ha** hablado	**ha** querido	**ha** venido
nosotros/nosotras	**hemos** hablado	**hemos** querido	**hemos** venido
vosotros/vosotras	**habéis** hablado	**habéis** querido	**habéis** venido
ellos/ellas, ustedes	**han** hablado	**han** querido	**han** venido

- Note that in Spanish the present perfect is called **el pretérito perfecto**.

- Direct, indirect, and reflexive pronouns come before the conjugated form of **haber.** No word can can ever come between the auxiliary verb **haber** and the perfect participle.

Pepe ha visto a Maribel en la celebración. Pepe **la** ha visto.

Pepe has seen Maribel at the celebration. Pepe has seen her.

La profesora **me** ha escrito muchos mensajes electrónicos.

The teacher has written me many e-mails.

La hija de don Antonio **se** ha ido para la universidad.

Don Antonio's daughter has left for the university.

1 **¿Sueño o realidad?** ¿Es posible salvar el planeta? En la clase de ciencias, los estudiantes hablan de lo que se ha hecho para proteger el planeta.

▶ **Modelo:** *(nosotros / descubrir) nuevas maneras de conservar energía.*
Nosotros hemos descubierto nuevas maneras de conservar energía.

Este año ...

1. (las compañías de coches / producir) menos coches.
2. (el gobierno / limpiar) los ríos y los océanos.
3. (los ecologistas / proteger) a los animales en peligro de extinción.
4. (nosotros / examinar) la cuestión de los desperdicios nucleares.
5. (los pueblos / publicar) guías para conservar el uso del agua. *han publicado*
6. (los estudiantes / escribir) en la computadora en vez de cortar árboles para hacer papel. *han escribido*
7. (los restaurantes de comida rápida / eliminar) casi todos los productos hechos de plástico. *han elimindo*
8. (mi universidad / usar) menos aire acondicionado y menos petróleo (*fuel*). *he usado*
9. (mi familia / apagar) las luces al salir de los cuartos. *han apagado*
10. (yo ¿...?) *he querido*

[handwritten annotations in margin: han / 1- Las compañia de coches producio menus coches / 2- El gobierno has limpiedo los ríos y los oceanos]

2 **Parque Nacional Salvaelplaneta.** Antonio Bello ha ido al Parque Nacional Salvaelplaneta en el Zoológico Bellafauna. Cuenta qué ha hecho Antonio y qué animales y plantas ha visto. Utiliza una expresión de la columna A y una expresión de la columna B. Haz todos los cambios necesarios. Sigue el modelo.

▶ **Modelo:** *Antonio ha visto tortugas.*
Antonio ha bebido agua natural.

A	B
ver	monos
tocar	jirafa
observar	elefante
dar de comer a (*feed*)	agua natural
comprar tarjetas postales de	tortuga
sacar fotografías de	cocodrilo
mirar un documental sobre	serpiente
caminar entre	árboles
beber	flores
jugar con	plantas
admirar	

[handwritten answers:]
1. Antonio ha visto elefante
2. Antonio ha tocado el serpiente
3. Antonio ha observado las plantas
4. Antonio ha dado comida a los monos
5. Antonio ha comprado tarjetas postles
6. Antonio ha sacado fotografias de flores
7. Antonio ha mirado un documental sobre árboles
8. Antonio ha caminado entre los árboles siepients
9. Antonio ha bebido agua natural.
10. Antonio ha jugado con las tortugas.

3 *Ciudadanos responsables.* Escribe una composición de dos párrafos. En el primer párrafo, describe lo que hiciste el año pasado para proteger o mejorar el medio ambiente (pretérito). En el segundo párrafo describe lo que has hecho este semestre (pretérito perfecto).

II. Expressing feelings about the past

Present perfect subjunctive

Un planeta en peligro

LILIA: Es terrible que nosotros **hayamos contaminado** el aire con tantos productos químicos.

INÉS: Y a mí no me gusta que las grandes compañías **hayan producido** tantos coches.

LILIA: A mí tampoco. Es triste que el gobierno no **haya aprobado** leyes más estrictas para proteger el medio ambiente.

INÉS: Estoy de acuerdo.

waste / have soiled

LILIA: También es una lástima que los desperdicios° nucleares **hayan ensuciado**° los ríos.

INÉS: Tenemos que seguir luchando por la naturaleza.

When the idea in the main clause requires the subjunctive, and the time frame of the subordinate clause requires the present perfect, the *present perfect subjunctive* appears in the subordinate clause. The present perfect subjunctive is formed with the present subjunctive of the auxiliary verb **haber** + the *past participle* of the verb. Following are the forms for **haber.**

Present subjunctive of *haber*

haber			
yo	haya	nosotros/as	hayamos
tú	hayas	vosotros/as	hayáis
él/ella, Ud.	haya	ellos/ellas, Uds.	hayan

The present perfect subjunctive

yo	**haya** conservado
tú	**hayas** requerido
él/ella, Ud.	**haya** coexistido
nosotros/nosotras	**hayamos** abierto
vosotros/vosotras	**hayáis** hecho
ellos/ellas, Uds.	**hayan** producido

4 **La contaminación: mi compañera de planeta.** Un grupo de amigos da sus opiniones sobre el tema de la contaminación en la vida contemporánea. Completa cada frase con la forma correcta del pretérito perfecto del subjuntivo. Sigue el modelo.

▶ **Modelo:** *Es bueno que las autoridades __hayan limpiado__ (limpiar) el agua contaminada en las ciudades.*

1. No es verdad que todos los países _____ (solucionar) los problemas de la contaminación del medio ambiente.
2. Es una lástima que los coches _____ (ser) causa de la contaminación del aire.
3. Temo que el número de águilas _____ (reducirse) este año.
4. Ojalá que no _____ (morirse) muchos peces este año en las aguas contaminadas.
5. Es bueno que el gobierno de los Estados Unidos _____ (darse cuenta) de (*realize*) la urgencia de proteger los animales.
6. Estoy contento que los jóvenes _____ (utilizar) menos agua en la ducha.
7. Es bueno que los parques nacionales _____ (preservar) las flores y los bosques en peligro de extinción.
8. Me alegro que recientemente los ecólogos _____ (preocuparse) por los animales marinos como el delfín y la ballena (*whale*).

5 **(No) Estoy de acuerdo.** En parejas, determinen si están o no están de acuerdo con las opiniones expresadas en la actividad anterior. Expliquen por qué.

6 **Soy director/a.** Imagínate que tú eres el/la director/a de la Oficina de Protección del Medio Ambiente de tu país. Escribe un reportaje de dos párrafos cortos sobre los problemas más urgentes (párrafo uno) y las soluciones para esos problemas (párrafo dos).

III. Expressing resultant conditions

Estar and past participle

El artículo de Tino

TINO: Tengo que escribir un trabajo sobre la ecología. ¿Está **abierto**° el Jardín Botánico? Quiero estudiar las flores y plantas **transplantadas**° de otros estados.

open

transplanted

closed / open →

ROSA: No, hoy está **cerrado**° porque es lunes, pero está **abierto**° los otros días de la semana. El zoológico sí está abierto hoy, tal vez puedes empezar con los _brought_
animales **traídos**° de otras regiones.

TINO: Sí, voy a empezar el trabajo hablando sobre los animales. Según un artículo _published_
publicado° en la revista _La naturaleza_, muchos de ellos están en peligro de extinción.

based / research
ROSA: Sí, y la información está **basada**° en trabajos de investigación° de mucha gente. Cuando escribas el artículo, ¡dame una copia para leerlo!

- In Spanish, it is possible to use past participles as adjectives. Like all adjectives in Spanish, they must agree in number and gender with the noun they modify.

  La **información está basada** en investigaciones.　　_The information is based on research._

- However, when they are used as part of a perfect tense, they do not change to reflect gender and number.

  Tino **ha basado** su artículo en investigaciones.　　_Tino has based his article on research._

7 Problemas serios. Usa el participio como adjetivo para describir los problemas mencionados. Después, numera estos problemas en orden de importancia. Explica las razones de tu elección. Trabaja en parejas para comparar las opiniones.

▶ **Modelo:** _el aire (contaminar)_
El aire está contaminado.

1. las ciudades (sobrepoblar) (_overpopulated_)
2. el océano (contaminar)
3. la capa de ozono (destruir)
4. el Amazonas (deforestar)
5. los recursos naturales (agotar) (_exhausted_)

8 Quiero saber. Un estudiante, un poco distraído, pregunta sobre algunas acciones en pro de la conservación del medio ambiente. Tú le contestas diciéndole que ya todo está hecho usando el participio como adjetivo. Sigue el modelo y recuerda cambiar el género y el número.

▶ **Modelo:** _—¿Nadie va a escribir una carta de protesta contra la contaminación?_
—Ya está escrita.

1. ¿Nadie va a cerrar las playas contaminadas de nuestra ciudad?
2. ¿Nadie va a publicar el libro de Jacques Cousteau sobre la contaminación del mar?
3. ¿Nadie va a construir nuevas instalaciones para los osos pandas?
4. ¿Nadie va a hacer planes para proteger el delfín y el manatí?
5. ¿Nadie va a investigar las consecuencias negativas del cigarrillo?
6. ¿Nadie va a preparar el informe sobre nuestra campaña (_campaign_) ecológica?
7. ¿Nadie va a comprar el papel para escribir nuestro informe?

9 Y tú, ¿qué crees? Contesta por escrito las siguientes preguntas sobre el medio ambiente.

1. ¿Qué se debe hacer para conservar energía?
2. ¿Cuál es la solución para usar menos gasolina?
3. ¿Qué debemos hacer para que las grandes compañías sean más responsables?
4. ¿Cómo debemos vivir para reducir la explotación de los recursos naturales?

Lectura B

Introducción

This reading presents the story of a very old Dragon tree in the town of Icod de los Vinos, on the island of Tenerife, one of the Spanish Canary Islands. Dragon trees live very long lives and grow to be very tall. Their leaves are sword-shaped and bluish-green. These trees are numerous in the tropics and also grow in California. The very tall and famous Dragon tree from Tenerife is one of the oldest trees ever known.

Prelectura

1 El reino vegetal. Discute con un/a compañero/a las siguientes afirmaciones. ¿Son verdaderas? ¿Son importantes?

1. Las plantas son seres vivos y sienten dolor cuando las cortamos.
2. Los árboles cuidan nuestra atmósfera y debemos cuidarlos.
3. Hay plantas que viven mucho más que nosotros, los humanos.
4. Debemos vivir en armonía con la naturaleza.

2 Naturaleza sana. Completa las siguientes afirmaciones con palabras de la lista. Compara tus respuestas con las de un/a compañero/a.

▶ **Modelo:** *Quiero vivir en una ciudad que tenga* <u>*áreas verdes*</u> *.*

áreas verdes	mucho tiempo	basura	sano
naturaleza	agradables	flores	muerta

1. Debemos cuidar los árboles para que vivan _____.
2. Una ciudad sin áreas verdes es una ciudad _____.
3. Quiero que en mi casa siempre haya _____.
4. No me gusta que en las ciudades haya _____ por las calles.
5. Es muy triste que la gente no cuide la _____.
6. Las selvas y los bosques son nuestra garantía para que la tierra sea un planeta _____.
7. Es importante que nuestras ciudades sean lugares_____ para vivir.

Árboles con historia—El último dragón

El dragón de Tenerife es el patriarca vegetal de España.
Prácticamente no hay nada en Icod de los Vinos, una pequeña ciudad tenerifeña° de 21.000 habitantes, que no utilice el reclamo publicitario del árbol más antiguo y más grueso° de España para promocionarse.°

La monstruosa figura de este abuelo vegetal, con un peso de 144 toneladas y que puede tener nada menos que 3.500 años de existencia, es la primera seña° de identidad de los icodenses,° y su principal atractivo turístico. Unas 6.000 personas acuden diariamente a contemplarlo, a fotografiarse y a asombrarse° de la monstruosa monumentalidad del drago.° La razón quizás esté en lo que Anastasio González oyó decir a su madre y ésta a la suya, que el Drago de Tenerife "es el padre de todos los dragos de Canarias".

Islas Canarias

Según Domingo Lorenzo, un perito° agrícola que contrataron como "médico particular" del drago, "el árbol se quedó agotado° tras la espectacular floración° de 1995 y todavía no se ha recuperado del todo". Y no es para menos,° pues las flores aumentaron su peso en 2.7 toneladas, de donde nacieron docenas de miles de semillas. Un trabajoso parto° múltiple que, según su cuidador, es el mejor síntoma de su buena salud. De hecho,° hacía más de 50 años que no se conocía

in Tenerife
thick
promote itself

sign / from Icod

to take shade
Dragon tree

expert
exhausted
bloom
And it's no wonder

delivery, birth
In fact

El Drago de Icod.

una floración así. Y nuevamente se cumplió la tradición, pues estos árboles siempre han sido utilizados en Canarias como auténticos barómetros biológicos. Si florecen por el sur, el invierno será° lluvioso en la costa; si lo hacen por el norte, sólo en la montaña, y si es por todo el árbol, las lluvias serán generalizadas. La floración estival° del Drago de Icod anunció el final de uno de los peores períodos de sequía° que se han conocido en Tenerife. Recientemente, la carretera se ha desviado° y el drago ya tiene su jardín propio, aunque° no sin polémica, pues un alto muro impide su visión de cerca, por lo que a partir de ahora hay que pagar para verlo.

will be

summer

drought

has detoured

although

Ficha técnica

• *Nombre popular*	el Drago de Icod
• *Nombre científico*	Dracaena draco
• *Localidad*	Icod de los Vinos (en Santa Cruz de Tenerife, en las Islas Canarias)
• *Edad aproximada*	3.500 años
• *Altura*	18 metros
• *Perímetro (a 1,50 metros)*	16,14 metros
• *Mejor época para verlo*	todo el año

Postlectura

3 El drago milenario. Contesta las preguntas sobre la lectura.

1. La gente usa el nombre de un animal para el árbol. ¿Cuál es ese nombre?
2. ¿Cómo se pagan los gastos para mantener bien al drago de Tenerife?
3. ¿Cómo cuidan la salud del viejo drago?
4. ¿Qué edad tiene este "abuelo vegetal"?
5. Menciona cinco adjetivos usados en la lectura para describir el árbol.
6. ¿Qué le sucedió al drago con la última floración?
7. ¿Qué predicen (*predict*) las floraciones del árbol? ¿Son ciertas?
8. ¿Por qué hay que pagar ahora para ver el árbol?
9. ¿De quién es padre este árbol?
10. ¿Cuántas personas van a ver el árbol diariamente? ¿Qué hacen allí?
11. ¿Cómo se sabe que el árbol tiene buena salud?
12. ¿Como se llaman las personas que son de Tenerife? ¿Y las personas de Icod?

4 La ecología. Discute uno de los siguientes temas en grupos de tres o cuatro estudiantes.

1. ¿Conocen algún árbol tan viejo o más viejo que el drago?
2. ¿Conocen algún árbol tan grande o más grande que el drago?
3. ¿Por qué es importante proteger los árboles?
4. ¿Crees que el uso de la computadora puede resultar en que usemos menos papel?
5. ¿Son importantes los árboles para el clima de la tierra?
6. ¿Existe en tu región una flor, un árbol o una planta característica de la zona?
7. En muchos países de América Latina, la flor nacional es la orquídea. ¿Existe una flor nacional de los Estados Unidos?
8. ¿Qué animal se asocia con tu estado? ¿Es un animal protegido? ¿Está en peligro de extinción?
9. ¿Qué animal se asocia con los Estados Unidos? ¿Cómo es y dónde se encuentra?
10. ¿Qué ave se asocia generalmente con las montañas de los Andes? ¿Cómo es? ¿Está en peligro de extinción?

5 Mi parque nacional preferido. Escribe en español un corto ensayo (un párrafo) sobre un parque nacional que conozcas o sobre un parque nacional de tu región o de tu estado. Menciona las plantas y los animales principales que existen allí.

6 Mi planta preferida. Escribe un corto ensayo en español sobre un árbol que te guste mucho, sobre una flor hermosa que te guste o sobre alguna otra planta importante para ti.

7 Mi animal preferido. ¿Tienes una mascota? Si la tienes, escribe un corto ensayo en español sobre tu animalito. Si no tienes mascota, escribe sobre un animal que te guste mucho. ¿Cómo es? ¿Dónde vive?

En resumen

I. Hablemos

1 **Un plan ecológico.** Eres miembro de una organización ecológica de la universidad. Haz una lista de algunos problemas ecológicos de la universidad y discute un plan para resolverlos. Trabaja en grupos de tres o cuatro.

2 **Vendo muebles a doña Carmen.** Tu eres director/a de la "Galería de Muebles" en los Estados Unidos. Doña Carmen te llama porque ella quiere comprar otros muebles para su casa. Con una pareja, inventen una conversación entre tú (el/la director/a) y doña Carmen sobre los tipos y colores de los muebles, los precios y el transporte.

II. Investiguemos por Internet

Searching for images

The Internet is an important broadcasting medium. Many international organizations use it to inform and educate people about global problems that can affect the quality of life in our communities and on our planet. In this chapter, you will concentrate on searching for images to illustrate your project. Search engines on the Web allow searching for images directly in any document. For example, if you are looking for pictures of the Galápagos Islands in Ecuador, you can formulate your search in this way: **galapagos:image.** However, images may have been indexed by other names, so if you don't get satisfactory results, use keywords as you have done in other chapters. Refer also to your browser's "help" section for hints on how to search for images or to this book's Web site.

Vocabulario informático

imagen digital	*digital image*
indexar	*to index*

3 **El patrimonio de la humanidad.** Work in groups and select one of the following tasks.

1. Present to the class a Hispanic site or city that UNESCO (**http://www.unesco.org**) has declared World Heritage (*patrimonio de la humanidad*). These sites are listed in UNESCO's World Heritage List, published by their World Heritage Program.
2. Select a plant or an animal that you know is in danger of extinction (*en peligro de extinción*) and look for information about it.

III. Escribamos

Writing strategy: Creating a point of view

An important consideration when writing is to think about who is telling the story. By determining with whose voice the story is told, you can create different ways to view your topic.

Through whose eyes is the story of "El último dragón" told? How would the story change if it were told through the tree itself? the eyes of a tourist? a lumberjack? a small child? a ninety-year-old grandmother? the tree's flowers?

Strategy in action

Turn to *Escribamos* in the Workbook to practice the writing strategy of creating a point of view.

4 Otro punto de vista. Escribe la historía de *El último dragón* con un punto de vista diferente. Usa uno de los puntos de vista mencionados en la estrategia.

5 Según Zulaya. Escribe la historia del jaguar en Ecuador desde el punto de vista de Zulaya. Incluye su decisión de dárselo a Adriana y darle la piedra a doña Gafasoscuras.

Vocabulario

En la casa

la almohada	*pillow*	la mesa	*table*
el aparador	*bureau*	la mesita	*coffee table*
la aspiradora	*vacuum cleaner*	la mesita de noche	*night stand*
aspirar la alfombra	*to vacuum the carpet*	ordenar el cuarto	*to clean the room*
la balanza	*scale*	el papel sanitario	*toilet paper*
barrer el piso	*to sweep the floor*	(papel higiénico)	
cocinar	*to cook*	el pasillo	*hall*
la cómoda	*chest of drawers*	la plancha	*iron*
las cortinas	*curtains*	planchar la ropa	*to iron clothes*
la escoba	*broom*	sacar la basura	*to take out the garbage*
el espejo	*mirror*		
hacer la cama	*to make the bed*	sacudir los muebles	*to dust the furniture*
el inodoro (sanitario)	*toilet*	el secador de pelo	*hair dryer*
el lavabo (lavamanos)	*sink*	la secadora	*clothes dryer*
la lavadora	*washing machine*	secar la ropa	*to dry clothes*
lavar la ropa	*to wash clothes*	el sofá	*sofa*
lavar los platos	*to wash dishes*	el televisor/	*television set*
la llave (el grifo)	*faucet*	la televisión	

En la cocina

añadir (agregar)	*to add*	hervir (ie)	*to boil*
asado/a	*broiled*	hornear	*to bake*
el asador	*broiler*	el horno	*oven*
la batidora	*mixer*	el lavaplatos	*dishwasher*
batir	*to whip, beat*	la licuadora	*blender*
la cafetera	*coffee maker*	mezclar	*to mix*
calentar (ie)	*to heat*	el microondas	*microwave oven*
caliente	*hot*	(el micro)	
cocinar	*to cook*	moler (ue)	*to grind*
el congelador	*freezer*	el mostrador	*counter*
congelar	*to freeze*	la olla	*pot*
cortar	*to cut*	picar	*to chop*
la cucharada	*tablespoonful*	el procesador de	*food processor*
la cucharadita	*teaspoonful*	comidas	
enfriar	*to cool*	el/la refrigerador/a	*refrigerator*
la estufa	*stove*	revolver (ue)	*to turn*
el fregadero	*sink*	la sartén	*frying pan*
freír (i)	*to fry*	la tostadora	*toaster*
frito/a	*fried*	el utensilio	*utensil, tool*
el gabinete, la estantería	*cabinet*		

Conjunciones

a fin (de) que	*in order that*	hasta que	*until*
a menos que	*unless*	luego que	*as soon as*
antes (de) que	*before*	mientras que	*as long as*
con tal (de) que	*provided that*	para (que)	*in order to, so (that)*
cuando	*when*		
después (de) que	*after*	sin (que)	*without*
en caso (de) que	*in case*	tan pronto como	*as soon as*
en cuanto	*as soon as*		

Animales

el águila *(f.)*	*eagle*	el flamenco	*flamingo*
la anaconda	*anaconda*	la gallina	*hen*
la ardilla	*squirrel*	el gallo	*rooster*
el armadillo	*armadillo*	la iguana	*iguana*
la ballena	*whale*	el jaguar	*jaguar*
el burro	*donkey*	la jirafa	*giraffe*
el caballo	*horse*	el lagarto (la lagartija)	*lizard*
la cabra	*goat*	el león	*lion*
el caimán	*cayman, alligator*	la llama	*llama*
el cerdo (cochino, puerco)	*pig*	el lobo	*wolf*
		el mamífero	*mammal*
el cóndor	*condor*	el mono	*monkey*
el delfín	*dolphin*	el oso	*bear*
el elefante	*elephant*	la oveja	*sheep*

el pájaro	*bird*	el ratón	*mouse*
la paloma	*pigeon, dove*	el reptil	*reptile*
el pato	*duck*	el tigre	*tiger*
el pavo	*turkey*	la víbora (culebra,	*snake*
el perico	*parrot*	serpiente)	
el pingüino	*penguin*	el zorro	*fox*
la rata	*rat*		

Plantas y flores

la caléndula	*marigold*	la parra	*grapevine*
el clavel	*carnation*	la petunia	*petunia*
el girasol	*sunflower*	la rosa	*rose*
el maíz	*corn*	el tulipán	*tulip*
la margarita	*daisy*	la violeta	*violet*

Ecología

ahorrar papel	*to save paper*	la especie	*species*
armonioso/a	*harmonious*	la existencia	*existence*
la basura	*garbage*	explotar	*to exploit*
el bombillo	*lightbulb*	el medio ambiente	*environment*
el bosque	*forest*	la naturaleza	*nature*
el combustible	*fuel*	la pila	*pile*
el comportamiento	*behavior*	el planeta	*planet*
la consecuencia	*consequence*	los recursos hidro-	*natural hydroelectric*
conservar	*to save, conserve*	eléctricos naturales	*resources*
el consumo	*consumption*	la responsabilidad	*ecological*
contaminar	*to contaminate*	ecológica	*responsibility*
desechado/a	*discarded*	reusar	*to reuse*
el deterioro	*deterioration*	salvar	*to save*
la energía	*energy*	la tecnología	*technology*
escaso/a	*scarce*		

10A

LOCALIDAD:
Costa Rica

¿Qué pasa con doña Carmen?

Tension builds as Adriana confesses her suspicions to Felipe and Nayeli. After the lights suddenly go out at dinner, disaster strikes and the truth is revealed.

10B

Vocabulary themes

Commemorating holidays and celebrations

Talking about traditions and beliefs

Talking about art and artists

Talking about crafts and folk art

Language structures

Expressing wishes, opinions, and beliefs

Indicating subjective emotions and attitudes in the past

Talking about prior events

Clarifying and specifying references to persons and things

Asking questions

Expressing opposing opinions

Culture Topics

El carnaval

La Nochevieja

El muralismo

Arte ambulante

Readings

El rostro mestizo de la Navidad en América

Arte y artesanía

Reading and writing strategies

Identifying the thesis and the arguments in a text

Summarizing

Internet strategy

Using bookmarks

ETAPA A

Pistas y palabras

I. Commemorating holidays and celebrations

Fiestas y celebraciones

La **conmemoración** de **eventos históricos o religiosos,** los **homenajes** (*homages, tributes*) a personas importantes y la celebración de fechas significativas tienen expresiones sociales de muchos tipos, por ejemplo:

- Declarar el día como **fiesta nacional o regional**
- **Celebrar** una **ceremonia religiosa o cívica**
- Organizar un **desfile** (*parade*) por las calles de la ciudad
- Hacer **festivales** y fiestas populares o familiares
- Hacer **exhibiciones públicas**
- Publicar un libro sobre el tema o **en honor de** una persona o evento
- Poner en un lugar público **una placa** que explique el evento, **una estatua, un mural** o alguna otra **obra de arte** (*work of art*)
- **Componer** (*compose*) una canción o **un himno**

Semana Santa, Antigua, Guatemala.

La Semana Santa

La Semana Santa es una celebración católica que honra la vida de Jesucristo, su pasión, muerte y resurrección. En los países hispanos hay ceremonias y **ritos** religiosos durante esa semana.

Día de los Muertos en Otavalo, Ecuador.

El Día de los Muertos

En el Día de los Muertos se honran las almas (*souls*) de los antepasados y se reza (*pray*) por las ánimas (*spirits*) que buscan el descanso eterno. En algunos países hispanos, esta fiesta se llama el Día de las Ánimas. En México, Ecuador y Perú, esta fiesta adquiere (*acquires*) colorido (*style*) **folclórico.**

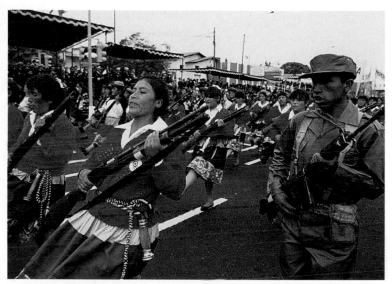

El Día Nacional

En casi todos los países hispanos, el Día Nacional, o Día de la Independencia, se celebra con desfiles y ceremonias civiles o militares.

Desfile del Día Nacional en Lima, Perú.

Palabras y expresiones útiles

la bandera	*flag*	el folclor	*folklore*
la broma	*trick*	los fuegos artificiales	*fireworks*
el concierto	*concert*	la guerra	*war*
el desfile	*parade*	la máscara	*mask*
el disfraz	*costume*	la participación	*participation*
el espectáculo	*show, spectacle*		

actuar	*to act*
participar	*to participate*

auténtico/a	*authentic*	folclórico/a	*folkloric*
bello/a	*beautiful*	magnífico/a	*magnificent*
entretenido/a	*entertaining*		

1 **Fiestas importantes.** Haz una lista de las fiestas que celebras durante el año. Incluye fiestas familiares (cumpleaños y aniversarios), fiestas universitarias (la graduación) o fiestas nacionales y regionales. Compara tu lista con la lista de un/a compañero/a y conversa sobre cómo se celebran las fiestas que has seleccionado.

2 **El Día de la Independencia.** Describe qué hacías para celebrar el Día de la Independencia cuando eras niño/a. Compáralo con lo que haces ahora.

ENLACE CULTURAL

El Carnaval

El Carnaval tiene su origen en las fiestas que se han celebrado por siglos, en las regiones católicas europeas du- rante los cuatro días an- teriores a la Cuaresma.° Estas fiestas no tienen actualmente° carácter religioso, sino que son celebraciones, con bailes, música, comidas deliciosas, disfraces y frecuentemente, con desfiles por las calles. El

Lent

currently

Disfraces en el Carnaval de Barranquilla, Colombia.

Carnaval termina el martes, víspera° de la Cuaresma, la cual comienza el Miércoles de Ceniza.° El Carnaval se celebra de diferentes maneras en al- gunas ciudades y pueblos de los países hispanos, pero tienen una cosa en común: es una época de fiestas populares.

day before
Ash Wednesday

Discusión en grupos

1. ¿Dónde se celebra el Carnaval en los Estados Unidos?
2. ¿Se celebran fiestas en tu región para recordar un evento histórico o en honor de una persona famosa? ¿Hay comidas especiales y desfiles por las calles?
3. ¿Conocen ustedes los días nacionales de otros países? ¿Cómo se celebran?
4. ¿Cómo se celebran los cumpleaños en la familia de cada uno/a de ustedes?

II. Talking about traditions and beliefs

A. Tradiciones y creencias

En todas las culturas se han desarrollado° ritos y ceremonias para **prevenir catástrofes** y **males,**° para **pedir favores especiales** y para **conmemorar** eventos importantes. Muchas ceremonias religiosas estaban relacionadas con el deseo de **aplacar a los dioses°** para que ellos protegieran° a la población, a los animales y los alimentos.° También podían celebrarse para alejar° a **los malos espíritus** que causaban enfermedades y males.

developed
evil

placate the gods
would protect / foods
dispel

Actualmente, los festivales no religiosos pueden tener muchas razones para celebrarse, por ejemplo para **honrar°** a una persona, para **recordar un hecho histórico,**° y moderna- mente, por motivos comerciales y económicos.

honor
historic event

La adoración al sol Los incas **adoraban** al dios Sol° o Inti, que con- trolaba los **fenómenos** de la natu- raleza, como la lluvia y las cosechas.° Además creían que él tenía poder sobre los ritmos de la vida como **los nacimientos,°** las enfermedades y la muerte. Para los aztecas, el dios Sol también era **poderoso°** y le ofrecían **sacrificios.**

sun god

crops

births

powerful

El conejito de Pascua° En las épocas precristianas, se celebraba la renovación de la naturaleza al llegar la primavera. En esas celebraciones se pedía **la fertilidad** de la tierra y de los ani- males para que no faltaran° alimentos en el invierno. Los huevos y los conejitos de Pascua son antiguos **símbolos** de fertilidad.

Easter bunny

lack

Celebrando el modernismo El progreso, el desarrollo tecnológico e industrial y los **logros°** de la humanidad son el centro de muchas celebraciones en nuestra época. Las grandes **exposiciones mundiales** y los **jue- gos olímpicos** son dos ejemplos del deseo de **festejar°** estos logros.

achievements

celebrate

Pabellón en la Exposición de Sevilla.

B. Algunos días de fiesta

Enero
1° Día de Año Nuevo
6 Día de los Reyes Magos

Febrero
14 Día de San Valentín
Carnaval (Semana anterior al
Miércoles de Ceniza—*Ash Wednesday*)

Marzo
Semana Santa (Fecha variable)
Domingo de Pascua (Fecha variable)

Abril
1° Día de los Inocentes (EE.UU., Europa)

Mayo
1° Día del Trabajo (Países hispanos)
5 Día de la Batalla de Puebla (México)

Julio
4 Día de la Independencia (EE.UU.)

Octubre
12 Día de la Raza
31 Día de las brujas

Noviembre
1° Fiesta de Todos los Santos
2 Día de los Muertos
Día de Acción de Gracias (Fecha variable)

Diciembre
Hanukkah (Fecha variable)
Kwanza (Fecha variable)
25 Navidad
28 Día de los Inocentes (Países hispanos)
31 Nochevieja
Ramadán (Países islámicos/fecha variable)

3 Asociaciones. ¿Qué fiestas asocias con las siguientes cosas?

1. el verano
2. un árbol verde
3. un picnic
4. un corazón rojo
5. la nieve
6. la bandera
7. la primavera
8. el invierno
9. un desfile
10. un regalo
11. un disfraz

4 Preguntas. Contesta las preguntas según la lectura y tus experiencias propias.

1. ¿Por qué se desarrollaron ritos en las culturas antiguas?
2. ¿Con qué se relacionaban muchas ceremonias religiosas?
3. ¿Por qué adoraban los incas el sol? ¿Y los aztecas?
4. ¿Qué significaba antes el conejito de Pascua? ¿Qué significa para ti?
5. ¿Qué importancia tienen los juegos olímpicos? ¿Dónde comenzaron? ¿Por qué?
6. ¿Celebras el nuevo año? ¿Cómo lo celebras? ¿Con quién?
7. ¿Cómo celebras el día de San Valentín?

5 El Día de los Inocentes. ¿Le has hecho bromas a alguien el Día de los Inocentes? ¿A quién? ¿Qué broma le hiciste y cómo reaccionó la persona? ¿Alguien te ha hecho bromas a ti? ¿Quién? Describe las bromas y cómo reaccionaste tú.

ENLACE CULTURAL

La Nochevieja

El 31 de diciembre, la Nochevieja, es el momento de hacer los propósitos° para el año nuevo. Tal vez queramos ser más ordenados, mejores estudiantes, personas más amables y simpáticas, comer alimentos nutritivos, no ser chismosos,° tratar bien a los amigos, etc. Estos son objetivos que quizás podamos lograr con esfuerzo° y voluntad.° Sin embargo, el futuro es desconocido° y para ayudarse en los propósitos y prevenir cualquier mal, en algunas partes se recurre° a rituales para recibir el nuevo año. Por ejemplo, en España y otros países hispanos se acostumbra comer doce uvas, una por cada campanada° del reloj a las doce de la noche. En otras partes, como en Colombia, es buena suerte entrar al Año Nuevo llevando ropa interior amarilla y comiéndose las doce uvas de medianoche.

resolutions

gossipy

effort / will
unknown

to turn to

stroke

A medianoche, la gente en España come doce uvas para celebrar el Año Nuevo.

Discusión en grupos

1. ¿Existen en la región de ustedes ceremonias o rituales para recibir el año nuevo?
2. ¿Es útil hacer propósitos de año nuevo? ¿Por qué?
3. ¿Qué creencias conocen para llamar la buena suerte? ¿Y qué creencias conocen para evitar la mala suerte?
4. Realicen una encuesta a todos los miembros del grupo con estas tres preguntas: ¿Existe la buena suerte? ¿Existe la mala suerte? ¿Es necesaria la suerte para tener éxito? Preséntenle los resultados a la clase.

VISTAS Y VOCES

I. Preparémonos

1 **Anticipación.** Contesta las siguientes preguntas. Trabaja con un/a compañero/a.

A. **1.** ¿Qué haces cuando se corta la luz en tu casa?
    2. Menciona una situación que te cause angustia. ¿Qué haces para calmarte?
    3. ¿Cómo proteges tu apartamento o casa contra los robos?
B. Mira la foto 10A en la página 395. ¿De qué habla doña Carmen?

Para comprender mejor			
a menudo	*often*	la falla	*failure*
alterarse	*to get upset*	la incomodidad	*inconvenience*
la anfitriona	*host*	la indirecta	*heavy hint*
la angustia	*anxiety*	ingenioso/a	*clever*
comprensivo/a	*understanding*	inquietarse	*to get worked up*
desconcertar	*to take aback*	Tranquilízate.	*Calm down.*
la disculpa	*apology*	se fue la luz/	*the light(s)*
en seguida	*right away*	se cortó la luz	*went out*

2 **Secuencia.** Estudia cada escena de video y contesta las siguientes preguntas. ¿Qué les ha pasado a los jaguares gemelos? Según tu opinión, ¿que está pensando Nayeli? ¿De qué crees que están hablando Adriana y Felipe?

1.

2.

3.

4.

II. Miremos y escuchemos

3 **Mis observaciones.** Mientras miras y escuchas el episodio, indica si las siguientes frases son **verdaderas** o **falsas**. Corrige las frases falsas.

1. _____ En la finca se corta la luz.
2. _____ Adriana no se altera cuando se corta la luz.
3. _____ Las fallas eléctricas son normales en esta zona de Costa Rica.
4. _____ Cuando se corta la luz, doña Carmen permanece en la habitación.
5. _____ Felipe va a examinar el generador.
6. _____ La casa de doña Carmen es vieja.
7. _____ Los jaguares gemelos desaparecen.
8. _____ Según Nayeli, Zulaya se robó los jaguares.
9. _____ Nayeli trata de calmarlos a todos.
10. _____ La casa de doña Carmen está vigilada con videocámaras.

III. Comentemos

4 **Comprensión.** Trabajando en grupos, contesta las siguientes preguntas.

1. ¿Quiénes están en el comedor en esta escena?
2. ¿Qué pasa con la luz? ¿Cómo reacciona Adriana?
3. ¿Quién no está en el comedor?
4. ¿Están Felipe y Nayeli preocupados con la falla eléctrica?
5. ¿Quién sale de la casa de doña Carmen? ¿Dónde estuvo doña Carmen? ¿Cuántas veces por mes se corta la electricidad?
6. ¿Qué descubren al pasar a la sala? Según Nayeli, ¿quién se robó los jaguares gemelos?
7. ¿Qué usa doña Carmen para vigilar la finca?
8. Al final de este episodio, ¿cómo reaccionan Adriana y Nayeli?

5 **La ahijada.** Describe la actitud de Nayeli hacia (*toward*) doña Carmen en este episodio. ¿Todavía tiene confianza en su madrina? ¿Por qué? ¿Cómo se siente ella al empezar y al terminar el episodio? Explica.

6 **Miremos otra vez.** Después de mirar el episodio otra vez, arregla las escenas de video en la secuencia correcta y narra la acción.

7 **Robo.** ¿Para dónde crees que va el ladrón de los jaguares gemelos? ¿Qué deja en el mueble en lugar de los gemelos? ¿Para quién trabaja? ¿Es Gafasnegras? Trabaja en parejas.

8 **Yo opino que...** En grupos de tres, analicen el significado de los siguientes comentarios. ¿Quiénes los dicen? Digan si están de acuerdo o no dando ejemplos del video y de la vida. Luego, intercambien las respuestas con otro grupo y compárenlas.

1. "Los ladrones son muy ingeniosos."
2. "No digas nada hasta que no sepas la verdad. Es muy fácil sacar conclusiones erróneas."

Lengua

I. Expressing wishes, opinions, and beliefs

Review of the present subjunctive

Before you do the activities in this section, review the formation and uses of the present subjunctive in chapters 7, 8, and 9. Then, complete the following activities with a partner. Review the following examples of verbs or expressions that require use of the subjunctive.

- Verbs of volition

  Quiero que todos **celebremos** el Carnaval.

  I want us all to celebrate carnival.

- Verbs of emotion

  Rafa **se alegra** de que todos **participen** en el festival.

  Rafa is happy that all are participating in the festival.

- Unknown facts

  Estamos buscando un concierto de música que no **sea** muy caro.

  We are looking for a music concert that is not very expensive.

- Impersonal expressions

  Es magnífico que **haya** festivales populares en Puerto Rico.

  It's magnificent that there are popular festivals in Puerto Rico.

- Conjunctions

  Vamos a la celebración **después de que** Paco **llegue.**

  We're going to the celebration after Paco arrives.

1 Los abuelos dan consejos. Martina nos cuenta lo que su abuelita Adela quiere que ella haga. Completa lo que dice Martina.

1. Mi abuelita Adela me dice que la _acompañe_ (acompañar) a la iglesia donde tienen conciertos de música muy entretenidos.
2. Ella insiste en que yo _pase_ (pasar) más tiempo en casa practicando las lecciones de música. Ni ella ni mis padres permiten que yo _gaste_ (gastar) tiempo en diversiones.
3. Ella y mi abuelo dicen que me _haga_ (hacer) cantante de ópera como mi tía Juana.
4. Mi abuela me aconseja que no _participe_ (participar) en los espectáculos de música popular para no arruinar mi voz.
5. Mi abuelo dice que es posible que yo _cante_ (cantar) con el famoso cantante Plácido Domingo.
6. Mi abuela teme que yo no _siga_ (seguir) sus consejos y que _pierda_ (perder) muchas y muy buenas oportunidades profesionales.
7. Mis abuelos me quieren mucho y esperan que yo _tenga_ (tener) éxito con mi carrera.

2 **Los primos.** Sara y Enrique hablan sobre la manera de celebrar el Día Nacional en su país y su ciudad. Selecciona la forma correcta del subjuntivo o del indicativo, según el contexto.

SARA: Me parece una buena idea que (honramos / honremos) a las personas que han muerto luchando en la guerra.

ENRIQUE: Sí, debemos honrarlas por su esfuerzo y espero que mi prima Melania (canta / cante) durante la ceremonia conmemorativa de mañana.

SARA: Pues dudo que ella (quiere / quiera) cantar. Estoy segura de que (prefiere / prefiera) tocar la guitarra y que le va a pedir a Roberto que (canta / cante).

ENRIQUE: Es posible, pero cuando la (vemos / veamos), voy a rogarle que (cante / canta) junto con Roberto.

SARA: Espero que te (escucha / escuche), pero no estoy segura de que (hace / haga) lo que le pides.

3 **Mis opiniones.** Utiliza las expresiones verbales siguientes para expresar por escrito tu opinión (positiva o negativa) sobre los hechos de la lista. Recuerda usar el presente de subjuntivo. Cuando termines, compara tus frases con las de un/a compañero/a.

es absurdo	es bueno	es fantástico	es lógico
es malo	es maravilloso	es terrible	es triste
es ridículo	es importante	no es cierto	no es mentira

▶ **Modelo:** *Los deportistas famosos hacen comerciales de ropa cara.*
Es malo / No es malo que los deportistas famosos hagan comerciales de ropa cara.

1. Algunas personas famosas tienen casas enormes.
2. Hay actores que fuman en las películas.
3. Varias ciudades tienen desfiles populares.
4. Durante el verano hay espectáculos al aire libre.
5. Muchos atletas hacen comerciales de cereales y vitaminas.
6. Ciertos actores de televisión y cine son muy excéntricos.
7. Algunos cantantes cancelan sus conciertos.
8. Muchas personalidades del cine usan drogas y alcohol.
9. Muchos actores ayudan a los enfermos de SIDA y cáncer.
10. Muchos pueblos conmemoran a las personas que han muerto defendiendo su país.

II. Indicating subjective emotions and attitudes in the past

The past subjunctive (imperfecto de subjuntivo)

"El presidente les **pidió** a los ciudadanos que **honraran** a los héroes muertos en las guerras y que **asistieran** a las ceremonias que se van a celebrar mañana."

The president asked citizens to honor heroes who died in war and to attend ceremonies that are going to be celebrated tomorrow.

"El presidente de la Asociación de Veteranos **recomendó** que las ceremonias se **celebraran** en todos los pueblos y ciudades."

The president of the Veteran's Association recommended that the ceremonies be celebrated in all towns and cities.

"La policía les **recordó** a todos que no **bebieran** alcohol ni **condujeran** sus coches en estado de ebriedad."

The police reminded everyone not to drink alcohol nor drive their cars under the influence.

The past subjunctive (imperfect subjunctive)

You have already studied the imperfect and preterite tenses in the indicative. In Spanish, there is one simple past tense in the subjunctive mood—the imperfect subjunctive—which is used in the same way as the present subjunctive, but refers

to circumstances, events and situations of the past. Remember that, as in the present subjunctive, the main clause verb determines whether the subordinate clause verb is in the subjunctive mood.

- To form the past subjunctive of both regular and irregular verbs, eliminate the **-ron** of the *third person plural* of the *preterite* tense and add the following endings. To review the forms of the preterite, refer to Chapters 4 and 5.

festejar	tener	pedir
festej**ara**	tuvi**era**	pidi**era**
festej**aras**	tuvi**eras**	pidi**eras**
festej**ara**	tuvi**era**	pidi**era**
festej**áramos**	tuvi**éramos**	pidi**éramos**
festej**arais**	tuvi**erais**	pidi**erais**
festej**aran**	tuvi**eran**	pidi**eran**

- Note that verbs that are irregular in the preterite are also irregular in the past subjunctive.

- Alternative forms for the imperfect subjunctive are **-se, -ses, -se, -semos, -seis, -sen** added to the third person plural of the preterite after eliminating the indicative ending **-ron.**

4 **Práctica.** Indica las formas del imperfecto de subjuntivo.

1. yo: conmemorar, volver, servir
2. tú: desfilar, entender, recibir
3. él: bailar, comprender, decir
4. nosotros: honrar, poner, mentir
5. Uds.: actuar, tener, seguir

5 **Celebrando con la familia.** En voz alta, lee el siguiente párrafo sobre las celebraciones de días de fiesta de la familia de Nelson. Utiliza el imperfecto del subjuntivo de los verbos entre paréntesis.

Mis padres querían que todos nosotros (celebrar) juntos los días de fiesta nacionales y por eso se pusieron contentos de que (venir) los abuelos desde Venezuela para estar con nosotros. Mi hermana Lola quería que nosotros (participar) en el desfile del pueblo y que (salir) a cenar después de mirar el desfile. Pero Tito, mi hermano, prefirió que nos (quedar) en casa después del desfile para mirar los espectáculos de la noche por televisión. Tito también insistió en que nosotros (invitar) a sus compañeros de la universidad a cenar en casa con nosotros.

[handwritten annotations: celebramos celebráramos; vinieran; participáramos; saliéramos; quedáramos; invitáramos]

6 **Un mes de muchas órdenes.** Eres Tere, una cantante y actriz de treinta y dos años. Escribe un correo electrónico de ocho frases a tu amigo Carlos en Chile, contándole lo que tu agente te pidió que hicieras el mes pasado. Utiliza estos verbos en el pasado.

querer	preferir	ser importante	sugerir
pedir	insistir	decir	temer

▶ **Modelo:** *Mi agente sugirió que descansara mucho.*

III. Talking about prior events

Andrés   Tania

A. Past perfect indicative (pluscuamperfecto)

¿No habías estado allí?

ANDRÉS: ¿Dónde pasaste las vacaciones?

TANIA: Fui a Panamá porque ya **había viajado**° por otros países hispanos y quería conocerlo.

ANDRÉS: Ah, yo creía que tú ya **habías estado** allí. ¿Con quién fuiste?

TANIA: No, yo nunca **había ido**° a Panamá. Fui con mi primo Mario. Él ya me **había acompañado**° antes a Costa Rica.

ANDRÉS: ¿Y qué te gustó más?

TANIA: Me gustó mucho el festival folclórico de Panamá. Mario nunca **había asistido**° y a él también le encantó.

had traveled

had gone
had accompanied

had attended

Pluscuamperfecto

- The past perfect indicative tense (or pluperfect) is formed with the imperfect tense of the auxiliary verb **haber** in combination with the past participle of the verb that indicates the action: **había viajado, habías asistido, habíamos escrito.**

- In English, the equivalent is the past perfect tense (I *had traveled*, you *had attended*, we *had written*, she *had asked me for them*, I *had already dressed*).

- Direct- and indirect-object pronouns, as well as reflexive pronouns, come before the conjugated form of **haber** in the past perfect tense: **Ella me los había pedido.** (or) **Ya me había vestido.**

Los incas contaban la historia de Cauillaca, una hermosa doncella que sin saberlo, había concebido un hijo de Viracocha, el dios creador, simplemente al comer una fruta que éste había hecho caer a la tierra tras° convertirse en pájaro.

Huitzilopochtli, el dios guerrero de los aztecas, fue engendrado° cuando su madre guardó en el pecho las hermosas plumas que había hallado° al barrer el suelo de un templo sagrado.

Y entre los muiscas°, el gran héroe, Goranchacha, fue concebido por una muchacha que se expuso° a los rayos del sol en las alturas de una montaña. Después del nacimiento, ella permaneció virgen.

En todas estas tradiciones se honraba a la mujer como mediadora entre los hombres y la divinidad. Por ejemplo, la virgen morena de Guadalupe, cuya festividad es hoy en día una de las celebraciones más importantes de diciembre, se apareció al indio Juan Diego, apenas diez años después de la caída° de Tenochtitlán. Apareció precisamente en el Cerro de Tepeyac donde antes había un templo dedicado a Tonantzin, "Madre de los dioses". Según el fraile Torquemada, ella se presentaba a los indígenas "en figura de una jovencita, y les revelaba cosas secretas."

after

conceived / fall

found

Colombian civilization

was exposed

4 **Comprensión.** Trabaja en grupos y contesta las siguientes preguntas sobre la lectura.

1. ¿Qué imagen de la madre contribuyó para que algunos indígenas de América aceptaran la Navidad cristiana?
2. ¿Con quién tuvo un hijo Cauillaca?
3. ¿Quién se convirtió en pájaro?
4. ¿Cómo se convirtió el sol en padre de Goranchacha?
5. ¿Cuál es el papel que muchas religiones le asignan a la mujer ante la divinidad?
6. ¿Quién era Tonantzin? ¿Dónde se aparecía a los indígenas?
7. ¿Qué decía el fraile Torquemada sobre la figura de Tonantzin?

5 **Las cosas son así.** Trabaja en grupos. Completa los argumentos presentados en la lectura con la forma correcta del imperfecto de subjuntivo.

▶ **Modelo:** *Fue fácil que las poblaciones americanas (aceptar) el ritual de Navidad.*
Fue fácil que las poblaciones americanas aceptaran el ritual de Navidad.

1. No era cierto que todas esas culturas (honrar) a la mujer como mediadora.
2. Fue un prodigio que la virgen morena de Guadalupe (aparecerse) al indio Juan Diego.
3. No era extraño que Cauillaca no (saber) que había concebido un hijo.
4. Fue natural que las culturas amerindias (aceptar) el ritual de Navidad.

6 **Tema, tesis y argumentos.** Repite, con tus propias palabras, el tema de la lectura, la tesis y dos argumentos presentados por la autora. ¿Cuál es tu opinión de la tesis de la autora? Compara tus ideas con las de tus compañeros/as.

7 **Una creencia.** Trabaja en grupos de dos o tres personas. Cada grupo escribe una corta leyenda que conozcan sobre el origen de una persona legendaria, sobre un sitio especial, una ciudad o algún objeto interesante.

	comprar	**leer**	**recibir**
yo	**había** comprado	**había** leído	**había** recibido
tú	**habías** comprado	**habías** leído	**habías** recibido
él/ella, Ud.	**había** comprado	**había** leído	**había** recibido
nosotros/as	**habíamos** comprado	**habíamos** leído	**habíamos** recibido
vosotros/as	**habíais** comprado	**habíais** leído	**habíais** recibido
ellos/ellas, Uds.	**habían** comprado	**habían** leído	**habían** recibido

7 **¿Qué había pasado antes?** Francisco llegó muy tarde a la fiesta de celebración del cuatro de julio. Utiliza el pluscuamperfecto para relatar qué había pasado antes de que llegara Francisco.

1. La banda _____ (tocar) por tres horas. *había tocado*
2. Algunas parejas _____ (bailar) mucho. *habían bailado mucho*
3. Muchos invitados _____ (comer) aperitivos y _____ (beber) cerveza y vino. *habían comido / habían bebido*
4. Un grupo musical _____ (cantar) canciones nacionales típicas. *había cantado*
5. Todos nosotros _____ (divertirse) muchísimo. *nos habíamos divertido*
6. La comida _____ (terminarse), y Francisco no pudo comer. *se había terminado*

8 **¿Qué dijo Rosana?** Explica cómo celebraron el año nuevo las siguientes personas, según lo que te contó Rosana. Usa la forma correcta del pluscuamperfecto. Después, compara tus frases con las frases de un/a compañero/a.

▶ **Modelo:** *Lucía (bailar) con Roberto*
Rosana me contó que Lucía había bailado con Roberto toda la noche.

1. Mi mamá (comer) doce uvas *...mi mamá había comido doce uvas*
2. Mis tíos (mirar) la celebración en la tele *...mis tíos habían mirado la celebración en la tele*
3. Mi compañero/a de cuarto (ir) a una fiesta muy divertida *...mi compañero de cuarto había ido a una fiesta muy divertida*
4. El/La presidente de la universidad (asistir) a una ceremonia académica *...el presidente de la universidad había asistido a una ceremonia académica*

9 **Las distintas épocas de mi vida.** Indica cinco actividades que ya habías hecho antes de matricularte en la universidad (cuando tenías tres, seis, nueve, doce, quince y dieciséis años, por ejemplo). Utiliza el pluscuamperfecto y sigue el modelo. Puedes seleccionar diferentes edades.

▶ **Modelo:** *un año / caminar*
Cuando yo tenía un año, ya había aprendido a caminar.

B. Past perfect subjunctive (Pluscuamperfecto de subjuntivo)

- As with the present perfect subjunctive, when the idea in the main clause requires use of the subjunctive, the *past perfect subjunctive* appears in the subordinate clause. It is used when the action indicated occurred prior to the one expressed in the main clause.

- The past perfect subjunctive is formed with the imperfect subjunctive of the auxiliary verb **haber** + the *past participle* of the verb. Following are the forms for **haber.**

2 **La tesis.** En la lectura, la tesis del autor está explícita. Lee la frase siguiente e identifica los dos componentes de la tesis: la causa y el efecto.

Tesis: "El prodigio (*wonder*) de una concepción milagrosa estaba tan profundamente arraigado a (*rooted in*) sus culturas, que la aceptación del ritual de la Navidad cristiana fue natural."

3 **Busca el ejemplo.** Las frases siguientes son algunos ejemplos que usa la autora para apoyar (*support*) su tesis. Léelas y consulta el diccionario para asegurarte de que las entiendes bien.

1. Los incas contaban la historia de Cauillaca, una hermosa doncella que, sin saberlo, había concebido un hijo.
2. La madre de Huitzilopochtli, el dios azteca de la guerra, lo engendró cuando ella guardó en su pecho unas plumas de pájaro que había encontrado.
3. Una muchacha concibió a Goranchacha, el héroe de la cultura muisca de Colombia, cuando ella se expuso a los rayos del sol.
4. Los aztecas tenían un templo en el Cerro de Tepeyac, dedicado a Tonantzin, "la madre de los dioses". Ella se les aparecía a los indígenas como una jovencita y les contaba cosas secretas.

EL ROSTRO MESTIZO DE LA NAVIDAD EN AMÉRICA

Antes de que los españoles llegaran a América, los indígenas tenían entre sus experiencias religiosas la imagen sorprendente de madres vírgenes. El prodigio de una concepción milagrosa estaba tan profundamente arraigado a sus culturas, que la aceptación del ritual de la Navidad cristiana fue natural.

ETAPA B

Pistas y palabras
I. Talking about art and artists

El estudio de arte

Palabras y expresiones útiles

la acuarela	*watercolor*	el detalle	*detail*
la arquitectura	*architecture*	la dimensión	*dimension*
el arte clásico	*classic art*	la figura	*figure*
el arte contemporáneo	*contemporary art*	la forma	*form*
el arte moderno	*modern art*	la fotografía	*photograph*
el/la artista	*artist*	el/la fotógrafo/a	*photographer*
el autorretrato	*self-portrait*	la ilustración	*illustration*
la cámara	*camera*	el/la modelo	*model*
los colores primarios	*primary colors*	el mosaico	*mosaic*
los colores secundarios	*secondary colors*	el museo	*museum*
la composición	*composition*	los neutros	*neutrals*
el contraste	*contrast*	la pintura al óleo	*oil paint*
el cuadro	*painting; square*	la textura	*texture*

colgar (ue)	*to hang*
construir	*to construct, build*
crear	*to create*
dibujar	*to draw*
diseñar	*to design*
mostrar (ue)	*to show*
pintar	*to paint*
sacar (tomar) fotos	*to take photos*

abstracto/a	*abstract*	en color/es	*(in) color*
claro/a	*light*	oscuro/a	*dark*
en blanco y negro	*black and white*		

⁞⁞⁞ LENGUA EN ACCIÓN

Movimientos artísticos

Most artistic periods are described in English with the suffix *-ism*. The corresponding Spanish term ends in **-ismo**. For example:

Modernism = **modernismo**
Impressionism = **impresionismo**

The artist who created art within this period is described in English with the suffix *-ist*. The corresponding Spanish term ends in **-ista**. Note that the ending is the same whether the artist is male or female.

modernist = **el/la modernista**
impressionist = **el/la impresionista**

What do you think the Spanish terms for the following might be?

cubism, cubist, realism, realist, surrealism, surrealist, expressionism, expressionist, romanticism, romanticist

1 Preguntas personales. Contesta las preguntas.

1. ¿Qué tipo de arte te gusta más? ¿Por qué?
2. ¿Quién es tu artista favorito/a? ¿De dónde es? ¿Qué tipo de arte hace?
3. ¿Te gusta ir a museos? ¿Por qué? ¿Por qué no?
4. ¿Conoces a algunos artistas hispanos? ¿Cuáles? ¿De dónde son? Describe sus obras.

2 Arte moderno. ¿Qué piensas de estas obras artísticas? En grupos, contesta las preguntas y describe cada cuadro.

A

1. ¿Qué colores usa el artista?
2. ¿Cuáles son las formas dominantes del cuadro?
3. ¿Qué símbolos reconoces? ¿Qué relación tienen con el tema del cuadro?
4. Según tu opinión, ¿tiene el artista una visión positiva del mundo? ¿Por qué?

"Patria B", Xul Solar.

B

1. ¿Es el cuadro serio o divertido? ¿Qué elementos expresan esa emoción?
2. ¿Qué diferencia hay entre las "dos" Fridas del cuadro?
3. ¿Qué elementos comunes tienen las dos Fridas?
4. ¿Por qué crees que los corazones son visibles?
5. ¿Qué te dice este autorretrato de Frida Kahlo sobre ella?

"Las dos Fridas", Frida Kahlo (1939).

C

1. ¿Cómo es la familia? ¿Es rica, pobre, feliz o infeliz? ¿Cómo lo sabes?
2. Describe a cada miembro de esta familia. ¿Dónde está el padre?

3. ¿Por qué crees que la artista usa la escultura para expresar este motivo?
4. Describe los colores.

Marisol (Marisol Escobar), "The Family" (1962). Painted wood and other materials in three sections, overall, 6'10⅜" x 65½" x 15½" (209.8 x 166.3 x 39.3 cm). The Museum of Modern Art, New York. Advisory Committee Fund. Photograph © 1998 The Museum of Modern Art, New York.

3 **Preséntala.** En una revista o libro de arte, escoge una foto de una obra de arte que te guste. Tráela a la clase y descríbela.

ENLACE CULTURAL

El muralismo

El muralismo fue un movimiento de renovación en el arte latinoamericano a principios del siglo XX. Apareció en México y se extendió por casi todos los países hispanos, en especial, en los que hay un alto porcentaje de población indígena, como Bolivia y Ecuador. Los murales tienen generalmente grandes dimensiones y sus motivos centrales representan eventos históricos o elementos de la identidad nacional, muchas veces con aspectos indígenas. Los principales muralistas mexicanos fueron Diego Rivera, David Alfaro Siqueiros y José Clemente Orozco. En el Ecuador, se ha destacado Osvaldo Guayasamín; en Bolivia, Miguel Alandia Pantoja y en Colombia, Pedro Nel Gómez.

"El Mercado de Tenochtitlán", pintura de Diego Rivera.

Osvaldo Guayasamín en su casa museo, en Quito.

Discusión en grupos

1. ¿Hay decoraciones especiales en edificios, parques o casas en su pueblo? Descríbanlas.
2. ¿Hay murales en la región de ustedes? ¿Conoce alguno de ustedes murales en otros estados? ¿Cómo son y qué representan?
3. ¿Son los grafitis una expresión artística? ¿Son las pinturas de las cavernas (*caves*) expresiones artísticas de nuestros antepasados?

II. Talking about crafts and folk art

Objetos artesanales

Alebrijes

En Oaxaca se hacen **artesanías** como estas **figuritas** de madera **pintadas a mano.** Son muy populares entre los **coleccionistas,** y además se consideran como talismanes de la **buena suerte.** Hay alebrijes en forma de unicornios, jirafas, iguanas, jaguares, armadillos, etc.

Alebrijes en forma de jaguar, Oaxaca, México.

Ojo de Dios

Muchos símbolos indígenas fueron destruidos durante la colonización española de América, pero el Ojo de Dios **ha permanecido** (*has remained*) desde entonces porque tiene forma de **cruz** (*cross*). En muchas partes se usa como talismán porque se cree que **trae** buena suerte.

Réplicas precolombinas

En Colombia **se fabrican** actualmente **réplicas** de objetos precolombinos **de oro.** Estas **piezas** se usan como joyas, como decoración en las casas o como **adornos** de bolsos y **correas** (*belts*).

Chica mexicana con un "Ojo de Dios" en la mano.

Una máscara precolombina, Museo de Oro, Bogotá.

El damasquinado

En la ciudad española de Toledo, **hábiles artesanos** trabajan con la técnica del damasquinado, es decir, la decoración de metales preciosos. Allí se fabrican hermosos objetos como el que vemos en la foto, con adornos **dorados** de hermosos diseños de influencia árabe.

Artesano toledano.

4 **Clasificación de los objetos artesanales.** Trabaja con un/a compañero/a y construye una tabla sobre los cuatro objetos artesanales descritos (*described*) arriba.

	Alebrijes	Ojo de Dios	Réplicas pre-colombinas	Objetos de Toledo
origen	Oaxaqueña	española	Colombia	Toledo
material	madera	madera	oro	metal, plato
uso	buena suerte	buena suerte	adornos de bolsos y correas	adorno dorados
colores	Amarillo, anaranj anaranjado negro, verde rojo, azul blanco	rojo, verde, amarillo anaranjado negro	oro	Amarillo, verde azul, negro rojo
¿...?				

5 **Artesanías personales.** Diseña un objeto artesanal que represente la historia de tus antepasados (*ancestors*). Puede ser real o imaginario. Dibújalo y describe su historia incluyendo qué es, para qué se usa, y con qué material se hace.

ENLACE CULTURAL

Arte ambulante

En muchos países hispanos podemos ver autobuses y vehículos totalmente cubiertos con dibujos de colores. Estos adornos representan motivos importantes para su dueño como un hermoso paisaje o su santo preferido. Hasta los años sesenta, este tipo de buses eran frecuentes como transporte público en Colombia; actualmente sólo se ven en regiones rurales o durante festivales folclóricos. Lo mismo ha sucedido con las bellas carretas° pintadas de Costa Rica: alguna vez fueron un medio de transporte y ahora se han convertido en uno de los símbolos importantes de la identidad costarricense. Los buses pintados colombianos, llamados generalmente "buses de escalera"° y las carretas costarricenses se venden ahora como recuerdos turísticos.

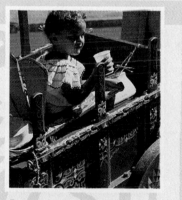

Carreta costarricense.

wagons

ladder

Discusión en grupos

1. ¿Existen vehículos decorados en su región? Piensen, por ejemplo, en los colores o dibujos especiales que algunas personas usan en sus autos o motocicletas.
2. ¿Conocen otras expresiones del arte popular en su estado o país?
3. ¿Qué decoración prefiere cada uno de ustedes para su auto, moto o bicicleta?

VISTAS Y VOCES

I. Preparémonos

1 Anticipación. Contesta las siguientes preguntas. Trabaja con un/a compañero/a.

A. 1. Cuando tienes sospechas sobre las acciones de un/a amigo/a, ¿se las dices directamente o hablas con otra persona primero? ¿Por qué? Da un ejemplo.
   2. ¿Qué mensaje delicado o alarmante has recibido tú (o alguien de tu familia o un/a amigo/a) en el contestador telefónico?
   3. Describe tú una misión peligrosa o difícil que tú hiciste el semestre pasado. ¿Qué plan seguiste tú para cumplirla?
B. Mira la foto 10B en la página 395. ¿Qué dicen Nayeli y Adriana sobre doña Carmen?

Para comprender mejor

alargar	*to lengthen*	el halago	*praise*
alejar	*to keep away*	el hogar	*home*
alterado/a	*upset*	incomprensivo/a	*unsympathetic*
confiar	*to trust*	inquietante	*disturbing*
correr el riesgo	*to run the risk*	por qué diablos	*why in the world*
deshecho/a	*shattered*	por su propia cuenta	*on her/his own*
¡Dios mío santo!	*Good grief!*	el rastro	*trace*
duro/a	*hard*	regañar	*to scold*
el engaño	*deceit*	el/la testigo	*witness*
Está en contra nuestra.	*He/She is against us.*	la traición	*betrayal*
la fuerza	*strength*	ya	*already; now*
el golpe	*blow*	el contestador automático	*answering machine*
gordo/a	*serious; heavy*		
la grabadora	*tape recorder/ answering machine*		

2 Secuencia. Estudia cada escena de video y contesta las siguientes preguntas. ¿Quién es Armando? ¿Qué interés tiene en los héroes gemelos? ¿Es lógico tener confianza en él o tener sospechas de él? Explica. Después, arregla las escenas en un orden lógico.

1.

2.

3.

4.

II. Miremos y escuchemos

3 **Mis observaciones.** Mientras miras y escuchas el episodio, escribe las reacciones y emociones que Nayeli tiene durante este episodio. ¿Qué pasa y cómo se siente Nayeli hacia doña Carmen, Adriana, Armando y Felipe?

III. Comentemos

4 **Comprensión.** Contesta las siguientes preguntas.

1. ¿A quién le pregunta Adriana en dónde están los jaguares gemelos?
2. ¿Quién quiere llamar a la policía?
3. ¿Con quiénes quiere hablar primero doña Carmen?
4. ¿En qué están todos de acuerdo?
5. ¿Quién deja un mensaje telefónico en el contestador automático de doña Carmen?
6. ¿Quiénes escuchan el mensaje primero?
7. ¿Cuál es el "problema gordo" que menciona Armando en su mensaje?
8. ¿Quién es Mariluz Gorrostiaga? ¿Qué hizo ella? ¿Dónde está?
9. ¿Cómo reacciona Nayeli cuando escucha el mensaje telefónico?
10. ¿Qué plan tiene Nayeli para recuperar a los gemelos?
11. ¿A quién llama doña Carmen?
12. Al final del episodio, ¿tiene doña Carmen confianza en Armando? ¿Por qué?

5 **El camino del jaguar.** ¿Crees tú que los héroes gemelos van a llegar a México a tiempo para el treinta y uno de agosto y en buenas condiciones? Explica.

6 **Miremos otra vez.** Después de mirar el episodio otra vez, arregla las escenas de video en la secuencia correcta y narra la acción.

7 **El engaño.** Nayeli habla sobre el engaño y la traición. ¿Quién(es) engaña(n) a quién(es)? ¿Cómo? ¿Cuál es el resultado? ¿Por qué?

8 **En mi opinión...** En grupos de tres, identifiquen a los personajes que dicen las siguientes frases. Luego, digan si están o no de acuerdo y por qué. Finalmente, intercambien y comparen las respuestas con otro grupo.

"...es importante que no actuemos sin pensar."
"El futuro de México depende de nosotros."
"No confíes en nadie, confía sólo en tu intuición."

Lengua

I. Clarifying and specifying references to persons and things

Relative pronouns

Gente

JUAN: Compré unas joyas de oro **que** le voy a mandar a mi hija.

ANA: Tengo un primo **a quien**° le voy a mandar un CD-ROM sobre Latinoamérica.

JUAN: ¿El primo **del cual** me hablaste ayer? ¿Va a viajar a algún país hispano?

ANA: No, pero **lo que**° le encanta es relajarse de noche explorando las civilizaciones precolombinas a través de la tecnología.

to whom

the thing that

Relative pronouns are used in Spanish to combine two sentences that have a noun or pronoun in common. The main relative pronouns in English are *that*, *which*, and *who/whom*, all of which are sometimes omitted. In Spanish, they must be used.

- **Que** refers to things as well as people *(that, which, who)*.

  Compré una pequeña vasija **que** debo mandar a mi hija.
  I bought a small bowl that (which) I should send to my daughter.

  Tengo un primo **que** es escultor.
  I have a cousin who is a sculptor.

- **Quien/quienes** refers only to people *(who/whom)* and is used after prepositions and the personal **a.**

  Maricarmen Hernández es la médica **a quien** consulto cuando me siento enfermo.
  Maricarmen Hernandez is the doctor whom I consult when I feel sick.

Éste es el dependiente **con quien** hablé para conseguir una tarjeta de crédito.	*This is the clerk with whom I spoke to get a credit card.*

- **Lo que** refers to an idea or a previous situation (*what, that which*).

A Papá no le gustó **lo que** le pintó el artista.	*Dad did not like what the artist painted for him.*
Lo que necesito es una pulsera de diamantes y esmeraldas.	*What I need is a diamond and emerald bracelet.*

- When **cual** or **cuales** is used to refer to a noun, it has an article that agrees in gender and number with the noun.

El artista **del cual** te hablé es joven.	*The artist about whom I talked to you is young.*
La pintora **a la cual** le dieron el premio es paraguaya.	*The artist to whom the prize was awarded is from Paraguay.*

1 *Comprensión.* Conecta lógicamente las siguientes ideas con el pronombre relativo **que.**

▶ **Modelo:** *Laura es una buena artista. Sabe mucho sobre la pintura al óleo.*
Laura es una buena artista que sabe mucho sobre la pintura al óleo

1. Dana tiene un dibujo. El dibujo es nuevo.
2. Me regalaron una escultura. La escultura es de bronce.
3. Tengo un bosquejo. El bosquejo representa una naturaleza muerta.
4. ¿Dónde está la arcilla? Compré la arcilla ayer.
5. Le di a Carmen una ilustración. La ilustración es muy bonita.

2 *En la tienda.* Irene va a la tienda para comprar un regalo de bodas para su prima. Completa las frases con las formas correctas de los pronombres relativos **que, quien** y **lo que.**

IRENE: Me llamo Irene Gómez y quisiera ver al dependiente con _____ hablé esta mañana sobre regalos de cerámica.

DEPENDIENTE: Ah, sí, fui yo _____ hablé con usted, señorita.

IRENE: Mi prima registró aquí la lista de regalos para su boda porque le encantaron los platos mexicanos _____ ella compró.

DEPENDIENTE: Me alegro de que le hayan gustado los platos.

IRENE: Ahora, _____ quiero hacer es regalarle seis vasos y tazas del mismo diseño, por favor.

DEPENDIENTE: Claro que sí. ¿Cómo quiere pagar?

IRENE: Quiero pagar con un cheque, pero la chequera es nueva y tengo cheques _____ no tienen mi dirección actual. ¿Aprueba usted el cheque?

DEPENDIENTE: Llamaré a mi supervisora para que ella apruebe su cheque.

IRENE: Gracias.

3 **Opiniones.** Hazles una entrevista a tus compañeros/as sobre sus preferencias. Todas las respuestas deben hacerse con frases completas y usar **que, quien, quienes** o **lo que.**

1. ¿Qué día de fiesta te gusta más a ti? ¿Por qué? ¿y a tu hermano/a?
2. ¿Qué festival de tu región atrae (*attracts*) el mayor número de personas? ¿Cómo participas tú en él y cómo es?
3. ¿Qué región de tu país tiene más celebraciones? ¿Qué tipos de celebraciones son?
4. ¿Qué evento deportivo de tu región atrae más publico?

II. Asking questions

Differentiating between *qué* and *cuál*

Arquitectura

PROFESORA: ¿**Cuál** es una de las catedrales más importantes del mundo hispano moderno? ¿**Qué** características tiene?

ESTUDIANTE 1: La catedral que diseñó el arquitecto Antonio Gaudí en Barcelona es muy famosa. Es muy grande y moderna. ¿**Qué** piensa Ud. de ella?

PROFESORA: Pienso que Gaudí fue un innovador. ¿**Cuáles** son otras de las obras artísticas de Gaudí y en **qué** año las diseñó?

ESTUDIANTE 2: Gaudí diseñó otros edificios y parques muy hermosos, también; creo que lo hizo después de que diseñó la catedral de Barcelona.

In Spanish, the equivalents of the English interrogatives *what* and *which* are expressed in two ways, with different meanings, depending on the context.

Uses of *qué*

- When you want to request a definition or an explanation, use **qué** as the subject of the verb. It translates as *what* and carries an accent.

  ¿**Qué** es el cubismo?   *What is Cubism?*

Uses of *cuál*

- When you ask for a choice among a selection of several possibilities, **cuál/cuáles** is used as the subject of a verb and can be translated as *what* or *which*.

  ¿**Cuál** de estas pinturas prefieres?   *Which painting do you prefer?*
  ¿**Cuáles** de esos dibujos te gustan?   *Which of those drawings do you like?*

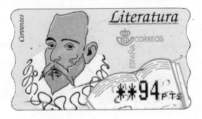

4 **Dime tu opinión.** Una pareja está en un museo en Sudamérica. Completa el diálogo que tienen Rosa y Luis con las formas apropiadas de **qué** o **cuál.**

ROSA: ¿ _Cuál_ de todas las pinturas te gusta más en esta sala?

LUIS: No sé _Cuál_ es mi favorita. Todas tienen colores muy vivos y agradables. ¿ _Qué_ prefieres tú, mi amor?

ROSA: Me encanta todo el arte, pero me pregunto, ¿ _Qué_ simbolizan los diseños geométricos?

LUIS: No tengo ni idea. ¿ _Qué_ representan los colores en estas pinturas? No estoy seguro de que esto sea arte.

III. Expressing opposing opinions

Pero and sino

Festivales

PEPITO: Me gustó el festival de mayo, **pero**° me cansé mucho bailando.

ROLANDO: Yo no bailé, **sino**° que canté con el grupo folclórico panameño. Me dio muchísima satisfacción hacerlo.

but

rather, on the contrary

In Spanish, *but* is expressed in two ways, with different meanings. When you have two clauses and the second contradicts the meaning in the first, you use **sino** to mean *rather* or *on the contrary.* No me gusta el café, **sino** el chocolate. (*I do not like coffee, rather I prefer chocolate.*) In most other instances, **pero** is used to express *but.* Traté de llamarlo, **pero** no estaba en casa. (*I tried to call him, but he was not at home.*)

5 En la tienda de artesanías. Oneka y Cassandra están en la tienda de artesanías, donde están comprando regalos para llevar a sus familias y amigos. Tienen diferentes opiniones. Completen el diálogo con las formas correctas de **pero** o **sino**.

Objetos frágiles

ONEKA: A mi hermano y a mi cuñada les encantan los platos de cerámica, _____pero_____ son muy delicados para llevar en el avión.

CASSANDRA: Yo no voy a comprar objetos frágiles, _____sino_____ tejidos. Es mejor porque los tejidos se pueden llevar sin problemas.

ONEKA: Tienes razón, _____pero_____ estas vasijas son perfectas para mi nueva cocina.

CASSANDRA: Se me ocurre una idea fantástica: compras los platos y las vasijas, _____pero_____ no las llevas en la mano, _____sino_____ que las mandas por correo.

6 No estoy de acuerdo. Usando el vocabulario del capítulo y el modelo de la actividad anterior, escribe un cuentito con opiniones opuestas, con **sino** y **pero**.

Lectura B

Introducción

The following reading presents some thoughts about arts and crafts in general and specifically about art in Hispanic countries.

Prelectura

1 El arte. El museo principal de tu ciudad va a hacer una exposición de los cuadros preferidos de varias personas de la comunidad. Trabaja en grupos y pregúntales a tus compañeros/as qué cuadro/s le prestarían al museo.

Arte y artesanía

Con el encuentro de América, Europa y África, la estética hispanoamericana adquirió° una identidad multifacética. Desde el siglo XV hasta fines del siglo XVIII, la herencia° española influyó en el desarrollo° del arte, la arquitectura y las artesanías en los países hispanos. Posteriormente, las culturas autóctonas,° la presencia de culturas africanas, y las características geográficas e históricas de cada país, enriquecieron° y le dieron identidad propia a las expresiones artísticas locales.

A finales del siglo XIX y a principios del siglo XX, con la independencia y formación de las nuevas repúblicas americanas, se intensificó el cultivo de las artes nacionales en los diferentes países. En la pintura, la escultura y la música, aparecieron movimientos artísticos con sello° nacionalista, como lo fue el muralismo mexicano.

En este momento, florecieron° también las artesanías nacionales y aumentó° su aprecio como expresión de la identidad nacional y de las culturas regionales. Cada región tiene actualmente artesanías típicas como

acquired
heritage
development
native

enriched

hallmark

bloomed
increased

"Albañil"
Este cuadro del pintor mexicano,
Diego Rivera, es una obra artística
muy expresiva.

"Composición con pájaro"
Este cuadro del pintor mexicano, José Obregón, es una obra de arte de estilo abstracto.

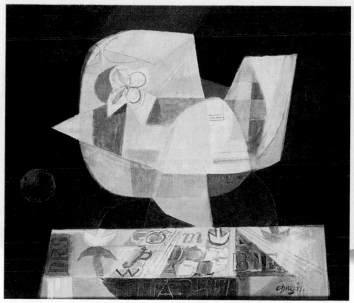

miniatures

muebles de madera, tapetes, exquisitas miniaturas,° telas, ropa, hamacas e infinidad de hermosos objetos que expresan el espíritu nacional y regional de sus gentes.

"La granja"
En este cuadro, César López, un pintor folclórico colombiano, expresa su visión de una escena en el campo.

Postlectura

2 **Tesis.** ¿Cuál te parece que es la tesis de la lectura? Selecciona el párrafo que la contiene.

3 **Argumentos.** Menciona dos argumentos que apoyan (*support*) esta tesis.

4 **¿Verdadero o falso?** Determina cuáles de estas afirmaciones son verdaderas y cuáles son falsas, según lo que dice la lectura. Corrige las falsas.

1. La estética hispanoamericana tiene una identidad multifacética.
2. Las artesanías representan la identidad nacional.
3. El muralismo fue un movimiento artístico español.
4. Cada país tiene su propia identidad artística.
5. Las nuevas repúblicas americanas lograron su independencia a finales del siglo XV.
6. Después de la independencia, cada región desarrolló su identidad nacional con sus artesanías.
7. El arte hispanoamericano también tiene influencia de culturas africanas.
8. En algunas regiones, las hamacas son también artesanías.

5 **A escribir.** Según tu opinión, ¿existe diferencia entre el arte que ves en las galerías de arte de tu ciudad y las artesanías locales? ¿Cuáles son esas diferencias?

En resumen

I. Hablemos

1 Planeando una fiesta. En grupos de tres, planeen una gran fiesta para su universidad. Hagan una lista de lo que hay que hacer para organizar un desfile, un baile y una exposición de arte. Usen algunas de las siguientes frases en sus listas:

Es importante que…   …antes de que…
Es bueno que…   …tan pronto como…
Quiero/Queremos que…

2 A San Antonio. Adriana y Felipe hacen un plan mientras viajan a San Antonio para recuperar al jaguar. Discute con un/a compañero/a las cuatro cosas más importantes que deben hacer. ¿Adónde deben ir? ¿Con quién deben hablar?, etc.

II. Investiguemos por Internet

Using bookmarks

As you have learned, Internet guides provide a vast amount of information classified by theme. However, classifications may be different from one Internet guide to another. When you are looking for information in several Web sites and you would like to compare them, you may want to use bookmarks to access the sites easily. You may also use the list that your browser keeps of recent visited sites. This list is accessible from the upper menu in your browser.

Vocabulario informático

el separador (indicador, sitio favorito)   *bookmark*

---

3 ¡Carnaval! Work in groups and search for at least three carnival celebrations in the Hispanic world. Report to the class where and when each carnival is, and the reason it is celebrated. Does it have its own name? If there are pictures of the celebration, select at least one picture and describe it to the class. Mention also whether people use costumes in each one of the carnivals you are describing.

III. Escribamos

> ### Writing strategy: Summarizing
> A summary is a version of something that you have read or seen that contains only the most important information and leaves out much of the detail. Once you have identified the main idea and supporting detail, you can connect these ideas in paragraph form. Unlike paraphrasing, a summary intends to condense the material and present it in a straightforward way.

Review the following strategies to prepare for writing a summary.

Providing supporting detail (Chapter 3)
Taking notes in the margin (Chapter 4)
Paraphrasing (Chapter 7)

🔑 Strategy in action

Turn to *Escribamos* in the Workbook to practice the writing strategy of summarizing.

4 *Resumen.* Escribe un resumen de una de las lecturas en este capítulo. Compara tu composición con un/a compañero/a.

5 *¿Qué pasó en Costa Rica?* Escribe un resumen de los cuatro episodios del video que están videofilmados en Costa Rica. Compara tu composición con la de un/a compañero/a.

Vocabulario

Fiestas y celebraciones

actuar	to act	el espectáculo	spectacle
adorar	to adore	la estatua	statue
aplacar a los dioses	to placate the gods	el evento	event
auténtico/a	authentic	la exhibición, exposición	exhibition
la bandera	flag	la exposición mundial	world's fair
bello/a	beautiful	el fenómeno	phenomenon
la broma	trick	la fertilidad	fertility
el buen/mal espíritu	good/bad spirit	festejar	to celebrate
la catástrofe	catastrophe	el festival	festival
celebrar	to celebrate	la fiesta	party
la ceremonia	ceremony	el folclor	folklore
componer	to compose	folclórico/a	folkloric
el concierto	concert	los fuegos artificiales	fireworks
el conejito de Pascua	Easter bunny	la guerra	war
la conmemoración	commemoration	histórico/a	historic
conmemorar	to commemorate	el himno	hymn
el desfile	parade	el homenaje	hommage
el disfraz	costume	honrar	to honor
en honor de	in honor of	los juegos olímpicos	olympic games
entretenido/a	entertaining	el logro	achievement

magnífico/a	*magnificent*	la placa	*plaque*
los males	*evils, harmful things*	poderoso/a	*powerful*
		prevenir	*to prevent*
la máscara	*mask*	público/a	*public*
el mural	*mural*	recordar un hecho histórico	*to remember a historic event*
el nacimiento	*birth*		
nacional	*national*	regional	*regional*
la obra de arte	*work of art*	religioso/a	*religious*
la participación	*participation*	el rito	*ritual*
participar	*to participate*	el sacrificio	*sacrifice*
pedir favores especiales	*to ask for special favors*	el símbolo	*symbol*

Arte, artesanías y artistas

abstracto/a	*abstract*	la dimensión	*dimension*
la acuarela	*watercolor*	diseñar	*to design*
el adorno	*decoration*	dorado/a	*golden*
a mano	*by hand*	en blanco y negro	*black and white*
la arcilla, el barro	*clay*	en color/es	*color*
la arquitectura	*architecture*	el/la escultor/a	*sculptor*
el arte clásico	*classic art*	la escultura	*sculpture*
el arte contemporáneo	*contemporary art*	fabricarse	*to manufacture*
el arte moderno	*modern art*	la figura (figuritas)	*figure (small figures)*
la artesanía	*crafts*	la forma	*form*
artesano/a	*artisan*	la fotografía	*photograph*
el/la artista	*artist*	el/la fotógrafo/a	*photographer*
el autorretrato	*self-portrait*	hábil	*skillful*
el barro	*clay*	el horno	*kiln*
el bosquejo	*sketch*	la ilustración	*illustration*
el bronce	*bronze*	la madera	*wood*
la cámara	*camera*	el marco	*frame*
la cerámica	*ceramics*	el mármol	*marble*
claro/a	*light*	el/la modelo	*model*
el/la coleccionista	*collector*	el mosaico	*mosaic*
colgar (ue)	*to hang*	mostrar (ue)	*to show*
los colores primarios	*primary colors*	el museo	*museum*
los colores secundarios	*secondary colors*	la naturaleza muerta	*still life*
la composición	*composition*	los neutros	*neutrals*
construir	*to construct, build*	oscuro/a	*dark*
el contraste	*contrast*	el paisaje	*landscape*
la correa	*belt*	la paleta	*palette*
crear	*to create*	permanecer	*to remain*
la cruz	*cross*	la pieza	*piece*
la cruz de oro	*cross made of gold*	el pincel	*brush*
el cuadro	*square, painting*	pintado/a	*painted*
el detalle	*detail*	pintar	*to paint*
el/la dibujante	*drawer; illustrator*	el/la pintor/a	*painter*
dibujar	*to draw*	la pintura	*painting*
el dibujo	*drawing*	la pintura al óleo	*oil paint*

la réplica	*replica*	la textura	*texture*
el retrato	*portrait*	traer buena suerte	*to bring good luck*
la rueda	*wheel*	la vasija	*bowl, pot*
sacar (tomar) fotos	*to take photos*		

Algunos días de fiesta

Carnaval	*Carnival (celebration just before Ash Wednesday)*	Día de los Muertos	*Day of the Dead*
		Día de los Inocentes	*April Fool's Day*
		Día de los Reyes Magos	*Three Kings' Day*
Día de Acción de Gracias	*Thanksgiving*	Día del Trabajo	*Labor Day*
		Domingo de Pascua	*Easter Sunday*
Día de Año Nuevo	*New Year's Day*	Fiesta de todos los Santos	*All Saints' Day*
Día de las Brujas	*Halloween*	Hanukkah	*Hanukkah*
Día de San Valentín	*Valentine's Day*	Kwanza	*Kwanza*
Día de la Batalla de Puebla (cinco de mayo)	*The Battle of Puebla*	Miércoles de Ceniza	*Ash Wednesday*
		Navidad	*Christmas*
		Nochevieja	*New Year's Eve*
Día de la Independencia	*Independence Day*	Semana Santa	*Holy Week*
		Ramadán	*Ramadan*
Día de la Raza	*Ancestor's Day, Columbus Day*		

CAPÍTULO 11

LOCALIDAD:
Texas

11A

Time is running out for Adriana and Felipe. They must help Nayeli reunite the Hero Twins Yax-Balam and Hun-Ahau on August 31. We follow them on their search for Sunglasses, but they meet someone unexpected along the way.

11B

¿Qué quiere el sr. Guzmán?

Vocabulary themes

Talking about societal problems

Reacting to societal issues

Evaluating and discussing films

Discussing television and the media

Language structures

Expressing the future

Expressing conjecture

Expressing possible conditions

Expressing what you would do

Speculating about the past

Expressing hypothetical actions and situations in the past

Culture topics

La peste del siglo XX

La clonación: Dilema moderno

El cine hispano

La televisión hispana

Readings

¡Miedos del milenio!

Ídolos mexicanos

Reading and writing strategies

Distinguishing facts and opinions

Narrowing a topic

Internet strategy

Searching for related words

III. Escribamos

🔑 Writing strategy: Narrowing a topic

The secret of writing a compelling paragraph is to choose a topic that is focused. If the topic is very broad, there is too much information to cover adequately. It may be necessary to narrow your topic several times before it is focused enough for a clear, concise paragraph.

Here is an example of a topic that has been narrowed down several times.

GENERAL

Social Problems

Problems affecting young people

Problems affecting young women

Teenage pregnancy

Counselling service for pregnant teens

Counselling service for pregnant teens in my community

NARROW

🔑 Strategy in action

Turn to *Escribamos* in the Workbook to practice the writing strategy of narrowing a topic.

4 Problemas del futuro. Si no resolvemos los problemas sociales de hoy, habrá muchos problemas en el futuro. Escoge un tema y escribe tus predicciones de lo que pasará.

5 ¿Qué pasará? Predice (*Predict*) lo que le pasará a tu personaje favorito del video "Caminos del jaguar" dentro de diez años.

Vocabulario

Problemas sociales

el acto delictivo	*delinquent act*	el logro	*achievement*
la adicción	*addiction*	matar	*to kill*
el/la adolescente	*adolescent*	la muerte	*death*
alcanzar	*to reach*	obtener	*to obtain*
la angustia	*worry*	la población	*population*
las armas	*weapons*	la pobreza	*poverty*
arrestar	*to arrest*	el/la policía	*police officer*
asesinar	*to assassinate, murder*	la policía	*police force*
el asesinato	*assassination, murder*	el programa de prevención contra el SIDA	*AIDS prevention program*
el/la asesino/a	*murderer*		
aumentar	*to increase*		
la cárcel (prisión)	*prison*	el programa educativo	*educational program*
el consejo	*advice*		
el consumo	*consumption*	el programa social	*social program*
convertir	*to convert*	la representación política	*political representation*
el crimen	*crime*		
la cura	*cure*	el robo	*robbery*
la delincuencia	*delinquency*	los servicios de salud	*health services*
la depresión	*depression*	el SIDA	*AIDS*
el/la detective	*detective*	la solución	*solution*
la drogadicción	*drug addiction*	el sueldo mínimo	*minimum wage*
el embarazo	*pregnancy*	el suicidio	*suicide*
el empleo	*employment*	tener éxito	*to be successful*
encarcelar	*to imprison*	la terapia	*therapy*
la enfermedad sicológica	*psychological illness*	el/la trabajador/a social	*social worker*
fracasar	*to fail*	el tráfico de drogas	*drug trafficking*
la generación	*generation*	triunfar	*to succeed*
la incertidumbre	*uncertainty*	la vigilancia del vecindario	*neighborhood watch*
la juventud	*youth*		
lograr	*to achieve, to obtain*		

El cine

el acontecimiento	*event*	la cartelera de cine	*movie programming*
el actor	*actor*	cómico/a	*funny (adj.)*
la actriz	*actress*	la crítica	*criticism*
la actuación	*acting*	criticar	*to criticize*
la animación	*animation*	de acción	*action (adj.)*
aparecer	*to appear*	de amor	*love (adj.)*
el argumento	*plot*	de ciencia ficción	*science fiction (adj.)*

de horror	horror (adj.)	la pantalla	screen
de misterio	mystery (adj.)	el papel	role
de suspenso	thriller (adj.)	la película	movie
de vaqueros	western (adj.)	el personaje (princi-pal, secundario)	(main, secondary) character
de vez en cuando	from time to time		
desesperar	to despair	presentar (pasar) una película	to show a movie
los efectos especiales	special effects		
la entrada	ticket	el/la protagonista	main character
la escena	scene	el/la realizador/a	creator
la estrella de cine	movie star	rechazar	to reject
el estreno	premiere	la reseña	critique
el foco	focus	la secuencia	sequence
el guión	script	el siglo	century
hacer el papel	to play a role	la sinopsis	synopsis
el largo metraje	feature film	el sonido	sound
merecer	to deserve	suceder	to occur
la narración	narration	tratar de	to deal with, be about
la nominación	nomination	el/la villano/a	villain

La televisión

el/la anunciador/a	announcer	el nivel	level
anunciar	to announce	las noticias	news
audiovisual	audiovisual	el noticiero	news program
avecinar(se)	to come near, come close	el ocio	free time
		el/la periodista	journalist
el cable	cable	la prensa	press
la cadena/el canal	channel	preocupante	worrisome
la columna	column	el/la presentador/a	presenter
el/la comentador/a	commentator	producido/a por	produced by
el contenido	content	el programa semanal	weekly program
la crónica	chronicle	la programación matinal	morning programming
los datos	data		
el documental	documentary	el/la reportero/a	reporter
dramático/a	dramatic	la telenovela	soap opera
elevado/a	high	el/la televidente	TV viewer
la emisora	broadcasting station	televisar	to televise
emitir (transmitir)	to transmit (a TV, radio program)	la televisión (cadena) de cable	cable TV
el entretenimiento	entertainment	violento/a	violent
de investigación	investigative	la videoteca	videostore
el/la locutor/a	announcer		

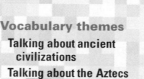

12A

LOCALIDAD:
Texas, Puerto
Rico, Ecuador,
Costa Rica,
México

¿Qué es I.L.E.Y.A.N.?

*Armando and all of his
cohorts finally get what
they deserve. So do
Adriana, Felipe, and
Nayeli. And of course,
Yax-Balam and Hun-Ahau.*

12B

En resumen

I. Hablemos

1 **Historia personal.** Hazle una entrevista a una persona hispanohablante o a alguien que tenga aquí un pariente de otro país. Averigua la historia de su familia y pregúntale sobre su experiencia en los Estados Unidos. Preséntale la historia de esa persona a la clase.

2 **Predicciones.** ¿Qué les pasará a los personajes del video? Trabajen en grupos. Escojan dos personajes del video y describan cómo será su vida en cinco años. ¿Qué harán? ¿Por qué? ¿Tendrán otras aventuras? Preséntenle sus ideas a la clase.

II. Investiguemos por Internet

Using synonyms and word combinations

You have learned ways of specifying and delimiting your search to obtain better results when looking for information. Now that you have learned more Spanish vocabulary, you may want to try another technique for specifying your search, based on using keywords that are synonyms or several words with related meaning. In this chapter you will be looking for articles about ancient civilizations in the Americas. Refer to your browser's help on how to formulate your query. Usually, synonyms or combinations of related words are listed in a search query by separating the different words with commas, for example: **civilización, cultura, pueblo** or **Machu Picchu, ruinas, incas, Perú.** This technique is very useful when you are using names in your search and these names are the same in English and Spanish. Including one word in Spanish will increase your probabilities of obtaining documents in Spanish and not only in English. Evaluate the results of your search and if needed, refine it with the techniques that you have learned before.

Vocabulario informático

la combinación de palabras	*word combination*
las palabras relacionadas	*related words*
el sinónimo	*synonym*

3 **Civilizaciones, pueblos y culturas.** Your task is to find out to what the names in the list below are related. You already know some of them, some of them you may not know—yet. Work in groups and answer the following questions: What do these names refer to? a culture? a site? both? Write a short description and present your results to the class. These are related words and phrases that you can use in your search with any of the names in the list: **civilización, cultura, pueblo, ruina, ruinas, imperio, imperios, capital, códice, "imperio inca", "ciudad perdida", "ruinas antiguas"** and so on. Remember to write quotation marks with phrases. You also will have to write quotation marks if the name in the list has more than one word. The first related word is given in the list.

Palabra clave	Palabra relacionada 1	Palabra relacionada 2	Palabra relacionada 3
1. Acueducto de Segovia	España		
2. Altamira	España	cueva	
3. Chichén Itzá	México		
4. Monte Albán	México		
5. Nazca	Perú		
6. Sacsahuamán	Perú		
7. San Agustín	Colombia		
8. Tairona	Colombia		
9. Tiahuanaco	Bolivia		
10. Tikal	Guatemala		

IV. Escribamos

Writing strategy: Editing your own work

An important, yet often overlooked, step in writing is to edit your own work. It is important to focus on content and organization as well as on form. Use this "self editing" checklist as a guide to editing your own writing. It can also be used as a guideline for peer editing.

A. Focus on content: Ask yourself these questions:
- ☐ Is the topic interesting?
- ☐ Is the main idea clearly expressed?
- ☐ Does the supporting detail enhance the main idea?
- ☐ Is the order of sentences and ideas logical and easy to follow?
- ☐ Does the conclusion summarize my ideas?

B. Focus on form: Check the following:
- ☐ gender of nouns
- ☐ subject/verb agreement
- ☐ noun/adjective agreement
- ☐ word order within the entire sentence
- ☐ word order within each phrase
- ☐ new vocabulary
- ☐ influences of English idioms on Spanish
- ☐ spelling and capitalization
- ☐ punctuation
- ☐ use of accents

After editing your work, remember to focus on appearance. If the composition is handwritten, be sure that it is legible and that you write on every other line. If it is computer-generated, be sure to print it out double-spaced.

Strategy in action

Turn to *Escribamos* in the Workbook to practice the writing strategy of editing your own work.

4 ¿País bilingüe o monolingüe? Escribe una composición con razones en pro o en contra de tener un país monolingüe, bilingüe o multilingüe.

5 La siguiente misión de I.L.E.Y.A.N. Al final del video, Raúl habla con Nayeli de otra misión para recuperar objetos arqueológicos perdidos. Inventa su siguiente aventura y escribe lo que pasará con Nayeli y Raúl.

Vocabulario

Culturas y civilizaciones

además de	in addition to	hábil	skillful
la astronomía	astronomy	habitado/a	inhabited
el/la astrónomo/a	astronomer	imponente	imposing
el códice	manuscript, codex	la invención	invention
la conquista	conquest	las investigaciones	archaeological
el/la constructor/a	builder	arqueológicas	research
cultivar	to cultivate	lingüístico/a	linguistic
desaparecido/a	disappeared	el oficio	occupation
desarrollado/a	developed	perdido/a	lost
el desarrollo	development	pertenecer	to belong to
el/la descendiente	descendant	poblado/a	populated
desempeñar	to perform	poblar	to populate
distinguir	to distinguish	el pueblo	town
la escritura	writing	las ruinas	ruins
el/la estadista	statesman/	sin embargo	nonetheless
	stateswoman	el/la tejedor/a	weaver
étnico/a	ethnic	el terremoto	earthquake
la exploración	exploration	la tierra	earth, land
fundar	to found	vencer	to conquer
el grupo cultural	cultural group	la zona central	central zone

La identidad hispana en los Estados Unidos

a partir de	starting from	la población	population
común	common	la raza	race
el encuentro	encounter	el territorio	territory
la identidad	identity	unir	to unite
la minoría	minority		

Reference Section

Appendix A: *Verb charts*

REGULAR VERBS
Simple tenses

Infinitive	Past participle / Present participle	Indicative					Subjunctive	
		Present	Imperfect	Preterite	Future	Conditional	Present	Imperfect*
cantar *to sing*	cantado cantando	canto cantas canta cantamos cantáis cantan	cantaba cantabas cantaba cantábamos cantabais cantaban	canté cantaste cantó cantamos cantasteis cantaron	cantaré cantarás cantará cantaremos cantaréis cantarán	cantaría cantarías cantaría cantaríamos cantaríais cantarían	cante cantes cante cantemos cantéis canten	cantara cantaras cantara cantáramos cantarais cantaran
correr *to run*	corrido corriendo	corro corres corre corremos corréis corren	corría corrías corría corríamos corríais corrían	corrí corriste corrió corrimos corristeis corrieron	correré correrás correrá correremos correréis correrán	correría correrías correría correríamos correríais correrían	corra corras corra corramos corráis corran	corriera corrieras corriera corriéramos corrierais corrieran
subir *to go up, to climb up*	subido subiendo	subo subes sube subimos subís suben	subía subías subía subíamos subíais subían	subí subiste subió subimos subisteis subieron	subiré subirás subirá subiremos subiréis subirán	subiría subirías subiría subiríamos subiríais subirían	suba subas suba subamos subáis suban	subiera subieras subiera subiéramos subierais subieran

*In addition to this form, another one is less frequently used for all regular and irregular verbs: cantase, cantases, cantase, cantásemos, cantaseis, cantasen; corriese, corrieses, corriese, corriésemos, corrieseis, corriesen; viviese, vivieses, viviese, viviésemos, vivieseis, viviesen.

Commands

Person	Affirmative	Negative
tú	canta	no cantes
usted	cante	no cante
ustedes	canten	no canten
nosotros	cantemos	no cantemos
vosotros	cantad	no cantéis

Person	Affirmative	Negative
tú	corre	no corras
usted	corra	no corra
ustedes	corran	no corran
nosotros	corramos	no corramos
vosotros	corred	no corráis

Person	Affirmative	Negative
tú	sube	no subas
usted	suba	no suba
ustedes	suban	no suban
nosotros	subamos	no subamos
vosotros	subid	no subáis

Stem-changing verbs: *-ar* and *-er* groups

Type of change in the verb stem	Subject	Indicative Present	Subjunctive Present	Commands Affirmative	Commands Negative	Other *-ar* and *-er* stem-changing verbs
-ar verbs **e > ie** pensar *to think*	yo	**pienso**	**piense**	—	—	atravesar *to go through, to cross;* cerrar *to close;* despertarse *to wake up;* empezar *to start;* negar *to deny;* sentarse *to sit down.* nevar *to snow* is only conjugated in the third person singular.
	tú	**piensas**	**pienses**	**piensa**	no **pienses**	
	él/ella, Ud.	**piensa**	**piense**	**piense**	no **piense**	
	nosotros/as	pensamos	pensemos	pensemos	no pensemos	
	vosotros/as	pensáis	penséis	pensad	no penséis	
	ellos/as, Uds.	**piensan**	**piensen**	**piensen**	no **piensen**	
-ar verbs **o > ue** contar *to count, to tell*	yo	**cuento**	**cuente**	—	—	acordarse *to remember;* acostar(se) *to go to bed;* almorzar *to have lunch;* colgar *to hang;* costar *to cost;* demostrar *to demonstrate, to show;* encontrar *to find;* mostrar *to show;* probar *to prove, to taste;* recordar *to remember.*
	tú	**cuentas**	**cuentes**	**cuenta**	no **cuentes**	
	él/ella, Ud.	**cuenta**	**cuente**	**cuente**	no **cuente**	
	nosotros/as	contamos	contemos	contemos	no contemos	
	vosotros/as	contáis	contéis	contad	no contéis	
	ellos/as, Uds.	**cuentan**	**cuenten**	**cuenten**	no **cuenten**	
-er verbs **e > ie** entender *to understand*	yo	**entiendo**	**entienda**	—	—	encender *to light, to turn on;* extender *to stretch;* perder *to lose.*
	tú	**entiendes**	**entiendas**	**entiende**	no **entiendas**	
	él/ella, Ud.	**entiende**	**entienda**	**entienda**	no **entienda**	
	nosotros/as	entendemos	entendamos	entendamos	no entendamos	
	vosotros/as	entendéis	entendáis	entended	no entendáis	
	ellos/as, Uds.	**entienden**	**entiendan**	**entiendan**	no **entiendan**	
-er verbs **o > ue** volver *to return*	yo	**vuelvo**	**vuelva**	—	—	mover *to move;* torcer *to twist.* llover *to rain* is only conjugated in the third person singular.
	tú	**vuelves**	**vuelvas**	**vuelve**	no **vuelvas**	
	él/ella, Ud.	**vuelve**	**vuelva**	**vuelva**	no **vuelva**	
	nosotros/as	volvemos	volvamos	volvamos	no volvamos	
	vosotros/as	volvéis	volváis	volved	no volváis	
	ellos/as, Uds.	**vuelven**	**vuelvan**	**vuelvan**	no **vuelvan**	

Stem-changing verbs: -ir verbs

Group I

Type of change in the verb stem	Subject	Indicative		Subjunctive		Commands	
		Present	Preterite	Present	Imperfect	Affirmative	Negative
-ir verbs e > ie or i Infinitive: sentir *to feel* Present participle: sintiendo	yo	siento	sentí	sienta	sintiera	—	—
	tú	sientes	sentiste	sientas	sintieras	siente	no sientas
	él/ella, Ud.	siente	sintió	sienta	sintiera	sienta	no sienta
	nosotros/as	sentimos	sentimos	sintamos	sintiéramos	sintamos	no sintamos
	vosotros/as	sentís	sentisteis	sintáis	sintierais	sentid	no sintáis
	ellos/as, Uds.	sienten	sintieron	sientan	sintieran	sientan	no sientan
-ir verbs o > ue or o > u Infinitive: dormir *to sleep* Present participle: durmiendo	yo	duermo	dormí	duerma	durmiera	—	—
	tú	duermes	dormiste	duermas	durmieras	duerme	no duermas
	él/ella, Ud.	duerme	durmió	duerma	durmiera	duerma	no duerma
	nosotros/as	dormimos	dormimos	durmamos	durmiéramos	durmamos	no durmamos
	vosotros/as	dormís	dormisteis	durmáis	durmierais	dormid	no durmáis
	ellos/as, Uds.	duermen	durmieron	duerman	durmieran	duerman	no duerman

Other similar verbs: advertir *to warn;* arrepentirse *to repent;* consentir *to consent, to pamper;* convertir(se) *to turn into;* divertir(se) *to amuse (oneself);* herir *to hurt, to wound;* mentir *to lie;* morir *to die;* preferir *to prefer;* referir *to refer;* sugerir *to suggest.*

Group II

Type of change in the verb stem	Subject	Indicative		Subjunctive		Commands	
		Present	Preterite	Present	Imperfect	Affirmative	Negative
-ir verbs e > i Infinitive: pedir *to ask for, to request* Present participle: pidiendo	yo	pido	pedí	pida	pidiera	—	—
	tú	pides	pediste	pidas	pidieras	pide	no pidas
	él/ella, Ud.	pide	pidió	pida	pidiera	pida	no pida
	nosotros/as	pedimos	pedimos	pidamos	pidiéramos	pidamos	no pidamos
	vosotros/as	pedís	pedisteis	pidáis	pedierais	pedid	no pidáis
	ellos/as, Uds.	piden	pidieron	pidan	pidieran	pidan	no pidan

Other similar verbs: competir *to compete;* despedir(se) *to say good-bye;* elegir *to choose;* impedir *to prevent;* perseguir *to chase;* repetir *to repeat;* seguir *to follow;* servir *to serve;* vestir(se) *to dress, to get dressed.*

Verbs with spelling changes

	Verb type	Ending	Change	Verbs with similar spelling changes
1	buscar *to look for*	-car	• Preterite: yo busqué • Present subjunctive: busque, busques, busque, busquemos, busquéis, busquen	comunicar, explicar, indicar, sacar, pescar
2	conocer *to know*	-cer or -cir	• Present indicative: conozco, conoces, conoce, and so on • Present subjunctive: conozca, conozcas, conozca, conozcamos, conozcáis, conozcan	nacer, obedecer, ofrecer, parecer, pertenecer, reconocer, conducir, traducir
3	vencer *to win*	-cer or -cir	• Present indicative: venzo, vences, vence, and so on • Present subjunctive: venza, venzas, venza, venzamos, venzáis, venzan	convencer, torcer *to twist*
4	leer *to read*	-eer	• Preterite: leyó, leyeron • Imperfect subjunctive: leyera, leyeras, leyera, leyéramos, leyerais, leyeran • Present participle: leyendo	creer, poseer *to own*
5	llegar *to arrive*	-gar	• Preterite: llegué • Present subjunctive: llegue, llegues, llegue, lleguemos, lleguéis, lleguen	colgar, navegar, negar, pagar, rogar, jugar
6	coger *to take*	-ger or -gir	• Present indicative: cojo • Present subjunctive: coja, cojas, coja, cojamos, cojáis, cojan	escoger, proteger, recoger, corregir, dirigir, elegir, exigir
7	seguir *to follow*	-guir	• Present indicative: sigo • Present subjunctive: siga, sigas, siga, sigamos, sigáis, sigan	conseguir, distinguir, perseguir
8	huir *to flee*	-uir	• Present indicative: huyo, huyes, huye, huimos, huís, huyen • Preterite: huí, huiste, huyó, huimos, huisteis, huyeron • Present subjunctive: huya, huyas, huya, huyamos, huyáis, huyan • Imperfect subjunctive: huyera, huyeras, huyera, huyéramos, huyerais, huyeran • Present participle: huyendo • Commands: huye tú, huya usted, huyan ustedes, huid vosotros, huyamos nosotros no huyas tú, no huya usted, no huyan ustedes, no huyamos nosotros, no huyáis vosotros	concluir, contribuir, construir, destruir, disminuir, distribuir, excluir, influir, instruir, restituir, substituir
9	abrazar *to embrace*	-zar	• Preterite: abracé, abrazaste, abrazó, and so on • Present subjunctive: abrace, abraces, abrace, abracemos, abracéis, abracen	alcanzar, almorzar, comenzar, empezar, gozar, rezar

Verbs that need a written accent

	Verb type	Ending	Change	Verbs with similar spelling changes
1	sonreír *to smile*	-eír	See p. 519 for a complete conjugation of these verbs.	freír
2	enviar *to send*	-iar	• Present indicative: envío, envías, envía, enviamos, enviáis, envían • Present subjunctive: envíe, envíes, envíe, enviemos, enviéis, envíen	ampliar, criar, desviar, enfriar, guiar, variar
3	continuar *to continue*	-uar	• Present indicative: continúo, continúas, continúa, continuamos, continuáis, continúan • Present subjunctive: continúe, continúes, continúe, continuemos, continuéis, continúen	acentuar, efectuar, exceptuar, graduar, habituar, insinuar, situar

Compound tenses

Indicative

Present perfect		Past perfect		Preterite perfect		Future perfect		Conditional perfect	
he	cantado	había	cantado	hube	cantado	habré	cantado	habría	cantado
has	corrido	habías	corrido	hubiste	corrido	habrás	corrido	habrías	corrido
ha	vivido	había	vivido	hubo	vivido	habrá	vivido	habría	vivido
hemos		habíamos		hubimos		habremos		habríamos	
habéis		habíais		hubisteis		habréis		habríais	
han		habían		hubieron		habrán		habrían	

Subjunctive

Present perfect		Past perfect	
haya	cantado	hubiera	cantado
hayas	corrido	hubieras	corrido
haya	vivido	hubiera	vivido
hayamos		hubiéramos	
hayáis		hubierais	
hayan		hubieran	

REFLEXIVE VERBS

Regular and irregular reflexive verbs: Position of the reflexive pronouns in the simple tenses

Example 1: *lavarse*

Infinitive	Present participle	Reflexive pronouns	Indicative					Subjunctive	
			Present	**Imperfect**	**Preterite**	**Future**	**Conditional**	**Present**	**Imperfect**
lavarse	lavándome	me	lavo	lavaba	lavé	lavaré	lavaría	lave	lavara
to wash oneself	lavándote	te	lavas	lavabas	lavaste	lavarás	lavarías	laves	lavaras
	lavándose	se	lava	lavaba	lavó	lavará	lavaría	lave	lavara
	lavándonos	nos	lavamos	lavábamos	lavamos	lavaremos	lavaríamos	lavemos	laváramos
	lavándoos	os	laváis	lavabais	lavasteis	lavaréis	lavaríais	lavéis	lavarais
	lavándose	se	lavan	lavaban	lavaron	lavarán	lavarían	laven	lavaran

Example 2: *ponerse*

Infinitive	Present participle	Reflexive pronouns	Indicative					Subjunctive	
			Present	**Imperfect**	**Preterite**	**Future**	**Conditional**	**Present**	**Imperfect**
ponerse	poniéndome	me	pongo	ponía	puse	pondré	pondría	ponga	pusiera
to put on,	poniéndote	te	pones	ponías	pusiste	pondrás	pondrías	pongas	pusieras
get (sad,	poniéndose	se	pone	ponía	puso	pondrá	pondría	ponga	pusiera
happy, etc.)	poniéndonos	nos	ponemos	poníamos	pusimos	pondremos	pondríamos	pongamos	pusiéramos
	poniéndoos	os	ponéis	poníais	pusisteis	pondréis	pondríais	pongáis	pusierais
	poniéndose	se	ponen	ponían	pusieron	pondrán	pondrían	pongan	pusieran

Example 3: *vestirse*

Infinitive	Present participle	Reflexive pronouns	Indicative					Subjunctive	
			Present	**Imperfect**	**Preterite**	**Future**	**Conditional**	**Present**	**Imperfect**
vestirse	vistiéndome	me	visto	vestía	vestí	vestiré	vestiría	vista	vistiera
to get	vistiéndote	te	vistes	vestías	vestiste	vestirás	vestirías	vistas	vistieras
dressed	vistiéndose	se	viste	vestía	vistió	vestirá	vestiría	vista	vistiera
	vistiéndonos	nos	vestimos	vestíamos	vestimos	vestiremos	vestiríamos	vistamos	vistiéramos
	vistiéndoos	os	vestís	vestíais	vestisteis	vestiréis	vestiríais	vistáis	vistierais
	vistiéndose	se	visten	vestían	vistieron	vestirán	vestirían	vistan	vistieran

Regular and irregular reflexive verbs: Position of the reflexive pronouns with commands

Person	Affirmative	Negative	Affirmative	Negative	Affirmative	Negative
tú	lávate	no te laves	ponte	no te pongas	vístete	no te vistas
usted	lávese	no se lave	póngase	no se ponga	vístase	no se vista
ustedes	lávense	no se laven	pónganse	no se pongan	vístanse	no se vistan
nosotros	lavémonos	no nos lavemos	pongámonos	no nos pongamos	vistámonos	no nos vistamos
vosotros	lavaos	no os lavéis	poneos	no os pongáis	vestíos	no os vistáis

IRREGULAR VERBS

Andar, caber, caer

Infinitive	Past participle / Present participle	Indicative						Subjunctive	
		Present	Imperfect	Preterite	Future	Conditional	Present	Imperfect
andar *to walk; to go*	andado andando	ando andas anda andamos andáis andan	andaba andabas andaba andábamos andabais andaban	**anduve anduviste anduvo anduvimos anduvisteis anduvieron**	andaré andarás andará andaremos andaréis andarán	andaría andarías andaría andaríamos andaríais andarían	ande andes ande andemos andéis anden	**anduviera anduvieras anduviera anduviéramos anduvierais anduvieran**
caber *to fit; to have enough space*	cabido cabiendo	**quepo** cabes cabe cabemos cabéis caben	cabía cabías cabía cabíamos cabíais cabían	**cupe cupiste cupo cupimos cupisteis cupieron**	**cabré cabrás cabrá cabremos cabréis cabrán**	**cabría cabrías cabría cabríamos cabríais cabrían**	**quepa quepas quepa quepamos quepáis quepan**	**cupiera cupieras cupiera cupiéramos cupierais cupieran**
caer *to fall*	caído cayendo	**caigo** caes cae caemos caéis caen	caía caías caía caíamos caíais caían	caí caíste **cayó** caímos caísteis **cayeron**	caeré caerás caerá caeremos caeréis caerán	caería caerías caería caeríamos caeríais caerían	**caiga caigas caiga caigamos caigáis caigan**	**cayera cayeras cayera cayéramos cayerais cayeran**

Commands

andar

Person	Affirmative	Negative
tú	anda	no andes
usted	ande	no ande
ustedes	anden	no anden
nosotros	andemos	no andemos
vosotros	andad	no andéis

caber

Affirmative	Negative
cabe	no quepas
quepa	no quepa
quepan	no quepan
quepamos	no quepamos
cabed	no quepáis

caer

Affirmative	Negative
cae	no caigas
caiga	no caiga
caigan	no caigan
caigamos	no caigamos
caed	no caigáis

Dar, decir, estar

Infinitive	Past participle / Present participle	Indicative					Subjunctive	
		Present	Imperfect	Preterite	Future	Conditional	Present	Imperfect
dar *to give*	dado / dando	doy das da damos dais dan	daba dabas daba dábamos dabais daban	di diste dio dimos disteis dieron	daré darás dará daremos daréis darán	daría darías daría daríamos daríais darían	dé des dé demos deis den	diera dieras diera diéramos dierais dieran
decir *to say, tell*	dicho / diciendo	digo dices dice decimos decís dicen	decía decías decía decíamos decíais decían	dije dijiste dijo dijimos dijisteis dijeron	diré dirás dirá diremos diréis dirán	diría dirías diría diríamos diríais dirían	diga digas diga digamos digáis digan	dijera dijeras dijera dijéramos dijerais dijeran
estar *to be*	estado / estando	estoy estás está estamos estáis están	estaba estabas estaba estábamos estabais estaban	estuve estuviste estuvo estuvimos estuvisteis estuvieron	estaré estarás estará estaremos estaréis estarán	estaría estarías estaría estaríamos estaríais estarían	esté estés esté estemos estéis estén	estuviera estuvieras estuviera estuviéramos estuvierais estuvieran

Commands

dar

Person	Affirmative	Negative
tú	da	no des
usted	dé	no dé
ustedes	den	no den
nosotros	demos	no demos
vosotros	dad	no deis

decir

Person	Affirmative	Negative
tú	di	no digas
usted	diga	no diga
ustedes	digan	no digan
nosotros	digamos	no digamos
vosotros	decid	no digáis

estar

Person	Affirmative	Negative
tú	está	no estés
usted	esté	no esté
ustedes	estén	no estén
nosotros	estemos	no estemos
vosotros	estad	no estéis

Haber*, hacer, ir

Infinitive	Past participle / Present participle	Indicative						Subjunctive	
		Present	**Imperfect**	**Preterite**	**Future**	**Conditional**		**Present**	**Imperfect**
haber *to have*	habido habiendo	he has ha hemos habéis han	había habías había habíamos habíais habían	hube hubiste hubo hubimos hubisteis hubieron	habré habrás habrá habremos habréis habrán	habría habrías habría habríamos habríais habrían		haya hayas haya hayamos hayáis hayan	hubiera hubieras hubiera hubiéramos hubierais hubieran
hacer *to do*	hecho haciendo	hago haces hace hacemos hacéis hacen	hacía hacías hacía hacíamos hacíais hacían	hice hiciste hizo hicimos hicisteis hicieron	haré harás hará haremos haréis harán	haría harías haría haríamos haríais harían		haga hagas haga hagamos hagáis hagan	hiciera hicieras hiciera hiciéramos hicierais hicieran
ir *to go*	ido yendo	voy vas va vamos vais van	iba ibas iba íbamos ibais iban	fui fuiste fue fuimos fuisteis fueron	iré irás irá iremos iréis irán	iría irías iría iríamos iríais irían		vaya vayas vaya vayamos vayáis vayan	fuera fueras fuera fuéramos fuerais fueran

Commands

Person	hacer		ir	
	Affirmative	**Negative**	**Affirmative**	**Negative**
tú	haz	no hagas	ve	no vayas
usted	haga	no haga	vaya	no vaya
ustedes	hagan	no hagan	vayan	no vayan
nosotros	hagamos	no hagamos	vamos	no vayamos
vosotros	haced	no hagáis	id	no vayáis

*Note: The imperative of **haber** is not used.

Jugar, oír, oler

Infinitive	Past participle / Present participle	Indicative					Subjunctive	
		Present	Imperfect	Preterite	Future	Conditional	Present	Imperfect
jugar *to play*	jugado jugando	**juego** **juegas** **juega** jugamos jugáis **juegan**	jugaba jugabas jugaba jugábamos jugabais jugaban	**jugué** jugaste jugó jugamos jugasteis jugaron	jugaré jugarás jugará jugaremos jugaréis jugarán	jugaría jugarías jugaría jugaríamos jugaríais jugarían	**juegue** **juegues** **juegue** **juguemos** **juguéis** **jueguen**	jugara jugaras jugara jugáramos jugarais jugaran
oír *to hear,* *to listen*	oído oyendo	**oigo** **oyes** **oye** oímos oís **oyen**	oía oías oía oíamos oíais oían	oí oíste **oyó** oímos oísteis **oyeron**	oiré oirás oirá oiremos oiréis oirán	oiría oirías oiría oiríamos oiríais oirían	**oiga** **oigas** **oiga** **oigamos** **oigáis** **oigan**	**oyera** **oyeras** **oyera** **oyéramos** **oyerais** **oyeran**
oler *to smell*	olido oliendo	**huelo** **hueles** **huele** olemos oléis **huelen**	olía olías olía olíamos olíais olían	olí oliste olió olimos olisteis olieron	oleré olerás olerá oleremos oleréis olerán	olería olerías olería oleríamos oleríais olerían	**huela** **huelas** **huela** olamos oláis **huelan**	oliera olieras oliera oliéramos olierais olieran

Commands

Person	jugar		oír		oler	
	Affirmative	Negative	Affirmative	Negative	Affirmative	Negative
tú	**juega**	no **juegues**	**oye**	no **oigas**	**huele**	no **huelas**
usted	**juegue**	no **juegue**	**oiga**	no **oiga**	**huela**	no **huela**
ustedes	**jueguen**	no **jueguen**	**oigan**	no **oigan**	**huelan**	no **huelan**
nosotros	**juguemos**	no **juguemos**	**oigamos**	no **oigamos**	olamos	no olamos
vosotros	jugad	no **juguéis**	**oíd**	no **oigáis**	oled	no oláis

Poder, poner, querer

Infinitive	Past participle / Present participle	Indicative Present	Imperfect	Preterite	Future	Conditional	Subjunctive Present	Imperfect
poder *to be able to, can*	podido pudiendo	puedo puedes puede podemos podéis pueden	podía podías podía podíamos podíais podían	pude pudiste pudo pudimos pudisteis pudieron	podré podrás podrá podremos podréis podrán	podría podrías podría podríamos podríais podrían	pueda puedas pueda podamos podáis puedan	pudiera pudieras pudiera pudiéramos pudierais pudieran
poner *to put*	puesto poniendo	pongo pones pone ponemos ponéis ponen	ponía ponías ponía poníamos poníais ponían	puse pusiste puso pusimos pusisteis pusieron	pondré pondrás pondrá pondremos pondréis pondrán	pondría pondrías pondría pondríamos pondríais pondrían	ponga pongas ponga pongamos pongáis pongan	pusiera pusieras pusiera pusiéramos pusierais pusieran
querer *to want, wish; to love*	querido queriendo	quiero quieres quiere queremos queréis quieren	quería querías quería queríamos queríais querían	quise quisiste quiso quisimos quisisteis quisieron	querré querrás querrá querremos querréis querrán	querría querrías querría querríamos querríais querrían	quiera quieras quiera queramos queráis quieran	quisiera quisieras quisiera quisiéramos quisierais quisieran

Commands

Person	poner Affirmative	Negative	querer Affirmative	Negative
tú	pon	no pongas	quiere	no quieras
usted	ponga	no ponga	quiera	no quiera
ustedes	pongan	no pongan	quieran	no quieran
nosotros	pongamos	no pongamos	queramos	no queramos
vosotros	poned	no pongáis	quered	no queráis

*The imperative of **poder** is used very infrequently.

Saber, salir, ser

Infinitive	Past participle / Present participle	Indicative					Subjunctive	
		Present	Imperfect	Preterite	Future	Conditional	Present	Imperfect
saber *to know*	sabido sabiendo	sé sabes sabe sabemos sabéis saben	sabía sabías sabía sabíamos sabíais sabían	supe supiste supo supimos supisteis supieron	sabré sabrás sabrá sabremos sabréis sabrán	sabría sabrías sabría sabríamos sabríais sabrían	sepa sepas sepa sepamos sepáis sepan	supiera supieras supiera supiéramos supierais supieran
salir *to go out, to leave*	salido saliendo	salgo sales sale salimos salís salen	salía salías salía salíamos salíais salían	salí saliste salió salimos salisteis salieron	saldré saldrás saldrá saldremos saldréis saldrán	saldría saldrías saldría saldríamos saldríais saldrían	salga salgas salga salgamos salgáis salgan	saliera salieras saliera saliéramos salierais salieran
ser *to be*	sido siendo	soy eres es somos sois son	era eras era éramos erais eran	fui fuiste fue fuimos fuisteis fueron	seré serás será seremos seréis serán	sería serías sería seríamos seríais serían	sea seas sea seamos seáis sean	fuera fueras fuera fuéramos fuerais fueran

Commands

Person	saber		salir		ser	
	Affirmative	Negative	Affirmative	Negative	Affirmative	Negative
tú	sabe	no sepas	sal	no salgas	sé	no seas
usted	sepa	no sepa	salga	no salga	sea	no sea
ustedes	sepan	no sepan	salgan	no salgan	sean	no sean
nosotros	sepamos	no sepamos	salgamos	no salgamos	seamos	no seamos
vosotros	sabed	no sepáis	salid	no salgáis	sed	no seáis

Sonreír, tener*, traer

Indicative / Subjunctive

Infinitive	Past participle / Present participle	Present	Imperfect	Preterite	Future	Conditional	Present (Subj.)	Imperfect (Subj.)
sonreír *to smile*	sonreído / sonriendo	sonrío sonríes sonríe sonreímos sonreís sonríen	sonreía sonreías sonreía sonreíamos sonreíais sonreían	sonreí sonreíste sonrió sonreímos sonreísteis sonrieron	sonreiré sonreirás sonreirá sonreiremos sonreiréis sonreirán	sonreiría sonreirías sonreiría sonreiríamos sonreiríais sonreirían	sonría sonrías sonría sonriamos sonriáis sonrían	sonriera sonrieras sonriera sonriéramos sonrierais sonrieran
tener* *to have*	tenido / teniendo	tengo tienes tiene tenemos tenéis tienen	tenía tenías tenía teníamos teníais tenían	tuve tuviste tuvo tuvimos tuvisteis tuvieron	tendré tendrás tendrá tendremos tendréis tendrán	tendría tendrías tendría tendríamos tendríais tendrían	tenga tengas tenga tengamos tengáis tengan	tuviera tuvieras tuviera tuviéramos tuvierais tuvieran
traer *to bring*	traído / trayendo	traigo traes trae traemos traéis traen	traía traías traía traíamos traíais traían	traje trajiste trajo trajimos trajisteis trajeron	traeré traerás traerá traeremos traeréis traerán	traería traerías traería traeríamos traeríais traerían	traiga traigas traiga traigamos traigáis traigan	trajera trajeras trajera trajéramos trajerais trajeran

Commands

Person	sonreír Affirmative	sonreír Negative	tener Affirmative	tener Negative	traer Affirmative	traer Negative
tú	sonríe	no sonrías	ten	no tengas	trae	no traigas
usted	sonría	no sonría	tenga	no tenga	traiga	no traiga
ustedes	sonrían	no sonrían	tengan	no tengan	traigan	no traigan
nosotros	sonriamos	no sonriamos	tengamos	no tengamos	traigamos	no traigamos
vosotros	sonreíd	no sonriáis	tened	no tengáis	traed	no traigáis

*Many verbs ending in –tener are conjugated like this verb: **contener, detener, entretener(se), mantener, obtener, retener.** Similar verbs to tener: **entretener(se), detener, obtener.** See reflexive verb conjugation on page 511.

Valer, venir*, ver

		Indicative					Subjunctive	
Infinitive	Past participle / Present participle	Present	Imperfect	Preterite	Future	Conditional	Present	Imperfect
valer *to be worth*	valido valiendo	valgo vales vale valemos valéis valen	valía valías valía valíamos valíais valían	valí valiste valió valimos valisteis valieron	valdré valdrás valdrá valdremos valdréis valdrán	valdría valdrías valdría valdríamos valdríais valdrían	valga valgas valga valgamos valgáis valgan	valiera valieras valiera valiéramos valierais valieran
venir* *to come*	venido viniendo	vengo vienes viene venimos venís vienen	venía venías venía veníamos veníais venían	vine viniste vino vinimos vinisteis vinieron	vendré vendrás vendrá vendremos vendréis vendrán	vendría vendrías vendría vendríamos vendríais vendrían	venga vengas venga vengamos vengáis vengan	viniera vinieras viniera viniéramos vinierais vinieran
ver *to see*	visto viendo	veo ves ve vemos veis ven	veía veías veía veíamos veíais veían	vi viste vio vimos visteis vieron	veré verás verá veremos veréis verán	vería verías vería veríamos veríais verían	vea veas vea veamos veáis vean	viera vieras viera viéramos vierais vieran

Commands

valer

Person	Affirmative	Negative
tú	vale	no valgas
usted	valga	no valga
ustedes	valgan	no valgan
nosotros	valgamos	no valgamos
vosotros	valed	no valgáis

venir

Person	Affirmative	Negative
tú	ven	no vengas
usted	venga	no venga
ustedes	vengan	no vengan
nosotros	vengamos	no vengamos
vosotros	venid	no vengáis

ver

Person	Affirmative	Negative
tú	ve	no veas
usted	vea	no vea
ustedes	vean	no vean
nosotros	veamos	no veamos
vosotros	ved	no veáis

*Similar verb to venir: prevenir

Appendix B: *Prefixes and suffixes*

PREFIXES

Prefix	Meaning and use	Example	English
ante-	*before*	antenoche, antepasado	*last night, ancestor*
des-	*lack of a quality*	desatento/a, desafortunado/a	*inattentive, unfortunate*
en-/em-	*used to form verbs*	envejecer, emparejar	*to get old, to pair/to match*
ex-	*previous; used with professions or roles*	el expresidente, el exmarido	*ex-president, ex-husband*
in-/im-	*lack of*	inconveniente, imperfecto/a	*inconvenient, imperfect*
infra-	*below a standard*	infrahumano/a	*subhuman*
mega-	*large, 1,000*	el megáfono, el megavatio	*megaphone, megawatt*
micro-	*small , 1/100*	el microondas, el microgramo	*microwave, microgram*
multi-	*many*	multicolor, multimedia	*multicolor, multimedia*
post-/pos-	*after*	posponer, postoperatorio	*postpone, postoperative*
pre-	*before*	predecir, el precontrato	*to predict, pre-contract*
super-	*high degree of a quality*	superbuen/a, el superhombre	*extra good, superman*
ultra-	*beyond, more than*	ultramoderno/a	*ultramodern*
vice-	*second*	el vicepresidente	*vice president*

SUFFIXES

Suffix	Meaning and use	Example	English
-a/-o	*most common feminine and masculine endings of nouns and adjectives*	el secretario, la secretaria	*male secretary, female secretary*
-able	*able to; used in adjectives*	adorable, criticable, pasable	*adorable, criticizable, passable*
-ado, -ido	*past participle endings*	he hablado, he comido	*I have spoken, I have eaten*
-ado/a, -ido/a	*ending of the past participle used as adjective*	está cansado/a, está vencido/a	*he/she is tired; he/she is defeated*
-ancia	*feminine noun ending*	la ambulancia, la importancia	*ambulance, importance*
-ano/a	*most common ending of adjectives of nationality*	cubano/a, colombiano/a, venezolano/a	*Cuban, Colombian, Venezuelan*
-ante	*ending of adjectives formed from verbs*	abundante, fascinante, interesante	*abundant, fascinating, interesting*
-ario	*collection*	el diario, el cuestionario, el diccionario, el horario,	*diary, questionnaire, dictionary, schedule*
-ción	*feminine noun ending*	la canción, la estación, la opción, la situación	*song, station, option, situation*
-dad	*feminine noun ending*	la ciudad, la vanidad	*city, vanity*
-eño/a	*ending of some adjectives of nationality*	madrileño/a, panameño/a	*from Madrid, from Panama*

Suffix	Meaning and use	Example	English
-ense	*ending of some adjectives of nationality*	costarricense, estadounidense	*from Costa Rica, from the United States*
-ería	*shop, store*	la cafetería, la lechería, la joyería, la panadería	*cafeteria, milk store, jewelry store, bakery*
-ísimo/a	*extremely; used with adjectives*	buenísimo/a, riquísimo/a	*extremely/very, very good/delicious*
-ista	*feminine or masculine ending; describes profession, skill or a specific quality*	el/la capitalista, el/la lingüista, el/la optimista, el/la dentista	*capitalist, linguist, optimist, dentist*
-ito/a	*diminutive ending*	Pedrito, Juanita, la casita, amarillito	*little Pedro, little Juana, little house, yellowish (a little yellow)*
-mente	*ending of some adverbs*	actualmente, claramente	*presently, clearly*
-or/a	*person or thing that does something; used with professions, machines and so on*	el/la autor/a, el/la editor/a, el/la computador/a, el detector	*author, publisher, computer, detector*
-s, -es	*plural ending of nouns and adjectives*	los secretarios, las secretarias, fáciles	*secretaries, easy*
-tad	*feminine noun ending*	la libertad, la voluntad	*freedom, will*

Appendix C: *Classroom expressions*

Mandatos plurales (ustedes)	Mandatos singulares (usted)	Mandatos singulares (tú)	Commands
Abran el libro.	Abra el libro.	Abre el libro.	*Open your book(s).*
Aprendan el vocabulario.	Aprenda el vocabulario.	Aprende el vocabulario.	*Learn the vocabulary.*
Cierren el libro.	Cierre el libro.	Cierra el libro.	*Close your book(s).*
Escriban la tarea.	Escriba la tarea.	Escribe la tarea.	*Write the homework.*
Escuchen.	Escuche.	Escucha.	*Listen.*
Estudien la lección.	Estudie la lección.	Estudia la lección.	*Study the lesson.*
Hagan el ejercicio.	Haga el ejercicio.	Haz el ejercicio.	*Do the exercise.*
Lean la lectura.	Lea la lectura.	Lee la lectura.	*Read the passage.*
Levanten la mano.	Levante la mano.	Levanta la mano.	*Raise your hand(s).*
Repasen la gramática.	Repase la gramática.	Repasa la gramática.	*Review the grammar.*
Repitan.	Repita.	Repite.	*Repeat.*
Siéntense.	Siéntese.	Siéntate.	*Sit down.*
Sigan.	Siga.	Sigue.	*Continue.*
Tomen asiento.	Tome asiento.	Toma asiento.	*Have a seat.*
Vayan a la pizarra.	Vaya a la pizarra.	Ve a la pizarra.	*Go to the board.*

paso *(m.)* step, 6; **no hay ~** do not enter, 7; **~ peatonal** pedestrian crossing, 7
pastel *(m.)* cake, 3
pastilla *(f.)* pill, 8
patata *(f.)* potato (*Spain*), 3
patear to kick, 6
patinaje (sobre hielo) *(m.)* (ice) skating, 6
patinar to skate, 6
patines *(m. pl.)* skates, 6
pato *(m.)* duck, 9
patria *(f.)* country, 11
patrimonio de la humanidad *(m.)* human heritage, 9
pavo *(m.)* turkey, 9
peaje *(m.)* toll, 3
pecho *(m.)* chest, 5
pechuga *(f.)* breast (of an animal), 8
pedido *(m.)* order, 3
pedir (i, i) to ask for, 3; to request, 7; **~ favores especiales** to ask for special favors, 10; **~ prestado** to borrow, 8
pegajoso/a catchy, sticky, 6
pegar to hit, smack, 4
peinarse to comb one's hair, 3
película *(f.)* movie, 11; **~ cómica** comedy, 11
peligro *(m.)* danger, 3, 12; **estar en ~** to be in danger, 2
pelirrojo/a red-head, 1
pelo *(m.)* hair, 3, 5
pelota *(f.)* ball, 6
peluquero/a *(m., f.)* hair stylist, 5
penca sávila *(f.)* aloe vera, 8
pendiente *(m.)* pendant, 8
pensamiento *(m.)* thought, 5
pensar (ie) to think, plan, intend, 3, 8
pensión *(f.)* boarding house, 1; **con media ~** with breakfast and lunch, 3
peor worse, 7; **es ~** it's worse, 8; **lo ~ de todo** the worst part of all, 12
pepino *(m.)* cucumber, 3
pequeño/a small, 1, 7
pera *(f.)* pear, 3
perder (ie) to lose, 3, 6, 7; **~ de vista** to drop from sight, 5
perdido/a lost, 12
perdón *(m.)* pardon, P
perdone la molestia I beg your pardon, 7
perezoso/a lazy, 1
perfecto/a perfect, 1
perfume *(m.)* perfume, 7
perfumería *(f.)* perfume store, 7
perico *(m.)* parrot, 9
periódico *(m.)* newspaper, 2
periodista *(m., f.)* journalist, 5, 11
perito/a *(m., f.)* expert, 9
perla *(f.)* pearl, 8
permanecer (zc) to remain, 10
permiso *(m.)* permission; **con ~** excuse me, P
pero but, 10

perro/a *(m., f.)* dog, 5
perseguir (i, i) to follow, pursue, 3
persistente persistent, 1
personaje principal/secundario *(m.)* main/secondary character, 11
peruano/a Peruvian, P
pesa *(f.)* weight, 4
pesado/a heavy, 6
pertenecer (zc) to belong to, 12
pesadilla *(f.)* nightmare, 11
pescadería *(f.)* fish market, 3
pescado *(m.)* fish, 3
pescar to fish, 4, 5
pesimista pessimistic, 1
peso *(m.)* weight, 3
peste *(f.)* plague, 11
picar to chop, 9
pico *(m.)* peak, 7
pie *(m.)* foot, 5; **a ~** on foot, 3
piedad *(f.)* mercy, 6
piedra *(f.)* stone, 7, 8
pierna *(f.)* leg, 5
pieza *(f.)* piece, 8, 10
pila *(f.)* battery, 7; pile, 9
píldora *(f.)* pill, 8
piloto *(m., f.)* pilot, 5
pimienta *(f.)* (black) pepper, 3
pimiento verde/rojo *(m.)* red/green pepper, 3
piña *(f.)* pineapple, 3
pincel *(m.)* brush, 10
pingüino *(m.)* penguin, 9
pintado/a painted, 10
pintar to paint, 1, 10
pintor/a *(m., f.)* painter, 5, 9, 10
pintoresco/a picturesque, 2
pintura *(f.)* painting, 10; **~ al óleo** oil paint, 10; **~ corporal** body painting, 8
pirámide de la alimentación *(f.)* food pyramid, 8
piscina *(f.)* swimming pool, 2, 3
piso *(m.)* floor, 2
pista *(f.)* rink (ice skating/hockey), track, 6
pitar to beep the horn, 7
pito *(m.)* horn, 7
pizarra *(f.)* blackboard, chalkboard, 1
placa *(f.)* license plate, 7; plaque, 10
placer *(m.)* pleasure, 5
plancha *(f.)* iron, 9
planchar (la ropa) to iron (clothes), 9
planeta *(m.)* planet, 9
planicie *(f.)* plains, 7
planta *(f.)* plant, 1
plata *(f.)* silver, 8
platanera *(f.)* banana tree, 9
plátano *(m.)* banana, 3, 8
platillo *(m.)* saucer, 3
plato *(m.)* dish, 3; **~ principal** main dish, 3
playa *(f.)* beach, 2
plaza *(f.)* city square/plaza, 2; place/seat, 4

pleito *(m.)* fight, 6
plomero/a *(m., f.)* plumber, 5
pluma *(f.)* pen, 1; feather, 10
población *(f.)* population, 11, 12
poblado/a populated, 12
poblar (ue) to populate, 12
pobreza *(f.)* poverty, 11
poco a poco little by little, 4
poder (ue) to be able to, 3
poderoso/a powerful, 8, 10
policía *(f.)* police force, 11; *(m., f.)* police officer, 11
polifacético/a multifaceted, 6
pollo *(m.)* chicken, 3
poner to put, place, 2; **~ la mesa** to set the table, 2; **~ una carta en el correo** to mail a letter, 2
ponerse to put on (clothing), 3, 6; to become, 6; **~ a** + *inf.* to start doing something, 6; **~ las pilas** to charge up one's batteries, to get a wake-up call, 11
por for, 4; around, by, 6; **~ correo** by mail, 8; **~ ejemplo** for example, 6; **~ encima de** above, 9; **~ favor** please, P; **~ fin** finally, 3, 5; **~ la (mañana, tarde, noche)** in the (morning, afternoon, night), 1; **~ qué diablos** why in the world, 10; **~ si acaso** just in case, 4, 11; **~ su propia cuenta** on her/his own, 10; **~ supuesto** of course, 3, 5; **~ último** finally, 5
porción *(f.)* portion, 8
portátil portable, 6
portugués *(m.)* Portuguese language, 1
portugués/esa Portuguese, P
posible possible, 1
postal *(m.)* post card, 2
posteriormente later, 6
postre *(m.)* dessert, 3
practicar to practice, 1; **~ deportes** to play sports, 1
precio *(m.)* price, 7; **los precios están por las nubes** the prices are high (in the sky), 3
preciso/a necessary, 7; **es ~** it's necessary, 7
predecible predictable, 6
predecir to predict, 9
preferible preferable, 7; **es ~** it's preferable, 7
preferir (ie, i) to prefer, 3
preguntar to ask a question, 4
premiar to award, 12
premios *(m. pl.)* honors, 6
prenda *(f.)* garment, 7
prendedor *(m.)* brooch, 8
prender to turn on, 6
prensa *(f.)* press, news, 2, 11
preocupado/a worried, 2
preocupante worrisome, 11
preocupar to worry, 4, 8

preocuparse to worry, 3; **no se preocupe** don't worry, 4

preparar to prepare, 4

presentación *(f.)* introduction, P

presentador/a *(m., f.)* presenter, 11

presentar to introduce, 12; **~ una película** to show a movie, 11

presión sanguínea *(f.)* blood pressure, 8

presionar to press, 6; to click with the (computer) mouse, 6

préstamo *(m.)* loan, 8; borrowing, 12

prestar to lend, 8

presupuesto *(m.)* budget, 8

prevenir to prevent, 10

primar to predominate, 9

primavera *(f.)* spring, 2

primer/o/a first, 4

primero *(m.)* first (day), 1; **~ que todo** first of all, 5

primo/a *(m., f.)* cousin, 5

prisa *(f.)* haste, hurry; **tener ~** to be in a hurry, 2

prisión *(f.)* prison, 11

probador de hombres/mujeres *(m.)* men's/women's dressing room, 7

probar (ue) to try, taste, 3; to prove, 11

probarse (ue) to try on, 3, 6; **voy a probármelo/la** I'm going to try it on, 7

problema *(m.)* problem, 1

procesador de comidas *(m.)* food processor, 9

producido/a por produced by, 11

producir (zc) to produce, 2

profesional professional, 1

profesor/a *(m., f.)* teacher, 1

profesorado *(m.)* faculty, 1

programa *(m.)* program, 1, 6; **~ de prevención contra el SIDA** AIDS prevention program, 11; **~ educativo** educational program, 11; **~ semanal** weekly program, 11; **~ social** social program, 11

programación matinal *(f.)* morning programming, 11

programador/a de computadoras *(m., f.)* computer programmer, 5

promedio *(m.)* average, 8

promocionarse to promote itself, 9

pronóstico del tiempo *(m.)* weather forecast, 2

propina *(f.)* tip, 3, 4

proporcionar to supply, 8

propósito *(m.)* resolution, 10; **a ~** by the way, 7

protagonista *(m., f.)* main character, 11

protector solar *(m.)* sunscreen lotion, 5

proteger to protect, 10

protegerse to protect onself, 5

próximo/a next, 4, 11

prueba *(f.)* test, exam, 8; proof, 9

psicología *(f.)* psychology, 1

psicólogo/a *(m., f.)* psychologist, 5

psicopedagogía *(f.)* psychology of teaching, 6

psicosis *(f.)* psychosis, 1

publicado/a published, 9

público/a public, 10

pueblo *(m.)* town, 12

puente *(m.)* bridge, 11

puerta *(f.)* door, 7; **~ de salida** departure gate, 5

puerto *(m.)* port, 7

puertorriqueño/a Puerto Rican, P

pues well, 12

puerco *(m.)* pig, 9

puesto *(m.)* position, 6; put, placed, 9

pulgada *(f.)* inch, 3

pulpo *(m.)* octopus, 3

pulsar to click on something, 6

pulsera *(f.)* bracelet, 8

punto *(m.)* dot, 5; degree, 8; **a ~ de** about to, 9; **en ~** exactly on the hour, 1

pupitre *(m.)* writing desk, 1

Q

que than, 7; that, which, who, 10

¿Qué? ¡Qué! What, 1; **~ alivio!** What a relief!, 4; **~ fecha es hoy?** What is today's date?, 1; **~ gusto!** What a pleasure!, 4; **~ hambre!** I am very hungry!, 3; **~ hora es?** What time is it?, 1; **~ lástima!** What a pity!, Too bad!, 1; **~ nervios!** How frightening, 11; **~ quiere decir ... ?** What does . . . mean?, P; **~ susto!** What a scare!, 4; **~ tengan un buen viaje!** Have a nice trip!, 4; **~ tiempo hace?** What's the weather like?, 2

quebrar (ie) to break, 7

quechua *(m.)* Quechua language, 8

quedar to remain, 6; to be left over, 7

quedarle to fit someone, 7; **no ~ remedio a alguien** to have no choice, 12

quedarse to stay, 3; to remain behind, 6

quehaceres *(m. pl.)* chores, 9

quejarse to complain, 5

quemar to burn, 9

quemarse to burn, get a sunburn, 5

querer (ie) to want, 3

querido/a dear, 3

queso *(m.)* cheese, 3

quien(es) who, whom, 10

¿quién(es)? who?, 1

quilate *(m.)* karat, 8

química *(f.)* chemistry, 1

químico/a *(m., f.)* chemist, 5

quince fifteen, 1

quinceañero/a *(m., f.)* fifteen-year-old

quinientos five hundred, 3

quinto/a fifth, 4

quirófano *(m.)* operating room, 9

quisiera I would like, 3

quitarse (la ropa) to take off (one's clothes), 3

quizás maybe, perhaps, 8, 9

R

radio *(m.)* radio, 1, 7

radiografía *(f.)* x-ray, 8

raíz *(f.)* root, 6

rápidamente rapidly, 3

rápido/a fast, 1

raqueta *(f.)* racket, 6

raro/a strange, 2

rastro *(m.)* trace, 10

rata *(f.)* rat, 9

ratón *(m.)* mouse, 6, 9

rayas *(f. pl.)* stripes; **de ~** striped, 7

raza *(f.)* race, 12

razón *(f.)* reason; **tener ~** to be right, 2

reaccionar to react, 4

realista realistic, 1

realizador/a *(m., f.)* creator, 11

realizar to make, 3; to do, 12

rebaja *(f.)* discount, 8

rebanada *(f.)* slice, 8

rebotar to bounce, 12

recepción *(f.)* reception, 3

recepcionista *(m., f.)* receptionist, 3

receta *(f.)* prescription, 8

rechazado/a rejected, 11

rechazar to reject, 11

recibir to receive, 1, 6

recibo *(m.)* receipt, 7

recoger to pick up, 4

recomendar (ie) recommend, 3

recordar (ue) to remember, 3; **~ un hecho histórico** to remember a historic event, 10

recorrer to travel all around a place, 4; to tour, 11; **~ mucho camino** to come a long way, 12

recorrido *(m.)* route, 3

recreo *(m.)* recreation, 4

recuerdo *(m.)* memory, 5

recurrir a to turn to, 10

recursos hidroeléctricos naturales *(m. pl.)* natural hydroelectric resources, 9

red *(f.)* the net, Internet, 1; network, 6

reemplazar to replace, 9

refresco *(m.)* soft drink, 8

refrigerador/a *(m., f.)* refrigerator, 9

regalar to give a gift, 4

regañar to scold, 10

regatear to bargain, 8

regla *(f.)* ruler, 1; rule, 3

regular OK, P

relajación *(f.)* relaxation, 8

relajado/a relaxed, 8

religioso/a religious, 10

reloj *(m.)* watch, clock, 1, 8

remedio *(m.)* remedy, 8

renacentista *(adj.)* Renaissance, 4
rendimiento *(m.)* performance, 6
rendirse (i, i) to give in, 7
renunciar to quit (a job), 6
réplica *(f.)* replica, 10
repollo *(m.)* cabbage, 8
reportero/a *(m., f.)* reporter, 11
represa *(f.)* dam, 8
representación política *(f.)* political representation, 11
reseña *(f.)* critique, 11
resfriado *(m.)* cold; **estar ~** to have a cold, 8
residencia *(f.)* dormitory, 1
respetar to respect, 6
respirar to breathe, 8
responsabilidad *(f.)* responsibility, 6; **~ ecológica** *(f.)* ecological responsibility, 9
respuesta *(f.)* answer, 12
restaurante *(m.)* restaurant, 2
resuelto/a resolved, 9
retirar to withdraw money, 8
retrato *(m.)* portrait, 10
reunido/a reunited, 9
reusar to reuse, 9
revés *(m.)* back, reverse; **al ~** backwards, 12
revisar to check/examine, 8
revista *(f.)* magazine, 5
revoltillo *(m.)* scrambled eggs, 8
revolver (ue) to turn, 9
reyes *(m. pl.)* king and queen, 4
rezar to pray, 10
rico/a rich, 1; delicious, 3
ridículo/a ridiculous, 8; **es ~** it's ridiculous, 8
rienda suelta *(f.)* free rein, 11
río *(m.)* river, 7
rincón *(m.)* corner, 11
riqueza *(f.)* richness, 6; wealth, 9
ritmo *(m.)* rhythm, 6
rito *(m.)* ritual, 10
robo *(m.)* robbery, 4, 11
rodeado/a surrounded, 3
rodilla *(f.)* knee, 5
rogar (ue) to beg, 4; to plead, 7
rojo/a red, 1
romper to break, 7; **~ con** to break up with, 7
romper(se) (el brazo) to break (one's arm), 8
ropa *(f.)* clothing, 3; **~ de hombre/mujer** menswear/womenswear, 7; **~ interior** underwear, 7
ropero *(m.)* closet, 2
rosa *(f.)* pink, 1; rose, 9
rosado/a pink, 1
roto/a broken, torn, 9; **esta ~** it's ripped, 7
rubio/a light-complexioned, blonde, 1
rueda *(f.)* tire, 7; wheel, 10
ruido *(m.)* noise, 5

ruidazo *(m.)* loud noise, 5
ruinas *(f. pl.)* ruins, 12
ruso/a Russian, P

S

sábado *(m.)* Saturday, 1
saber to know, 2; to find out, 5; **no sé** I don't know, P
sabroso/a delicious, 9
sacar to take (away), 4; **~ dinero** to withdraw money, 8; **~ fotos** to take photos, 10; **~ la basura** to take out the garbage, 9; **~ la lengua** to stick out one's tongue, 8
saco *(m.)* blazer, suit jacket (for men), 7
sacrificio *(m.)* sacrifice, 10
sacudir to shake, 4 ; **~ los muebles** to dust the furniture, 9
sagrado/a sacred, 12
sal *(f.)* salt, 3
sala *(f.)* living room, 2; **~ de clase** classroom, 1; **~ de emergencia** emergency room, 8; **~ de espera** waiting room, 5
salado/a salty, 3
salario *(m.)* salary, 6
salida *(f.)* departure, 4
salir to leave, go, 2; **~ con destino a** to leave/depart with destination to, 2; **~ de** to leave from a place, 2; **~ limpio** to be cleared of blame, 12; **~ para** to leave for a place, 2
salitre *(m.)* salt residue, 8
salón de conferencias *(m.)* conference room, 3
salsa *(f.)* salsa music, 6
salto *(m.)* waterfall, 7
salud *(f.)* health; **tener buena/mala ~** to be in good/bad health, 8
salvadoreño/a Salvadoran, P
salvar to save, 9
sancocho *(m.)* chicken and meat soup, 7
sandalia *(f.)* sandal, 5, 7
sangrar to bleed, 8
sangre *(f.)* blood, 8
sanitario *(m.)* toilet, 9
sano/a healthy, 8
santuario *(m.)* altar, 12
sartén *(f.)* frying pan, 9
saxofón *(m.)* saxophone, 6
sazón *(f.)* flavoring, seasoning; **buena ~** tasty cooking, 9
secador de pelo *(m.)* hair dryer, 9
secadora *(f.)* clothes dryer, 9
secar la ropa to dry the clothes, 9
secarse to dry off, 3
secretario/a *(m., f.)* secretary, 5
secuencia *(f.)* sequence, 11
secuestrador/a *(m., f.)* kidnapper, 6
secuestro *(m.)* kidnapping, 6
sed *(f.)* thirst; **tener ~** to be thirsty, 2

sedentario/a sedentary, 8
seguir (i, i) to follow, 3; **~ derecho/recto** to go straight, 7
según according to, 4
segundo/a second, 4; **segunda clase** *(f.)* second class, 4
seguro/a sure, 2; **no estar ~** to be unsure, 8
seis six, 1
seiscientos six hundred, 3
sello *(m.)* (record) label, 6; hallmark, 10; stamp
selva *(f.)* jungle, 7; **~ tropical** rainforest, 7
semáforo *(m.)* stoplight, 7
semana *(f.)* week; **~ pasada** *(f.)* last week, 4; **el fin de ~ pasado** *(m.)* last weekend, 4; **Semana Santa** Holy Week, 10
sencillo/a simple, 3
sentar (ie) to seat someone; to place, 3
sentarse (ie) to sit down, 3, 6
sentir (ie, i) to feel, sense, perceive, 6; to be sorry, lament, regret, 8
sentirse (ie, i) to feel (*i.e.*, well, bad), 3, 6
señor *(m.)* gentleman, Mr., P, 1; lord, 12
señora *(f.)* lady, Mrs., P, 1
señorita *(f.)* young lady, Miss, Ms., P, 1
separado/a separated, 5; **estar ~** to be separated, 5
separador *(m.)* bookmark, 10
septiembre *(m.)* September, 1
séptimo/a seventh, 4
sequía *(f.)* drought, 9
ser to be, 1; **~ adulto** to be an adult, 5; **~ alérgico/a a...** to be allergic to . . . , 8; **~ chismoso/a** to gossip, 10; **~ mayor** to be older, 5; **~ menor** to be younger, 5; **~ soltero/a** to be single, 5
serio/a serious, 1
seropositivo/a HIV positive, 11
serpiente *(f.)* snake, 9
servicio *(m.)* service, 3; **servicios de salud** *(m. pl.)* health services, 11
servilleta *(f.)* napkin, 3
servir (i, i) to serve, 3; **¿En qué le puedo ~?** How can/may I help you ?, 3, 4, 7
sesenta sixty, 1
setecientos seven hundred, 3
setenta seventy, 1
sexto/a sixth, 4
si if; **~ me lo propongo** if I put my mind to it, 12; **~ no fuera por ti** if it weren't for you, 9
sí yes, 1
SIDA *(m.)* AIDS, 8, 11
siempre always, 3
sierra *(f.)* mountain range, 7
siete seven, 1
siglo *(m.)* century, 11
significar to mean, 6
silla *(f.)* chair, 1

sillón *(m.)* arm chair, 1
silvestre wild, 8
símbolo *(m.)* symbol, 10
simpático/a nice, friendly, 1
sin without, 4; **~ duda** without a doubt, 5; **~ embargo** nevertheless, 5; nonetheless, 12; **~ que** without, 9
sino but, rather, on the contrary, 10
sinónimo *(m.)* synonym, 12
síntoma *(m.)* symptom, 8
sintonizador *(m.)* tuner, 6
sistema *(m.)* system, 1
sitio *(m.)* site, 9; **~ favorito** bookmark, 10; **~ web** Web site, 1
sobre about, 3; over, on top of, 4
sobrepoblar (ue) to overpopulate, 9
sobrino/a *(m., f.)* nephew/niece, 5
sociedad *(f.)* society, 1
sociología *(f.)* sociology, 1
sofá *(m.)* sofa, 9
sol *(m.)* sun, 5; **hace ~** it's sunny, 2
solamente only, 4
solicitar (un trabajo/puesto) to apply (for a job), 6
solicitud *(f.)* application, 6
soltero/a *(m., f.)* single person, 4; **ser ~** to be single, 5
solución *(f.)* solution, 11
sombrero *(m.)* hat, 2, 7
sombrilla *(f.)* umbrella, 5
sometido/a bound, 11
sonar (ue) to ring, 6; to play, 6; to sound, 6
sonido *(m.)* sound, 11; **~ digital** *(m.)* digital sound, 6
sonrisa *(f.)* smile, 9
soñar to dream, 3
soñar con to dream about, 3
sopa *(f.)* soup, 3
soroche *(m.)* altitude sickness, 8
sorprender to surprise, 8
sótano *(m.)* basement, 3
subir to climb, go up, 1; **~ al tren** to board the train, 4; **~ por** to go up (a street), 7; **al ~** upon boarding, 5
subrayado/a underlined, 10
suceder to happen, 5; to occur, 11
sucio/a dirty/shady, 4; **esta ~** it's dirty, 7
sudadera *(f.)* sweat suit, 7
sudor *(m.)* sweat, 7
suegro/a *(m., f.)* father-/mother-in-law, 5
sueldo *(m.)* salary, 6; **~ mínimo** minimum wage, 11
suelo *(m.)* ground, 6
sueño *(m.)* dream, 1, 3; **tener ~** to be sleepy, 2
suerte *(f.)* luck; **mala ~** bad luck, 3
suéter *(m.)* sweater, 2; **~ de lana** wool sweater, 7
sugerir (ie, i) to suggest, 7
sujeto *(m.)* subject (of a sentence), 1
suicidio *(m.)* suicide, 11
sumamente very, 12

superastro *(m.)* superstar, 3
superficie *(f.)* surface, 6
supervisor/a *(m., f.)* supervisor, 5
suplicar to beg, 9
suponer to guess, 12
sur *(m.)* south, 4
surcar to go through, 3
sureste *(m.)* southeast, 4
suroeste *(m.)* southwest, 4
sustantivo *(m.)* noun, 5
sustentar to support, 10
susto *(m.)* scare; **¡Qué ~!** What a scare!, 4

T

tableta *(f.)* tablet, 8
tal vez maybe, perhaps, 8
talco *(m.)* powder, 7
talla *(f.)* size, 7
tamaño *(m.)* size, 3
también also, too, 3
tambor *(m.)* drum, 6
tampoco neither, either, 3
tan as; **~ ...como** as . . . as, 7; **~ pronto como** as soon as, 9
tanda *(f.)* set, 8
tanque de gasolina *(m.)* gas tank, 7
tanto so much, 9; **~ como** as much as, 7
tanto/a/os/as... como as much/many . . . as, 7
tapado/a covered, 5
tapar to cover, 9
tapas *(f. pl.)* appetizers (*Spain*), 3
tapete *(m.)* rug, small carpet, tapestry, 8
tapiz *(m.)* tapestry, 8
taquilla *(f.)* ticket window, 4
tardar en llegar/salir to take (too much) time to arrive/leave, 4
tarde *(f.)* afternoon, 1; **por/en la ~** in the afternoon, 1
tarjeta *(f.)* card; **~ de crédito** credit card, 2, 3; **~ de sonido** sound card, 6
tasa de cambio *(f.)* rate of exchange, 8
tatuaje *(m.)* tattoo, 8
taza *(f.)* cup, 3
té *(m.)* tea, 3
teatro *(m.)* theatre, 1
teclado *(m.)* keyboard, 6
tecnología *(f.)* technology, 9
tejedor/a *(m., f.)* weaver, 12
tejido *(m.)* weaving, 8; synthetic tissue, 11
teléfono *(m.)* telephone, 1
telenovela *(f.)* soap opera, 11
televidente *(m., f.)* TV viewer, 11, 12
televisar to televise, 11
televisión *(f.)* television, 1; **(cadena) de ~** cable TV, 11
televisor *(m.)* television set, 9
tema *(m.)* theme, 1
temer to fear, be afraid of, 8

temible fearsome, 7
temperatura *(f.)* temperature, 2
tempestad *(f.)* storm, 1
templado/a temperate, 2
temporada *(f.)* season, 3
tenedor *(m.)* fork, 3
tener to have, 2; **~ alergia a...** to be allergic to . . ., 8; **~ apetito** to have an appetite, 8; **~ buen/mal clima** to have a good/bad climate, 2; **~ buena/mala salud** to be in good/bad health, 8; **~ calor** to be hot, 2; **~ catarro** to have a cold, 8; **~ celos** to be jealous, 5; **~ cuidado** to be careful, 7; **~ dolor** to have pain, 8; **~ escalofríos** to shiver, have a chill, 8; **~ éxito** to be successful, 11; **~ frío** to be cold, 2; **~ ganas de** (+ *inf.*) to feel like (doing something), 2; **~ gripe** to have the flu, 8; **~ hambre** to be hungry, 2; **~ miedo (de)** to be afraid (of), 2; **~ náuseas** to be nauseous, 8; **~ prisa** to be in a hurry, 2; **~ que** to have to, 2; **~ razón** to be right, 2; **~ resfrío** to have a cold, 8; **~ sed** to be thirsty, 2; **~ sueño** to be sleepy, 2; **~ ... años** to be. . .years old, 2
tenis *(m.)* tennis, 6
tensión nerviosa *(f.)* nervous tension, 8
terapia *(f.)* therapy, 11
tercer/o/a third, 4
terminar to complete, finish, 1
ternera *(f.)* veal, 3
terraza *(f.)* terrace, 2
terremoto *(m.)* earthquake, 3, 12
terrestre (of) earth, earthly, 6
terrible terrible, 1; **es ~** it's terrible, 8
territorio *(m.)* territory, 12
tesoro *(m.)* treasure, 5
testigo *(m., f.)* witness, 10
textura *(f.)* texture, 10
tiempo *(m.)* time; **~ completo** full-time, 6; **~ parcial** part time, 6; **estar a ~** to be on time, 4, 5; **hace buen/mal ~** the weather is good/bad, 2; **¿Qué ~ hace?** What's the weather like?, 2
tienda *(f.)* store, 2
tierra *(f.)* Earth, 8; land, 12
tigre *(m.)* tiger, 9
tintorería *(f.)* dry cleaners, 7
tío/a *(m., f.)* uncle/aunt, 5
tiquete *(m.)* ticket, 4
tirar to throw, 4, 11
titulares *(m. pl.)* headlines, 1
tiza *(f.)* chalk, 1
toalla *(f.)* towel, 5
tobillo *(m.)* ankle, 8
tocar to play (an instrument); to touch, 1, 6
tocarle a uno to be one's turn, 11
todavía still, 3
todo/a everything, 3; **~ tipo (de)** all kinds (of), 6
todos/as everybody, all, 3; **todos los días**

every day, 3
tolerante tolerant, 1
tomar to take; **~ conciencia** to be(come) aware, 9; **~ el sol** to sunbathe, 5; **~ en cuenta** to take into account, 7; **~ fotos** to take photos/pictures, 10
tomate *(m.)* tomato, 3
tonto/a stupid, 1
toque *(m.)* touch, 7
torcerse (ue) to twist, 8
torre *(f.)* tower, 4
tortuga *(f.)* turtle, 5
toser to cough, 8
tostadita *(f.)* chip, 9
tostadora *(f.)* toaster, 9
tostones *(m. pl.)* fried plantains, 5
trabajador/a hard-working, 1; **~** *(m., f.)* worker, 5; **~ social** social worker, 11
trabajar to work, 1
trabajo *(m.)* labor, 4; work, position, 6; **~ social** social work, 1
tradicional conventional, 1
traición *(f.)* betrayal, 10
traicionar to betray, 9
traído/a brought, 9
traducir (zc) to translate, 2
traer to bring, 2; **~ buena suerte** to bring good luck, 10
tráfico de drogas *(m.)* drug trafficking, 11
traidor/a *(m., f.)* traitor, 10
traje *(m.)* suit, 7; **~ de baño** bathing suit, 2
tranquilízate calm down, 10
transgénico/a transgenic, 11
transmitir to transmit a TV/radio program, 11
transparente transparent, 1
transplantado/a transplanted, 9
tras after, 10
tratar(se) de to deal with, be about, 1, 11
trece thirteen, 1
treinta thirty, 1
tren *(m.)* train, 3; **~ interurbano** commuter train, 4
trenza *(f.)* braid, 7
tres three, 1
trescientos three hundred, 3
triste sad, 2
tristeza *(f.)* sadness, 5
triturar to grind, 9
triunfar to succeed, 11
trombón *(m.)* trombone, 6
trompeta *(f.)* trumpet, 6
truco *(m.)* trick, 12
tulipán *(m.)* tulip, 9
turno *(m.)* turn, 9
turquesa *(f.)* turquoise, 8

u

ubicación *(f.)* location, 6

último/a last, final; **por último** finally, 5
un rato a little while, 9
unas veces sometimes, 5
único/a only, 3; **lo único** the only thing, 9
unidad *(f.)* unit, 6
unido/a united, 5
uniforme *(m.)* uniform, 6
unir to combine, 6; to unite, 12
universidad *(f.)* university, 1
uno/a one, 1; **el uno al otro** each other, 6
urgente urgent, 7; **es ~** it's urgent, 7
urna sellada *(f.)* sealed box, 11
uruguayo/a Uruguayan, P
usar to use, 1
usuario/a user, 6
utensilio *(m.)* utensil, tool, 9
uva *(f.)* grape, 3
¡Uy! Jss!, 6

v

vacaciones *(f. pl.)* vacation, 4; **estar de ~** to be on vacation, 4; **ir(se) de ~** to go on vacation, 4
vacío/a empty, 7
vagón *(m.)* train car, 4
valentía *(f.)* bravery, 9
valer to be worth, 11; **~ la pena** to be worthwhile, 5; **no vale la pena** it's not worth it, 4
valioso/a valuable, 12
valle *(m.)* valley, 7
valorar to value, 4
vámonos let's go, 4
vapor *(m.)* mist, 3; **al ~** steamed, 8
vaquero/a cowboy/cowgirl, 7
varios/as several, 3
vasco/a Basque, 4
vasija *(f.)* bowl/pot, 10
vaso *(m.)* glass, 3
veces *(f. pl.)* times (occasions); **a ~** sometimes, at times, 3; **otras ~** other times, 5
vecindario *(m.)* neighborhood, 5
vecino/a *(m., f.)* neighbor, 5
vegetales *(m. pl.)* vegetables, 8; **~ de hoja** leafy greens, 8
veinte twenty, 1
veinticinco twenty-five, 1
veinticuatro twenty-four, 1
veintidós twenty-two, 1
veintinueve twenty-nine, 1
veintiocho twenty-eight, 1
veintiséis twenty-six, 1
veintisiete twenty-seven, 1
veintitrés twenty-three, 1
veintiuno twenty-one, 1
vela *(f.)* candle, 3, 8

veleta *(f.)* weathervane, 4
vencer to conquer, defeat, 12
vendedor/a *(m., f.)* salesperson, 5, 8; **~ ambulante** street vendor, 8
vender to sell, 1, 4
venezolano/a Venezuelan, P
venir to come, 2
venta *(f.)* sale, 7
ventaja *(f.)* advantage, 6
ventana *(f.)* window, 1
ventanita *(f.)* little window, 7
ventoso/a windy, 8
ver to see, 2
verano *(m.)* summer, 2
verdad *(f.)* truth, 8; **es ~** it's true, 8; **no es ~** it's not true, 8
verdadero/a true, 4
verde green, 1
vestido *(m.)* dress, 7
vestir (i, i) to dress, 3
vestirse (i, i) to get dressed, 3, 6
veterinario/a *(m., f.)* veterinarian, 5
vez *(f.)* time (occasion); **a la ~** at the same time, 3; **de ~ en cuando** from time to time, 11; **de una ~** once and for all, 5
vía *(f.)* track, 3
viajar to travel, 1, 4
viaje *(m.)* trip, 3; **¡Buen/Feliz ~!** Have a nice trip!, 4; **¡Que tengan un buen ~!** Have a nice trip!, 4
víbora *(f.)* snake, 9
video digital *(m.)* digital video/ movies, 6
videoteca video store, 11
viejo/a old (for a person or thing), 1, 7
viento *(m.)* wind; **hace (mucho/un poco de) ~** it's (very/a little) windy, 2
viernes *(m.)* Friday, 1
vigía *(m.)* watchman, lookout, 7
vigilancia del vecindario *(f.)* neighborhood watch, 11
vigilar to watch, 4, 8
villano/a *(m., f.)* villain, 11
vino tinto/blanco *(m.)* red/white wine, 3
violento/a violent, 11
violeta *(f.)* violet, 9
violín *(m.)* violin, 6
visitar to visit, 1
víspera *(f.)* the day before, 10
vista *(f.)* view, 4
vistazo *(m.)* glimpse, 12
visto/a seen, 9
vivir to live, 1
volante *(m.)* steering wheel, 7
volcán *(m.)* volcano, 7
volibol *(m.)* volleyball, 1
volumen *(m.)* volume, 3
voluntad *(f.)* will, 10
volver (ue) to come back, return, 3
vomitar to vomit, 8

vuelo *(m.)* flight, 4
vuelto/a returned, 9

Y

y and, 1
ya now, already, yet, 5, 10; **~ hecho/a** ready made, 8; **¡~ lo verán!** you'll see!, 8
yerno *(m.)* son-in-law, 5
yeso *(m.)* cast, 8

yogur *(m.)* yogurt, 8
yuca *(f.)* yucca, 5
yucateco/a from the Yucatan, 12

Z

zamarros *(m. pl.)* heavy pants, 7
zanahoria *(f.)* carrot, 3
zapatería *(f.)* shoe store, 7
zapatos *(m. pl.)* shoes, 7; **~ de tacón alto/bajo** high-heeled/low-heeled shoes, 7; **~ de tenis** sneakers, 7
zapoteca Zapotec, 2
zócalo *(m.)* city square/plaza, 2
zona central *(f.)* central zone, 12
zorro *(m.)* fox, 9
zumo *(m.)* juice (*Spain*), 3

English-Spanish Vocabulary

a un/a
about sobre, 3, 4; ~ **to** a punto de, 4, 9
above encima de, arriba de, 4; por encima de, 9
abstract abstracto/a, 10
academic subject materia (f.), 1
accelerate acelerar, 7
acceptable aceptable; **not ~** deficiente, 3
accessories accesorios (m. pl.), 7
accomplish alcanzar, 11
accomplishment logro (m.), 8
according to según, 4; conforme a, 6
account cuenta, (f.), 8; **checking ~** cuenta corriente, 8; **savings ~** cuenta de ahorros, 8
accountant contador/a (m., f.), 5
achieve lograr, 7, 11
achievement logro (m.), 10, 11
acquire adquirir (ie), 6
across from enfrente de, 4
act actuar, 10; hecho (m.), 12; **delinquent ~** acto delictivo (m.), 11
acting actuación (f.), 11
action (adj.) de acción, 11
active activo/a, 8
activity actividad (f.), 1
actor actor (m.), actriz (f.), 11
add añadir, agregar, 9
addiction adicción (f.), 11
address dirección (f.), 3, 7
adequately adecuadamente, 9
adjective adjetivo (m.), 5
adolescence adolescencia (f.), 5
adolescent adolescente (m., f.), 11
adore adorar, 10
adult adulto/a (m., f.), 5; **to be an ~** ser adulto, 5
adulthood edad adulta (f.), 5
advantage ventaja (f.), 6
advice consejo (m.), 11
advise aconsejar, 7
afraid asustado/a; **to be ~ (of)** tener miedo (de), 2
affair asunto (m.), 4
after después, 3, 4; después (de) que, 9; tras, 10
afterwards después, 4
against contra, 3; **to be ~** estar en contra de, 10
age edad (f.), 4
ago hace + time + que + preterite, 6
agree ponerse de acuerdo; **I agree** estoy de acuerdo con, 4

agreed de acuerdo, 11
AIDS SIDA (m.), 8, 11; **~ prevention program** programa de prevención contra el SIDA (m.), 11
air bag bolsa de aire (f.), 7
air conditioning aire acondicionado (m.), 7
airport aeropuerto (m.), 2
alone a solas, 2
all todo/a; **~ kinds (of)** todo tipo (de), 6; **~ Saints Day** Fiesta de Todos los Santos (f.), 10
allergic alérgico/a; **to be ~ to . . .** ser alérgico/a a ..., tener alergia a ..., 8
alleviate (pain or symptoms) aliviar, 8
alligator caimán (m.), 9
aloe vera penca sávila (f.), 8
alpha wave onda alfa (f.), 8
already ya, 10
also también, 3
altar santuario (m.), 12
although aunque, 5
altitude sickness soroche (m.), 8
always siempre, 3
amaranth amaranto (m.), 8
among entre, 3, 4
amuse (someone) divertir (ie) (a alguien), 6
anatomy anatomía (f.), 1
ancestor antepasado (m.), 12
and y, e, 1; más, 1
angry enojado/a, 2; **to be ~** estar enojado/a, 8; **to get ~** enojarse
anguish angustia (f.), 11
animal animal (m.); **stuffed ~** muñeco de felpa (m.), 9
animation animación (f.), 11
ankle tobillo (m.), 8
announce anunciar, 11
announcer anunciador/a (m., f.), locutor/a (m., f.), 11
annoy molestar, 4
anonymity anonimato (m.), 11
answer contestar, 4, 6; respuesta (f.), 12
answering machine contestador automático (m.), 10
anthropology antropología (f.), 1
antibiotic antibiótico (m.), 8
antidote antídoto (m.), 8
antique store/dealer anticuario (m.), 11
anxiety angustia (f.), 10
anxious ansioso/a, 11
anything algo (m.), 3
anyway de todos modos, 4
apartment apartamento (m.), 2

appear aparecer (zc), 5, 11; **~ to be** parecer (zc), 4
appetizer entremés (m.), 3; tapa (f.) (Spain), 3
apple manzana (f.), 3
applicant aspirante (m., f.), 6
application solicitud (f.), 6
apply (for a job) solicitar (un trabajo/puesto), 6
appointment cita (f.), 8
approach acercar(se), 11
April abril, 1; **~ Fool's Day** Día de los Inocentes (m.), 10
archaeology arqueología (f.), 1
architect arquitecto/a (m., f.), 5
architecture arquitectura (f.), 10
archive (document collection) archivo (m.), 4
area entorno (m.), 3
Argentinean argentino/a, P
arm brazo (m.), 5
armchair sillón (m.), 1
army ejército (m.), 9
around por, 6
arranged arreglado/a, 5
arrest arrestar, 11, 12
arrival llegada (f.), 4
arrive llegar, 1; **~ late** llegar tarde, 4; **~ on time** llegar a tiempo, 4
arrogant arrogante, 1
art arte (m.), 1; **contemporary ~** arte contemporáneo, 10; **modern ~** arte moderno, 10
artisan artesano/a (m., f.), 10
artist artista (m., f.), 1, 5, 10
as tan, 7; **~ . . . as** tan... como, tanto/a/os/as... como, 7; **~ long as** mientras que, 9; **~ much as** tanto como, 7; **~ soon as** en cuanto, luego que, tan pronto como, 9; **~ soon as possible** cuanto antes, 11
ash ceniza (f.), 10
ask (a question) preguntar, 4; **~ (for)** pedir (i, i), 3; **~ for special favors** pedir favores especiales, 10
aspirin aspirina (f.), 8
assassinate asesinar, 11
assassination asesinato (m.), 11
assure asegurar, 8
asterisk asterisco (m.), 11
astonished asombrado/a, 9; **to be ~** asombrarse, 11
astronomer astrónomo/a (m., f.), 12
at en, 4; **~ a distance** a lo lejos, 7; **~ last** por fin, 5; **~ the same time** a la vez, 3;

at *(continued)*

~ **this moment** en este momento, 3;
~ **this very moment** ahora mismo, 3;
~ **your service** a sus órdenes, 3

athlete atleta *(m., f.)*, 5; deportista *(m., f.)*, 6

ATM machine cajero automático *(m.)*, 8

atom átomo *(m.)*, 1

atmosphere ambiente *(m.)*, 6

attend (a class) asistir a, 1

attract atraer, 10; ~ **attention** llamar la atención, 8

attractive llamativo/a, 7

August agosto, 1

aunt tía *(f.)*, 1, 5

authentic auténtico/a, 10

autumn otoño *(m.)*, 2

average medio/a, 2; media *(f.)*, 6; promedio *(m.)*, 8; ~ **temperature** temperatura media *(f.)*, 2

available disponible, 6

avoid evitar, 7, 8

award entregar, premiar, 12

aware consciente; **to become** ~ tomar conciencia, 9

B

baby boy/girl bebé *(m., f.)*, 5; niño/a *(m., f.)*, 5

bacillus bacilo *(m.)*, 8

back espalda *(f.)*, 5; ~ **door** puerta de atrás *(f.)*, 8

backpack mochila *(f.)*, 1

backwards al revés, 12

bad malo/a, 1; mal *(adv.)*, 7; ~ **luck** mala suerte *(f.)*, 3; **it's** ~ es malo, 8

bag bolsa *(f.)*, 7, 8

bake hornear, 9

baked al horno, 8; ~ **clay** barro cocido *(m.)*, 9

balcony balcón *(m.)*, 2

ball balón *(m.)*, 6; pelota *(f.)*, 6

ballad balada *(f.)*, 6

balm bálsamo *(m.)*, 8

banana plátano *(m.)*, 3; banano *(m.)*, 8; ~ **tree** platanera *(f.)*, 9

band conjunto *(m.)*, 6

bank banco *(m.)*, 2

barbecue churrasco *(m.)*, 8

bargain regatear, 8

bark ladrar, 5

Baroque barroco/a, 2

baseball béisbol *(m.)*, 6

based basado/a, 9

basement sótano *(m.)*, 3

basin cuenca *(f.)*, 8

basketball básquetbol *(m.)*, baloncesto *(m.)*, 6

Basque vasco/a, 4

bat *(sports)* bate *(m.)*, 6; murciélago *(m.)*, 12

bathing suit traje de baño *(m.)*, 2

bathroom cuarto de baño *(m.)*, 2

bathtub bañera *(f.)*, 2

battery batería, pila *(f.)*, 7

bay bahía *(f.)*, 6

be ser, 1; estar, 2; ~ **able to** poder (ue), 3; ~ **about** tratar de, 11; ~ **afraid (of)** tener miedo (de), 2; ~ **against** estar en contra, 10; ~ **allergic to . . .** ser alérgico/a a..., tener alergia a, 8; ~ **an adult** ser adulto, 5; ~ **angry** estar enojado/a, 8; ~ **appetizing** apetecer (zc), 7; ~ **astonished** asombrarse, 11; ~ **aware** tomar conciencia, 9; ~ **born** nacer (zc), 5; ~ **careful** tener cuidado, 7; ~ **cleared of blame** salir limpio, 12; ~ **cold** tener frío, 2; ~ **divorced** estar divorciado/a, 5; ~ **dizzy** estar mareado/a, 8; ~ **familiar with** conocer (zc), 2; ~ **happy** alegrarse 5, 8; estar contento/a de, 8; ~ **hot** tener calor, 2; ~ **hungry** tener hambre, 2; ~ **in a hurry** tener prisa, 2; ~ **in charge of** estar a cargo de, 7, 11; ~ **in danger** estar en peligro, 2; ~ **in good/bad health** tener buena/mala salud, 8; ~ **in love** estar enamorado/a, 5; ~ **in style** estar de moda, 7; ~ **in the way** estorbar, 9; ~ **jealous** tener celos, 5; ~ **late** estar atrasado/a, 4; ~ **left over** quedar, 7; ~ **left (to do)** faltar, 4; ~ **married** estar casado/a, 5; ~ **mistaken** equivocarse, 6; ~ **nauseous** tener náuseas, estar mareado/a, 8; ~ **of concern** importar, 4; ~ **of interest** interesar, 4; ~ **older** ser mayor, 5; ~ **on time** estar a tiempo, 5; ~ **one's turn to** tocarle a uno/a, 11; ~ **pregnant** estar embarazada, 8; ~ **quiet** callarse, 11; ~ **ready** estar listo/a, 3; ~ **right** tener razón, 2; ~ **separated** estar separado/a, 5; ~ **single** ser soltero/a, 5; ~ **sleepy** tener sueño, 2; ~ **sorry** sentir (ie, i), lamentar, 8; ~ **successful** tener éxito, 11; ~ **thirsty** tener sed, 2; ~ **unsure** no estar seguro/a, 8; ~ **worth** valer, 11; ~ **worthwhile** valer la pena, 5; ~ **wrong** estar equivocado/a, 6; ~ **. . . years old** tener ... años, 2; ~ **younger** ser menor, 5

beach playa *(f.)*, 2

beachball balón *(m.)*, 5

bean frijol *(m.)*, grano *(m.)*, 8

bear oso *(m.)*, 9

beat batir, 9

beautiful bello/a, 10; **very** ~ bellísimo/a, 5

beauty belleza *(f.)*, 5

because porque; ~ **of** debido a, 3

become ponerse, 6; ~ **+** *profession* hacerse **+** *profession*, 5; ~ **aware of** darse cuenta de, 6; ~ **happy** alegrarse, 6

bed cama *(f.)*, 1, 3

bedroom dormitorio *(m.)*, alcoba *(f.)*, 2

beef carne de vaca (res) *(f.)*, 3

beep (the horn) pitar, 7

beer cerveza *(f.)*, 3

before antes de, 4; antes (de) que, 9

beg rogar (ue), 4, 7; suplicar, 9

begin comenzar (ie), empezar (ie), 3

behavior comportamiento *(m.)*, 9

behind detrás de, 4

believe creer, 1

bellhop botones *(m.)*, 3

belong to pertenecer (zc), 12

below debajo de, 4

belt correa *(f.)*, 10; **leather** ~ cinturón de cuero *(m.)*, 7

beside al lado de, 4

besides además de, 3

bet apuesta *(f.)*, 5

betray engañar, 6; traicionar, 9

betrayal traición *(f.)*, 10

better mejor, 3, 7

between entre, 4

big grande, 1; amplio/a, 2

bike bicicleta *(f.)*, 3

biking ciclismo *(m.)*, 6

bill cuenta *(f.)*, 3; billete *(m.)*, 8

biology biología *(f.)*, 1

bird pájaro *(m.)*, 9; ave (el) *(f.)*, 7

birth parto *(m.)*; nacimiento *(m.)*, 10

birthday cumpleaños *(m.)*, 1

bite morder (ue), 5

bitter amargo/a, 3

black negro/a, 1; ~ **and white** en blanco y negro, 10; ~ **pepper** pimienta *(f.)*, 3

blackboard pizarra *(f.)*, 1

blazer saco *(m.)*, 7

bleed sangrar, 8

blender licuadora *(f.)*, 9

block cuadra *(f.)*, manzana *(f.)*, 7

blood sangre *(f.)*, 8; ~ **pressure** presión sanguínea arterial *(f.)*, 8

bloom floración *(f.)*, 9; florecer (zc), 10

blond rubio/a, 1

blouse blusa *(f.)*, 7; **silk** ~ blusa de seda, 7

blow golpe *(m.)*, 10

blue azul, 1

board (the train) subir (al tren), 4

boarding house pensión *(f.)*, 1

boat barco *(m.)*, 3

boil hervir (ie, i), 9

Bolivian boliviano/a, P

bone hueso *(m.)*, 8

book libro *(m.)*, 1

bookbag mochila *(f.)*, 1

bookmark separador *(m.)*, indicador *(m.)*, sitio favorito *(m.)*, 10

bookshelf estante *(m.)*, 1

bookstore librería *(f.)*, 2, 7

boots botas *(f. pl.)*, 2

border borde *(m.)*, 3; límite *(m.)*, 7

boring aburrido/a, 1

borrow pedir (i, i) prestado, 8

borrowing préstamo *(m.)*, 11
boss jefe/a *(m., f.)*, 4
both ambos/as *(m., f.)*, 6
bother molestar, 4, 8
bounce rebotar, 12
bound sometido/a, 11
bowl vasija *(f.)*, 10
box caja *(f.)*; **sealed ~** urna sellada *(f.)*, 11
boxing boxeo *(m.)*, 6
boy chico *(m.)*, 1; muchacho, *(m.)*, niño *(m.)*, 5
boyfriend novio *(m.)*, 1
bracelet pulsera *(f.)*, 8
braid trenza *(f.)*, 7
brain cerebro *(m.)*, 8
brake freno *(m.)*, 7
bravery valentía *(f.)*, 9
Brazilian brasileño/a, P
bread pan *(m.)*, 3; **~ bakery** panadería *(f.)*, 3
break descomponerse, 5; quebrar (ie), romper, 7; **~ (one's arm)** romper(se) (el brazo) 8; **~ up with** romper con, 7
breakfast desayuno *(m.)*, 3; **to have ~** desayunar, 3; **with ~** con desayuno, 3; **with ~ and lunch** con media pensión, 3
breast (of a bird) pechuga *(f.)*, 8
breathe respirar, 8
brick ladrillo *(m.)*, 2
bridge puente *(m.)*, 11
briefcase maletín *(m.)*, 1
bring traer, 2; **~ good luck** traer buena suerte 10
broadcasting station emisora *(f.)*, 11
broccoli brócoli *(m.)*, 8
brochure folleto *(m.)*, 4
broiled asado/a, 9
broiler asador *(m.)*, 9
broken roto/a, 9
bronze bronce *(m.)*, 10
brooch prendedor *(m.)*, 8
broom escoba *(f.)*, 9
brother hermano *(m.)*, 1, 5; **~ in-law** cuñado *(m.)*, 5
brought traído/a, 9
brown café, marrón, 1
browser navegador *(m.)*, 1
brush cepillarse, 3; pincel *(m.)*, 10
bucket cubeta *(f.)*, 7
buckle up (seat belt) abrocharse (el cinturón), 7
buddy compadre *(m.)*, 11
budget presupuesto *(m.)*, 8
build construir, 10; **~ sand castles** hacer castillos de arena, 5
builder constructor/a *(m., f.)*, 12
building edificio *(m.)*, 2
bureau aparador *(m.)*, 9
burn quemar, 9
bus autobús *(m.)*, 3; **~ stop** parada de autobús *(f.)*, 2

bush arbusto *(m.)*, 8
business negocio *(m.)*, 4, 6
businessman/woman hombre/mujer de negocios *(m., f.)*, 6
busy ocupado/a, 7
but pero, 10; sino, 10
butter mantequilla *(f.)*, 8
butterfly mariposa *(f.)*, 9
button botón *(m.)*, 6
buy comprar 1
by por, para, 6; **~ hand** a mano, 10; **~ mail** por correo, 8; **~ means of** a través de, 6; **~ the way** a propósito, 7

C

cabbage repollo *(m.)*, 8
cabinet gabinete *(m.)*, estantería *(f.)*, 9
cable cable *(m.)*, 11; **~ TV** televisión (cadena) de cable *(f.)*, 11
cadaver cadáver *(m.)*, 1
cake bizcocho, pastel *(m.)*, 3
calabash calabaza *(f.)*, 12
calculator calculadora *(f.)*, 1
calendar calendario *(m.)*, 1
call llamar, 1
calm calmado/a, 2; **~ down** cálmate, 3; tranquilízate, 10
calorie caloría *(f.)*, 8
camera cámara *(f.)*, 10
campaign campaña *(f.)*, 9
Canadian canadiense *(m., f.)*, P
canary canario *(m.)*, 5; **the ~ Islands** Las Canarias *(f. pl.)*, 11
candle vela *(f.)*, 3, 8
canyon cañón *(m.)*, 7
cap gorra *(f.)*, 2, 6
capable capaz, 12
capsule cápsula *(f.)*, 8
car coche *(m.)*, 3; auto(móvil) *(m.)*, carro *(m.)*, 7
careful cuidadoso/a; **to be ~** tener cuidado, 7
carnation clavel *(m.)*, 9
carnival Carnaval *(m.)*, 10
carpet tapete *(m.)*, 8
carpenter carpintero/a *(m., f.)*, 5
carrot zanahoria *(f.)*, 3
carry llevar, 1
cash moneda en efectivo *(f.)*, 8
cashier caja *(f.)*, 8; cajero/a *(m., f.)*, 8
cast yeso *(m.)*, 8
cat gato/a *(m., f.)*, 5
Catalan catalán/ana, 4
catastrophe catástrofe *(f.)*, 10
catchy pegajoso/a, 6
cattle ganado *(m.)*, 8
cave caverna *(f.)*, 10
cayman caimán *(m.)*, 9
cedar cedro *(m.)*, 9
celebrate celebrar, festejar, 10

celery apio *(m.)*, 3
central zone zona central *(f.)*, 12
century siglo *(m.)*, 8, 11
ceramics cerámica *(f.)*, 10
ceremony ceremonia *(f.)*, 10
certain cierto/a, 8; **it's not ~** no es cierto, 8
certainty certeza *(f.)*, 8
chain cadena *(f.)*, 8, 11
chair silla *(f.)*, 1
chalk tiza *(f.)*, 1
chalkboard pizarra *(f.)*, 1
challenge desafiar, 11
change cambio *(m.)*, 8
channel cadena *(f.)*, el canal *(m.)*, 11
chapel capilla *(f.)*, 2
charge cobrar, 7, 8; **~ up one's batteries** ponerse las pilas, 11
check cuenta *(f.)*, 3; revisar, 8; **certified ~** cheque certificado *(m.)*, 8; **~ in luggage** facturar el equipaje, 5
checking account cuenta corriente *(f.)*, 8
cheese queso *(m.)*, 3
chef cocinero/a *(m., f.)*, 5
chemist químico/a *(m., f.)*, 5
chemistry química *(f.)*, 1
chest pecho *(m.)*, 5; **~ of drawers** cómoda *(f.)*, 9
chicken pollo *(m.)*, 3; **~ and meat soup** sancocho *(m.)*, 7
chickpeas garbanzos *(m. pl.)*, 9
child niño/a *(m., f.)*, 1, 5; chico/a *(m., f.)*, 5
childhood niñez *(f.)*, 5
children niños *(m. pl.)*, 1
Chilean chileno/a, P
Chinese chino/a, P; *(lang.)* chino *(m.)*, 1
chip tostadita *(f.)*, 9
chocolate chocolate, cacao *(m.)*, 12
chop picar, 9
chores quehaceres *(m. pl.)*, 9
chorus coro *(m.)*, 10
Christmas Navidad *(f.)*, 10; **~ Eve** Nochebuena *(f.)*, 10
chronicle crónica *(f.)*, 11
church iglesia *(f.)*, 2
city ciudad *(f.)*, 2; **~ square** plaza *(f.)*, 2, zócalo *(m.)*, *(Mex.)* 2
clarinet clarinete *(m.)*, 6
class clase *(f.)*, 1; **coach ~** clase turística *(f.)*, 5
classic art arte clásico *(m.)*, 10
classmate compañero/a de clase *(m., f.)*, 1
classroom sala de clase *(f.)*, 1
clay barro *(m.)*, 9, 10; arcilla *(f.)*, 10; **baked/glazed ~** barro cocido/vidriado *(m.)*, 9
clean (the room) ordenar (el cuarto), 9
clear (up) aclarar, 11; **it's ~** está despejado, 2; **that's ~** eso sí que está claro, 3

clerk dependiente (*m., f.*), 7
clever ingenioso/a, 10
click with the mouse (computer) presionar, pulsar, hacer clic, 6
climate clima (*m.*), 1
climb subir, 1
clock reloj (*m.*), 1, 8
close cerrar (ie), 3, 6; ~ **to** cerca de, junto a, 4
closed cerrado/a, 3
closet ropero (*m.*), armario (*m.*), 2
cloth paño (*m.*), 7
clothes dryer secadora (*f.*), 9
clothing ropa (*f.*), 3
cloud nube (*f.*), 8
cloudy nublado; **it's ~** está nublado, 2
club palo (*m.*), 6
clue pista (*f.*); **I haven't got a ~** ni idea, 4
coach class clase turística (*f.*), 5
coast costa (*f.*), 7; litoral (*m.*), 8
coat abrigo (*m.*), 2, 7
codex códice (*m.*), 2, 12
coffee café (*m.*), 3; ~ **maker** cafetera (*f.*), 9; ~ **table** mesita (*f.*), 9
coincidence casualidad (*f.*), 11
cold catarro (*m.*), 8; **it's ~** hace frío, 2; **to have a ~** tener catarro/resfrío, 8; estar resfriado/a, 8; **to be ~** tener frío, 2
collector coleccionista (*m., f.*), 10, 11
Colombian colombiano/a, P
color en color(es), 10; **primary ~** color primario (*m.*), 10; **secondary ~** color secundario (*m.*), 10
column columna (*f.*), 11
comb one's hair peinarse, 3
combine unir, 6
come venir, 2; ~ **a long way** recorrer mucho camino, 12; ~ **back** volver (ue), 3; ~ **near/close** avecinar, arrimarse, 11
comedy película cómica, 11
comfort consolar (ue), 6; comodidad (*f.*), 6
comission comisión (*f.*), 8
commemorate conmemorar 10
commemoration conmemoración (*f.*), 10
commentator comentador/a (*m., f.*), 11
common común, 12
commuter train tren interurbano (*m.*), 4
compact disc disco compacto (*m.*), 6
company compañía (*f.*), empresa (*f.*), 6
complain quejarse, 5
complete terminar, 1
compose componer, 10
composition composición (*f.*), 10
compromised comprometido/a, 12
computer computadora (*f.*), 1; ~ **file** archivo (*m.*), 6; ~ **programmer** programador/a de computadoras (*m., f.*), 5
concentrate concentrarse, 5
concert concierto (*m.*), 10
concierge conserje (*m., f.*), 3

conceived engendrado/a, 10
conclude concluir, 7
condor cóndor (*m.*), 9
conference congreso (*m.*), 3; ~ **room** salón de conferencias (*m.*), 3
confirmation confirmación (*f.*), 3; **Here is my ~** Aquí tiene mi confirmación, 3
confront enfrentar, 11
conjugate conjugar, 3
connect enlazar, 3
connection lazo (*m.*), 12
conquer vencer, 12
conquest conquista (*f.*), 12
consequences consecuencias (*f. pl.*), 9
conserve conservar, 9
construct construir, 10
Construction En obras, 7
consume consumir, 8
consumption consumo (*m.*), 9, 11
contaminate contaminar, 9
contemporary art arte contemporáneo (*m.*), 10
content contento/a, 2; contenido (*m.*), 11
contest concurso (*m.*), 5
contour orografía (*f.*), 3
contrast contraste (*m.*), 10
convenient conveniente, 1
conventional tradicional, 1
convert convertir (ie, i), 11
cook cocinar, 9; cocinero/a (*m., f.*), 5
cooked cocido/a, 8
cookie galleta (*f.*), 3
cooking cocina (*f.*), 2; **tasty ~** buena sazón (*f.*), 9
cool enfriar, 9; **it's ~** hace fresco, 2
copper cobre (*m.*), 8
copy copiar, 6
cordless inalámbrico/a, 6
corn maíz (*m.*), 9; ~ **on the cob** mazorca (*f.*), elote (*m.*) (*Mex.*), 9
corner esquina (*f.*), 7; rincón (*m.*), 11
corrected corregido/a, 12
cosmetics cosméticos (*m. pl.*), 7
cost costar (ue), 3; **How much does it ~?** ¿Cuánto cuesta/vale?, 8; **How much does . . . ~?** ¿Cuánto cuesta...?, 8
Costa Rican costarricense (*m., f.*), P
costume disfraz (*m.*), 10; ~ **jewelry** joyas de fantasía (*f. pl.*), 8
cotton shirt camisa de algodón (*f.*), 7
cough toser, 8
counsel aconsejar, 7
counselor consejero/a (*m., f.*), 5
count contar (ue), 3; ~ **on** contar con, 7
counter mostrador (*m.*), 5, 9
country patria (*f.*), 11
countryside campo (*m.*), 7
court cancha (*f.*), 6
courtship noviazgo (*m.*), 3
cousin primo/a (*m., f.*), 5

cover cubrir, 7; tapar, 9
covered tapado/a, 5; cubierto/a, 7, 9
cowboy/girl vaquero/a, 7; ~ **boots** botas de vaquero (*f. pl.*), 7
crab cangrejo (*m.*), 3
crafts artesanía (*f.*), 10
crash choque (*m.*), 7
create crear, 10
creator realizador/a (*m., f.*), 11
credit card tarjeta de crédito (*f.*), 2, 3
crime crimen (*m.*), 11
criticism crítica (*f.*), 11
criticize criticar, 11
critique reseña (*f.*), 11
cross cruzar, 7; cruz (*f.*), 10
crossed cruzado/a, 5
crown corona (*f.*), 12
Cuban cubano/a, P; ~ **American** cubanoamericano/a, P
cucumber pepino (*m.*), 3
cuisine cocina (*f.*), 3
cultivate cultivar, 12
cultural group grupo cultural (*m.*), 12
cup taza (*f.*), 3
cure curar, 8; cura (*f.*), 11
current actual, 12
currently actualmente, 10
curtains cortinas (*f. pl.*), 9
custom costumbre (*f.*), 3
customer cliente (*m., f.*), 7
customs aduana (*f.*), 5; ~ **agent** aduanero/a (*m., f.*), 5
cut cortar, 9
cyberspace surfer cibernauta, internauta (*m., f.*), 3

D

daily diariamente, 8
daisy margarita (*f.*), 9
dam represa (*f.*), 8
damage dañar, 7
dance bailar, 1, 6
dancer bailarín/ina (*m., f.*), 6
danger peligro (*m.*), 3, 12; **to be in ~** estar en peligro, 2
Dangerous curve Curva peligrosa, 7
dare atreverse, 9
dark oscuro/a, 10; ~ **complexioned** moreno/a, 1
darkness oscuridad (*f.*), 12
Darn! ¡Diablos! 8
data datos (*m. pl.*), 11
date fecha (*f.*), 1
daughter hija (*f.*), 5; ~ **in-law** nuera (*f.*), 5
dawn amanecer (*m.*), 8
day día (*m.*), 1; **the ~ before** víspera (*f.*), 10; **the ~ before yesterday** anteayer, 4
dazzle deslumbrar, 7
dead muerto/a, 9; **to be ~** estar muerto/a

deal with tratar de, 11
dean decano/a (*m., f.*), 7
dear querido/a, 3
death muerte (*f.*), 3, 11
debt deuda (*f.*), 12
deceit engaño (*m.*), 10
deceive engañar, 8
deceived engañado/a, 9
December diciembre, 1
deception engaño (*m.*), 12
decide decidir, 1
decoration adorno (*m.*), 10
dedicate dedicarse, 5
deed hecho (*m.*), 7, 12
deep hondo, 9
defeat vencer, 12
degree (centigrade/Celsius) grado (centígrado/Celsio) (*m.*), 2; punto (*m.*), 8; **in some ~** hacia cierto punto
delay demora (*f.*), 4
delicious rico/a, 3; sabroso/a, 3, 9
delight encantar, 4; delicia (*f.*), 11
delinquency delincuencia (*f.*), 11
delivery parto (*m.*), 9
dentist dentista (*m., f.*), 5
deny negar (ie), 8
depart (with destination to) salir (con destino a), 4
department store almacén (*m.*), 7
departure salida (*f.*), 4; **~ gate** puerta de salida (*f.*), 5
depend (on) depender (de), 2
dependent dependiente, 1
deposit (money) depositar (dinero), 8
depressed deprimido/a, 2
depression depresión (*f.*), 11
deputy diputado/a, 12
descendant descendiente (*m., f.*), 12
describe describir, 1
described descrito/a, 10
deserve merecer (zc), 9, 11
design diseño (*m.*), 6; diseñar, 10
designed diseñado/a, 2
desired deseado/a, 6
desk escritorio (*m.*), 1
despair desesperarse, 11
desperation desesperación (*f.*), 5
dessert postre (*m.*), 3
detail detalle (*m.*), 10
deterioration deterioro (*m.*), 9
detonate (a bomb) detonar, 6
detour desviarse, 9
devastating devastador/a, 7
developed desarrollado/a, 12
development desarrollo (*m.*), 12
device dispositivo (*m.*), 6
devote oneself dedicarse, 5
diagram plano (*m.*), 9
diamond diamante (*m.*), 8
die morir (ue), 3
died muerto, 9
diet dieta (*f.*), 8

difficult difícil, 1
digital digital, 6; **~ audio** audio digital (*m.*), 6; **~ image** imagen digital (*f.*), 9; **~ music** archivos MIDI (*m. pl.*), 6; **~ sound** sonido digital (*m.*), 6; **~ video/movies** video digital (*m.*), 6
dimension dimensión (*f.*), 10
dining room comedor (*m.*), 2
dinner cena (*f.*), comida (*f.*), 3; **to have ~** cenar, 3
directory directorio (*m.*), 6
dirty sucio/a, 4
disappear desaparecer (zc), 7
disappeared desaparecido/a, 12
disappointed desilusionado/a, 2
discarded desechado/a, 9
discotheque discoteca (*f.*), 2
discount descuento (*m.*), 3; ganga (*f.*), oferta (*f.*), 7; rebaja (*f.*), 8
discourage descorazonar, 12
discover descubrir, 1
discovered descubierto/a, 9
dish plato (*m.*), 3
dishwasher lavaplatos (*m.*), 9
dislike (a person) caer mal, 4
disorganized desorganizado/a, 1
dispel alejar, 10
display case mostrador (*m.*), escaparete (*m.*), 7
distinguish distinguir, 12
disturbing inquietante, 10
divorced divorciado/a; **to be ~** estar divorciado/a, 5
dizziness mareo (*m.*), 8
dizzy mareado/a; **to be ~** estar mareado/a, 8
do hacer, 2; realizar, 12
doctor doctor/a (*m., f.*), 1, 5; médico/a (*m., f.*), 5
document documento (*m.*), 6
documentary documental (*m.*), 11
dog perro/a (*m., f.*), 5
dolphin delfín (*m.*), 9
Dominican dominicano/a, P, 5
done hecho, 9
donkey burro (*m.*), 9
door puerta (*f.*), 7
dormitory residencia (*f.*), 1
dot punto (*m.*), 5
double duplicarse, 6
doubt dudar, 8
doubtful dudoso/a; **it's ~** es dudoso, 8
dove paloma (*f.*), 9
dragon tree dragón (*m.*), 9
dramatic dramático/a, 11
draw dibujar, 10
drawer dibujante (*m., f.*), 10
drawing dibujo (*m.*), 10
dream sueño (*m.*), 1, 3
dress vestir (i, i), 6; vestido (*m.*), 7
drink beber, 1; bebida (*f.*), 3
drive conducir 2, 7; manejar, 7

driver conductor/a (*m., f.*), 7
driver's license licencia de manejar (*f.*), 7
drizzle llovizna (*f.*); **it's drizzling** llovizna, 2
drought sequía (*f.*), 9
drug droga; **~ addiction** drogadicción (*f.*), 11; **~ trafficking** tráfico de drogas (*m.*), 11
drum tambor (*m.*), 6; **~ set** batería (*f.*), 6
drunk borracho/a, 2; bebido/a, 7
dry secar, 9; **~ cleaners** tintorería (*f.*), 7; **~ off** secarse, 3
duck pato/a (*m., f.*), 9
during durante, 4
dust (the furniture) sacudir (los muebles), 9
dwelling domicilio (*m.*), 4

E

E-mail correo electrónico (*m.*), 6
each cada, 4; **~ other** el uno al otro, 6
eagle (el) águila (*f.*), 9
ear oreja (*f.*), 5
earring arete (*m.*), 8; pendiente (*m.*), 8
earth tierra (*f.*), 8, 12
earthly terrestre, 6
earthquake terremoto (*m.*), 3, 12
ease (pain or symptoms) aliviar, 8
easily fácilmente, 3; hábilmente, 6
east este (*m.*), 4
Easter Pascua (*f.*), 10; **~ bunny** conejito de Pascua (*m.*), 10
eastern oriental, 7
eat comer, 1
echinacea girasol rojo (*m.*), 8
economical económico/a, 4
economics economía (*f.*), 1
Ecuadorian ecuatoriano/a, P
editor editor/a (*m., f.*), 5
edge orilla (*f.*), 7
educational program programa educativo (*m.*), 11
effort esfuerzo (*m.*), 10
egg huevo (*m.*), 3; **scrambled eggs** revoltillo (*m.*), 8
egotistic egoísta, 1
eighth octavo/a, 4
either tampoco, 3; **~ ... or** (o)... o, 3
election elección (*f.*), 1
electric eléctrico/a, 8; **~ appliance** electrodoméstico (*m.*), 9
electrician electricista (*m., f.*), 5
elegant elegante, 1
elephant elefante/a (*m., f.*), 9
elevator ascensor (*m.*), 3
eliminate evitar, 9
embroidery bordado (*m.*), 7
emerald esmeralda (*f.*), 8
emergency room sala de emergencia (*f.*), 8

emit emitir, 8
emotional emocional, 1
empire imperio (*m.*), 12
employee empleado/a (*m., f.*), 5
employment empleo (*m.*), 11
empty vacío/a, 7
enchant encantar, 4
encounter encuentro (*m.*), 12
endorse endosar, 8
energy energía (*f.*), 9
engineer ingeniero/a (*m., f.*), 5
engineering ingeniería (*f.*), 1
English inglés/esa, P; (*lang.*), inglés (*m.*), 1
enjoy disfrutar, 3; gozar 4, 6; **~ oneself** divertirse (ie, i), 3
enjoyable divertido/a, 1
enter entrar; **Do not ~** No hay paso, 7
entertaining entretenido/a, 10
entertainment entretenimiento (*m.*), 8, 11
enthusiastic entusiasmado/a, 2
entree entrada (*f.*), 3
environment medio ambiente (*m.*), 9
equal equivaler, 3
equipment maquinaria (*f.*), 6
eraser borrador (*m.*), 1
essay ensayo (*m.*), 5
essential esencial; **it's ~** es esencial, 7
estuary estuario (*m.*), 8
ethnic étnico/a, 12
evaluation evaluación (*f.*), 6
event evento (*m.*), 10; acontecimiento (*m.*), 11
every day todos los días, 3
everything todo, 3
evident evidente, 1; **it's ~** es evidente, 8
evil maldad (*f.*), 9; males (*m. pl.*), 10
exactly on the hour en punto, 1
exam prueba (*f.*), 8
examine revisar, 8
excellent excelente, 1
exceptional fuera de serie, 12
exchange cambiar, 8; cambio (*m.*), 8; **I want to ~ it for another** Quiero cambiarlo/la por otro/a, 7; **Where can I ~ money?** ¿Dónde puedo cambiar el dinero?, 3
excuse me con permiso, P
execute ejecutar, 12
exercise hacer ejercicio 1; ejercicio (*m.*), 8
exhaust agotar, 9
exhibition exhibición (*f.*), 10
existence existencia (*f.*), 9
expense gasto (*m.*), 8
expensive caro/a, 2
expert perito/a (*m., f.*), 9
explain explicar, 4
expansion ampliación (*f.*), 3
exploit explotar, 9
exploration exploración (*f.*), 12
expose exponer, 10
exposed expuesto/a, 9

expressway autopista (*f.*), 3
eye ojo (*m.*), 5

F

face cara (*f.*), 3, 5
factory fábrica (*f.*), 6
faculty profesorado (*m.*), 1
fail fallar, 9; fracasar, 11
failure falla (*f.*), 10
fair feria (*f.*); **World's ~** exposición mundial (*f.*), 10
faith fe (*f.*), 9
faithful fiel, 7
fake fingir, 9
fall caerse, 6; caer, 7; caída (*f.*), 10; **~ asleep** dormirse (ue), 3, 6; **~ in love with** enamorarse (de), 5, 6; **~ in the trap** caer en la trampa, 11
Falling Rock Derrumbe, 7
false falso/a, 4
family (*adj.*) familiar; familia (*f.*), 5; **~ member** pariente (*m., f.*), 5
fan aficionado/a (*m., f.*), 6
far from lejos de, 4
farewell despedida (*f.*), 6
farm finca (*f.*), 9
fascinate fascinar, 4
fascinating fascinante, 1
fast rápido, 1
fat gordo/a, 1; grasa (*f.*), 8
father padre (*m.*), 1, 5; **~ in-law** suegro/a (*m.*), 5
faucet llave (*f.*), grifo (*m.*), 9
fault culpa (f.); **it's not your ~** no es culpa tuya, 3
fear temer, 8
fearful temible, 7
feature film largometraje (*m.*), 11
February febrero, 1
feel sentirse (ie, i), 3; **~ like (doing something)** tener ganas de (+*inf.*), 2
feet pies (*m. pl.*), 3
fertility fertilidad (*f.*), 10
field cancha (*f.*), 8
fifth quinto/a, 4
fight pleito (*m.*), 6
figure figura (*f.*), 10; **small figures** figuritas (*f. pl.*), 10
file archivo (*m.*), 6
finally por fin, 3; finalmente, por último, 5
financial aid ayuda financiera (*f.*), 8
find encontrar (ue) 2, 3; hallar, 10; hallazgo (*m.*), 12; **~ out** averiguar, 4, 11, 12; saber (in the preterite), 5
finger dedo (*m.*), 5
finish acabar, terminar, 1, 6
fire despedir (i), 6; **~ fighter** bombero/a (*m., f.*), 5
fireworks fuegos artificiales (*m. pl.*), 10

first primer/o/a, 3, 4; **~ day of the month** el primero (*m.*), 1; **~ of all** primero que todo, 5
fish pescado (*m.*), 3; pescar, 4; ir de pesca, 5; **~ market** pescadería (*f.*), 3
fits queda; **it ~ you well/poorly** te/le queda bien/mal, 7
fix arreglar, 5
flag bandera (*f.*), 10
flamingo flamenco (*m.*), 9
flat tire llanta pinchada (*f.*), 7
flattened achatado/a, 7
flight vuelo (*m.*), 4; **~ attendant** aeromozo/a (*m., f.*), 5
floor piso (*m.*), 2
florist florería (*f.*), 7
flourish gracia (*f.*), 5
flower vase florero (*m.*), 1
flu gripe (*f.*), 8
flute flauta (*f.*), 6
fly mosca (*f.*), 3
focus foco (*m.*), 11
fold bolero (*m.*), 9
folder carpeta (*f.*), 1
folk art artesanías (*f. pl.*), 8
folklore folclor (*m.*), 10
folkloric folclórico/a, 10
follow seguir (i, i), perseguir (i, i), 3
food comida (*f.*), 3; **~ group** grupo de alimentos (*m.*), 8; **~ processor** procesador de comidas (*m.*), 9; **~ pyramid** pirámide de la alimentación (*f.*), 8
foot pie (*m.*), 5; **on ~** a pie, 3
football fútbol americano (*m.*), 6
for por, para, a, 4; **~ example** por ejemplo, 6
foreign extranjero/a, 3
forest bosque (*m.*), 7, 9
forge forjar, 8
forget olvidar, 7; **~ it** olvídelo, 4
forgive disculpar, 9
fork tenedor (*m.*), 3
form forma (*f.*), 10
formula fórmula (*f.*), 1
formulate a query formular una consulta/una búsqueda, 8
fortify fortalecer (zc), 12
found fundar, 12
fourth cuarto/a, 4
fox zorro (*m.*), 9
fracture fractura (*f.*), 8
fractured fracturado/a, 8
frame marco (*m.*), 10
free gratuito/a, 3; libre, 4; **~ associated state** estado libre asociado (*m.*), 5; **~ rein** rienda suelta (*f.*), 11; **~ time** ocio (*m.*), 11
freezer congelador (*m.*), 9
freezing helado/a, 7
French francés/esa, P; (*lang.*) francés (*m.*), 1
Friday viernes (*m.*), 1

fried frito/a, 9; **~ plantains** tostones *(m. pl.)*, 5
friend amigo/a *(m., f.)*, 1, 5
friendly amable, simpático/a, 1
frightened asustado/a, 4
frightening espantoso/a, 4
from de, desde, 4; **~ here** desde aquí 3; **~ time to time** de vez en cuando, 11
frozen helado/a, 7
fruit fruta *(f.)*, 3; **~ stand** frutería *(f.)*, 3
fry freír (i), 9
frying pan sartén *(f.)*, 9
fuel combustible *(m.)*, 9
fulfill cumplir, 8, 9
full-time tiempo completo, 6
fun divertido/a; **to have ~** divertirse (ie), 6
funny cómico/a, 1, 11

G

Gallician gallego/a, 4
game partido *(m.)*, 6
garbage basura *(f.)*, 9
garden jardín *(m.)*, 2
gardener jardinero/a *(m., f.)*, 5, 9
garment prenda *(f.)*, 7
gas/gasoline gasolina *(f.)*, 7; **~ pedal** acelerador *(m.)*, 7; **~ tank** tanque de gasolina *(m.)*, 7
generally generalmente, 5
generation generación *(f.)*, 11
generous generoso/a, 1
gentleman señor *(m.)*, 1
German alemán/ana, P; *(lang.)* alemán *(m.)*, 1
get conseguir (i), 3; **~ a sunburn** quemarse, 5; **~ a tan** broncearse, 5; **~ along** llevarse bien, 5; **~ angry** enojarse, 6; **~ better** aliviarse, mejorarse, 8; **~ down (from)** bajar (de), 4; **~ dressed** vestirse (i) 3, 6; **~ married** casarse (con)., 5; **~ rid of** deshacerse de, 4; **~ sick** enfermarse, 6, 8; **~ up** levantarse, 3, 6; **~ upset** alterarse, 10; **~ washed** lavarse, 3; **~ worked up** inquietarse, 10;
giraffe jirafa *(f.)*, 9
girl chica, muchacha *(f.)*, 5
girlfriend novia *(f.)*, 1
give dar, 4; **~ a gift** regalar, 4; **~ in** rendirse (i, i), 7
glove guante *(m.)*, 2, 6, 7; **~ box** guantera *(f.)*, 7
glass vaso *(m.)*, 3
glazed clay barro vidriado *(m.)*, 9
glimpse vistazo *(m.)*, 12
go ir, 2; andar, 5; **~ away** irse, 3; **~ bicycling** montar en bicicleta, 5; **~ camping** acampar, 9; **~ down (a street)** bajar por, 7; **~ horseback riding**

montar a caballo, 5; **~ off** apagar(se), 9; **~ out** salir a, 2; **~ sailing** navegar en velero, 5; **~ shopping** ir de compras, 5, 7; **~ skindiving/snorkeling** bucear, 5; **~ straight** seguir (i) derecho/recto, 7; **~ through** surcar, 3; **~ to bed** acostarse (ue), 6; **~ up, climb** subir, 1, 7; **~ water skiing** hacer esquí acuático, 5
goal gol *(m.)*, 4; meta *(f.)*, 6
goat cabrito *(m.)*, 3; cabra *(f.)*, 9
godmother madrina *(f.)*, 9
godson/goddaughter ahijado/a *(m., f.)*, 9
going to ir a (+ *inf.*), 2
gold oro *(m.)*, 8
golden dorado/a, 10
good bueno/a, 1, 7; **~ spirit** buen espíritu *(m.)*, 10; **~ grief!** ¡Dios mío santo!, 10; **~ looking** guapo/a, 1; **it's ~** es bueno, 8
gossip ser chismoso/a, 10; dimes y diretes *(m. pl.)*, 11
grace gracia *(f.)*, 5
grade calificación *(f.)*, 6
grandfather/grandmother abuelo/a *(m., f.)*, 1, 5
grandson/granddaughter nieto/a *(m., f.)*, 5
grapes uvas *(f. pl.)*, 3
grapevine parra *(f.)*, 9
gray gris, 1
great grandfather/great grandmother bisabuelo/a *(m., f.)*, 5
greedy envidioso/a, 1
green verde, 1; **~ pepper** pimiento verde *(m.)*, 3; **leafy greens** vegetales de hoja *(m. pl.)*, 8
grill barbacoa *(f.)*, 9
grind moler (ue) 9; triturar, 9
ground suelo *(m.)*, 6
group grupo *(m.)*; **cultural ~** grupo cultural, 12
grow crecer (zc) (una persona), 5; cultivar (una planta), 7
guava guayaba *(f.)*, 5
Guatemalan guatemalteco/a, P
guess adivinar, 5; suponer, 12
guide guía *(m., f.)*, 4; **~ book** guía *(f.)*, 4
guilty culpable, 7
guitar guitarra *(f.)*, 6
gymnastics gimnasia *(f.)*, 6

H

habits hábitos *(m. pl.)*; **eating ~** hábitos alimenticios, 8
hair pelo *(m.)*, 3, 5; **~ dryer** secador de pelo *(m.)*, 9; **~stylist** peluquero/a *(m., f.)*, 5

half (hour) media, 1; mitad *(f.)*, 11
hallmark sello *(m.)*, 10
Halloween Día de las Brujas *(m.)*, 10
hall(way) pasillo *(m.)*, 2, 9
hand mano *(f.)*, 3, 5; **by ~** a mano, 10; **on the other ~** en cambio, 3
handcuffs esposas *(f. pl.)*, 11, 12
handy a la vista, 9
handsome guapo/a, 1
hang (up) colgar (ue) 6, 9, 10, 11
happen suceder, 5
happiness alegría *(f.)*, 5; felicidad *(f.)*, 9
happy alegre, 2; **to get ~** alegrarse, 5, 8; estar contento/a de, 8
hard duro/a, 10; **~ drive** disco duro *(m.)*, 6; **~ hit** golpe fuerte *(m.)*, 5; **~ roll** bollo *(m.)*, 3; **~ working** trabajador/a, 1
harm (someone) hacerle daño (a alguien), 6
harmonious armonioso/a, 9
hassle lío *(m.)*, 7
hat sombrero *(m.)*, 2
have tener, 2; **~ a picnic** hacer un picnic, 5; **~ a chill** tener escalofríos, 8; **~ a cold** tener catarro/resfrío 8; estar resfriado/a, 8; **~ a good time** divertirse (ie), 6; **~ a good trip!** ¡Que tenga(n) un buen viaje!, 4; **~ a large audience** estar muy concurrido/a, 12; **~ a nice trip** ¡Buen viaje!, ¡Feliz viaje!, 4; **~ an appetite** tener apetito, 8; **~ an opinion** opinar, 8; **~ breakfast** desayunarse, 3; **~ dinner** cenar, 3; **~ fun** divertirse (ie), 6; **~ just done** acabar de, 1; **~ lunch** almorzar (ue), 3; **~ no choice** no quedarle remedio a alguien, 12; **~ no clue** ni idea, 4; **~ pain** tener dolor, 8; **~ the flu** tener gripe, 8; **~ to** tener que, 2
head cabeza *(f.)*, 5
headboard espaldar *(m.)*, 9
headlights luces *(f. pl.)*, 7
headlines titulares *(m. pl.)*, 1
headphones audífonos *(m. pl.)*, 6
headrest apoyacabeza *(m.)*, 7
healer curandero/a *(m., f.)*, 8
health salud *(f.)*, 11
healthy sano/a, 8
heard oído/a, 9
heart corazón *(m.)*, 8
hearth hogar *(m.)*, 8
heat calefacción *(f.)*, 2; calentar (ie) 9
heaven cielo *(m.)*, 8
heavy pesado/a, 6; gordo/a, 10
height estatura *(f.)*, 3; altura *(f.)*, 8
helmet casco *(m.)*, 6
help ayudar 1; ayuda *(f.)*, 6; **How can/may I ~ you?** ¿En qué le(s) puedo servir/ayudar?, 3, 4, 7
hen gallina *(f.)*, 9

here aquí, 3
heritage herencia *(f.)*, 5, 7
Hey! ¡Oye!, 4
hidden guardado/a, 5
hide esconder, 4
hieroglyphics jeroglíficos *(m. pl.)*,12
high elevado/a, 11; **~ heeled shoes** zapatos de tacón alto *(m. pl.)*, 7; **~ plateau** altiplano *(m.)*, 7; **~ speed** de alta velocidad, 4
highest máximo/a, 9
highway carretera *(f.)*, **divided ~** carretera/autovía de doble calzada, 3
hill colina *(f.)*, 7
hint indirecta *(f.)*, 10
hip cadera, 6
historic histórico/a, 10
history historia *(f.)*, 1
hit pegar, 4, golpear, 11
HIV positive seropositivo/a, 11
home hogar *(m.)*, 10; **~ page** página principal, página inicial *(f.)*, 1
hommage homenaje *(m.)*, 10
Honduran hondureño/a, P
honest honesto/a, 1
honor honrar, 10
honors premios *(m. pl.)*, 6
hope esperar, 8; esperanza *(f.)*, 11; **I/Let's ~** Ojalá, 8
horn pito *(m.)*, 7
horror de horror *(adj.)*, 11
horse caballo *(m.)*, 9
host anfitrión/ona *(m., f.)*, 10
hot caliente, 9; **~ springs** aguas termales *(f. pl.)*, 5; **to be ~** tener calor, 2; **it's ~** hace calor, 9
house casa *(f.)*, 2
household manager administrador/a de hogar *(m., f.)*, 5
housewife (el) ama de casa *(f.)*, 5
How? ¿Cómo?, 1; **~ can/may I help you?** ¿En qué le(s) puedo servir/ayudar? 3, 4, 7; **~ do I get to . . . ?** ¿Cómo llego a…?, 7; **~ do you want to pay?** ¿Cómo quiere Ud. pagar?, 3; **~ does it fit me?** ¿Cómo me queda?, 7; **~ many?** ¿Cuántos/as?, 1; **~ much?** ¿Cuánto/a?, 1; **~ much does it cost?** ¿Cuánto vale?, ¿Cuánto cuesta?, 8; **~ much does . . . cost?** ¿Cuánto cuesta…?, 3; **~ much is it?** ¿Cuánto cuesta?, ¿Cuánto es?, 4
How frightening! ¡Qué nervios!, 11
hug abrazo *(m.)*, 5
human heritage patrimonio de la humanidad *(m.)*, 9
humble humilde, 8
hunger (el) hambre *(f.)*, 3
hungry hambriento/a; **to be ~** tener hambre, 2; **I am very ~** ¡Qué hambre!, ¡Tengo mucha hambre!, 3
hurt herir (ie, i), 6; doler (ue), 8

husband esposo *(m.)*, marido *(m.)*, 5
hymn himno *(m.)*, 10

I

ice hielo *(m.)*; **~ cream** helado *(m.)*, 3; **~ skating** patinaje sobre hielo *(m.)*, 6
idea idea, *(f.)*; **not even the least ~** ni la menor idea, 9
idealistic idealista, 1
identity identidad *(f.)*, 12
idiomatic expression expresión idiomática *(f.)*, 5
if si; **~ I put my mind to it** si me lo propongo, 12; **~ it weren't for you** si no fuera por ti, 9
ill mal, 7
illegal ilegal, 4
illness enfermedad *(f.)*, 8; **psychological ~** enfermedad (p)sicológica, 11
illustration ilustración *(f.)*, 10
illustrator dibujante *(m., f.)*, 10
immigration emigración *(f.)*, 5
immortal imperecedero/a, 11
impatiently impacientemente, 3
imperfect imperfecto/a, 1
important importante, 1; **it's ~** es importante, 7
imposing imponente, 12
impossible imposible, 8; **it's ~** es imposible, 8
impressive impresionante, 6
imprison encarcelar, 11
improvement mejora *(f.)*, 3
in en, 4; **~ accordance with** conforme a, 9; **~ addition to** además de, 12; **~ case** en caso (de) que, 9; **~ charge of** encargado/a de, 11; **~ fact** de hecho, 9; **~ front of** delante de, 4; **~ groups** en grupos, P; **~ honor of** en honor de, 10; **~ length** de largo, 5; **~ love** enamorado/a, 2; **~ no way** de ninguna manera, 8; **~ order that** a fin (de) que, 9; **~ order to** para, 4; para que, 9; **~ pairs** en parejas, P; **~ relationship to** en cuanto a, 9; **~ search of** en busca de, 11; **~ the center** en el centro, 3; **~ the (morning, afternoon, night)** por la (mañana, tarde, noche), 1; **~ the world** bajo los cielos, 5; **~ use** en uso, 2; **~ width** de ancho, 5
Incan incaico/a, 7
inch pulgada *(f.)*, 3
inconvenience incomodidad *(f.)*, 10
inconvenient inconveniente, 1
increase aumentar, 11
index indexar, 9
indigenous indígena, 5
inexpensive barato/a, 2
infection infección *(f.)*, 8
influence influir, 7

inhabited habitado/a, 12
injection inyección *(f.)*, 8
injure dañar, 7
inner ear oído *(m.)*, 8
inside of dentro de, 4
instrument equipo *(m.)*, 9
insufficient insuficiente, 1
intelligent inteligente, listo/a, 1
intend to pensar (ie) + *inf.*, 3
intensify avivar, 8
interest interesar, 4
interesting interesante, 1
international internacional, 1
Internet red *(f.)*, 1, Internet *(m.)*, 1; **~ domain** dominio Internet *(m.)*, 4; **~ guide** guía Internet *(f.)*, 2, 5; **~ surfer** internauta *(m., f.)*, 3
Intersection Intersección, 7
interview entrevista *(f.)*, 6
introduce presentar, 12
introduction presentación *(f.)*, P
introvert introvertido/a, 1
invention invención *(f.)*, 12
investigative de investigación, 11
investment inversión *(f.)*, 3
involve involucrar, 6
involved involucrado/a, 9
iron plancha *(f.)*, 9; **~ the clothes** planchar la ropa, 9
island isla *(f.)*, 4, 7
Italian italiano/a, P; *(lang.)* italiano *(m.)*, 1
itinerary itinerario *(m.)*, 4

J

jacket chaqueta *(f.)*, 2
jail cárcel, prisión *(f.)*, 11
January enero, 1
Japanese japonés/esa, P; *(lang.)* japonés *(m.)*, 1
jealous celoso/a; **to be ~** tener celos, 5
jewelry joyas *(f. pl.)*, 8; **~ store** joyería *(f.)*, 7; **costume ~** joyas de fantasía *(f. pl.)*, 8
Jewish judío/a, 4
joke broma *(f.)*, 2
journalist periodista *(m., f.)*, 5, 11
joy alegría *(f.)*, 12
Jss! ¡Uy!, 6
juice jugo *(m.)*, zumo *(m.)* *(Spain)*, 3
July julio, 1
June junio, 1
jungle selva *(f.)*, 7
just in case por si acaso, 4, 11

K

karat quilate *(m.)*, 8
keep away alejar(se), 10
kernel grano *(m.)*, 9

key llave (*f.*), 1, 3
keyboard teclado (*m.*), 6
keyword palabra clave (*f.*), 2
kick patear, 6
kidnapper secuestrador/a (*m., f.*), 6
kidnapping secuestro (*m.*), 6
kill matar, 11
kiln horno (*m.*), 10
king and queen reyes (*m. pl.*), 4
kiss besar, 4; bes(it)o, 8
kitchen cocina (*f.*), 2
knee rodilla (*f.*), 5
knife cuchillo (*m.*), 1, 3; navaja (*f.*), 12
know saber, 2; conocer (zc), 2; **I don't know** no sé, P
knowledge conocimiento (*m.*), 6
Korean coreano/a, P

L

label (record) sello (*m.*), 6
labor trabajo (*m.*), 4; ~ **Day** Día del trabajo (*m.*), 10
laboratory laboratorio (*m.*), 1
lack faltar, 4
ladder escalera (*f.*), 10
lady señora (*f.*), 1; **young ~** señorita (*f.*), 1
lake lago (*m.*), 7
lament lamentar, sentir (ie, i), 8
lamp lámpara (*f.*), 1
land aterrizar, 5; tierra (*f.*), 12
language idioma (*m.*), 1
landscape paisaje (*m.*), 10
large grande, 1
last pasado/a, 4; ~ **month** el mes pasado, 4; ~ **night** anoche, 4; ~ **week** la semana pasada, 4; ~ **weekend** el fin de semana pasado, 4; ~ **year** el año pasado, 4
late tarde; **to be ~** estar atrasado/a, 4; **to become ~** hacérsele tarde a uno, 7
later luego 3; posteriormente, 6
laugh reír (i), 8
launch lanzar, 11
lawyer abogado/a (*m., f.*), 5
lay off despedir (i,i), 6
layover escala (*f.*), 5
lazy perezoso/a , flojo/a, 1
leader jefe/a (*m., f.*), 5; líder (*m., f.*), 6
leafy greens vegetales de hojas (*m. pl.*), 8
learn aprender, 1; enterarse de, 9
leave salir, 2; irse, 3, 6; ~ **behind** dejar, 3; ~ **for a place** salir para, 2; ~ **from a place** salir de, 2; ~ **with** salir con, 2; ~ **with destination to** ir/salir con destino a, 4
left izquierda (*f.*); **to the ~** a la izquierda
leg pierna (*f.*), 5
lend prestar, 8

length longitud (*f.*), 3
lengthen alargar, 10
lens lente (*m.*), 5
Lent Cuaresma (*f.*), 10
less menos, 1
lesson lección (*f.*), 1
let (someone) know avisar, 4
let's go vámonos, 4
lettuce lechuga (*f.*), 3
level altura (*f.*), 3; nivel (*m.*), 8, 11
lever palanca (*f.*), 9
liar mentiroso/a, 1
liberty libertad (*f.*), 1
library biblioteca (*f.*), 2
license plate placa (*f.*), 7
lie mentir (i, i), 12
lie down acostarse (ue) 3
lift levantar, 6
light luz (*f.*), 1; ligero/a, claro/a, 10; ~ **complexioned** rubio/a, 1; **the ~ went out** se fue/se cortó la luz, 10
lightbulb bombillo (*m.*), 9
like gustar, 4; ~ **(a person)** caer bien, 4; ~ **that** así, 9; ~ **very much** encantar, 4; **I would ~ . . .** Me gustaría..., Quisiera, 3; **I would like to order...** Quisiera pedir..., 3; **you ~** te gusta(n), 1
limit limitar, 2; delimitar, 7
linguistic lingüístico/a, 2
linguistics lingüística (*f.*), 12
link enlace (*m.*), 3
lion león (*m.*), 9
listen escuchar, 1
Listen! ¡Oye!, 4
literature literatura (*f.*), 1
little pequeño/a; **a ~** un poco, 7; ~ **by little** poco a poco, 4; ~ **piece of paper** papelito (*m.*), 4; ~ **window** ventanita (*f.*), 7
live vivir, 1
living room sala (*f.*), 2
lizard lagarto (*m.*), lagartija (*f.*), 9
loan préstamo (*m.*), 8
lobster langosta (*f.*), 3
location ubicación (*f.*), 6
London Londres, 4
long largo/a, 1; ~ **sleeved** de manga larga, 7
look (at) mirar, 1; ~ **(for)** buscar, 1
loose flojo/a, 7
lord señor (*m.*), 12
lose perder (ie), 3, 6; ~ **sight of** perder de vista, 5
lost perdido/a, 12
love (*adj.*) de amor, 11; **to be in ~** estar enamorado/a, 5
lover amante (*m., f.*), 10
loving cariñoso/a, 6
low bajo/a; ~ **heeled shoes** zapatos de tacón bajo (*m. pl.*), 7
lowest mínimo/a, 2, 9
loyal fiel, 7, 9

lunch almuerzo (*m.*), comida (*f.*), 3
lush frondoso/a, 3
luxury lujo (*m.*), 7

M

made hecho/a, 9; ~ **of gold** de oro, 10
magazine revista (*f.*), 5
magic mágico/a, 6; magia (*f.*), 8
magnificent magnífico/a, 10
maid criada (*f.*), 5
mail correo (*m.*); **by ~** por correo, 8; ~ **a letter** poner una carta en el correo, 2; ~ **carrier** cartero/a (*m., f.*), 5
mailbox buzón (*m.*), 3
main principal, 8; ~ **character** protagonista (*m., f.*), 11; ~ **dish** plato principal (*m.*), 3
maintain mantener, 8; ~ **oneself** conservarse, 8
majestic majestuoso/a, 7
major especialización (*f.*), 1
make hacer, 2; realizar, 3; ~ **a collect call** hacer una llamada por cobrar, 3; ~ **a long distance phone call** hacer una llamada de larga distancia, 3; ~ **a plan** idear, 12; ~ **an appointment** hacer una cita, 8; ~ **fun of** burlarse, 7; ~ **someone angry** enojar, 6; ~ **someone happy** alegrar, 6; ~ **someone sick** enfermar, 6; ~ **the bed** hacer la cama, 9; ~ **up (comprise)** comprender, contener, 12
Mallorcan mallorquino/a, 4
mammal mamífero (*m.*), 9
man hombre (*m.*), 1
manager gerente (*m., f.*), 5
management manejo (*m.*), 6
manufacture fabricar, 11
map mapa (*m.*), 1
marble mármol (*m.*), 10
March marzo, 1
marigold caléndula (*f.*), 9
market mercado (*m.*), 2; **fish ~** pescadería (*f.*), 3
married casado/a; **to be ~** estar casado/a, 5
mask máscara (*f.*), 10
Mass misa (*f.*), 5
massage (therapeutic) masaje terapéutico (*m.*), 4
Master's degree student estudiante de maestría (*m., f.*), 1
mathematics matemáticas (*f. pl.*), 1
matter importar, 4; asunto (*m.*), 11
May mayo, 1
maybe quizás, tal vez, 8
meal comida (*f.*), 3
mean significar, 6
means medio (*m.*), 11; **by ~ of** a través de, 6

measure medir (i), 6, 7
measurement medida *(f.)*, 7
meat carne *(f.)*, 3; **~ market** carnicería *(f.)*, 3
meatball albóndiga *(f.)*, 3
mechanic mecánico/a *(m., f.)*, 5
medical science ciencias médicas *(f. pl.)*, 1
medium mediano/a, 7
megawatt megavatio *(m.)*, 3
memory recuerdo *(m.)*, 5
men's dressing room probador de hombres *(m.)*, 7
menswear ropa de hombre *(f.)*, 7
menu carta *(f.)*, menú *(m.)*, 3
merchandise mercancía *(f.)*, 3
mercy piedad *(f.)*, 6
message mensaje *(m.)*, 6
messenger mensajero/a *(m., f.)*, 8
Mexican mexicano/a, P; **~ American** mexicanoamericano/a, P
microwave oven micro(ondas) *(m.)*, 9
Middle Ages medioevo *(m.)*, 11
MIDI archives (digital music) archivos MIDI *(m. pl.)*, 6
midnight medianoche *(f.)*, 1
milk leche *(f.)*, 3; **skim ~** leche descremada, 8
millennium milenio *(m.)*, 11
million millón *(m.)*, 3
miniature miniatura *(f.)*, 10
minimum wage sueldo mínimo *(m.)*, 11
miniskirt minifalda *(f.)*, 7
minivan camioneta *(f.)*, 7
minority minoría *(f.)*, 12
minus menos, 1
mirror espejo *(m.)*, 9, 12
Miss señorita *(f.)*, P, 1
mist vapor *(m.)*, 3
mistaken equivocado/a; **to be ~** equivocarse, estar equivocado/a, 6
mistreat maltratar, 6
mix mezcla *(f.)*, 5; mezclar, 9
mixer batidora *(f.)*, 9
model modelo *(m., f.)*, 10
modern moderno/a, 1; **~ art** arte moderno *(m.)*, 10
Monday lunes *(m.)*, 1
money dinero *(m.)*, 3; **~ exchange** cambio de moneda *(m.)*, 3; **~ order** giro postal *(m.)*, 8
monkey mono *(m.)*, 9
monument monumento *(m.)*, 2
Moors moros *(m. pl.)*, 3
more más, 7
morning programming programación matinal *(f.)*, 11
mosaic mosaico *(m.)*, 10
mosque mezquita *(f.)*, 4
mother madre *(f.)*, 1, 5; **~ in-law** suegra *(f.)*, 5

motorcycle moto, motocicleta *(f.)*, 3
mountain montaña *(f.)*, 7; **~ range** cordillera *(f.)*, sierra *(f.)*, 7
mouse ratón *(m.)*, 6, 9
mouth boca *(f.)*, 5
move mover (ue), 6
movie película *(f.)*, 11; **~ programming** cartelera de cine *(f.)*, 11; **~ star** estrella de cine *(f.)*, 11; **~ theater** cine *(m.)*, 2
Mr. señor *(m.)*, P, 1
Mrs. señora *(f.)*, P, 1
Ms. señorita *(f.)*, P, 1
multifaceted polifacético/a, 6
murder asesinato *(m.)*, 11; asesinar, 11
murderer asesino/a *(m., f.)*, 11
muscle músculo *(m.)*, 8
museum museo *(m.)*, 2, 10
music música *(f.)*, 6, **~ store** tienda de discos *(m.)*, 7
musician músico/a *(m., f.)*, 5
Muslim musulmán/ana, 4
My goodness! ¡Dios mío!, 3, 8
mystery *(adj.)* de misterio, 11

N

name calificar, 6
napkin servilleta *(f.)*, 3
narration narración *(f.)*, 11
national nacional, 10
native autóctono/a, 7
Native American amerindio/a, 7
natural natural, 1; **~ hydroelectric resources** recursos hidroeléctricos naturales *(m. pl.)*, 9; **~ sciences** ciencias naturales *(f. pl.)*, 1
nature naturaleza *(f.)*, 3, 9
nauseous mareado/a; **to be ~** tener náuseas, estar mareado/a, 8
near cerca de, 4
necessary necesario/a, 7; **it's ~** es necesario, es preciso, 7
necklace collar *(m.)*, 8
necktie corbata *(f.)*, 7
need necesitar, 1; faltar, 4
neighbor vecino/a *(m., f.)*, 5
neighborhood vecindario *(m.)*, 5; **~ watch** vigilancia del vecindario *(f.)*, 11
neither tampoco, 3; **~ . . . nor** ni...ni, 3
nephew sobrino *(m.)*, 5
nervous nervioso/a, 2; **~ tension** tensión nerviosa *(f.)*, 8
Net red *(f.)*, 1
network red *(f.)*, 6
neutrals neutros *(m. pl.)*, 10
never nunca, jamás, 3
nevertheless sin embargo, 5
new nuevo/a, 1; **~ Year's Day** Día de Año Nuevo *(m.)*, 10; **~ Year's Eve** Nochevieja *(f.)*, 10

news prensa *(f.)*, 2; noticias *(f. pl.)*, 11; **~ program** noticiero *(m.)*, 11
newspaper periódico *(m.)*, 2
next próximo/a, 4, 11; **~ door** de al lado, 5
Nicaraguan nicaragüense *(m., f.)*, P
nice simpático/a, amable, 1
niece sobrina *(f.)*, 5
night noche *(f.)*, 1; **~ stand** mesita de noche *(f.)*, 9; **the ~ before last** anteanoche, 4
nightly nocturno/a, 4
nightmare pesadilla *(f.)*, 11
ninth noveno/a, 4
no no, 1; **~ one** ningún, ninguno/a, 3; **~ parking** No estacionar, No aparcar, 7; **~ smoking** No fumar, 3, 4
nobody nadie, 1, 3
noise ruido *(m.)*, 5; **loud ~** ruidazo *(m.)*, 5
nomination nominación *(f.)*, 11
none ningún, ninguno/a, 3
nonetheless sin embargo, 12
noon mediodía *(m.)*, 1
north norte *(m.)*, 4
northeast noreste *(m.)*, 4
northwest noroeste *(m.)*, 4
nose nariz *(f.)*, 5
note nota *(f.)*, 2
notebook cuaderno *(m.)*, 1
nothing nada, 3
notice darse cuenta de, 6
noun sustantivo *(m.)*, 5
novel novela *(f.)*, 5
November noviembre, 1
now ahora, 3; ya, 11
nowadays hoy en día, 7
number número *(m.)*, 1
nurse enfermero/a *(m., f.)*, 5
nutritious nutritivo/a, 8

O

obtain conseguir (i), 3; obtener, lograr, 11
occupation oficio *(m.)*, 12
occur ocurrir, 7; suceder, 11
ocean mar *(m.)*, 3, 7; océano *(m.)*, 7
October octubre, 1
octopus pulpo *(m.)*, 3
of de, 1, 4; **~ course** cómo no, P; por supuesto 3, 5; claro que sí, 7
offender infractor/a *(m., f.)*, 7
offer ofrecer (zc), 4
office oficina *(f.)*, 2
often a menudo, 5, 10
oil aceite *(m.)*, 7; **olive ~** aceite de oliva *(m.)*, 3; **~ paint** pintura al óleo *(f.)*, 10
OK regular, P; **~ OK** está bien, está bien, 3; **He's ~** No me cae nada mal, 4
old (for a person or thing) viejo/a, 1; **to be . . . years ~** tener...años, 2
older grande, 1, 7; mayor, 7; **to be ~** ser mayor, 5

Olympic Games Juegos Olímpicos *(m. pl.)*, 10

on en, 4; encima de, 4; **~ board** a bordo, 4; **~ foot** a pie, 3; **~ her/his own** por su propia cuenta, 10; **~ the contrary** sino, 10; **~ the left** a la izquierda, 4; **~ the other hand** en cambio, 3; **~ the right** a la derecha, 4; **~ top of** sobre, encima de, arriba de, 4; **~ vacation** estar de vacaciones, 4

once and for all de una vez, 5

onion cebolla *(f.)*, 3

only único/a, 3; solamente, 4; **the ~ thing** lo único, 9

onyx ónice, 2

open abrir 1, 6; abierto/a, 9; **~ air** al aire libre, 8

operating room quirófano *(m.)*, 9

opportunistic oportunista, 1

optimistic optimista, 1

orange anaranjado/a, 1; naranja *(f.)*, 3

order pedido *(m.)*, 3; mandar, 7

organized organizado/a, 1

other times otras veces, 5

Ouch!, Ow! ¡Ay!, 6

ought to deber, 1

ounce onza *(f.)*, 3

out of fuera de, 9; **~ (their) reach** fuera de su alcance, 9

outgoing extrovertido/a, 1

outside al aire libre, 4; **~ of** fuera de, 4; afuera de, 6

outstanding fuera de serie, 7

oven horno *(m.)*, 9

over sobre, encima de, 4; **~ there** allá, 3

overpopulate sobrepoblar (ue), 9

owe deber, 1

owner dueño/a *(m., f.)*, 2, 11

oxygen oxígeno *(m.)*, 1

oyster ostra *(f.)*, 3

P

pack empacar, 1

package tour paquete *(m.)*, 4

pain dolor *(m.)*, 5

paint pintar, 1, 10

painted pintado/a, 10

painter pintor/a *(m., f.)*, 5, 9

painting pintura *(f.)*, cuadro *(m.)*, 10

pair par *(m.)*, 7

pale pálido/a, 6

palette paleta *(f.)*, 10

palm tree palmera *(f.)*, 5

pan paila *(f.)*, 9; **frying ~** sartén *(f.)*, 9

Panamanian panameño/a, P

pants pantalones *(m. pl.)*, 2

paper papel *(m.)*, 1; **little piece of ~** papelito *(m.)*, 4

parade desfile *(m.)*, 10

paradise paraíso *(m.)*, 7

Paraguayan paraguayo/a, P

pardon perdón, P; disculpa *(f.)*, 10

parents padres *(m.)*, 5

park estacionar, 7

parking aparcamiento *(m.)*, 3

parrot papagayo *(m.)*, 6; perico *(m.)*, 9

part parte; **~-time** tiempo parcial, 6; **the best ~** lo mejor, 12; **the most horrible ~** lo más horrible, 12; **the worst ~ of all** lo peor de todo, 12

participate participar, 10

participation participación *(f.)*, 10

party fiesta *(f.)*, 10

Pass by . . . Pase por…, 7

passenger pasajero/a *(m., f.)*, 4

passport pasaporte *(m.)*, 4, 5

password contraseña *(f.)*, código personal *(m.)*, 6

pasta pasta *(f.)*, 8

patient *(adj.)* paciente, 6; paciente *(m., f.)*, 8

pay pagar, 1; **~ attention** hacer caso, 12; **I want to ~ cash** Quiero pagar con dinero en efectivo, 3; **How do you want to ~?** ¿Cómo quiere Ud. pagar?, 3

peak pico *(m.)*, 7

peanut butter crema de cacahuate *(f.)*, 8

pear pera *(f.)*, 3

pearl perla *(f.)*, 8

Pedestrian crossing Paso peatonal, 7

pen bolígrafo *(m.)*, pluma *(f.)*, 1

pencil lápiz *(m.)*, 1

pendant pendiente *(f.)*, 8

penguin pingüino *(m.)*, 9

people gente *(f.)*, 1

pepper *(spice)* pimienta *(f.)*, 3; *(vegetable)* pimiento *(m.)*, 3

perfect perfecto/a, 1

perform desempeñar, 12

performance rendimiento *(m.)*, 6; interpretación *(f.)*, 11

perfume perfume *(m.)*, 7; **~ store** perfumería *(f.)*, 7

perhaps tal vez, 8; quizás, 8, 9

persistent persistente, 1

person persona *(f.)*; **young ~** joven *(m., f.)*, 4; chico/a *(m., f.)*, 5

personal personal, 1; **~ items** aseo personal *(m.)*, 7

Peruvian peruano/a, P

pessimistic pesimista, 1

pharmacist farmacéutico/a *(m., f.)*, 5

pharmacy farmacia *(f.)*, 7

phenomenon fenómeno *(m.)*, 10

philosophy filosofía *(f.)*, 1

photo foto *(f.)*, 1

photograph fotografía *(f.)*, 10

photographer fotógrafo/a *(m., f.)*, 5, 10

physical físico/a, 8; **~ exam** examen físico *(m.)*, 8

physics física *(f.)*, 1

physiology fisiología *(f.)*, 1

pick up recoger, 4

picturesque pintoresco/a, 2

piece ficha *(f.)*, 5; pieza *(f.)*, 8, 10

pig cerdo *(m.)*, cochino *(m.)*, puerco *(m.)*, 9

pigeon paloma *(f.)*, 9

pile pila *(f.)*, 9

pill píldora/pastilla *(f.)*, 8

pillow almohada *(f.)*, 9

pilot piloto *(m., f.)*, 5

pineapple piña *(f.)*, 3

pink rosa, rosado/a, 1

pitcher jarra *(f.)*, 3

pity lástima *(f.)*, 11

placate (the gods) aplacar a (los dioses), 10

place lugar *(m.)*, 2; plaza *(f.)*, 4; poner, 2; sentar (ie), 6; colocar, 9

placed puesto/a, 9

plague peste *(f.)*, 11

plaid de cuadros, 7

plains llanos *(m. pl.)*, llanura *(f.)*, planicie *(f.)*, 7

plan plan *(m.)*, 2; pensar (ie) + *inf.*, 3

plane avión *(m.)*, 3

planet planeta *(m.)*, 9

plant planta *(f.)*, 1

plaque placa *(f.)*, 10

play *(games)* jugar (ue), 1, 3; *(instrument)* tocar, 6; **~ a part** desempeñar, 6; **~ a role** desempeñar un papel, 8; hacer el papel de, 11; **~ sports** practicar deportes, 1; **~ volleyball** jugar al volibol, 1

player jugador/a *(m., f.)*, 6

plaza plaza *(f.)*, zócalo *(m.)*, *(Mex.)* 2

plead rogar (ue), 7

pleasant agradable, 1

please por favor, P

pleasure placer *(m.)*, 5; **the ~ is mine** el gusto es mío, P

plot argumento *(m.)*, 11

plumber plomero/a *(m., f.)*, 5

police policía *(f.)*; **~ force** policía *(f.)*; **~ officer** policía *(m., f.)*, 5, 11; **~ station** comisaría *(f.)*, 12

political político/a; **~ representation** representación política *(f.)*, 11; **~ science** ciencias políticas *(f. pl.)*, 1

polka dotted de lunares/puntos, 7

popcorn palomitas de maíz *(f. pl.)*, 11

populate poblar (ue), 12

populated poblado/a, 12

population población *(f.)*, 11, 12

pork chop chuleta de puerco *(f.)*, 3

port puerto *(m.)*, 7

portable portátil, 6

porter maletero/a *(m., f.)*, 4

portion porción *(f.)*, 8

portrait retrato *(m.)*, 10

Portuguese portugués/esa, P; *(lang.)*, portugués *(m.)*, 1

position puesto *(m.)*, 6

possible posible, 1

postcard postal (f.), 3
post office correo (m.), 2
poster cartel (m.), 1
pot olla (f.), 9; vasija (f.), 10
potato patata (Spain), papa (Lat. Am.) (f.), 3; **~ soup with avocado and cheese** locro de queso (m.), 7
pound libra (f.), 3
poverty pobreza (f.), 11
powder talco (m.), 7
powerful poderoso/a, 8, 10
practice practicar, 1
praise halago (m.), 10, 12
pray rezar, 10
predict predecir, 9
predictable predecible, 6
predominate primar, 9
prefer preferir (ie, i), 3
preferable preferible; **it's ~** es preferible, 7
pregnancy embarazo (m.), 11
pregnant embarazada, 8; **to be ~** estar embarazada, 8
premiere estreno (m.), 11
prepare preparar, 4
prescription receta (f.), 8
presentation entrega (f.), 12
presenter presentador/a (m., f.), 11
press prensa (f.), 2, 11; presionar, 6
pretend aparentar, 7
pretty bello/a, 5
prevent prevenir, 10
price precio (m.), 7; **The prices are high.** Los precios están por las nubes., 3
primary colors colores primarios (m. pl.), 10
print imprimir, 1, 6
printer impresora (f.), 1, 6
prison cárcel, prisión (f.), 11
problem problema (m.), 1
produce producir (zc), 2
produced by producido/a por, 11
professional profesional, 1
profitable lucrativo/a, 4
program programa (m.), 6; **AIDS prevention ~** programa de prevensión contra el SIDA, 11; **educational ~** programa educativo, 11; **news ~** noticiero (m.), 11; **weekly ~** programa semanal, 11
promote itself promocionarse, 9
proof prueba (f.), 9
protect proteger, 10; **~ oneself** protegerse, 5
prove comprobar (ue), 9; probar (ue), 11
provide brindar, 8
provided that con tal (de) que, 9
psychological illness enfermedad (p)sicológica (f.), 11
psychologist psicólogo/a (m., f.), 5
psychology psicología (f.), 1; **~ of teaching** psicopedagogía (f.), 6
psychosis psicosis (f.), 1

public público/a, 10
published publicado/a, 9
Puerto Rican puertorriqueño/a, P
pupil alumno/a (m., f.), 1
purple morado/a, 1
purse bolsa (f.), 1, 7
pursue perseguir (i, i), 3
push empujar, 7
put poner, 2; puesto/a, 9; **~ (in)** meter, 12; **~ on clothes** ponerse la ropa, vestirse, 3; **~ on makeup** maquillarse, 3; **~ to bed** acostar (ue), 6

Q

qualifications calificaciones (f. pl.), 6
quantity cantidad (f.), 1, 8
quarter (hour) cuarto (m.), 1
quartet cuarteto (m.), 6
query consulta (f.), 8
quiet callado/a; **to be ~** callarse, 11
quit (a job) renunciar, 6

R

rabbit conejo (m.), 5
race raza (f.), 12
racket raqueta (f.), 6
radio radio (m.), 1, 7
rain llover (ue), 3; lluvia (f.), 5; **it's raining** llueve, 2
raincoat impermeable (m.), 2
rainforest bosque pluvial (m.), 6; selva tropical (f.), 7
raised criado/a, 6
rapidly rápidamente, 3
rat rata (f.), 9
rate of exchange tasa de cambio (f.), 8
rather sino, 10
raw crudo/a, 8
reach alcanzar, 11
react reaccionar, 4
read leer, 1; leído/a, 9
ready listo/a, 2; **~ made** ya listo/a, 8; **to be ~** estar listo/a, 3
real estate bienes raíces (m. pl.), 9
realistic realista, 1
realize darse cuenta de, 7
really de veras, 4, 7, 12
rearview mirror espejo retrovisor (m.), 7
receipt recibo (m.), 7
receive recibir, 1, 6
reception recepción (f.), 3
receptionist recepcionista (m., f.), 3
recommend recomendar (ie), 3
records discos (m. pl.), 7
recreation recreo (m.), 4
red rojo/a, 1; colorado/a 7; **~-headed** pelirrojo/a, 1; **~ pepper** pimiento rojo (m.), 3; **~ wine** vino tinto (m.), 3

reef arrecife (m.), 5
refine the search delimitar la búsqueda, 7
refrigerator refrigerador/a (m., f.), 9
refuse no querer (ie), 6
regarding en cuanto a, 3
registered matriculado/a, 3
regret lamentar, sentir (ie,i), 8
reject rechazar, 11
rejected rechazado/a, 11
related words palabras relacionadas (f. pl.), 12
relative pariente (m., f.), 5
relax cálmate, 3
relaxation relajación (f.), 8
relaxed relajado/a, 8
relieved aliviado/a, 2
religious religioso/a, 10
remain quedar, 6, 7; permanecer (zc), 10; **~ behind** quedarse, 6
remaining demás, 9
remedy remedio (m.), 8
remember recordar (ue), 3; **~ a historic event** recordar un hecho histórico, 10
Renaissance (adj.) renacentista, 4
rent alquilar, 1; alquiler (m.), 2; **~ videos** alquilar videos, 1
replace reemplazar, 9
replica réplica (f.), 10
reporter reportero/a (m., f.), 11
research investigar, 1; investigación (f.), 9; **archaeological ~** investigaciones arqueológicas (f. pl.), 1, 12
reservation reservación (f.); **Do you have a ~?** ¿Tienen Uds. (una) reservación?, 3
resolution propósito (m.), 10
resolved resuelto/a, 9
resort balneario (m.), 8
respect respetar, 6
responsibility responsabilidad (f.), 6; **ecological ~** responsabilidad ecológica, 9
restaurant restaurante (m.), 2
résumé hoja de vida (f.), 6
retired jubilado/a, 9
return volver (ue), 3; (an object) devolver (ue), 7, 9; **I want you to ~ my money** Quiero que me devuelvan el dinero, 7
returned vuelto/a, 9
reunited reunido/a, 9
reuse reusar, 9
rhythm ritmo (m.), 6
ridiculous ridículo/a; **it's ~** es ridículo, 8
rice arroz (m.), 8
rich rico/a, 3
richness riqueza (f.), 6
ride andar, 1
right correcto/a; **~ away** en seguida (enseguida) 3, 4, 7, 9, 10; **~ in front of** enfrente de, 4; **~ now** ahora mismo, 3; **to be ~** tener razón, 2; **to the ~** a la derecha, 4
ring sonar (ue), 6; anillo (m.), 8
rink (ice skating/hockey) pista (f.), 6

ripped roto/a; **it's ~** está roto/a, 7
ritual rito *(m.)*, 10
river río *(m.)*, 7
Riverwalk (in San Antonio) Paseo del Río, 11
River Mansion (café on the Riverwalk) Mansión del Río, 11
road carretera *(f.)*, 3
roast pig lechón asado *(m.)*, 5
robbery robo *(m.)*, 4, 11
role papel *(m.)*, 11
rolling hills ondulaciones *(f. pl.)*, 8
room cuarto *(m.)*, 2; habitación *(f.)*, 3
roommate compañero/a de cuarto *(m., f.)*, 1
rooster gallo *(m.)*, 9
root raíz *(f.)*, 6
rose rosa *(f.)*, 1, 9
rough accidentado/a, 3
round trip de ida y vuelta, 4
route recorrido *(m.)*, 3
rows (of beads) hileras (de cuentas) *(f. pl.)*, 7
rubber caucho *(m.)*, 6; hule *(m.)*, 12
rug alfombra *(f.)*, 1; tapete *(m.)*, 8
ruins ruinas *(f. pl.)*, 12
rule regla *(f.)*, 3
ruler regla *(m.)*, 1
run correr, 1; **~ the risk** correr el riesgo, 10
Russian ruso/a, P

S

sacred sagrado/a, 12
sacrifice sacrificio *(m.)*, 10
sad triste, 2
sadness tristeza *(f.)*, 5
safe caja fuerte *(f.)*, 8; **~ from** a salvo de, 9
saffron azafrán *(m.)*, 3
said dicho/a, 9
salad ensalada *(f.)*, 3
salary salario *(m.)*, sueldo *(m.)*, 6
sale oferta *(f.)*, ganga *(f.)*, venta *(f.)*, 7
salesperson vendedor/a *(m., f.)*, 5, 8
salsa music salsa *(f.)*, 6
salt sal *(f.)*, 3; **~ residue** salitre *(m.)*, 8
salty salado/a, 3
Salvadoran salvadoreño/a, P
sample muestra *(f.)*, 11
sandal sandalia *(f.)*, 5, 7
Saturday sábado *(m.)*, 1
saucer platillo *(m.)*, 3
save archivar, guardar, 6; ahorrar, 8; salvar, conservar, 9
savings account cuenta de ahorros *(f.)*, 8
saxophone saxofón *(m.)*, 6
say decir (i), 3; **~ good bye** despedirse (i), 5
scale balanza *(f.)*, 9

scarce escaso/a, 9
scarf bufanda *(f.)*, 2, 7
scene escena *(f.)*, 11
schedule horario *(m.)*, 4; **work ~** horario de trabajo, 6
School (in a university) facultad *(f.)*, 1
science fiction *(adj.)* de ciencia ficción, 11
scold regañar, 10
scrambled eggs revoltillo *(m.)*, 8
screen pantalla *(f.)*, 11
script guión *(m.)*, 11
sculptor escultor/a *(m., f.)*, 5, 10
sculpture escultura *(f.)*, 10
sea mar *(m.)*, océano *(m.)*, 7
sealed box urna sellada *(f.)*, 11
season temporada *(f.)*, estación *(f.)*, 3
search búsqueda *(f.)*, 1; buscar, 1; **~ engine** motor de búsqueda, *(m.)*, buscador Internet *(m.)*, 2
seat plaza *(f.)*, 4; asiento *(m.)*, 4, 7; sentar (ie), 6
seatbelt cinturón de seguridad *(m.)*, 7
second segundo/a, 4; **~ class** segunda clase *(f.)*, 4
secondary secundario/a; **~ character** personaje secundario *(m.)*, 11; **~ colors** colores secundarios *(m. pl.)*, 10
secretary secretario/a *(m., f.)*, 5
sedentary sedentario/a, 8
see ver, 2; **you'll ~!** ¡ya lo verán!, 8
seem parecer (zc), 4; **it seems that** parece que, 3; **it seems unreal** parece mentira, 7
seen visto/a, 9
self-portrait autorretrato *(m.)*, 10
sell vender, 1, 4
send enviar, 4, 6, 8; mandar, 1, 6
September septiembre, 1
sequence secuencia *(f.)*, 11
serious serio/a, 1; gordo/a (problema), 10
servant criado/a *(m., f.)*, 5
serve servir (i, i), 3
service servicio *(m.)*, 3
set tanda *(m.)*, 8; **~ the table** poner la mesa, 2
seventh séptimo/a, 4
several varios/as, 3
shack cabaña *(f.)*, 7
shady (dirty) sucio/a, 4
shake sacudir, 4
shame lástima *(f.)*; **it's a ~** es una lástima, 8
share compartir, 5
sharp (clever) astuto/a, 9
shattered deshecho/a, 10
shave afeitarse, 3
shawl fachalina *(f.)*, 7
sheep oveja *(f.)*, 8, 9
sheet of paper hoja de papel *(f.)*, 9
shell concha *(f.)*, 5
shine brillar, 12
ship barco *(m.)*, 4

shirt camisa *(f.)*; **cotton ~** camisa de algodón, 7
shiver tener escalofríos, 8
shoe zapato *(m.)*, 7; **~ store** zapatería *(f.)*, 7
shop window escaparate *(m.)*, 7
shopper cliente *(m., f.)*, 3
shopping district centro comercial *(m.)*, 2
shore orilla *(f.)*, 4
short *(height)* bajo/a, 1; *(length)* corto/a, 1; **~ -sleeved** de manga corta, 7; **~ notice** corto plazo *(m.)*, 11
shorts pantalones cortos *(m. pl.)*, 2
should deber, 2
show mostrar (ue), 3, 10; **~ a movie** presentar/pasar una película, 11
shower ducha *(f.)*, 2
shrimp gamba *(f.)* *(Spain)*, camarón *(m.)* *(Lat. Am.)*, 3
shut off apagar, 7
sick enfermo/a, 2
side cara *(f.)*, 9; **~ to side with** junto a, 4
sign firmar, 8; **~ up** apuntar(se), 11
signature firma *(f.)*, 8
silk blouse blusa de seda *(f.)*, 7
silver plata *(f.)*, 8
simple sencillo/a, 3
since desde, 4
sing cantar, 1, 6
singer cantante *(m., f.)*, 6
single solo/a; **~ file** en fila, 12; **to be ~** ser soltero/a, 5
sink lavabo *(m.)*, lavamanos *(m.)*, fregadero *(m.)*, 9
sister hermana *(f.)*, 1, 5; **~ in-law** cuñada *(f.)*, 5
sit down sentarse (ie), 3, 6
site sitio *(m.)*, 9
sixth sexto/a, 4
size tamaño *(m.)*, 3; talla *(f.)*, 7
skate patinar, 6
skates patines *(m. pl.)*, 6
skating patinaje *(m.)*, 6
sketch bosquejo *(m.)*, 10
ski esquí *(m.)*, 6
skiing esquí *(m.)*, 6
skillful hábil, 10, 12
skim milk leche descremada *(f.)*, 8
skirt falda *(f.)*, 7
sky cielo *(m.)*, 8; firmamento *(m.)*, 12
sleep dormir (ue), 3, 6
sleepy cansado/a; **to be ~** tener sueño, 2
slender esbelto/a, 11
slice rebanada *(f.)*, 8
slow lento/a, 1
slowly despacio, 7
smack pegar, 4
small pequeño/a, 1, 7; **~ figures** figuritas *(f. pl.)*, 10
smother with sweetness empalagar, 12
snake víbora *(f.)*, culebra *(f.)*, serpiente *(f.)*, 9
sneakers zapatos de tenis *(m. pl.)*, 7

sneeze estornudar, 8

snow nevar (ie), 3; **~ -capped mountain** nevado/a, 7; **it's snowing** nieva, 2

so así; **~ much** tanto, 9; **~ that** para que, 9

soap jabón (m.), 7; **~ opera** telenovela (f.), 11

soccer fútbol (m.), 6; **~ player** futbolista (m., f.), 1

social social, 1; **~ program** programa social (m.), 11; **~ work** trabajo social (m.), 1; **~ worker** trabajador/a social (m., f.), 11

society sociedad (f.), 1

sociology sociología (f.), 1

socks calcetines (m.), 7

sofa sofá (m.), 9

soil ensuciar, 9

solution solución (f.), 11

some algún, alguno/a, 3

somebody alguien, 3

someone alguien, 3

something algo, 3

sometimes a veces, 3; unas veces, 5

son hijo/a (m.), 5; **~ in-law** yerno (m.), 5

sorry lamentable; **I'm ~** lo siento, 3, 4; **to be ~** sentir (ie), lamentar, 8

soul (el) alma (f.), 7

sound sonido (m.), 11; sonar (ue), 6; **~ card** tarjeta de sonido (f.), 6; **~ effects** efectos de sonido (m. pl.), 6

soup sopa (f.), 3; **chicken and meat ~** sancocho (m.), 7; **the ~ is cold** la sopa está fría, 3; **potato ~ with avocado and cheese** locro de queso (m.), 7

sour ácido/a, 3

south sur (m.), 4

southeast sureste (m.), 4

southwest suroeste (m.), 4

spa balneario (m.), 8

Spanish español/a, P; (lang.) español (m.), 1; **~-speaking** de habla hispana, de habla española, 11

speak hablar, 1

speaker parlante (m.), 6

special effects (F/X) efectos especiales (m. pl.), 11

specialty especialidad (f.), 3

species especie (f.), 9

spectacle espectáculo (m.), 10

spectator espectador/a (m., f.), 6

sphere esfera (f.), 7

spirit (el) ánima (f.), 10

spit escupir, 12

spoon cuchara (f.), 3

sports enthusiast deportista (m., f.), 6

spot mancha, 11

spring primavera (f.), 2

square cuadrado/a, 4; cuadro (m.), 10

squid calamar (m.), 3

squirrel ardilla (f.), 9

stable estable, 1

stadium estadio (m.), 2

stain mancha (f.), 7

stand out destacarse, 11

star estrella (f.), 6; astro (m.), 11

start empezar (ie), 3; arrancar, 7; **~ doing (something)** ponerse a + inf.

starting from a partir de, 12

starving hambriento/a; **I'm ~** estoy muerto/a de hambre, 3

statesman/woman estadista (m., f.), 12

stationery store papelería (f.), 7

statue estatua (f.), 10

stay quedarse, 3; estadía (f.), 5; **~ (in a hotel)** alojarse, hospedarse, 3; **~ behind** quedarse atrás, 6; **~ in shape** mantenerse en forma, 8

steamed al vapor, 8

steering wheel volante (m.), 7

stellar estelar, 6

step paso (m.), 6

stepbrother/sister hermanastro/a; **stepfather/mother** padrastro/madrastra; **stepson/daughter** hijastro/a, 1

stew guiso (m.), 5

stick out (one's tongue) sacar (la lengua), 8

still todavía, 3; **~ life** naturaleza muerta (f.), 10

stock prices precios de acciones (m. pl.), 6

stockbreeding ganadero/a, 7

stockings medias (f. pl.), 7

stomach estomago (m.), 5

stone piedra (f.), 7, 8

stop parar, 7; (sign) Alto, Pare, 7; **~ (doing)** parar de + inf., 4; dejar de + inf., 9

stoplight semáforo (m.), 7

store tienda (f.), 2; **~ clerk** dependiente (m., f.), 3

story cuento (m.), 5

stove estufa (f.), 9

strange raro/a, 2; extraño/a, 6; **it's ~** es extraño, 8

stream arroyo (m.), 7

street calle (f.); **~ block** manzana (f.), cuadra (f.), 7; **~ vendor** vendedor/a ambulante (m., f.), 8

strength fuerza (f.), 10

stress estrés (m.), 8

strip faja (f.), 8

striped de rayas, 7

stroke campanada (f.), 10

stucco estuco (m.), 2

student estudiante (m., f.), alumno/a (m., f.), 1; **~ crossing** Escolares en la vía, 7

study estudiar, 1

stuffed animal muñeco de felpa (m.), 9

stupid estúpido/a, tonto/a, 1

subject sujeto (m.); **academic ~** materia (f.), 1

subway metro (m.), 3

succeed triunfar, 11

success éxito (m.), 6

successful exitoso/a, 6; **to be ~** tener éxito, 11

suddenly de repente, 5

sugar azúcar (m.), 3

suggest sugerir (ie, i), 7

suicide suicidio (m.), 11

suit traje (m.), 7; **~ jacket** saco (m.), 7

suitcase maleta (f.), 3

summit cumbre (f.), 7

summer verano (m.), 2; estival, 9

sun sol (m.), 5; **it's sunny** hace sol, 2

sunbathe tomar el sol, 5

Sunday domingo (m.), 1

sunflower girasol (m.), 9

sunglasses gafas oscuras (f. pl.), 1; gafas de sol (f. pl.), 2; gafas negras (f. pl.), 2

sunscreen lotion protector solar (m.), 5

superstar superastro (m.), 3

supervisor supervisor/a (m., f.), 5

supply proporcionar, 7

support apoyar, 9; sustentar, 10

sure seguro/a, 2

surf hacer surfing, 5; **~ the Internet/web** navegar por Internet, 1

surface superficie (f.), 6

surprise sorprender, 8

surround envolver (ue), 11

surrounded rodeado/a, 3

survey encuesta (f.), 7

swear jurar, 6

sweat sudor (m.), 7; **~ suit** sudadera (f.), 7

sweater suéter (m.), 2

sweep (the floor) barrer (el piso), 9

sweet dulce, 3

sweets dulces (m. pl.), 8

swim nadar, 5

swimming natación (f.), 6; **~ pool** piscina (f.), 2, 3

swing mecerse (zc), 9

symbol símbolo (m.), 10

symptom síntoma (m.), 8

synonym sinónimo (m.), 12

synthetic tissue tejido sintético (m.), 11

syrup jarabe (m.), 8

system sistema (m.), 1

T

T-shirt camiseta (f.), 6

table mesa (f.), 9; **coffee ~** mesita (f.), 9

tablespoonful cucharada (f.), 9

tablet tableta (f.), 8

take coger, 12; **~ (too much) time to arrive/leave** tardar (demasiado) en llegar/salir, 4; **~ a bath** bañarse, 3; **~ a shower** ducharse, 3; **~ a walk** dar un paseo, 1; **~ aback** desconcertar (ie), 10; **~ away** sacar, 4; **~ care** cuidar, 4; **~ care of** atender (ie), 8; **~ care of oneself** cuidarse, 8; **~ into account** tomar en cuenta, 7; **~ off** despegar, 5;

~ off one's clothes quitarse la ropa, 3; **~ out the garbage** sacar la basura, 9; **~ photos/pictures** sacar/tomar fotos, 10; **I'm going to ~ . . .** Voy a llevarme..., 7

talk hablar, 1

tall alto/a, 1

tape grabar, 6; **~ recorder** grabadora (f.), 6, 10

tapestry tapiz (m.), tapete (m.), 8

taste probar (ue), 3, 6

tasty cooking buena sazón (f.), 9

tattoo tatuaje (m.), 8

tax impuesto (m.), 4; **~ benefits** beneficios tributarios (m. pl.), 6

tea té (m.), 3

teaspoon cucharita (f.), 3

teacher profesor/a (m., f.), 1

team equipo (m.), 6

tear lágrima (f.), 5

teaspoonful cucharadita (f.), 9

technology tecnología (f.), 9

teeth diente (m.), 3

telephone teléfono (m.), 1

televise televisar, 11

television televisión (f.), 1; **~ set** televisor (m.), 9; **~ viewer** televidente (m., f.), 12

tell decir (i), 3; contar (ue), 4; **Can you ~ me how to get to. . . ?** ¿Me puede decir dónde está...?, 7

temperate templado/a, 2

temperature temperatura (f.), 2

tenant inquilino/a (m., f.), 2

tenderize ablandar, 8

tennis tenis (m.), 6 ; **~ court** cancha de tenis (f.), 2

tenth décimo/a, 4

terrace terraza (f.), 2

terrible terrible, 1; **it's ~** es terrible, 8

territory territorio (m.), 12

test prueba (f.), 8

texture textura (f.), 10

than que, 7

thank agradecer (zc), 4, 11

thanks gracias (f. pl.), P

that ese/esa, 3; aquel/aquella, 3; **~ which** lo que, 10

that one ése/a, aquél/aquélla, 3

the el/la/los/las, 1

theater teatro (m.), 1

theme tema (m.), 1

then entonces, 3; luego, 3, 5

therapy terapia (f.), 11

there allí, 3; **~ has been** ha habido, 6; **~ is/are** hay, 1; **~ was/were** había, hubo, 5

these estos/as, 3

these ones éstos/as, 3

thief ladrón/ona (m., f.), 4

thin delgado/a, 1

think pensar (ie) 3, 8; creer, opinar, 8

third tercer/o/a, 4

thirsty sediento/a; **to be ~** tener sed, 2

this este/a, 3

this one éste/a, 3

those esos/as, 3; aquellos/as, 3

those ones ésos/as, aquéllos/aquéllas, 3

thought pensamiento (m.), 5

thousand mil (m.), 3

thriller (adj.) de suspenso, 11

through a través de, 7, 8

throughout a lo largo y ancho, 9

throw tirar, 4, 11

Thursday jueves (m.), 1

ticket billete (m.), boleto (m.), tiquete (m.), pasaje (m.), 4; entrada (f.), 11; **~ window** taquilla (f.), 4

tied atado/a, 7

tiger tigre (m.), 9

tight estrecho/a, 7

tile azulejo (m.), 2

time tiempo (m.); **to have a good ~** divertirse (ie), 5; **to be on ~** estar a tiempo, 5

timid introvertido/a, 1

tip propina (f.), 3, 4

tire llanta (f.), rueda (f.), 7; **flat ~** llanta pinchada, 7

tired cansado/a, 2

to a, para, 4; **~ the left** a la izquierda, **~ the side of** al lado de, 4; **~ whom** a quién(es), 10

toaster tostadora (f.), 9

today actualmente, hoy en día, 5

toddler niño/a (m., f.), 5

toe dedo (m.), 5

toilet inodoro (m.), sanitario (m.), 9; **~ paper** papel sanitario/higiénico (m.), 9

tolerant tolerante, 1

toll peaje (m.), 3

told dicho/a, 9

tomato tomate (m.), 3

tongue lengua (f.), 8

too también, 3; **~ bad!** ¡Qué lástima!, 1; **~ much** demasiado, 9

tool utensilio (m.), 9

tooth diente (m.), 5

toothed dentado/a, 9

top cima (f.), 4; cumbre (f.), 7

torch antorcha (f.), 12

touch toque (m.), 7

tough duro/a, 3

tour excursión (f.), 4; recorrer, 11; **~ guide** guía (m., f.), 4

toward hacia, 4

towel toalla (f.), 5

tower torre (f.), 4

town pueblo (m.), 12

trace rastro (m.), 10

track vía (f.), 3; (sports) pista (f.), 6

train tren (m.), ferrocarril (m.), 3; (adj.) ferroviario/a, 3; **~ car** vagón (m.), 4; **~ platform** andén (m.), 4; **~ station** estación de tren (f.), 2

training entrenamiento (m.), 6

traitor traidor/a (m., f.), 10

transgenic transgénico/a, 11

translate traducir (zc), 2

transmit (a TV or radio program) transmitir, 11

transparent transparente, 1

transplanted transplantado/a, 9

trap atrapar, 11

travel viajar, 1, 4; **~ agent** agente de viajes (m., f.), 5; **~ all around a place** recorrer, 4

travelers' checks cheques de viajero (m. pl.), 3, 8

treasure tesoro (m.), 5

tree árbol (m.), 6; **dragon ~** dragón (m.), 9; **palm ~** palmera (f.), 5

trick broma (f.), 10; truco (m.), 12

trip viaje (m.), 3; **Have a good ~!** ¡Que tenga(n) un buen viaje!, 4; **Have a nice ~!** ¡Buen viaje!, ¡Feliz viaje!, 4

tripe mondongo (m.), 5

trombone trombón (m.), 6

trouble lío (m.), 3

true verdadero/a, 4; **it's (not) ~** (no) es verdad, (no) es cierto, 8

trumpet trompeta (f.), 6

trunk baúl (m.), 7

trust confiar, 10

try probar (ue), 6; **~ on** probarse (ue), 3, 6, 7; **Can I ~ on the ...?** ¿Puedo probarme el ...?, 7; **I'm going to ~ it on** Voy a probármelo/la, 7

Tuesday martes (m.), 1

tulip tulipán (m.), 9

tuner sintonizador (m.), 6

turkey pavo (m.), 9

turn dar la vuelta, doblar, 7; revolver (ue), 9; turno (m.), 9; **Do not ~** No doblar, 7; **~ off** apagar, 6, 9; **~ on** prender, encender (ie), 6; **~ to** recurrir a, 10; **~ to the right/left** doblar a la derecha/izquierda, 7; **it's your ~** te toca a ti, 3

turquoise turquesa (f.), 8

turtle tortuga (f.), 5

TV viewer televidente (m., f.), 11

twin gemelo/a, (m., f.), 1, 11; mellizo/a (m., f.), 11

twist torcerse (ue), 8

type escribir a máquina, escribir en la computadora, 2

typewriter máquina de escribir (f.), 9

U

UFO OVNI (m.), 6

ugly feo/a, 1

uh-huh ajá, 5

umbrella paraguas (m.), 2, 5

unbearable insoportable, 3
uncertainty incertidumbre *(f.)*, 6, 11
uncle tío *(m.)*, 5
uncomfortable incómodo/a, 9
under bajo, 4; ~ **the influence** en estado de ebriedad, 10
undergraduate estudiante de pregrado *(m., f.)*, 1
underlined subrayado/a, 10
underneath debajo de, 4
understand comprender, 1; entender (ie), 3
understanding comprensivo/a, 10
underwear ropa interior *(f.)*, 7
unemployment desempleo *(m.)*, 6
unequal desigual, 9
unexplainable inexplicable, 12
unfair injusto/a, 6
unforgettable inolvidable, 2
unforgiveable imperdonable, 3
unfortunately desgraciadamente, 4
unfounded infundado/a, 9
unfriendly antipático/a, 1
uniform uniforme *(m.)*, 6
unit unidad *(f.)*, 6
unite unir, 12
united unido/a, 5
university universidad *(f.)*, 1
unknown desconocido/a, 5, 7
unless a menos que, 9
unpleasant desagradable, 1
unsure inseguro/a; **to be ~** no estar seguro/a, 8
unsympathetic incomprensivo/a, 10
untie desatar, 7
until hasta, 4; hasta que, 9; ~ **we meet again** hasta la vista, P
untouchable irreprochable, 12
up arriba de, 4
upcoming entrante, 11
upon sobre, por; ~ **arriving** al llegar, 5; ~ **boarding** al subir, 5
upset alterado/a, 2, 10
urgent urgente; **it's ~** es urgente, 7
Uruguayan uruguayo/a, P
U.S. *(adj.)* estadounidense *(m., f.)*, P, 5
use usar, 1; ~ **up** gastar, 12
user usuario/a *(m., f.)*, 6
utensil utensilio *(m.)*, 9
utilize aprovechar, 6

V

vacation vacaciones *(f. pl.)*, 4; **to go on ~** estar/ irse de vacaciones, 4
vacuum (the carpet) aspirar (la alfombra), 9; ~ **cleaner** aspiradora *(f.)*, 9
Valentine's Day El día de San Valentín *(m.)*, 10
valley valle *(m.)*, 7

valuable valioso/a, 12
value valorar, 4
vase florero *(m.)*, 1; vasija *(f.)*, 10
veal ternera *(f.)*, 3
vegetable legumbre *(f.)*, 3; vegetal *(m.)*, 8
Venezuelan venezolano/a, P
very muy, 1; sumamente, 12; ~ **beautiful** bellísimo/a, 5
veterinarian veterinario/a *(m., f.)*, 5
video vídeo *(m.)*; ~ **player/recorder** videograbadora *(f.)*, 6; ~ **store** videoteca, 11
view vista *(f.)*, 4
villain villano/a *(m., f.)*, 11
violent violento/a, 11
violet violeta *(f.)*, 9
violin violín *(m.)*, 6
visible a la vista, 9
visit visitar, 1
volcano volcán *(m.)*, 7
volleyball volibol *(m.)*, 1
volume volumen *(m.)*, 3
vomit vomitar, 8

W

wagon carreta *(f.)*, 10
waist cintura *(f.)*, 6
wait esperar, 2; aguardar, 11; ~ **in line** hacer cola, 5
waiting room sala de espera *(f.)*, 5
waitperson camarero/a *(m., f.)*, 3
wake up despertarse (ie), 3, 6; **wake (someone) up** despertar (ie), 6
walk caminar, andar, 1; caminata *(f.)*, 9
wall pared *(f.)*, 1
wallet cartera *(f.)*, 1
want querer (ie), 3
war guerra *(f.)*, 10
warm abrigado/a, 7
warn advertir (ie), 12
wash lavar, 1; ~ **the clothes** lavar la ropa, 9; ~ **the dishes** lavar los platos, 9
washing machine lavadora *(f.)*, 9
waste desperdicios *(m. pl.)*, 9; ~ **basket** basurero *(m.)*, 1
watch reloj *(m.)*, 1, 8; vigilar, 4, 8; ~ **(television)** mirar (la televisión), 1
watchman vigía *(m.)*, 7
watercolor acuarela *(f.)*, 10
waterfall cascada *(f.)*, 5; catarata *(f.)*; salto *(m.)*, 7
wave ola *(f.)*, 6
way camino *(m.)*, 2; **by the ~** a propósito, 7; **to be in the ~** estorbar, 9
wealth riqueza *(f.)*, 9
weapons armas *(f. pl.)*, 11
wear llevar, 1, 7
weather tiempo *(m.)*, 2; ~ **conditions** condiciones del tiempo *(f. pl.)*, 2;

~ **forecast** pronóstico del tiempo *(m.)*, 2; **the ~ is bad/good** hace mal/buen tiempo, 2
weathervane veleta *(f.)*, 4
weaver tejedor/a *(m., f.)*, 12
weaving tejido *(m.)*, 8
Web site sitio Web *(m.)*, 1
wedding boda *(f.)*, 3
Wednesday miércoles *(m.)*, 1
weekly program programa semanal *(m.)*, 11
weight peso *(m.)*, 3; *(sports)* pesa *(f.)*, 4
welcome bienvenido/a; **you're ~** de nada, P
well bien, 7; pues, 12; ~ **being** bienestar *(m.)*, 8
west oeste *(m.)*, 4
western occidental, 7; de vaqueros, 11
wet empapado/a, 7
whale ballena *(f.)*, 9
what lo que, qué, cuál(es), 10
What?/What! ¿Qué?/¡Qué!, ¿Cómo?/ ¡Cómo!, 1; ~ **a pleasure!** ¡Qué gusto!, 4; ~ **a relief!** ¡Qué alivio!, 4; ~ **a scare!** ¡Qué susto!, 4; ~ **do I wear?** ¿Qué llevo?, 2; ~ **does. . . mean?** ¿Qué quiere decir ...?, P; ~ **is the (today's) date?** ¿Cuál es la fecha (de hoy)?, 1; ~ **is the weather like?** ¿Qué tiempo hace?, 2; ~ **season (month) is it?** ¿En qué estación (mes) estamos?, 1; ~ **time is it?** ¿Qué hora es?, 1; ~ **would you recommend?** ¿Qué recomendaría Ud.?, 3
wheel rueda *(f.)*, 10; **steering ~** volante *(m.)*, 7
when cuando, 9
when? ¿cuándo?, 1
where? ¿dónde?, 1; ~ **from?** ¿de dónde?, 1
which lo que, 4; qué, cuál(es), 10
which? ¿cuál?, 1
while mientras, 4; **a little ~** un rato, 9; **a little ~ ago** hace poco, 11
whip batir, 9
white blanco/a, 1; ~ **Pages** Páginas blancas *(f. pl.)*, 5; ~ **wine** vino blanco *(m.)*, 3
who el/la cual, quien(es), 10
who? ¿quién(es)?, 1
whom *preposition* + quien(es)
whose? ¿de quién(es)?, 2
why? ¿por qué?, 1; ~ **in the world** por qué diablos, 10
wife esposa *(f.)*, 5
wild silvestre, 8; ~ **card** comodín *(m.)*, 11
will voluntad *(f.)*, 10
win ganar, 6; ~ **someone's love** enamorar, 6
winner ganador/a *(m., f.)*, 12
window ventana *(f.)*, 1; ~ **display** escaparate *(m.)*, 7; **little ~** ventanita *(f.)*, 7; **ticket ~** taquilla *(f.)*, 4

windshield parabrisas *(m.)*, 7; **~ wipers** limpiaparabrisas *(m. pl.)*, 7

windy ventoso/a, 8; **it's (very) ~** hace (mucho) viento, 2

wine vino *(m.)*, 3; **~ glass** copa *(f.)*, 3; **red ~** vino tinto *(m.)*, 3; **white ~** vino blanco *(m.)*, 3

winter invierno *(m.)*, 2

wish for desear, 1

with con, 1, 4; **~ a lot of hype** con bombos y platillos, 9; **~ me** conmigo, 4; **~ you** contigo, 4

withdraw (money) sacar/retirar (dinero), 8

without sin, 4; sin que, 9; **~ a doubt** sin duda, 5

witness testigo *(m., f.)*, 10

wolf lobo *(m.)*, 9

woman mujer *(f.)*, 1

wonder maravilla *(f.)*, 2; **it's no ~** no es para menos, 9

women's dressing room probador de mujeres *(m.)*, 7

womenswear ropa de mujer *(f.)*, 7

wood madera *(f.)*, 10

wooden stick palito de madera *(m.)*, 9

wool sweater suéter de lana *(m.)*, 7

word combination combinación de palabras *(f.)*, 12

work trabajar, 1; trabajo *(m.)*, puesto *(m.)*, 6; **~ of art** obra de arte *(f.)*, 10; **~ schedule** horario de trabajo *(m.)*, 6

worker trabajador/a *(m., f.)*, 5

World's fair exposición mundial *(f.)*, 10

worried preocupado/a, 2

worrisome preocupante, 11

worry preocuparse, 3; preocupar, 4, 8; angustia *(f.)*, inquietud *(f.)*, 11; **don't ~** no se preocupe, 4

worse peor, 7

worth valor *(m.)*; **it's not ~ it** no vale la pena, 4; **to be ~** valer, 11; **to be worthwhile** valer la pena, 5

wrap envolver (ue), 8

wrath furia *(f.)*, 6

wreck chocar, 7

write escribir, 1; **~ by hand** escribir a mano, 2; **~ letters** escribir cartas, 1; **~ on the computer** escribir en la computadora, 2

writer escritor/a *(m., f.)*, 2

writing escritura *(f.)*, 12; **~ desk** pupitre *(m.)*, 1

written escrito/a, 9

wrong equivocado/a; **to be ~** equivocarse, 6

x-ray radiografía *(f.)*, 8

Y

yellow amarillo/a, 1; **~ Pages** Páginas amarillas *(f. pl.)*, 5

yesterday ayer, 4

yes sí, 1

yet ya, 5

Yield Ceder el paso, 7

yogurt yogur *(m.)*, 8

young joven, 1, 7; **~ lady** señorita *(f.)*, 1; **~ person** joven *(m., f.)*, 4; chico/a *(m., f.)*, 5; **~ virgin** doncella *(f.)*, 10

younger menor, 7; **to be ~** ser menor, 5

youth juventud *(f.)*, 11

Yucatan Yucatán; **from ~** yucateco/a, 12

yucca yuca *(f.)*, 5

Z

Zapotec zapoteca, 2

zip code código postal *(m.)*, 6

Index

This index includes grammar topics and functions, as well as readings, cultural notes, vocabulary topics, and reading, writing, and Internet strategies. Readings are listed alphabetically under **Lecturas**; cultural notes are listed alphabetically under **Enlaces culturales.** Strategies are listed alphabetically under their corresponding headings (reading, writing, or Internet strategies).

Permissions and Credits

The authors and editors thank the following authors, publishers, and others for granting permission to use excerpts from copyrighted material.

Text

Chapter 3: Pages 113-114: From ESPAÑA AYER Y HOY: ITINERARIO DE CULTURA Y CIVILIZACIÓN, by Víctor Bellón Alonso and Eugenio Roncero Doña (Madrid: Editorial Edinumen, 1997), pp. 30-31; page 134: "Placido Domingo Restaurant," from *Cristina, la revista*, Año 7, November 1997, p. 18. Copyright © 1997 by Editorial Televisa.

Chapter 6: Page 228: *People en español*, Invierno de 1997, p. 97; page 228: "Patty Cabrera – bella y de las nuestras," from *Cristina, la revista*, Año 7, February 1997, p. 74. Copyright © 1997 by Editorial Televisa; page 248: From E^3, Vol. 2, No. 2, March/April 1997, p. 8; p. 248: From E^3, Vol. 2, No. 2, March/April 1997, p.12.

Chapter 8: Page 318: "Buena idea para el estrés" from *Vanidades*, Año 37, March 25, 1997, p. 36. Copyright © 1997 by Editorial Televisa.

Chapter 9: Page 358: "Fobia a la cocina" from *Cristina, la revista* Año 7, May 1997, p. 16. Copyright © 1997 by Editorial Televisa; page 371: "Así cualquiera cocina" from *Vanidades continental*, Año 36, No. 18, p. 67. Copyright © by Editorial Televisa; page 372: "Shakira" from *Vanidades continental*, Año 37, No. 12, p. 127. Copyright © by Editorial Televisa; page 377: Grupo Interconect © 1998, pages 388-389: "Árboles con historia—el último dragón," from *El país semanal*, no. 1077, May 18, 1997, p. 118.

Chapter 10: Pages 412-413: Adriana Herrera, "El Rostro Mestizo de la Navidad en América" from *Revista Credencial*, December 1994, pp. 39-40. Used by permission of *Revista Credencial*.

Chapter 11: Page 434: Adapted from http://www.infosel.com.mx/elnorte/especial/jovenes/intro1.htm; page 436: "Un viejo amigo" by Alejandro Higuita Rivera from *El colombiano*, July 27, 1997. Adapted by permission of the author; pages 437-438: Derechos Reservados © 1995-1998 Informacíon Selectiva, S.A. de C.V.; pages 448-449: From *El colombiano*, July 7, 1997. Adapted by permission of the author; page 450: From *Gente*, Año 30, No. 1659, May 8, 1997, p. 138; page 453: Adapted from *Gente*, Año 30, No. 1659, May 8, 1997, p. 96; page 453: "Se ve en TV" from *Cristina, la revista*, Año 7, May 1997. Copyright © 1997 by Editorial Televisa; page 465: "Ídoles Mexicanos," from *Vanidades continental*, Año 34, No. 21, p. 104. Copyright © by Editorial Televisa.

Photos

p. 9: John Mitchell/DDB Stock Photo; p. 12: Beryl Goldberg; p. 35: Frerck/Odyssey/Chicago; p. 46: Frerck/Odyssey/Chicago; p. 47: t, Beryl Goldberg; b, Frerck/Odyssey/Chicago; p. 53: t, Suzanne Murphy-Larronde/DDB Stock Photo; p. 57: Frerck/Odyssey/Chicago; p. 70: Suzanne Murphy-Larronde/DDB Stock Photo; p. 71: Frerck/Odyssey/Chicago; p. 74: Robert Frerck/Tony Stone Images; p. 87: t, Cliff Hollenbeck/Tony Stone Images; m, Beryl Goldberg; b, Frerck/Odyssey/Chicago; p. 93: t, Beryl Goldberg; p. 117: Frerck/Odyssey/Chicago; p. 120: Frerck/Odyssey/Chicago; p. 133: Joe McNally/Sygma; p. 141: t, Frerck/Odyssey/Chicago; p. 142: both, Beryl Goldberg; p. 144: Beryl Goldberg; p. 160: Frerck/Odyssey/Chicago; p. 167: t, Beryl Goldberg; b, Frerck/Odyssey/Chicago; p. 178: tr, Frerck/Odyssey/Chicago; l, Frerck/Odyssey/Chicago; br, Beryl Goldberg; p. 183: t, Frerck/Odyssey/Chicago; p. 186: t, Ulrike Welsch; b, Suzanne Murphy-Larronde/DDB Stock Photo; p. 189: tr, Ulrike Welsch; bl, Gary Williams/Gamma-Liaison; br, Frerck/Odyssey/Chicago; p. 203: K. McGlynn/The Image Works; p. 207: Frerck/Odyssey/Chicago; p. 227: Beryl Goldberg; p. 229: Frerck/Odyssey/Chicago; p. 231: Raymond A. Menendez/Animals Animals; p. 246: M. Algaze/The Image Works; p. 250: Frerck/Odyssey/Chicago; p. 266: Ulrike Welsch; p. 271: D. Donne Bryant/DDB Stock Photo; p. 273: Suzanne Murphy-Larronde/DDB Stock Photo; p. 277: Ulrike Welsch; p. 291: both, Frerck/Odyssey/Chicago; p. 292: t, Robert Fried; m, Frerck/Odyssey/Chicago; b, Robert Crandall/Stock Boston; p. 298: Craig Duncan/DDB Stock Photo; p. 299: David Welling/Earth Scenes; p. 308: Dreyfuss/Monkmeyer Press; p. 315: Craig Duncan/DDB Stock Photo; p. 321: Robert Fried; p. 335: t, Frerck/Odyssey/Chicago; b, Beryl Goldberg; p. 336: t, Frerck/Odyssey/Chicago; b, Robert Fried; p. 337: Robert Fried; p. 341: Robert Fried; p. 346: t, Chad Ehlers/Tony Stone Images; b, Frerck/Odyssey/Chicago; p. 347: t, Michael Moody/DDB Stock Photo; b, Peter Timmermans/Tony Stone Images; p. 353: t, John Mitchell/DDB Stock Photo; p. 356: Frerck/Odyssey/Chicago; p. 359: t, Amy Reichman/Envision; all others, Frerck/Odyssey/Chicago; p. 376: D. Donne Bryant; p. 378: Gary Braasch/Tony Stone Images; p. 395: t, Gay Bumgarner/Tony Stone Images; p. 397: t, Denise Marcotte/Stock Boston; b, Alejandro Balaguer/Sygma; p. 398: Jeremy Homer/Gamma-Liaison; p. 399: Tim Graham/Sygma; p. 401: L. Mangino/The Image Works; p. 412: Frerck/Odyssey/Chicago; p. 416: t, Christie's Images, NY; b, Schalksijk/Art Resource, NY; p. 417: m, D. Donne Bryant/DDB Stock Photo; b, Castellazzo/Latin Stock/DDB Stock Photo; p. 418: t & mr, Suzanne Murphy-Larronde/DDB Stock Photo; ml & b, Frerck/Odyssey/Chicago; p. 419: Ulrike Welsch; p. 427: both, Christie's Images, NY; p. 428: "La Granja" by César López, Colombia; photo by Ana B. Chiquito; p. 433: Chuck Pefley/Stock Boston; p. 438: Sipa Press; p. 450: t, Gramercy Pictures/The Kobal Collection; b, The Kobal Collection; p. 452: The Kobal Collection; p. 455: r, Susan Greenwood/Gamma-Liaison; l, John Spellman/Retna, Ltd; p. 471: John Curtis/DDB Stock Photo; p. 475: Museo d'América, Madrid/Scala/Art Resource, NY; p. 476: Robert Fried/DDB Stock Photo; p. 494: t, The Kobal Collection; m, Evan Agostini/Gamma-Liaison; b, Photofest.

All other photos by Video Publishing Group, Inc.

Realia

Page 88 (left): Courtesy of La Abuelita, Oaxaca, Mexico; p. 88 (right): Courtesy of El Patio, Oaxaca, Mexico; p. 236 (top): Courtesy of Discotronics, Jorge Alberto Restrepo Moreno, Medellín, Colombia; p. 236 (bottom): Courtesy of *Semana*, Santa Fé de Bogotá, Colombia; p. 248: Courtesy of E^3, Miami, FL; p. 251: Courtesy of *El Tiempo*, Casa editorial, Santa Fé de Bogotá; p. 372: Courtesy of *Vanidades continental*, Virginia Gardens, FL; p. 389: Courtesy of *El país semanal*, Madrid, Spain; p. 465: Courtesy of *Vanidades continental*, Virginia Gardens, FL.

Illustrations

Leslie Evans: pages 272, 274, 297 (top), 298, 354, 357, 374, 375, 377, 474

Uli Gersiek: pages 111, 255

Patty Isaacs/Parrot Graphics: pages 4, 45, 85, 148, 165, 198, 388, 472, 491

Randy Jones: pages 294, 295, 296, 436, 448

Susan Ferris Jones: pages 316, 317, 399, 400

Tim Jones: pages 281, 286, 297 (bottom), 304, 319, 333, 343, 362, 365, 367, 381, 410, 422, 425, 426, 444, 458, 461, 462

Daniel Powers: pages 414, 477, 485, 489, 492

Anna Veltfort: pages 6, 7, 10, 11, 15, 16, 21, 22, 23, 29, 30, 31, 33, 34, 38, 43, 44, 54, 56, 60, 63, 64, 68, 69, 72, 73, 74, 75, 76, 80, 82, 84, 95, 96, 100, 103, 105, 108, 109, 115, 118, 119, 123, 125, 126, 127, 131, 145, 147, 151, 156, 158, 159, 162, 170, 174, 180, 184, 188, 192, 195, 196, 201, 204, 210, 213, 214, 215, 216, 220, 230, 234, 237, 257, 258, 265, 284, 289, 324, 327, 356, 384, 406, 408, 441, 445

Vanessa Allen

phone 627-9060

email: valbr@rocketmail.com

3 floor

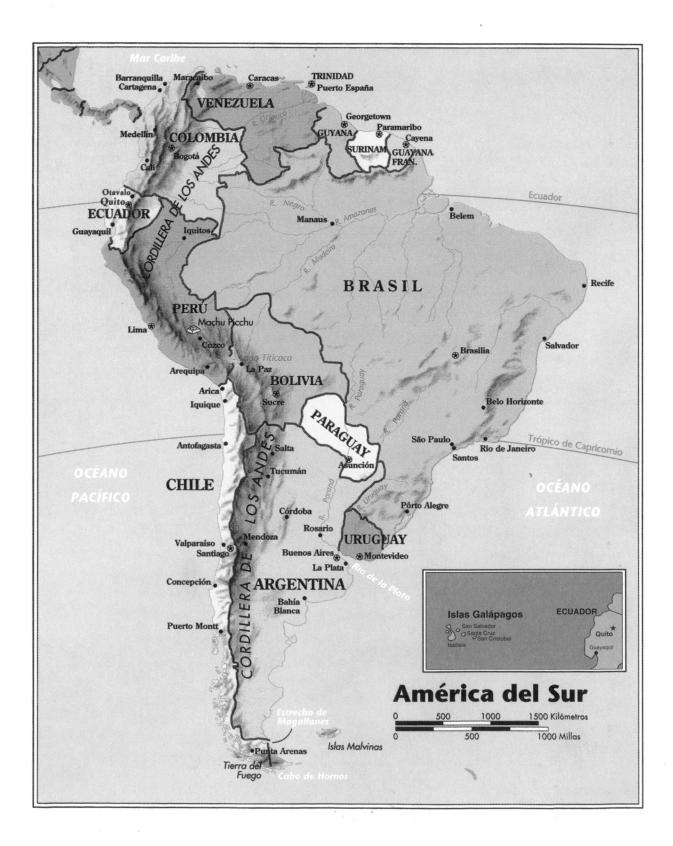

América del Sur

Barranquilla
Cartagena
Maracaibo
Caracas
TRINIDAD
Puerto España

VENEZUELA

Medellín
COLOMBIA
Georgetown
Paramaribo
Cayena
GUYANA
SURINAM
GUAYANA
FRAN.

Cali
Bogotá
R. Orinoco

Otavalo
Quito
R. Negro
Ecuador

ECUADOR
Manaus
R. Amazonas
Belem

Guayaquil
Iquitos

R. Madeira

BRASIL
Recife

PERÚ
Machu Picchu

Lima
Cuzco
Salvador

Arequipa
La Paz
Lago Titicaca
Brasilia

Arica
BOLIVIA
Sucre

Iquique
R. Paraguay
Belo Horizonte

Antofagasta
Salta
PARAGUAY

CHILE
Tucumán
Asunción
São Paulo
Rio de Janeiro
Santos
Trópico de Capricornio

**OCÉANO
PACÍFICO**
Paraná
R. Uruguay
Pôrto Alegre
**OCÉANO
ATLÁNTICO**

Córdoba
Rosario
URUGUAY

Valparaíso
Mendoza
Buenos Aires
Montevideo

Santiago
La Plata
Río de la Plata

Concepción
ARGENTINA

Bahía
Blanca

Puerto Montt

Islas Galápagos
San Salvador
Santa Cruz
San Cristobal
Isabela

ECUADOR
Quito
Guayaquil

Estrecho de
Magallanes
Islas Malvinas

0   500   1000   1500 Kilómetros
0   500   1000 Millas

Punta Arenas
Tierra del
Fuego
Cabo de Hornos

Cordillera de los Andes

CORDILLERA DE LOS ANDES